Dieter Maier

Segelfliegen

Theorie und Praxis

Mit 186 Abbildungen

nymphenburger

Folgende Fotografen haben uns Bilder zur Verfügung gestellt:
Jochen von Kalckreuth, Feldafing, S. 6, 33, 91
Gerolf Kalt, München, S. 11, 23, 71, 133
Die Zeichnungen wurden von Jürgen Hoffmann, München,
Till Gött, Bad Kreuznach, und Christian Haider, München,
angefertigt.

Bei der Erarbeitung dieses Buches wurde mit großer Sorgfalt auf die Aktualität und Richtigkeit aller Angaben in Text und Zeichnungen geachtet. Dennoch kann keine Verantwortung für etwaige Irrtümer oder Mängel oder bei Redaktionsschluß noch nicht bekannte Änderungen übernommen werden. Hinweise auf mögliche Verbesserungen oder eventuelle Änderungen richten Sie bitte an:
Dr. Dieter Maier, Flurweg 5, 82234 Weßling

3., aktualisierte und erweiterte Auflage 1993

Satz: Fotosatz Völkl, Puchheim
Repro: Graf, Atelier Krah, München
Druck und Bindung: Druckerei Ludwig Auer, Donauwörth
Einbandgestaltung: Hansjörg Langenfass, Ismaning bei München
unter Verwendung eines Fotos von Gerolf Kalt, München
Printed in Germany
ISBN 3-485-01793-0

Inhalt

Das Fluggelände und der Flugbetrieb

Segelfliegen erfordert wie keine andere Sportart gleichzeitig individuelles Können und die Bereitschaft, sich in eine Gemeinschaft einzufügen. Während der Pilot in der Luft ganz auf sich allein gestellt ist, benötigt er – um überhaupt erst in sein Element zu kommen – in jedem Fall zumindest eine Starthilfe. In aller Regel besteht sie nicht nur in einem einsatzbereiten Schleppflugzeug, sondern auch und vor allem im Windenbetrieb. Er wiederum kann nur mit einer ganzen Mannschaft aufrecht erhalten werden.

Da sich niemand eine ganze Startmannschaft mieten kann, ergibt sich automatisch der Zwang zur kameradschaftlichen Zusammenarbeit, bei der jeder, je nach Bedarf und persönlichem Können, jede Rolle zu übernehmen bereit sein muß – und das natürlich auch nicht nur dann, wenn es einem selbst gerade paßt, sondern eben so lange, bis das ganze Gerät wieder eingeräumt ist.

Selbstverständlich muß jeder angehende Pilot mit allem, was zum »Bodenbetrieb« notwendig ist, absolut vertraut sein. Nur ein Betrieb, in dem sich jeder auf den anderen voll verlassen kann, ist ein sicherer Betrieb. Deshalb dürfen die beiden folgenden Kapitel auch und gerade weil manches selbstverständlich scheint, nicht als unwichtig angesehen und nur schnell überflogen werden.

Der Aufbau für den Start

Keine noch so große Halle ist jemals groß genug. Stets sind Flugzeuge und anderes Gerät möglichst platzsparend ineinander geschachtelt. Weil die in der Luft so eleganten Vögel am Boden doch ziemlich schwerfällig und sperrig sind, heißt es beim Ausräumen der Halle besonders vorsichtig sein. Ein unbedachter Ruck hat da schon manchen ärgerlichen Schaden verursacht. Um dies zu vermeiden, übernimmt meist ein erfahrener Pilot das Kommando beim Ausräumen. Seine Hauptkommandos heißen:

schnauzwärts = vorwärts
schwanzwärts = rückwärts
flächenwärts = seitwärts

Da Segelflugzeuge keine lenkbaren Räder haben, werden sie für das Aus- und Einräumen auf einen nach allen Seiten fahrbaren Untersatz mit vier Rädern gehoben. Dieser »Kuller« darf nur auf festem Untergrund benutzt werden. Würde man ein Flugzeug damit vom Asphalt oder Beton in die Wiese ziehen wollen, würde die Maschine prompt vom Kuller hüpfen und unter Umständen stark beschädigt werden.
Das gilt nicht für den Spornkuller. Er wird wie eine Manschette am hinteren Rumpfende befestigt und sorgt dafür, daß das hintere Ende des Flugzeuges vom Boden kommt und für den Transport am Boden steuerbar ist. Er bleibt für den gesamten Transport der Maschine von der Halle bis zum Startplatz am Flugzeug.
Je nach Geländebedingungen und Entfernung werden die Flugzeuge mit einem Pkw gezogen oder von Hand geschoben. Wird mit einem Pkw gezogen, muß das Abschleppseil lang genug sein, damit das Flugzeug unter keinen Umständen auf den ziehenden Pkw rollen kann. Eingeklinkt wird das Seil möglichst in die Bugkupplung des Flugzeuges. Wird die Maschine von Hand geschoben, geschieht das schwanzwärts. Die Richtung steuert jeweils ein Helfer an einer der beiden Flächenspitzen. Bei stärkerem Wind oder böigem Wetter muß an jedes Flächenende ein Helfer, da sonst der Wind das Flugzeug außer Kontrolle bringen könnte. Geschoben wird dann so, daß der Wind von hinten auf die Maschine trifft. Auf dem Abstellplatz am Start wird das Flugzeug so aufgestellt, daß eine Fläche in den Wind schaut. Die Fläche wird abgelegt und mit alten Reifen o.ä. beschwert. Bei windigem Wetter werden außerdem die Bremsklappen ausgefahren.
Die wenigsten Segelfliegergruppen haben die Möglichkeit, auf einem Platz mit »perfekter Installation« fliegen zu können. Häufig ist der Flugplatz kaum mehr als eine große Wiese mit einem befestigten Weg mittendurch. In diesem Fall gehört zu den Vorbereitungen für den Betrieb die Markierung des Landefeldes mit weiß-roten Landereitern und einem weißen Lande-»T« am Anfang, die Installation der Telefonverbindung zwischen Startplatz und Winde, das Aufstellen der Winde selbst sowie das Ausziehen des ersten oder der ersten Seile. Selbstverständlich müssen auch alle Zugänge zum Platz einwandfrei so abgesperrt werden, daß niemand versehentlich in den Flugplatz hineinlaufen kann.
Was im einzelnen alles beachtet werden muß, ist für jedes Fluggelände eigens festgelegt. Das Wichtigste ist zudem in einer übersichtlichen Skizze des Gesamtplatzes festgehalten. Diese Übersicht muß an jedem Startplatz aufliegen. Sie genau zu studieren müßte im Interesse jedes »Neuen« auf dem Platze sein. Erst wenn der Platz unter Beachtung aller Sicherheitsvorschriften betriebsbereit gemacht ist, kann die Bodenmannschaft den Flugbetrieb aufnehmen.

Die Bodenmannschaft

Der Umgang mit nahezu lautlos fliegenden »Maschinen«, die jedoch in Bodennähe nur sehr beschränkt manövrierbar sind, bringt es ganz automatisch mit sich, daß sich der gesamte Betriebsablauf nach den Gesetzmäßigkeiten der startenden und landenden Flugzeuge richten muß. Blinder Eifer kann hier nur schaden. Gefragt sind Umsicht und schnelles Reaktionsvermögen. Auch wenn man es den Piloten nicht ansieht: keiner hält sich in der Start- oder Landebahn auf, ohne dabei stets mit einem Auge auf den Betriebsablauf und vor allem auf landende Flugzeuge zu achten. Dabei ist es keineswegs damit getan, nur auf die am Platz beheimateten Maschinen zu achten. Selbst wenn alle »eigenen« Flugzeuge am Boden stehen, kann doch jederzeit ein fremdes nach einem Überlandflug lautlos auf den einladenden Flugplatz einschweben und für einen achtlos Herumlaufenden eine tödliche Gefahr bedeuten.

Der Mann mit der größten Verantwortung am Platz und der Mann, ohne den gar nichts geht, ist der **Flugleiter.**

Er kann je nach Größe des Platzes ein hauptamtlich angestellter Beauftragter für Luftaufsicht oder auch nur ein ehrenamtlich tätiges, aber dennoch von der Behörde genehmigtes Mitglied des Vereines sein. In jedem Fall ist er für den geordneten Ablauf des Flugbetriebes am Boden voll verantwortlich. Zu seinen Hauptaufgaben gehört es:

- die ordnungsgemäße Sicherung des Platzes zu überwachen;
- entsprechend der Windrichtung die Start- und Landerichtung festzulegen;
- die Bodenbewegungen und Starts am Startplatz zu koordinieren;
- dafür zu sorgen, daß die Liste der Starts und Landungen (die Startkladde) ordnungsgemäß geführt und die Startkommandos an den Windenfahrer richtig durchgegeben werden;
- Wetterinformationen einzuholen und sie an die startenden Piloten weiterzugeben.

Nicht zu den Aufgaben des Flugleiters gehört es, die Flugbewegungen im Platzbereich zu kontrollieren oder zu regeln. Mit dem Abheben des Flugzeuges geht die Verantwortung für das Flugzeug voll auf den Piloten über, der sein Flugzeug nun nach den Vorschriften der Luftverkehrsordnung bewegen muß. Wohl kann sich der Pilot vom Flugleiter – so weit wie möglich – über Funk Informationen geben lassen (z. B. nach einem längeren Flug für die Landung). Wie der Pilot jedoch diese Informationen für seine eigene Entscheidung verwertet, liegt ausschließlich in seiner Verantwortung. Die Weisungsbefugnis des Flugleiters beschränkt sich damit klar auf den Bodenbereich des Flugplatzes.

Bei größerem Verkehr am Platz kann der Flugleiter Teile seines Aufgabenbereiches delegieren. So kann er zur Koordination der Bodenbewegungen und der Starts einen eigenen **Startleiter** einsetzen und für die Führung der Startkladde einen eigenen **Startschreiber** beauftragen. Dieser kann auch die Kommandos an den Windenfahrer durchgeben. Dieses Delegieren enthebt den Flugleiter jedoch nicht von seiner Verantwortlichkeit für den ordnungsgemäßen Gesamtablauf des Flugbetriebes. Ist kein vom Luftamt zugelassener Flugleiter am Platz, darf nicht gestartet werden.

Ein nicht minder wichtiger Mann ist der **Windenfahrer.** Er ist verantwortlich für die ordnungsgemäße Bedienung der Startwinde, er hat dafür eine besondere Ausbildung absolviert und die Schleppberechtigung erworben. Ist kein berechtigter Windenfahrer am Platz, darf die Winde nicht in Betrieb genommen werden.

Ohne eigenen Berechtigungsschein geht es beim **Fahrer für den Seilrückholwagen.** Er fährt den möglichst auffällig angemalten und mit einer Zugvorrichtung versehenen Wagen am Rande des Flugfeldes zur Winde, hängt das zu Boden gefallene und eingezogene Seil an und fährt mit ihm möglichst gleichmäßig (damit sich auf der Trommel der Winde keine Schlaufen bilden) zum Startplatz zurück. Bei der Fahrt zur Startstelle muß sein wichtigstes Augenmerk landenden Flugzeugen gelten, denen er ja entgegenfährt. Natürlich liegt das Landefeld stets seitlich von der Schleppstrecke, doch ist es nie auszuschließen, daß eine Maschine ungewollt aus der Landerichtung ausbricht (z. B. nach der Bodenberührung einer Fläche) oder daß ein Pilot absichtlich aus dem Landefeld herausrollt (weil er z. B. gesehen hat, daß unmittelbar nach ihm noch zwei weitere Flugzeuge zur Landung einschweben). Wichtigster Grundsatz für den Fahrer des Rückholwagens ist demnach:

- Achtung auf landende Flugzeuge!

Selbstverständlich muß jedes gelandete Flugzeug möglichst rasch aus der Landebahn herausgeholt werden, damit die Bahn für nachfolgende Landungen wieder frei ist. Wer immer gerade nichts anderes zu tun hat, wird deshalb mithelfen, das gelandete Flugzeug zum Abstellplatz beim Start zurückzubringen – auch und gerade wenn bei schlechter Thermik Landung auf Landung folgt.

Das Flugzeug

Otto Lilienthal war kaum in die Luft gekommen, kaum war bewiesen, daß eine einfache, nur etwas gewölbte Tragfläche einen Menschen in die Luft zu heben vermag, da begannen die Konstrukteure auch schon, Flugzeuge für spezielle Zwecke zu bauen. So vielfältig wie die Aufgaben, so unterschiedlich wurden die zu ihrer Erfüllung gebauten Flugzeuge. Vom kleinsten Einsitzer bis zum Jumbo, vom Segler bis zum Überschalljäger reicht heute die Spannweite. Und dennoch haben über 95% aller Flugzeugtypen die gleiche Grundkonstruktion: vorne liegende Tragflächen und einen nach hinten verlängerten Rumpf als Träger verhältnismäßig kleiner Stabilisierungs- und Steuerflächen. Oder: das kleine Segelflugzeug bewältigt die Luft nach dem selben Prinzip wie die Boeing 747. Die Anforderungen an ihre Piloten sind »nur« graduell verschieden.
Da die einzelnen Baugruppen und ihr Funktionsprinzip für nahezu alle Segelflugzeugtypen gleich sind, können sie am Beispiel eines »Musterflugzeuges« vorgestellt und beschrieben werden.

Die Baugruppen

Jedes Flugzeug ist nur so gut wie seine **Tragflächen.** Dieser so selbstverständlich scheinende Satz beinhaltet wesentlich mehr als nur ein banales Qualitätsmerkmal. Mit ihm ist vielmehr ausgedrückt, was ein Flugzeug überhaupt ist: eine durch die Luft gleitende Fläche, die so zu beschleunigen, zu stabilisieren und zu steuern ist, daß sie außer ihrem eigenen Gewicht auch noch eine Nutzlast tragen kann.
Damit die angegebenen Bezeichnungen für einzelne Teile nicht inhaltslose Namen bleiben, müssen sie nach ihrer Funktion innerhalb der Aufgabenbereiche Stabilisation, Steuerung und Beschleunigung der fliegenden Fläche hinterfragt werden. Bezugsschema sind dabei die 3 Achsen, um die ein Flugzeug stabilisiert werden muß und bewegt werden kann.
Die Tragflächen erzeugen den für den Flug notwendigen Auftrieb und sorgen damit für die Überwindung der

D-2454

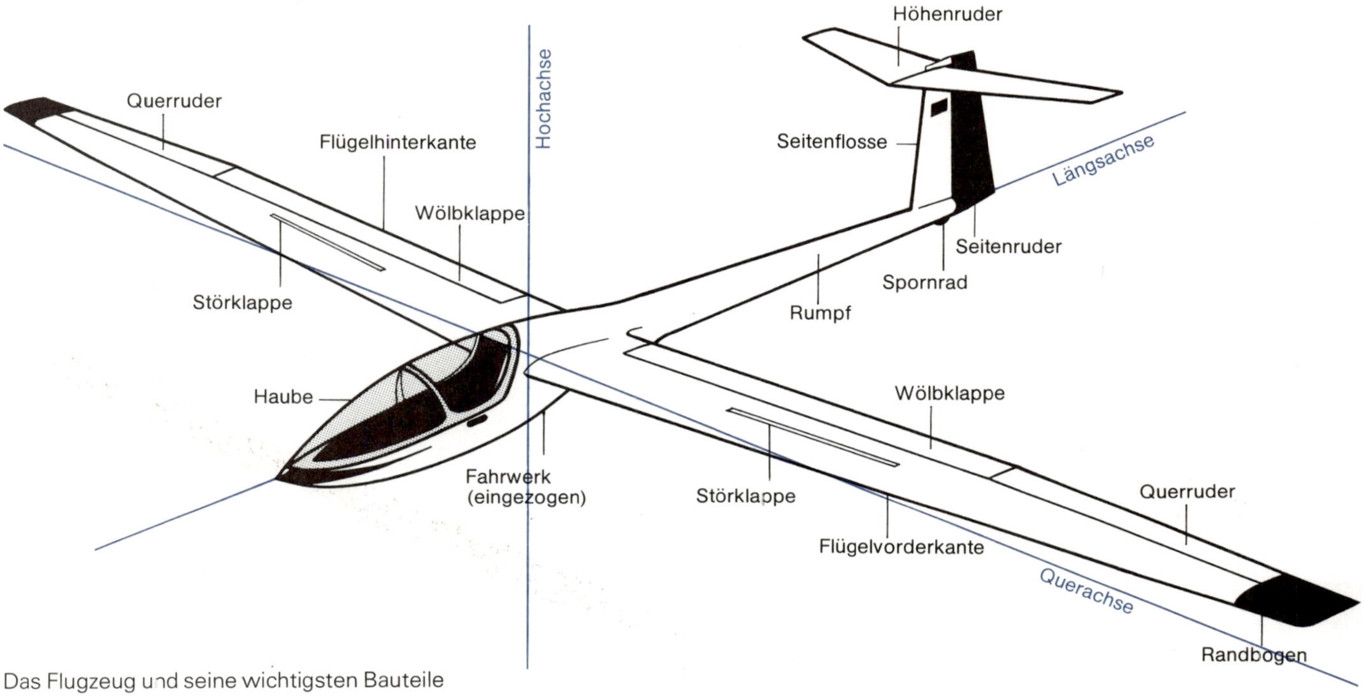

Das Flugzeug und seine wichtigsten Bauteile

Schwerkraft. Ihre Größe, ihre Form, ihre Wölbung und ihre Dicke sind abhängig vom Zweck, den das Flugzeug erfüllen soll. Langsame Schulflugzeuge haben deshalb kurze und dicke Flächen mit großer Wölbung. Schnelle Hochleistungsmaschinen haben dagegen schlanke und dünne Flächen mit kleinerer Wölbung.

Die Bezeichnungen *Flügelwurzel, Flügelvorderkante, Randbogen* und *Flügelhinterkante* sind einfach Namen für bestimmte Bauteile. Eine Steuerfunktion ist mit ihnen nicht verbunden. Anders ist das bei den *Querrudern,* bei den *Wölbklappen* und bei den *Landeklappen.*

Die gegensinnig ausschlagenden Querruder erfüllen eine doppelte Funktion. Zum einen stabilisieren sie die Tragflächen um die Flugzeuglängsachse (die Flächen werden waagerecht gehalten), zum anderen steuern sie die für den Kurvenflug notwendige Schräglage der Flächen.

Die Landeklappen (auch Störklappen genannt) stören beim Ausfahren in ihrem Bereich den Auftrieb und erhöhen den Stirnwiderstand. Mit ihrer Bremswirkung läßt sich der Landeanflug steuern (= steiler machen). Da sie den insgesamt zur Verfügung stehenden Auftrieb verringern, muß bei ihrer Betätigung entsprechend schneller geflogen werden.

Die Wölbklappen ermöglichen es dem Piloten, die Wölbung der Tragflächen der jeweiligen Flugsituation anzupassen. Im Schnellflug zwischen zwei Aufwindgebieten werden sie zur möglichst großen Verringerung des Widerstandes der Flächen in den negativen Bereich gefahren. Zum Kreisen in der Thermik werden sie dagegen zur möglichst großen Erhöhung des Auftriebes der Flächen in den positiven Bereich gefahren. Zur Landung wird der größtmögliche positive Ausschlag benutzt, um die Landegeschwindigkeit möglichst gering zu halten.

Das **Leitwerk** im Heck besteht aus zwei Teilen, von denen jeder jeweils wieder zwei Funktionen hat. *Seitenflosse* und *Seitenruder* bilden zusammen das *Seitenleitwerk.* Es hat die Aufgabe, die Tragfläche im Geradeausflug um die Hochachse zu stabilisieren. Durch entsprechenden Ausschlag des Seitenruders wird die für den Kurvenflug notwendige Drehung um die Hochachse gesteuert.
Höhenflosse und *Höhenruder* bilden zusammen das *Höhenleitwerk.* Es hat die Aufgabe, die Tragfläche im Geradeausflug um die Querachse zu stabilisieren. Durch entsprechenden Ausschlag des Höhenruders werden Steig- und Sinkflug gesteuert.

Der **Rumpf** bietet nicht nur statisch die Aufhängung für Flächen, Leitwerk, Triebwerk und Fahrwerk sowie Raum für Pilot, Passagier und Instrumente. Er hat vor allem die Funktion eines *Waagebalkens,* mit dessen Hilfe unterschiedlich angreifende Kräfte ins Gleichgewicht gebracht werden. So liefern seine Dimensionen die Hebelarme für so unterschiedliche Bauelemente wie das Leitwerk oder das Triebwerk. Erreicht wird damit, daß sich der Schwerpunkt (= der Angriffspunkt des Gewichtes) nicht unzulässig weit vom Druckpunkt (= der Angriffspunkt des Auftriebes) und umgekehrt entfernt (Einzelheiten der Zusammenhänge im Band »Theorie«).

Die Instrumente

Der **Fahrtmesser** zeigt die Geschwindigkeit des Flugzeuges gegenüber der Luft an. Er ist in km/h geeicht. Seine Anzeige liefert eine Aneroiddose, die die Differenz zwischen Gesamtdruck (Staudruck + Statischer Druck) und Statischem Druck mißt.
Jeder Fahrtmesser gibt nur dann korrekte Anzeigen, wenn das Staurohr (= die Meßdüse für den Gesamtdruck) absolut sauber und gerade angeströmt ist. Schiebt oder schmiert das Flugzeug oder wird geslipt, zeigt das Instrument verfälschte Werte. Das Staurohr

Fahrtmesser mit Grenzbereichmarkierung

ist anfällig für Vereisung und Verstopfung durch Staub, die zum völligen Ausfall des Fahrtmessers führen können.
Als Gerät, das Druckdifferenzen mißt, ist es auf die Werte der Standardatmosphäre in Meereshöhe (MSL) geeicht. Mit zunehmender Höhe aber nimmt der Luftdruck und damit die angezeigte Geschwindigkeit ab. Der Fahrtmesser zeigt also zuwenig an: pro 300 m Höhe um immerhin 2%. Sie müssen der angezeigten Geschwindigkeit (IAS) zugerechnet werden, damit man die wahre Eigengeschwindigkeit (TAS) erhält.

Der **Höhenmesser** zeigt die Flughöhe des Flugzeuges gegenüber dem Startplatz oder der Höhe über NN unter Berücksichtigung des aktuellen Luftdruckes (QNH) an. Die Anzeige erfolgt in Kilometer und Meter.
Alle im Segelflugzeug verwendeten Höhenmesser verwerten den Luftdruck als Meßgröße. Der mit der Höhe

Die farbigen Markierungen des Fahrtmessers haben folgende Bedeutung:

Weißer Bogen	Bereich, in dem Landehilfen ausgefahren werden dürfen.
Anfang des weißen Bogens	Geschwindigkeit, bei der die Strömung bei ausgefahrenen Landeklappen und Fahrwerk abreißt (stall speed).
Ende des weißen Bogens	Höchstzulässige Geschwindigkeit für das Ausfahren der Landeklappen.
Grüner Bogen	Normaler Betriebsbereich mit der Möglichkeit voller Ruderausschläge.
Ende des grünen Bogens	Höchstzulässige Geschwindigkeit bei böigem Wetter.
Gelber Bogen	Gefahrenbereich, der nur bei ruhigem Wetter und Ruderausschlägen bis maximal ⅓ zulässig ist.
Rote Markierung	Maximal zulässige Geschwindigkeit, die niemals überschritten werden darf.

Höhenmesser mit Millibarskala

abnehmende Statische Druck wird in seiner Auswirkung auf eine Aneroiddose gemessen.

Da der Luftdruck nicht nur am Ort, sondern vor allem auch von Ort zu Ort schwankt, der Höhenmesser aber immer nur die Höhe über der gerade eingestellten Druckfläche anzeigen kann, ergeben sich Fehlanzeigen

- durch Druckänderung am Ort: Sinkt oder steigt der Luftdruck während eines Fluges, ohne daß der Höhenmesser nachgeführt wird, zeigt er nach der Landung am gleichen Ort zu hoch oder zu niedrig an.
  Ist der Druck inzwischen gestiegen, fliegt das Flugzeug höher als das Instrument anzeigt; die Anzeige ist zu tief.
  Ist dagegen zwischen Start und Landung der Druck gefallen, fliegt das Flugzeug niedriger als das Instrument anzeigt; die Anzeige ist zu hoch.
- durch von Ort zu Ort unterschiedlichen Druck: Wird während eines Streckenfluges ein Gebiet anderen Luftdruckes erreicht, zeigt der Höhenmesser zu hoch oder zu tief an.

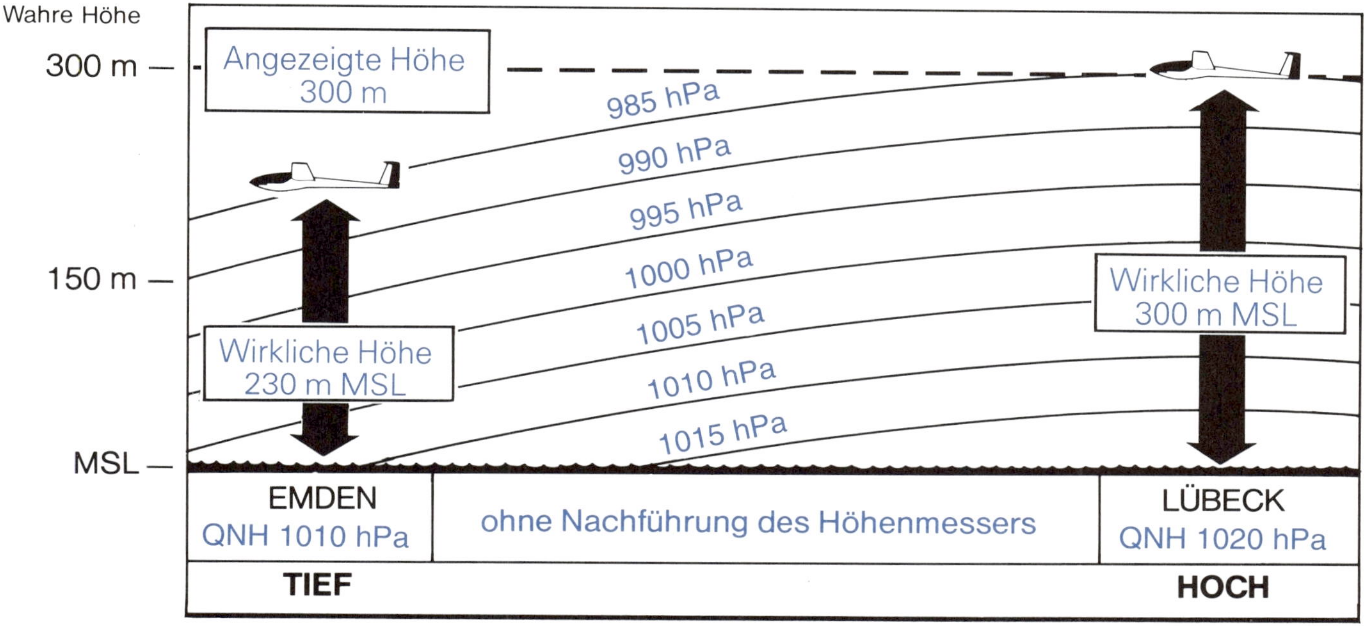

Fehlanzeige des Höhenmessers durch Luftdruckänderung (oben), Höhenmessereinstellung auf QFE (unten)

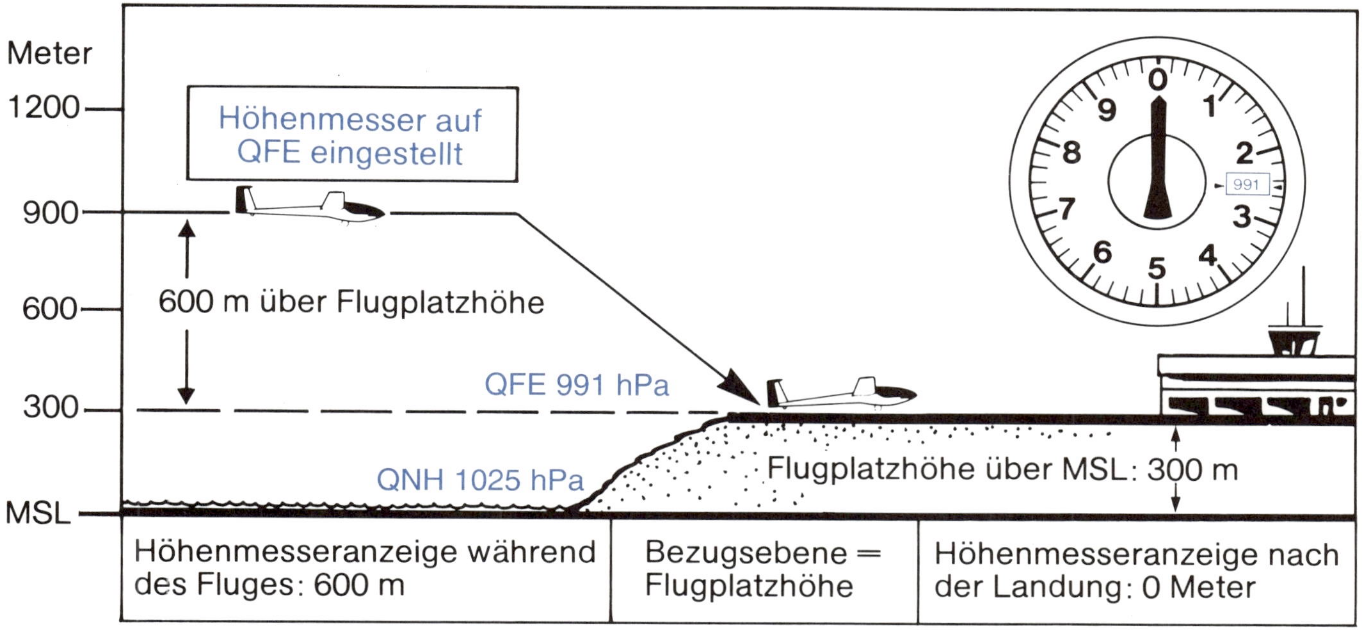

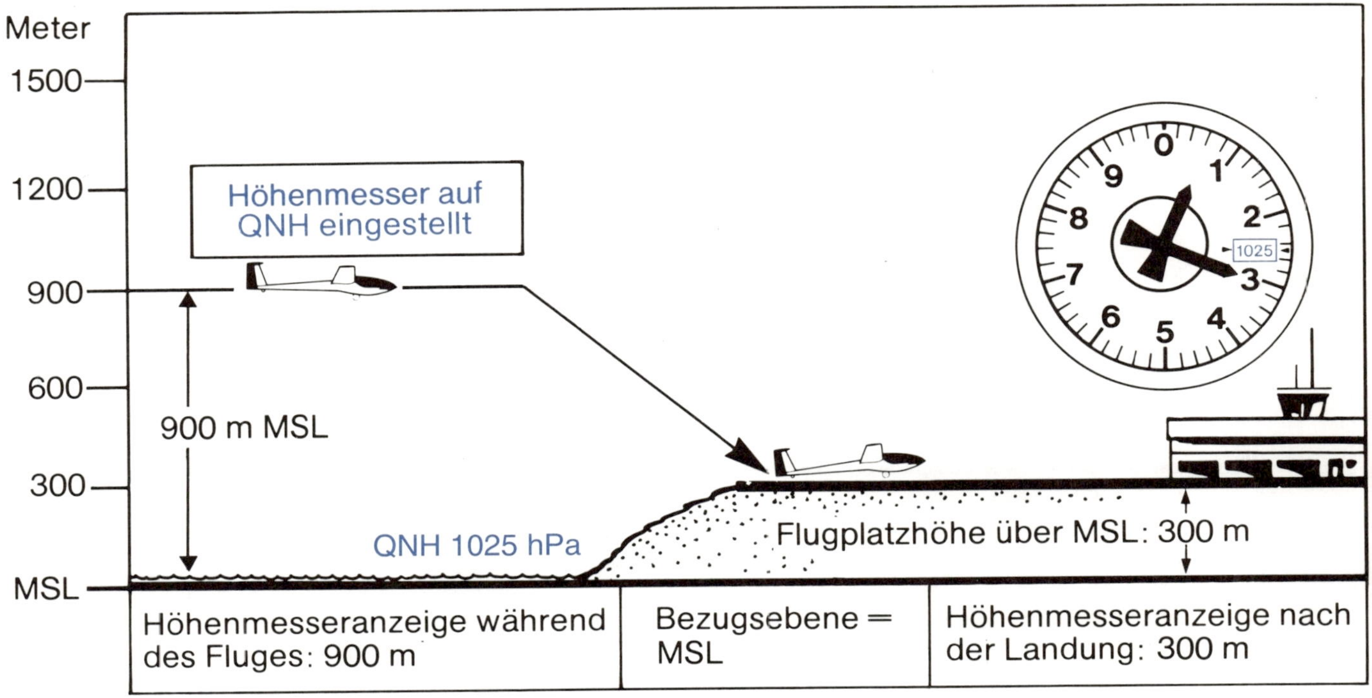

Höhenmessereinstellung auf QNH

Wird in ein Gebiet mit höherem Druck eingeflogen, fliegt das Flugzeug höher als das Instrument anzeigt. Seine Anzeige ist zu tief.

Wird in ein Gebiet mit tieferem Druck eingeflogen, fliegt das Flugzeug tiefer als das Instrument anzeigt. Seine Anzeige ist zu hoch.

Natürlich ist es gefährlicher, zu tief als zu hoch zu fliegen. Deshalb stets daran denken:

Vom Hoch ins Tief geht's schief!

Um wieviel es schief geht, dafür ist die »Barometrische Höhenstufe« das Maß. Für die Praxis ausreichend genau ist der Näherungswert

1 hPa Druckänderung = 8 m Höhenänderung.

Wegen der Druckschwankungen muß der Höhenmesser vor jedem Flug eingestellt werden.

- Die Einstellung des Höhenmessers auf QFE:
  Die Anzeige wird am Boden auf Null gestellt. Im Flug zeigt das Instrument die Höhe über der Startbahn an, nach der Landung auf gleichem Platz zeigt es wieder Null (solange keine Änderung des Luftdruckes eintritt).
- Die Einstellung des Höhenmessers auf QNH:
  Das Gerät wird so eingestellt, daß es die Höhe des Platzes über NN anzeigt. Auf der Hektopascalskala erscheint der herrschende Luftdruck reduziert auf Meereshöhe. Im Flug zeigt das so eingestellte Instrument die Höhe über NN unter Berücksichtigung des Luftdruckes an. Bei Druckschwankungen kann der Höhenmesser nachgeführt werden, wenn über Funk das aktuelle QNH eingeholt wird.

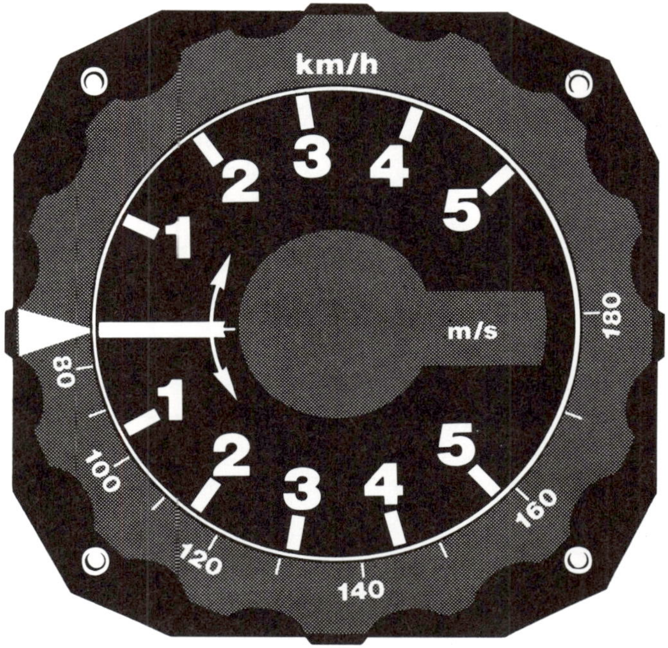

Variometer mit Sollfahrtring

Das **Variometer** zeigt die Steig- und Sinkgeschwindigkeit des Flugzeuges an. Die Anzeige erfolgt in m/sec. Alle Variometer messen den Unterschied zwischen dem Druck der Außenluft und dem der Luft im Inneren eines thermisch stabilen Ausgleichsgefäßes. Steigt oder sinkt der Druck der Außenluft, entsteht zum Ausgleichsgefäß ein Druckgefälle, das auf unterschiedliche Weise gemessen wird.
Beim *Dosen-Variometer* wird der Statische Druck in das Gehäuse geleitet. Er wirkt auf eine Aneroiddose, die über ein Meßwerk die Druckänderung anzeigt. Über die Kapillare und das Ausgleichsgefäß gleichen sich die Drücke wieder an. Ohne weitere Druckänderung geht die Anzeige langsam wieder auf Null zurück. Die Anzeige ist träge und nicht sehr genau.
Das *Drallband-Variometer* ist im Prinzip ein Dosen-Variometer. Lediglich die Kraftübertragung funktioniert mit weniger Kraftverlust über ein Drallband nahezu rei-

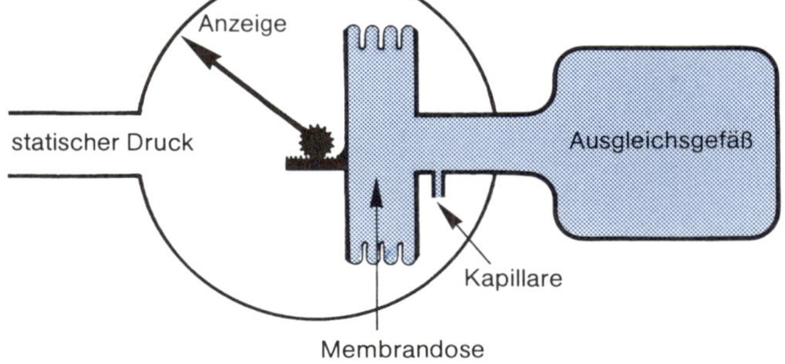

Funktionsschema des Dosenvariometers

bungslos auf einem extrem leichten Zeiger. Die Anzeige erfolgt dadurch besonders schnell.
Beim *Stauscheiben-Variometer* wird der Druckunterschied statt mit einer Dose mit einer Stauscheibe gemessen, die an der zentralen Achse des Gehäuses gegen eine Feder drehbar gelagert ist. Der Druckausgleich erfolgt über den Spalt zwischen Stauscheibe und Kammerwand. Das Stauscheiben-Variometer zeigt wesentlich schneller an als das Dosen-Variometer, weil der Druckausgleich über den Spalt schneller als über die Kapillare erfolgen kann.

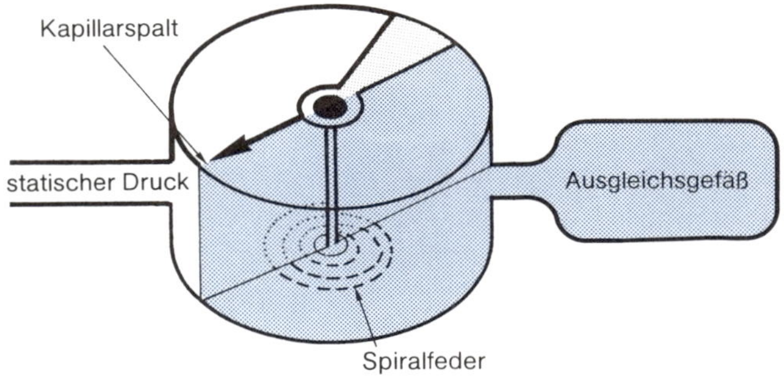

Funktionsschema des Stauscheibenvariometers

Das *Elektrische Variometer* mißt den Ausgleichsluftstrom zwischen dem Statischen Druck und dem Ausgleichsgefäß nicht mechanisch, sondern elektrisch. Der Ausgleichsluftstrom kühlt 2 elektrische Widerstände

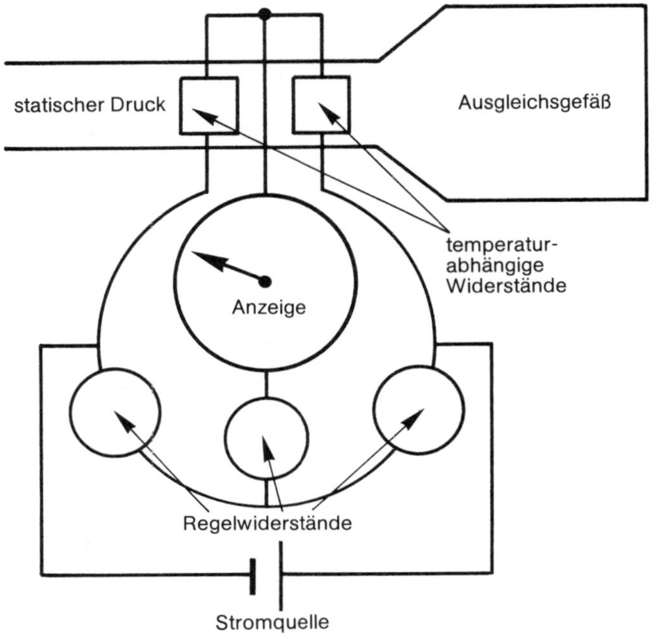

Funktionsschema des elektrischen Variometers

(Hitzedrähte oder NTC-Widerstände), die hintereinander in der Ausgleichsleitung eingebaut sind, verschieden stark ab, weil jeweils einer im Windschatten des anderen steht. Die daraus resultierende Widerstandsdifferenz wird verstärkt im Meßinstrument angezeigt und/oder über einen Tongenerator und Lautsprecher in ein akustisches Signal umgesetzt. Elektrische Variometer laufen unter den Bezeichnungen: Hitzedraht-Variometer, Metallsonden-Variometer, NTC-Variometer und Thermistor-Variometer. Alle arbeiten praktisch verzögerungsfrei, und der Ton liefert ein genaues Abbild der Instrumentenanzeige. Das Variometer muß daher vom Segelflieger nicht mehr dauernd visuell kontrolliert werden.

Das *Drucksondenvario* arbeitet ohne Ausgleichsgefäß. Damit entfallen alle Probleme der pneumatischen Differenzierung und der Nullpunktabwanderung. Das Drucksondenvario besteht aus der Drucksonde, dem elektronischen Differentiator und dem Anzeigeinstrument. Der Statische Druck am Eingang der Drucksonde bewirkt ein elektrisches Ausgangssignal proportional zum Druck, wobei das elektrische Ausgangssignal direkt der Höhe über NN entspricht. Mit einer Höhenänderung ändert sich die Ausgangsspannung. Diese Spannungsänderung wird über den elektrischen Differentiator für das Anzeigeinstrument umgeformt. Als Drucksonden können druckempfindliche Piezowiderstände, induktive Abtastung eines Diaphragmas (z.B. Dose des Höhenmessers) oder druckabhängige Schwinger arbeiten.

Jedes Vario ist nur so gut wie seine Kompensation. Erfolgt eine Total-Energie-Kompensation, arbeitet das Vario als Totalenergie-Variometer. Ist es so geschaltet, daß es das Steigen und Sinken der Luft und nicht das des Flugzeuges anzeigt, arbeitet es als Nettovariometer.

Da es für den Piloten vor allem wichtig ist, den Gewinn oder den Verlust von Energie (für den Segelflieger ist Höhe = Energie) zu erfahren, würde ihn die Beeinflussung der Variometeranzeige durch Fahrtschwankungen nur irritieren. Die meisten Variometer sind deshalb heute als Totalenergie-Variometer installiert.

Der **Haubenfaden** ist das einfachste und dennoch schnellste und genaueste »Instrument« zur Kontrolle, ob die Maschine schiebe- und schmierfrei fliegt. Da die Maschine in jeder Fluglage immer dann genau von vorne angeblasen wird, wenn sie richtig in der Luft liegt, zeigt sich jede Andeutung von Schieben oder Schmieren in einer Verschiebung der Anblasrichtung. Sie zeigt der Faden unmittelbar an. Weht der Faden aus, müssen entweder die Querlage oder der Kurvenradius vergrößert oder verkleinert werden (vgl. S. 28).

Die **Libelle** ist eigentlich nichts anderes als eine Art Wasserwaage. Die mit Hilfe einer Flüssigkeit gedämpfte Kugel zeigt das Scheinlot der Maschine an. Für einen schiebe- und schmierfreien Flug muß die Kugel deshalb stets genau in der Mitte (im Käfig) bleiben. Wandert die Kugel aus, müssen entweder die Querlage oder der Kurvenradius vergrößert oder verkleinert werden (vgl. S. 27). Häufig ist die Libelle mit einem **Wendezeiger** kombiniert. Die Anzeige bedeutet dann:

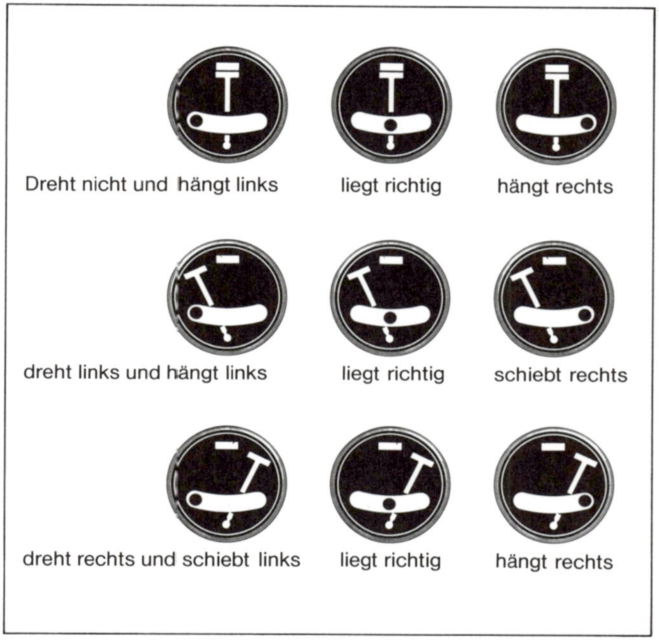

Wendezeiger kombiniert mit Libelle

Der **Magnetkompaß** zeigt die Himmelsrichtung bezogen auf den nahe am Nordpol gelegenen Magnetpol an. Kern des Instrumentes ist ein Permanent-Stabmagnet, dessen Südpol sich in jeder Fluglage zum magnetischen Nordpol ausrichtet. Über eine 360°-Skala wird die Richtung der Flugzeuglängsachse gegenüber magnetisch Nord (= 360° bzw. 0°) angezeigt. Entsprechend sollte das Instrument anzeigen:

90°, wenn die Flugzeugnase nach Osten zeigt,
180°, wenn die Flugzeugnase nach Süden zeigt,
270°, wenn die Flugzeignase nach Westen zeigt.

Leider aber ist das reine Theorie, denn ein Magnetkompaß hat mehr »Fehler« als ein Hund Flöhe. Die wichtigsten Fehlerquellen sind:

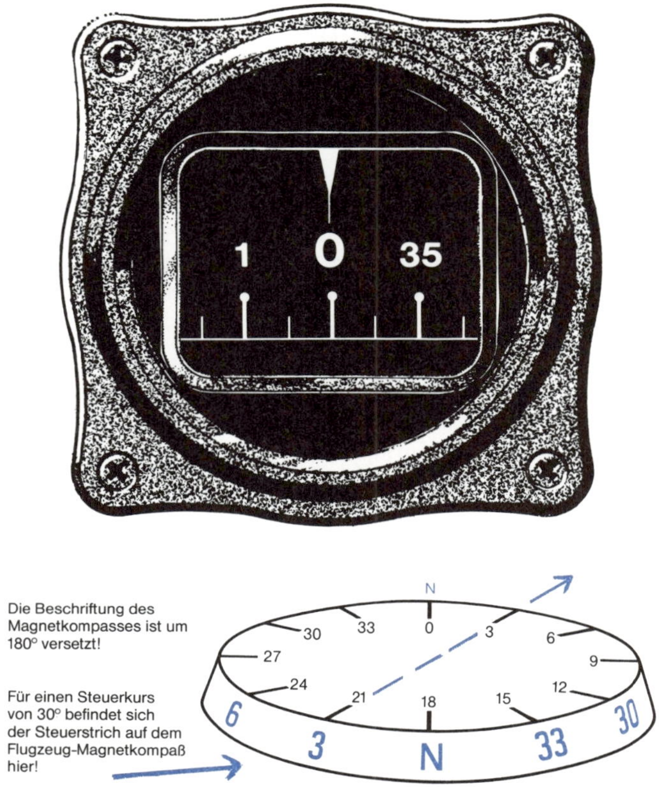

Der Magnetkompaß und seine Beschriftung

- Die *Ortsmißweisung*. Das ist der Winkel zwischen der Anzeige des Kompasses und dem geographischen Meridian an einem bestimmten Ort. Sie ist als Linie gleicher Mißweisung in den Luftfahrtkarten enthalten.
  Ursache für die Ortsmißweisung ist der Unterschied zwischen dem geographischen und dem magnetischen Nordpol, der beinahe 2000 km südlich vom geographischen Pol in Nordkanada liegt. Der Kartenkurs (= rechtweisender Kurs/rwK) wird zum mißweisenden Kurs (mwK):
  durch Addition der Ortsmißweisung, wenn diese westlich von rechtweisend Nord liegt (Vorzeichen –);

durch Subtraktion der Ortsmißweisung, wenn diese östlich von rechtweisend Nord liegt (Vorzeichen +). Innerhalb der Bundesrepublik schwankt die Ortsmißweisung zwischen 2° W und 4° W.

- Die *Deviation.* Das ist der Winkel zwischen der Anzeige des Kompasses und magnetisch Nord, der durch magnetische Fremdeinflüsse (elektrische Leitungen, Eisenteile, andere Magnete) verursacht wird. Die Deviation kann durch Einbau kleiner Kompensationsmagnete teilweise kompensiert werden. Die restliche, nicht kompensierbare Abweichung wird in der Deviationstabelle angegeben. Sie ist in jedem Flugzeug anders und hat auch nicht für alle Kurse die gleiche Größe und Richtung. Korrigiert wird wie bei der Ortsmißweisung:
  bei westlicher Deviation (Vorzeichen –) wird addiert, bei östlicher Deviation (Vorzeichen +) wird subtrahiert.
- Die *Inklination.* Das ist der Winkel, den die Magnetnadel mit der Horizontalen bilden würde, weil die Kraftlinien des Magnetfeldes der Erde nicht parallel zur Erdoberfläche verlaufen. Sie werden gegen die Pole hin immer steiler, bis schließlich 90° erreicht werden und der Kompaß völlig versagt. Für den horizontalen Geradeausflug in unseren Breiten ist die Inklination, die hier etwa 65° beträgt, technisch kompensiert.
- Die *Neigungsablenkung.* Das ist die Ablenkung, der der Kompaß bei Schräglage des Flugzeuges in der Kurve und im Sinkflug folgt. Je nach Kurvenrichtung eilt der Kompaß vor oder bleibt zurück. Dieser Drehfehler läßt sich nicht beheben und verursacht im Kurvenflug folgende Fehlanzeigen:
  Nord wird zu spät (um bis zu 30°), Süd wird zu früh (um ebenfalls bis zu 30°) angezeigt;
  in der Linkskurve wird Osten, in der Rechtskurve wird Westen stabil angezeigt.
  Daraus resultiert die »Kompensation« durch den Piloten beim Aufrichten auf Kurs:
  bei Nordrichtungen früher ausleiten, bei Südrichtungen später ausleiten.

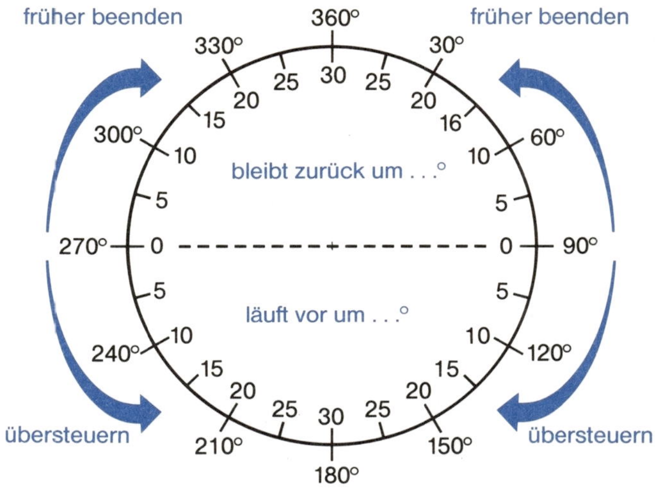

Die Kompensation der Neigungsablenkung

- Die *Beschleunigungsablenkung.* Das ist die Ablenkung, der der Kompaß folgt, wenn das Flugzeug beschleunigt oder verzögert wird. Wie die Neigungsablenkung hängt sie mit der Inklination zusammen. Das ist auch der Grund dafür, daß die Beschleunigungsablenkung hauptsächlich auf Ost- und Westkursen in Erscheinung tritt. Der Drehfehler verursacht im Geradeausflug folgende Fehlanzeigen:
  Wird die auf Ost- oder Westkurs fliegende Maschine beschleunigt, zeigt der Kompaß ein Einkurven nach Norden.
  Wird die auf Ost- oder Westkurs fliegende Maschine verzögert, zeigt der Kompaß ein Einkurven nach Süden.

Trotz all seiner Fehler ist der Kompaß dennoch der einzige bodenunabhängige Richtungsweiser. Seine »Fehler« praktisch in den Griff zu bekommen, sollte deshalb das Bemühen auch jedes Segelfliegers sein.

Das **Funkgerät** arbeitet als Wechselsprechanlage, läßt also Hören und Sprechen nur hintereinander und nicht gleichzeitig wie beim Telefon zu. Wegen der Fülle seiner Möglichkeiten hat der Funk längst den Beigeschmack verloren, nur zur Gängelei des Piloten erfunden worden zu sein. Ohne Funk gäbe es zumindest im kontrollierten Luftraum schon längst keine Sichtflugmöglichkeit – vielleicht sogar überhaupt keine Sportfliegerei mehr. Mit Funk aber gibt es die Möglichkeit einer vernünftigen Koordination aller Teilnehmer am Verkehr in dem über der Bundesrepublik längst schon zu eng gewordenen Luftraum. Beinahe als Dreingabe gibt es darüber hinaus gerade für den Segelflieger die Möglichkeit, sich während des Fluges so informiert zu halten, daß er allen Eventualitäten gewachsen bleibt. Nur Scheuklappenluftkutscher kommen weitgehend ohne Funk aus. Verantwortungsbewußte Piloten schätzen ihn als einen ihrer wichtigsten Helfer.

Der **Fallschirm** ist ein wichtiges Rettungsinstrument – auch wenn er kaum von einem der vielen Segelflieger je benutzt werden mußte. In ihm nur ein unbequemes Sitzkissen zu sehen, wäre aber sicher falsch.
Grundsätzlich ist zwischen zwei Arten zu unterscheiden. Der automatische Schirm wird durch eine im Flugzeug befestigte Aufziehleine geöffnet. Muß der Pilot seine Maschine verlassen, reißt diese Leine automatisch den Schirm aus dem Packsack und sorgt für ein sicheres Öffnen. Diese Bauart hat den Vorteil, daß Schirm und Gurtzeug in der Regel getrennt sind, so daß der Schirm und die mit dem Flugzeug fest verknotete Aufziehleine im Flugzeug bleiben. Der Pilot muß lediglich das Gurtzeug anlegen, darf aber nach dem Einsteigen nicht vergessen, sein Gurtzeug durch den dafür vorgesehenen Karabiner mit dem Schirm zu verbinden.
Der manuelle Fallschirm hat den Vorteil, daß sein Öffnungszeitpunkt vom Piloten nach Bedarf gewählt werden kann. Dafür ist der Schirm fest mit dem Gurtzeug verbunden, so daß zum Anlegen stets der ganze Schirm aus dem Flugzeug genommen werden muß.
Abhängig von der Bauart des jeweiligen Schirmes beträgt die Mindesthöhe für einen noch sicheren Absprung zwischen 100 und 200 m über Grund. Da hier jede Sekunde zählt, haben alle Segelflugzeuge einfach abwerfbare Hauben. Meist ist sogar ein Notabwurfhebel vorhanden. Wird er gezogen, fliegt die Haube sofort mehr oder weniger von selbst vom Flugzeug weg. Diesen Mechanismus ab und zu am Boden zu überprüfen, dient nur der Sicherheit des Piloten.

Die Steuerung

Das Flugzeug, die Instrumente und der Betrieb am Boden sind nun so weit bekannt, daß zu den ersten Einweisungsflügen gestartet werden kann. Zunächst geht es dabei nur darum, zu sehen, zu hören und zu fühlen, was der Lehrer vormacht, sich davon möglichst viel zu merken und darüber hinaus langsam ein Gefühl für die Dimensionen über dem Platz zu bekommen. Vor allem der letzte Punkt ist für den Anfänger wichtig; die Welt sieht von oben doch ziemlich anders aus als vom Boden.

Das aber ändert sich in dem Moment, wo der Ikarus-Schüler beginnt, die Vielfalt der Eindrücke nicht mehr als verwirrendes Ganzes, sondern als eine Sammlung von sortierbaren Details zu sehen. Er merkt dann plötzlich, daß sich das vorgegebene Schema für die Platzrunde auf fixe Merkpunkte und Visierlinien beziehen läßt, und lernt, sich auf diese wenigen Fixpunkte zu konzentrieren. Kommt dann noch die Erkenntnis dazu, daß die Luft zwar die dritte Dimension freigibt, diese »Freigabe« aber durch den konstruktionsbedingt einzig möglichen Flugweg gewaltig eingeschränkt ist, wird er sich in der neuen Dimension bald heimisch fühlen.

Ist die neue Perspektive vertraut geworden, wird das bloße Mitfühlen beim Steuern durch das gezielte Üben bestimmter Steuerphasen abgelöst. Da im Flug kaum je eines der drei Ruder allein gebraucht werden kann, sondern immer die Koordination meist sogar aller drei Ruder notwendig ist, kommt zur Erfassung der Einzelfunktionen jedes Ruders auch immer gleich die Wechselwirkung zu den anderen ins Spiel. Dennoch: je exakter die Einzelphasen geübt werden, desto leichter und schneller klappt dann das Zusammenspiel.

Der Geradeausflug

Perfekt geradeaus zu fliegen, heißt nicht mehr und nicht weniger als mit gleicher Geschwindigkeit und gleichem Sinken in eine bestimmte Richtung zu fliegen. Das hört sich recht einfach an, besonders wenn man sich dazu klar macht, daß dann alle Kräfte am Flugzeug

D-1400

Höhenruder und Horizont normal

Höhenruder gedrückt, Horizont zu hoch

im Gleichgewicht sind. Schon weniger einfach wird es mit der Überlegung, daß jede Änderung dieses Gleichgewichtes auch eine Änderung bei den übrigen Komponenten mit sich bringt. Aus der Ausgangsposition »ruhiger, gerader Gleitflug« ist daher das erste Übungsziel, einen bestimmten Punkt möglichst ohne Fahrtschwankung und ohne Richtungsänderung anzufliegen.

Nächster Schritt ist, die Auswirkung jedes Ruders auf den Geradeausflug auszuprobieren. Begonnen wird dabei mit dem **Höhenruder.** Wird es *gedrückt,* reagiert die Maschine mit einer Drehung um die Querachse (Nase nach unten, Schwanz nach oben). Für den Piloten passiert viererlei:

- Der Sitzdruck nimmt ab (der Pilot wird »leichter«).
- Die Längsneigung nimmt zu (der Horizont »steigt«).
- Die Fluggeschwindigkeit nimmt zu (das Fahrtgeräusch wird lauter).
- Die Steuerkräfte nehmen zu (die Ruder werden »härter«).

Dem aufmerksamen Schüler wird dabei zweierlei auffallen:

- Auf die Änderung des Horizontbildes reagiert der Fahrtmesser erst, wenn die Maschine Fahrt aufgeholt hat – also erst, wenn das Ereignis eingetreten ist, das eigentlich verhindert werden soll.
- Die Maschine beginnt zwar laut Variometeranzeige verstärkt zu sinken, doch ist das nur ein bedingt verstärkter Sinkflug, weil sich ja gleichzeitig die Fahrt erhöht. Sowie sie auf normal reduziert werden soll, steigt die Maschine wieder.

Daraus lassen sich die Regeln ableiten:

- Zur Steuerung des Geradeausfluges eignet sich der Fahrtmesser schlecht. Soll ein durch die Verzögerung des Fahrtmessers bedingtes Auf und Ab vermieden werden, muß nach dem Horizontbild gesteuert und ein Übersteuern vermieden werden.
- Allein mit dem Höhenruder kann kein verstärkter

Höhenruder gezogen, Horizont zu tief

Sinkflug gesteuert werden, weil lediglich potentielle Energie (= Höhe) in Fahrt umgesetzt wird.

All das geschieht auch – allerdings mit umgekehrtem Vorzeichen –, wenn das Höhenruder *gezogen* wird:

- Der Sitzdruck nimmt zu (der Pilot wird »schwerer«).
- Die Längsneigung nimmt ab (der Horizont »sinkt«).
- Die Fluggeschwindigkeit nimmt ab (das Fahrtgeräusch wird leiser).
- Die Steuerkräfte nehmen ab (die Ruder werden »weicher«).

Wieder ergeben sich die Regeln:

- Keine Steuerung des horizontalen Fluges mit Hilfe des Fahrtmessers.
- Allein mit dem Höhenruder kann kein »Steigflug« gesteuert werden.

Für das Drücken wie das Ziehen des Höhenruders gilt, daß die Steuerung der Längsneigung (Drehung der Maschine um die Querachse) ohne Auswirkung auf Bewegungen um die anderen Achsen ist.

Anders sieht das schon beim **Seitenruder** aus, das wir im Geradeausflug zum Halten der Richtung brauchen. Ein Ausschlag nach links läßt zwar den Horizont nach rechts, die Schnauze also brav nach links wandern. Die Drehung um die Hochachse bleibt jedoch nicht ohne Nebenwirkung:

- Die kurvenäußere Fläche wird angehoben (aber nicht genug, um das Schieben zu verhindern), weil sie einen weiteren Weg zurücklegen muß. Entsprechend nehmen die Strömungsgeschwindigkeit und damit der Auftrieb in der kurvenäußeren Fläche zu und an der kurveninneren ab. Diese Veränderung der Querlage ist die Folge des Positiven Schieberollmomentes.
- Die Kugel in der Libelle wandert nach außen (bei Seitenruderausschlag nach links wandert sie nach rechts – der Maschinendrehung entgegengesetzt) und der Haubenfaden weht nach innen (in die gleiche Richtung wie der Seitenruderausschlag, weil die Maschine durch das Schieben schräg von außen angeblasen wird). Das Flugzeug schiebt also um die Kurve (etwa so, als wollte ein Radfahrer eine Kurve ohne Schräglage fahren).

Daraus lassen sich die Regeln ableiten:

- Ausschläge des Seitenruders bewirken eine Drehung um die Hochachse. Jede Drehung um die Hochachse hat Auswirkungen auf die Längsachse.
- Kleine Richtungskorrekturen können allein mit dem Seitenruder geflogen werden.
- Zur Steuerung von größeren Richtungsänderungen, Kurven oder Kreisen reicht das Seitenruder allein nicht aus. Hier muß die Steuerung der Querlage dazukommen.

Gesteuert wird die Querlage (Drehung der Maschine um die Längsachse) mit dem **Querruder.** Ein Ausschlag nach links läßt das linke Ruder nach oben, das rechte nach unten gehen und die Maschine nach links rollen (die linke Fläche senkt, die rechte hebt sich). Gleichzeitig neigt sich der Horizont nach rechts. Und wieder bleibt das nicht ohne Nebenwirkung:

Querruder links, Horizont neigt sich nach rechts

Querruder rechts, Horizont neigt sich nach links

- Die gehobene Fläche erzeugt durch das nach unten ausgeschlagene Ruder einen größeren Auftrieb und damit auch einen größeren Widerstand. In der Folge bleibt die gehobene Fläche zurück, die gesenkte eilt vor. Diese Richtungsänderung ist die Wirkung des Negativen Wendemomentes.
- Die Kugel in der Libelle wandert nach außen (bei Querruderausschlag nach links wandert sie auch nach links – wieder der Maschinendrehung entgegengesetzt) und der Haubenfaden weht nach innen (in die entgegengesetzte Richtung wie der Querruderausschlag, weil die Maschine durch das Schieben wieder von außen angeblasen wird).

Daraus lassen sich die Regeln ableiten:

- Ausschläge des Querruders bewirken eine Drehung um die Längsachse. Jede Drehung um die Längsachse hat Auswirkungen auf die Hochachse.
- Zur Steuerung einer größeren Querlage reicht das Querruder alleine nicht, das Seitenruder muß hier stets dazukommen.
- Jede Korrektur der Querlage verursacht automatisch eine entgegengesetzte Richtungsänderung, die mit dem Seitenruder korrigiert werden muß.

Den negativen Auswirkungen eines Ausschlages allein von Seiten- oder Querruder ist recht einfach beizukommen. Das Zauberwort für einen schiebefreien Flug heißt **Koordination beider Ruder** nach der Grundregel:

- Seiten- und Querruder müssen stets gleichzeitig und im gleichen Sinn gebraucht werden.

Da sowohl das Positive Schieberollmoment wie auch das Negative Wendemoment vom Flugzeugtyp abhängen, ist die Dosierung bei der Abstimmung der beiden Ruder eine Sache des Gefühls. Dies zu entwickeln, gibt es eine einfach scheinende, dann aber doch gar nicht

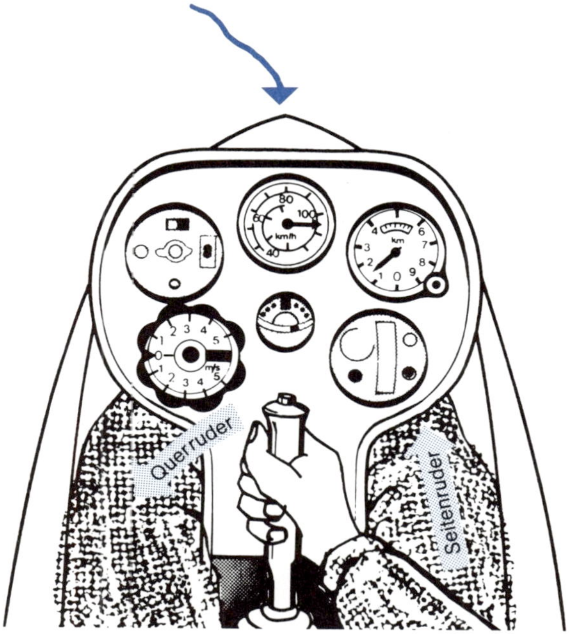

Schiebeflug nach rechts, Faden weht nach links

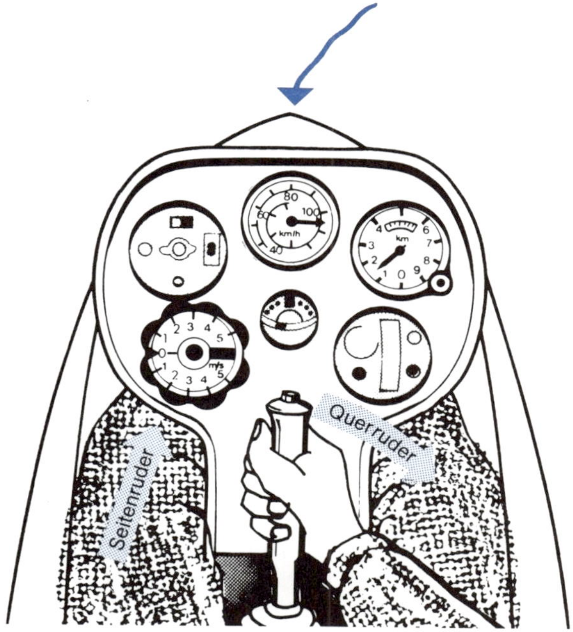

Schiebeflug nach links, Faden weht nach rechts

so leicht zu bewältigende Übung. Ziel ist dabei wieder der möglichst geradlinige Anflug auf einen Horizontpunkt. Durch zügige Querruderausschläge läßt man das Flugzeug abwechselnd etwa 20° nach links und rechts rollen. Die Aufgabe besteht darin, die Kugel bzw. den Haubenfaden in der Mitte und das Flugzeug in der Richtung zu halten. Wandern Kugel oder Faden dennoch aus, läßt sich der Schiebeflug folgendermaßen beheben:

- durch einen Ausschlag mit dem Seitenruder mit der Kugel bzw. gegen den Faden,
- durch einen Ausschlag mit dem Querruder gegen die Kugel bzw. mit dem Faden,
- durch beide Ausschläge zusammen (Ruderkreuzung!).

Ist die Abweichung noch nicht zu groß, läßt sich mit dem Querruder am einfachsten korrigieren.

Der Kurvenflug

Alles für den Geradeausflug Gesagte gilt auch für den Kurvenflug. Als neue Komponente kommt jedoch die Fliehkraft als Resultierende aus der Richtungsänderung ins Spiel. Sie verstärkt und verändert die Richtung der Komponente Gewicht. Notwendige Folge ist die vom Kurvenradius und der geflogenen Geschwindigkeit abhängige Schräglage. Von ihr wiederum ist abhängig, wieviel vom gesamten Auftrieb noch als Gegenkomponente für das Gewicht zur Verfügung bleibt.

Beschränkt sich im Geradeausflug das Steuern auf ein sanftes Korrigieren zum Einhalten einer einmal gewählten Richtung, so wird jetzt für den Kurvenflug ein gezielter Eingriff in die Steuerung, eine entsprechende Änderung der verschiedenen Gleichgewichte und die anschließende Feinkorrektur notwendig.

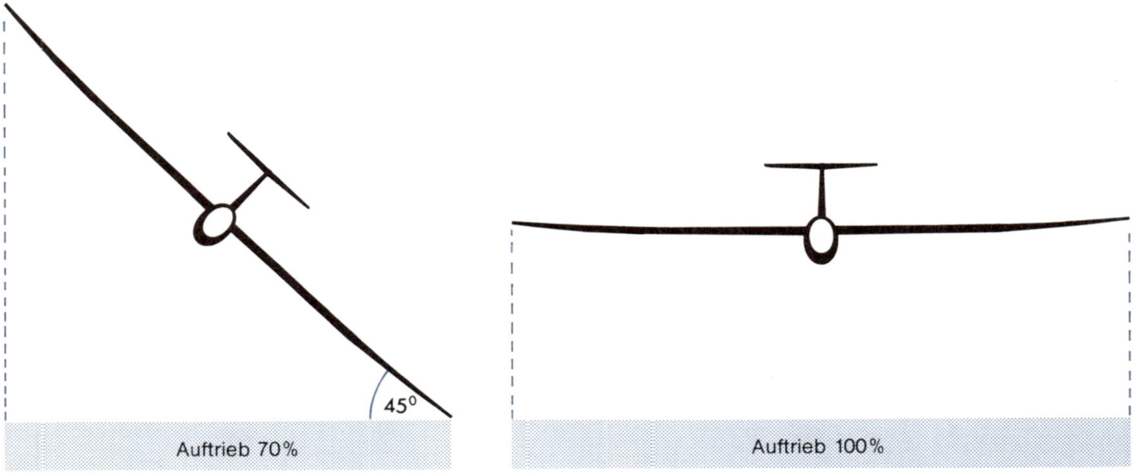

Der verfügbare Auftrieb nimmt mit zunehmender Schräglage stark ab

Für das **Einleiten der Kurve** bedeutet das im einzelnen:

- Überprüfung, ob der Luftraum in der vorgesehenen Kurvenrichtung frei ist.
- Gleichzeitiger und gleichsinniger Ausschlag von Quer- und Seitenruder in Kurvenrichtung. Beide bleiben so lange ausgeschlagen, bis die gewünschte Schräglage erreicht ist.
- Rücknahme beider Ruder auf Null. Die Maschine behält Schräglage und Drehung bei (Beginn des Kreisfluges).

Beim Einleiten der Kurve sind dreierlei Fehler möglich:

- Der Horizont sinkt oder steigt. Da für eine normale Kurve bis 30° Schräglage keine wesentliche Fahrtaufnahme notwendig ist, besteht auch keine Veranlassung für eine Veränderung der Längsneigung. Der Horizont darf sich also entsprechend der Schräglage neigen, er darf aber nicht steigen oder sinken. Die Korrektur erfolgt mit dem Höhenruder.
- Die Kugel wandert nach außen (der Haubenfaden weht nach innen), das Flugzeug beginnt zu schieben. In diesem Fall ist die Schräglage für den gewählten Radius zu gering. Die Korrektur erfolgt wie beim Geradeausflug.
- Die Kugel wandert nach innen (der Haubenfaden weht nach außen), das Flugzeug beginnt zu schmieren. In diesem Fall ist die Schräglage für den gewählten Radius zu groß. Die Korrektur erfolgt wie beim Geradeausflug.

Ist die Kurve erst einmal eingeleitet, und soll ein gleichmäßiger **Kreisflug** erfolgen, wird der Pilot aber keineswegs arbeitslos. Zwei Faktoren verhindern das:

- In jeder Kurve muß die äußere Tragfläche einen weiteren Weg zurücklegen als die kurveninnere. Entsprechend schneller wird sie angeströmt und entsprechend mehr Auftrieb liefert sie (= Positives Schieberollmoment). Um zu verhindern, daß die Schräglage im stationären Kreisflug stetig größer wird, muß mit einem leichten Gegenausschlag des Querruders »gestützt« werden.
- Die Maschine hat die Tendenz, langsam aber sicher Fahrt aufzunehmen. Das wird am sichersten verhindert durch sauberes Fliegen nach Horizont. Je nach Schräglage wird das Höhenruder dann leicht gezogen sein.

Soll der Kurvenradius und damit zusammenhängend natürlich die Schräglage im Kurvenflug geändert wer-

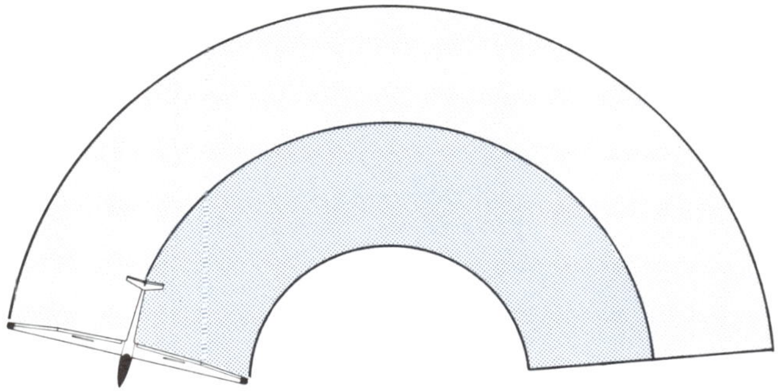

Die Flugbahnen der beiden Tragflächen im Kurvenflug

den, geschieht das wieder mit Seiten- und Querruder zusammen. Wird dabei der Radius so eng, daß die Schräglage 30° übersteigt, ist es höchste Zeit, auf den weniger zur Verfügung stehenden Auftrieb Rücksicht zu nehmen. Während bei 30° Schräglage die notwendige Fahrterhöhung noch bei 7% liegt, verlangt eine Schräglage von 50° schon eine Fahrterhöhung um 25%! Bei engeren Kurven mit größerer Schräglage muß also unbedingt die kontinuierliche Steuerung der Fahrt sowohl beim Einleiten als auch beim Beenden der Kurve dazukommen.

Beim Kreisflug sind folgende Fehler möglich:

- Der Horizont sinkt oder steigt: Korrektur mit dem Höhenruder.
- Die Schräglage wird größer: Korrektur mit mehr stützendem Querruder.
- Die Schräglage wird geringer: Korrektur mit weniger stützendem Querruder.
- Die Kugel wandert nach außen (der Haubenfaden weht nach innen), der Radius soll beibehalten werden: die Schräglage ist für den Kurvenradius zu gering, Korrektur mit dem Querruder in Kurvenrichtung (Querruder zum Faden/gegen die Kugel).
- Die Kugel wandert nach innen (der Haubenfaden weht nach außen), der Radius soll beibehalten werden: die Schräglage ist für den Kurvenflug zu groß; Korrektur mit Gegenquerruder.
- Die Kugel wandert nach außen (der Haubenfaden weht nach innen), die Schräglage soll beibehalten werden: der Radius ist für die Schräglage zu klein; Korrektur mit dem Seitenruder nach außen (Seitenruder gegen den Faden/zur Kugel).
- Die Kugel wandert nach innen (der Haubenfaden weht nach außen), die Schräglage soll beibehalten werden: der Radius ist für die Schräglage zu groß; Korrektur mit dem Seitenruder nach innen.

Die **Beendigung des Kurvenflugs** erfolgt mit umgekehrten Ruderbewegungen wie beim Einleiten:

- Gleichzeitiger und gleichsinniger Ausschlag von Quer- und Seitenruder gegen die Kurvenrichtung.
- Nachlassen des leicht gezogenen Höhenruders, damit der Horizont gleichbleibt.

Beim Beenden der Kurve sind dreierlei Fehler möglich:

- Der Horizont sinkt, die Maschine beginnt sich aufzubäumen: Korrektur durch Nachlassen des Höhenruders.
- Die Kurve wird zu früh beendet: Später ausleiten.
- Die Kurve wird zu spät beendet: Früher ausleiten (während des Ausleitens dreht die Maschine ja noch weiter).

Der Flug mit Klappen

Alle gebräuchlichen Segelflugzeuge haben außer den Steuerrudern irgendwelche an den Tragflächen ein- oder angebaute Klappen. So unterschiedlich sie im einzelnen jeweils auch konstruiert sein mögen, so haben sie doch nur zwei mögliche Aufgaben: entweder sie sollen den Auftrieb stören oder teilweise vernichten und damit den Gesamtauftrieb verringern (Bremsklappen) oder sie sollen für bestimmte Situationen den Auftrieb erhöhen (Wölbklappen).

Die **Bremsklappen** fahren meist auf der Ober- und Unterseite der Tragflächen aus (Schempp-Hirth-Klappe oder Sturzflugbremse). Manchmal fahren sie auch nur

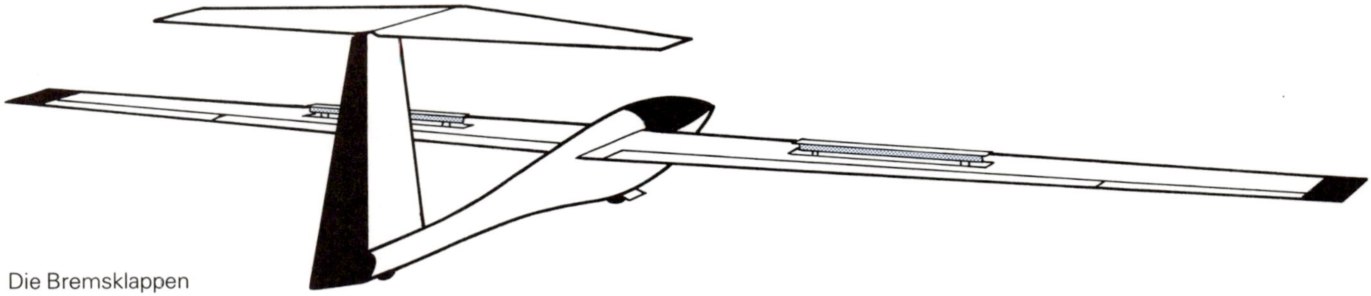

Die Bremsklappen

auf der Oberseite der Tragflächen aus oder sind als einfache Klappen ausgebildet, die nur mehr oder weniger aufgestellt werden. Alle diese »Luftbremsen« haben für ihre Wirkung eine doppelte Ursache. Zum einen erhöht sich je nach der Stärke des Ausfahrens der Stirnwiderstand des Flugzeuges, zum anderen wird im Bereich der ausgefahrenen Störklappen der vom Tragflächenprofil erzeugte Auftrieb zerstört. Dabei ist es nur logisch, daß ihre Wirkung um so stärker ist, je weiter sie ausgefahren werden und je größer die Fluggeschwindigkeit ist.

Neben der unmittelbaren Auswirkung, die Sinkgeschwindigkeit der Maschine zu erhöhen, haben die Störklappen zwei mittelbare Auswirkungen:

- Da sich beim Ausfahren der Widerstand erhöht, wird das Flugzeug automatisch langsamer. Dieser Fahrtverminderung muß durch Nachdrücken entgegengewirkt werden.
- Da die Störklappen beim Ausfahren einen mehr oder weniger großen Teil des Auftriebes zerstören, erhöht sich entsprechend die Mindestfahrt. Damit das Flugzeug nicht abkippt, muß die Fahrt durch entsprechendes Nachdrücken ausreichend erhöht werden (um etwa 10 km/h).

Konstruktionsbedingt wirken die Störklappen bei jedem Maschinentyp etwas anders. Vor allem die Auswirkungen auf die Längsneigung und die daraus resultierende Korrekturnotwendigkeit mit dem Höhenruder ist von Typ zu Typ verschieden und muß jeweils ausprobiert werden. Auch die Zunahme der Bremswirkung bei höherer Fahrt ist typenabhängig unterschiedlich und muß erflogen werden.

Der Hauptzweck aller Störklappen ist die Möglichkeit, beim Landeanflug überschüssige Höhe kontrolliert abzubauen, das Ansteuern des optimalen Gleitweges zu erleichtern und damit die Landung am vorgesehenen Punkt sicherzustellen.

Eine ganz andere Funktion dagegen haben die **Wölbklappen.** Wie schon ihr Name sagt, kann mit ihnen die Wölbung der Tragflächen verändert werden. Werden sie positiv, also nach unten ausgeschlagen, vergrößern sie für ihren Bereich die Wölbung des Profils, erhöhen den Auftrieb und senken gleichzeitig die Mindestgeschwindigkeit. Beim negativen Ausschlag dagegen, also beim Ausschlag nach oben, verringern sie die Wölbung des Profils, senken den Auftrieb und erhöhen die Mindestgeschwindigkeit.

Die Wölbklappen werden in zwei Funktionsbereichen eingesetzt. Für den Start und die Landung wird die Verringerung der Mindestgeschwindigkeit genutzt. Vor allem beim Start im Flugzeugschlepp kann damit das Flugzeug schneller von einer oft unebenen Startbahn abgehoben werden und bei der Landung kann mit wesentlich geringerer Geschwindigkeit aufgesetzt werden. Sowohl beim Start wie bei der Landung gilt es jedoch besonders darauf zu achten, daß mit jeder Verringerung des Wölbklappenausschlages automatisch eine Erhöhung der Mindestfahrt verbunden ist. In Bodennähe muß deshalb die Grundregel lauten:

- Die Wölbklappen dürfen nie abrupt und ohne entsprechende Anpassung der Fahrt vom positiven in den negativen Bereich verändert werden.

Das zweite Einsatzgebiet der Wölbklappen ist der Streckenflug. Wölbklappen im Plusbereich erlauben dort ein möglichst langsames und enges Kreisen in der Thermik; Wölbklappen im Negativbereich erlauben eine möglichst hohe Fahrt zwischen den Aufwindgebieten.

Neben der Anpassung der Fahrt an die jeweilige Wölbklappenstellung muß auch auf eine mögliche Veränderung der Längsneigung geachtet werden. Wohl haben inzwischen viele Maschinen eine automatische Trimmung, die keine Korrektur der Längsneigung mit dem Höhenruder mehr notwendig macht, doch trifft das eben noch lange nicht auf alle Typen zu. Das Feingefühl für die Bedienung der Wölbklappen ergibt sich – ähnlich wie bei den Störklappen – nur durch Ausprobieren und häufiges Üben.

Der Start

Jeder Start mit einem Segelflugzeug ist ein Vorgang, der keineswegs alleine vom Piloten des Segelflugzeuges gesteuert wird. Startet er im Schlepp eines Motorflugzeuges, wird ihm der Flugweg durch das schleppende Flugzeug vorgegeben. Seine eigenen Bemühungen müssen vor allem darauf gerichtet sein, der Schleppmaschine möglichst exakt nachzufliegen. Nur so nämlich kann verhindert werden, daß »der Schwanz mit dem Hund wedelt«, d.h. die Schleppmaschine vom Piloten des Segelflugzeuges in eine gefährliche Situation gebracht wird.
Auch beim Start an der Winde ist der Flugweg weitestgehend vorgegeben. Auch hier gilt es für den Piloten hauptsächlich, diesem vorgegebenen Flugweg möglichst genau zu folgen. Denn nur so können Gefahren vermieden und möglichst optimale Starthöhen erreicht werden.
Für beide Verfahren gilt, daß das Ergebnis um so optimaler ist, je besser die jeweiligen beiden Partner die Aktionen des Partners erkennen und in ihrer Reaktion entsprechend zu kompensieren vermögen. Die dafür notwendigen Verfahren sind exakt festgelegt und müssen selbstverständlich von jedem Piloten beherrscht werden.

Die Startvorbereitung

Vor seinem ersten Start am Tag muß jedes Segelflugzeug zunächst einmal genau überprüft werden. Dieser **Check vor dem Betriebsbeginn** erfolgt nach den Angaben im Flug- und Betriebshandbuch und umfaßt alle »lebenswichtigen« Teile des Flugzeuges. Dazu gehören alle Montageverbindungen, die Funktion der Steuerung, die Funktion der Instrumente sowie die richtige Gewichtsverteilung (Ballast). Auch eine Fremdkörperkontrolle ist Bestandteil dieses Checks.
Ausgeführt werden muß der Check von einem mit dem jeweiligen Flugzeugtyp absolut vertrauten Piloten und selbstverständlich sind dabei der Sorgfalt keine Grenzen gesetzt. Wer jedoch die Folgen eines nicht ange-

schlossenen Höhenruders oder die eines ins Steuergestänge gerutschten Photoapparates bedenkt, wird von sich aus auf äußerste Sorgfalt achten. Daß keiner, der einen solchen Check gerade durchführt, gestört werden sollte, müßte eigentlich selbstverständlich sein.

Einige Aufmerksamkeit muß auch dem **Windenseil** gelten. Es endet nicht einfach mit einem x-beliebigen Ring oder Haken. Es weist vielmehr eine genau vorgeschriebene Kombination einzelner, sehr sinnvoller Zwischenelemente auf. In das eigentliche Seilende ist zunächst mit einem Schraubkarabiner der Seilfallschirm eingehängt, der dafür sorgt, daß nach dem Ausklinken das Seil nicht zu schnell zu Boden fällt und deshalb auf der Seiltrommel der Winde Verwirrung stiften könnte. An der Schirmkappe ist wieder mit einem Schraubkarabiner ein etwa 10 m langes Zwischenseil eingehängt, mit dem verhindert werden soll, daß sich das restliche Seilende im Seilfallschirm verheddern kann. Zwischen dem Zwischenseil und dem eigentlichen Vorseil ist die Sollbruchstelle eingebaut. Sie sorgt dafür, daß für kein Segelflugzeug die Zugkraft während des Startes zu hoch werden kann, und verhindert damit eine Überlastung des Segelflugzeuges. Der Starthelfer muß deshalb darauf achten, ob die für das gerade zu startende Flugzeug richtige Sollbruchstelle eingebaut ist. Das Vorseil schließlich ist etwa 3 m lang und hat zur Versteifung einen Überzug aus Gummi oder Plastik. Mit dieser Versteifung soll verhindert werden, daß sich das Seil irgendwo am Flugzeug verhängt, wenn das Flugzeug beim Anziehen das Seil aus irgendeinem Grunde überrollt. Das äußerste Ende des Seiles bildet ein genormtes Ringpaar, mit dem die optimale Verbindung zur Kupplung im Flugzeug hergestellt wird.
Selbstverständlich müssen alle Einzelteile des Seiles in Ordnung und das Ganze frei von Verschlingungen oder gar Knoten sein. Verantwortlich dafür ist zwar der Helfer am Start, doch schadet es sicher nicht, wenn auch der Pilot mit ein Auge auf das Seil hat.

Am Ende der Startvorbereitung steht die persönliche Vorbereitung des Piloten. Damit ist hier nicht all das gemeint, was der Pilot als Vorbereitung für einen größeren Überlandflug braucht (vgl. S. 113), sondern der letzte **Check vor dem Start,** den jeder Pilot im eigenen Interesse sorgfältigst durchführen sollte.
Vor dem Einsteigen gehört dazu die Überprüfung, ob das eigene Gewicht plus Fallschirm im zulässigen Bereich ist oder ob noch mit Trimmgewichten ausgeglichen werden muß. Sache des Piloten ist es auch, sich zu überzeugen, daß der Spornkuller entfernt ist, die Aufziehleine eines eventuell vorhandenen automatischen Fallschirmes richtig befestigt ist und daß die Seitenruderpedale passend eingestellt sind.

Nach dem Einsteigen erfolgt die letzte Kontrolle nach einer festen Checkliste. Sie sieht etwa folgendermaßen aus:

Fallschirm	– Gurte angelegt und eingeklinkt
angeschnallt	– richtig und fest
Ausklink-vorrichtung	– überprüft
Haube	– verriegelt

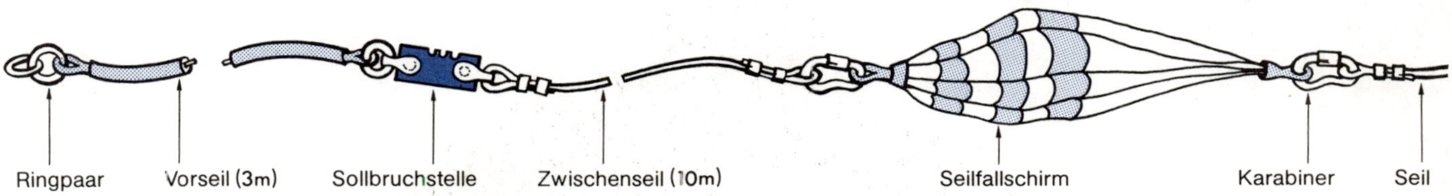

Der Aufbau des Windenseiles

Trimmung	–	normal
Landeklappen	–	überprüft und verriegelt
Ruder	–	freigängig
Höhenmesser	–	eingestellt (bei Platzflügen auf 0) (bei Überlandflügen auf QNH)
Funkgerät	–	auf richtiger Frequenz betriebsbereit
elektrisches Vario	–	überprüft und eingeschaltet
Barograf	–	überprüft und eingeschaltet
Startbahn	–	hindernisfrei
Wind	–	abgeschätzt
Startbereit	–	Zeichen zum Einklinken

An möglichen Seilriß denken!

Situation	**Kommando**	
Flugzeug startklar	*Startleiter:*	Bergfalke IV, doppelsitzig, startklar Seil anziehen
	Windenfahrer:	wiederholt
Seil wird straff	*Startleiter:*	Seil straff, fertig
	Windenfahrer:	wiederholt
Seil löst sich am Ende des Schlepps vom Flugzeug	*Startleiter:*	Seil fällt, Ende
	Windenfahrer:	wiederholt
Startunterbrechung	*Startleiter:*	Halt–Stop, Halt–Stop
	Windenfahrer:	wiederholt

Der Windenstart

Sind alle Startvorbereitungen getroffen, und hat der Pilot entschieden, daß von ihm aus gestartet werden kann, wird das Seil von einem Helfer in die Schwerpunktkupplung eingeklinkt. Damit das möglich wird, ruft der Helfer »aus«, der Pilot wiederholt »aus« und öffnet mit dem Kupplungsgriff den Haken der Kupplung. Der Helfer kann nun den kleinen Ring des Ringpaares in die Kupplung einschieben, dabei ruft er »ein«. Auch dieses Kommando wiederholt der Pilot und läßt dabei den Kupplungsgriff los. Die in der Kupplung eingebaute Feder hält den Ring nun in der genau notwendigen Stärke fest.

Ist die Startbahn frei und schwebt gerade kein anderes Flugzeug zur Landung an, wird der Start vom Flugleiter freigegeben. Der Helfer hält die Tragflächen waagerecht und wartet auf das Anziehen der Winde. Beginnt der Start, läuft er solange wie möglich mit. Dabei darf er jedoch keinesfalls die Tragfläche so festhalten, daß das Flugzeug aus der Richtung gezogen wird.

Die dem Windenfahrer für den Start übermittelten Kommandos lauten dabei:

Mit dem Kommando »Seil anziehen« beginnt für den Piloten der eigentliche Start an der Winde. Für die kommende Beschleunigung stehen das Quer- und das Seitenruder auf Null, das Höhenruder ist leicht gedrückt. Während des **Anrollens** muß die Maschine von Null auf die Abhebegeschwindigkeit beschleunigt werden. In dieser Phase sind die Ruder natürlich entsprechend weniger wirksam, notwendige Korrekturen müssen deshalb energischer ausfallen. Das gilt zunächst für das Seitenruder (das Querruder wird noch durch den mitlaufenden Helfer ersetzt). Da es immer wieder vorkommt, daß der Helfer die Fläche zu spät losläßt und deshalb die Maschine aus der Richtung zieht, muß der Pilot als erstes darauf gefaßt sein, diese mögliche Richtungsänderung, die bis zum »Ausbrechen« gehen kann, sofort mit einem energischen Seitenruderausschlag gegen die Richtungsänderung zu korrigieren.
Ähnliches gilt für das Querruder ab dem Moment, in dem der Helfer die Fläche losläßt. Natürlich darf die Fläche unter keinen Umständen mehr den Boden berühren, da sonst die Maschine wiederum ausbrechen könnte. Auch hier gilt es deshalb, mit energischen Querruderausschlägen die Tragflächen waagerecht zu halten.
Ist die Abhebegeschwindigkeit erreicht, heben die al-

lermeisten Segelflugzeuge ganz von selbst ab. Bei vielen muß sogar etwas nachgedrückt werden, um ein zu schnelles Aufbäumen zu verhindern. Gezogen werden darf in der gesamten Phase des Anrollens und Abhebens in keinem Fall. Für diese erste Phase des Windenstarts gelten deshalb folgende Grundregeln:

- Wegen der anfangs geringen Geschwindigkeit muß mit Quer- und Seitenruder zügig korrigiert werden.
- Das Höhenruder muß leicht gedrückt bleiben – gezogen werden darf unter keinen Umständen.
- Die freie Hand bleibt in der Nähe des gelben Ausklinkgriffes, damit möglichst schnell ausgeklinkt werden kann, falls das Flugzeug ausbrechen sollte.

Die entscheidende Phase im Windenstart ist der Übergang in die **Steigfluglage.** Hier entscheidet es sich, ob der Start ein optimales Ergebnis, also unter den gegebenen Bedingungen die größtmögliche Höhe ergibt. Möglich ist das nur, wenn der Pilot diesen Übergang ganz bewußt steuert, da jede Abweichung von der Idealflugbahn zumindest zu einer geringeren Höhe, im ungünstigsten Fall sogar zu einer Falschreaktion des Windenfahrers führen kann.

Die Notwendigkeit des relativ sanften Überganges aus der Waagerechten in die Steigfluglage ergibt sich aus zwei Tatsachen:

- Die Abhebegeschwindigkeit ist nicht identisch mit der für den Steigflug notwendigen Geschwindigkeit. Das Flugzeug muß also nach dem Abheben erst noch weiter beschleunigt werden.
- Die Geschwindigkeit im eigentlichen Steigflug liegt deutlich über der normalen Fluggeschwindigkeit, da das Flugzeug außer sich selbst auch noch das Gewicht des Windenseiles tragen muß.

Für einen üblichen Schuldoppelsitzer bedeutet das, daß in dieser Übergangsphase die Fahrt auf mindestens 90 bis 100 km/h wachsen muß, bevor die endgültige Längsneigung für den eigentlichen Steigflug erreicht ist. Gesteuert wird dieser Übergang keineswegs durch Ziehen des Höhenruders, sondern durch langsames Nachlassen des leicht gedrückten Höhenruders in dem

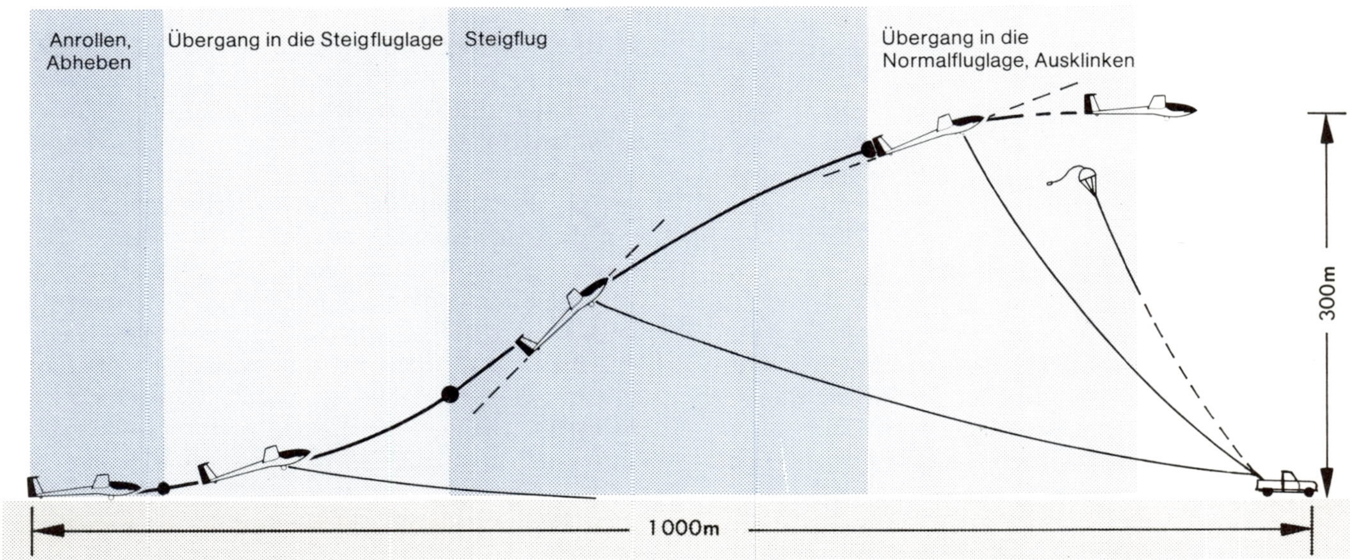

Die einzelnen Phasen des Windenstartes

Maße auf Null, in dem die Geschwindigkeit zunimmt. Richtig gesteuert ist der Übergang in den Steigflug dann, wenn bei Erreichen der richtigen Steigfluggeschwindigkeit und der richtigen Längsneigung das Höhenruder auf Null steht.

Wird die Übergangsphase zu flach gesteuert, das gedrückte Höhenruder also zu langsam zurückgenommen, vermittelt das dem Windenfahrer den Eindruck, das Flugzeug gewinne zu wenig Fahrt und er müsse noch mehr Gas geben. Dadurch wird das Flugzeug zu schnell, beim Aufrichten in die Steiglage wird damit die im Windenstart zulässige Höchstgeschwindigkeit (sie ist typenabhängig und dem Flughandbuch zu entnehmen) nur allzu leicht überschritten.

Wird dagegen die Übergangsphase zu steil gesteuert und damit ein »Kavalierstart« riskiert, ergeben sich gleich mehrere Gefahren:

- Das Flugzeug ist für die steile Lage noch zu langsam und verkraftet deshalb das Gewicht des Seiles noch nicht. Entsprechend groß ist deshalb die Abkippgefahr.
- Die Belastung des Schleppseiles ist enorm groß und deshalb die Gefahr eines Seilrisses programmiert. Reißt in dieser Situation jedoch das Seil, ist es für den Piloten nahezu unmöglich, das Flugzeug wieder in die Normalfluglage zu bekommen.
- Für den Windenfahrer scheint das Flugzeug zu schnell zu sein, beschleunigt er deshalb weniger, erhöht sich die Gefahr des Abkippens zusätzlich.

Aus all diesem ergibt sich die absolute Grundregel für die zweite Phase des Windenstartes:

- Das Flugzeug darf nie mit dem Höhenruder vom Boden geholt werden. Es wird vielmehr mit leicht gedrücktem Höhenruder abgehoben und damit verhindert, daß die Maschine sich aufbäumt. Erst nach Erreichen der notwendigen Fahrt wird die endgültige Steiglage durch langsames Nachlassen des Höhenruders auf Null erreicht.

Die dritte Phase des Windenstartes ist der eigentliche **Steigflug.** Er ist eine absolut eigenstabile Flugphase solange die Fahrt nur genügend hoch ist. Ohne Seiten-

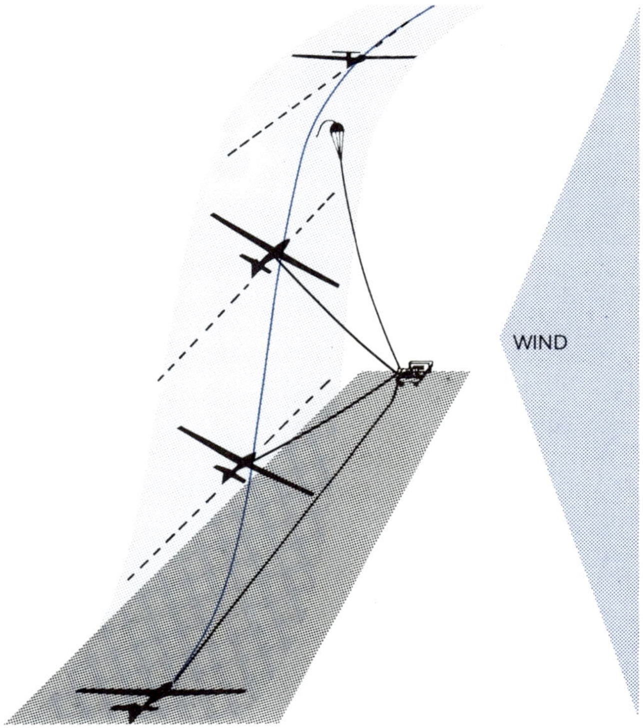

Die Kompensation des Seitenwindes beim Windenstart

wind sind das Seitenruder und das Querruder auf Null, das Höhenruder steht ebenfalls auf Null oder ist allenfalls ganz leicht gezogen. Ein stärkeres Ziehen des Höhenruders bringt eher weniger denn mehr Höhe, da das Flugzeug dann mehr durch die Luft »schiebt« und nicht mehr so aerodynamisch sauber angeblasen wird.

Um bei fehlendem Seitenwind die Richtung zu halten, genügt es, sich einen Wolkenpunkt auf der Achse der Startbahn zu merken und den anzusteuern. Nach einiger Zeit hat man auch Erfahrungswerte dafür, welche Teile des Platzes man bei seitlichem Hinunterschauen sehen muß, wenn der Start gerade sein soll.

Etwas anders wird die Sache, wenn Seitenwind ins Spiel kommt. Damit das Flugzeug dennoch während des gesamten Schlepps auf der Achse der Schleppstrecke bleibt, muß der Pilot entsprechend gegen den

Wind vorhalten. Solange der Seitenwind nicht allzu stark ist genügt es, mit dem Seitenruder vorzuhalten.

Weil das Startseil vor dem Druckpunkt (vgl. Band »Theorie«) eingeklinkt ist, muß das Seitenruder jedoch während des gesamten Steigfluges ausgeschlagen bleiben, da sich sonst die Maschine von selbst wieder geraderichtet und von der Achse abtreibt. Das durch den Seitenruderausschlag wirksam werdende Positive Schieberollmoment verursacht ein leichtes Hängen der Fläche in den Seitenwind. Beides zusammen ergibt meist ein ausreichendes Vorhalten.

Nur wenn der Seitenwind handfeste Dimensionen annimmt (etwa bei Föhn), reicht das Vorhalten allein mit dem Seitenruder nicht. In solchen Fällen muß zusätzlich mit dem Querruder vorgehalten werden, so daß praktisch über den gesamten Steigflug hinweg permanent ein Kurvenansatz gesteuert wird. Um zu verhindern, daß das fallende Seil nicht zu weit von der Achse der Startbahn abgetrieben wird, muß zudem ein Visierpunkt entsprechend weit gegen den Wind angeflogen werden.

Damit ergeben sich für den normalen Steigflug folgende Regeln:

- Ohne Seitenwind sind alle Ruder auf Null. Allenfalls das Höhenruder ist leicht gezogen.
- Bei Seitenwind wird mit permanent leicht gegen den Wind ausgeschlagenem Seitenruder vorgehalten. Nur bei sehr starkem Seitenwind wird zusätzlich das Querruder zu Hilfe genommen.

Die letzte Phase des Windenstarts ist der Übergang in die **Normalfluglage.** Er ist der einfachste Teil des gesamten Starts und verlangt vom Piloten lediglich, daß er das evtl. noch leicht gezogene Höhenruder nachläßt. Durch den Seilzug und seinen stetig veränderten Winkel wird das Flugzeug ganz automatisch gegen Ende des Steigfluges in die Normallage gezogen. Wenn der Windenfahrer das Gas wegnimmt, muß nur noch ausgeklinkt werden. Aus Sicherheitsgründen wird stets dreimal ausgeklinkt, selbst dann, wenn das Seil bereits automatisch aus der Kupplung gefallen sein sollte. Mit dieser Maßnahme wird sichergestellt, daß der Pilot nicht einen Seilriß mit dem automatischen Abfallen des Seiles verwechselt und für den Rest seines Fluges ein Stück des Seiles mitschleppt.

Nach dem Ausklinken wird ein kurzes Stück geradeaus geflogen, um die Maschine in der Normallage zu stabilisieren, sie in die richtige Normalfahrt zu steuern und den Instrumenten Zeit zur Beruhigung zu lassen. Besitzt die Maschine ein einziehbares Fahrwerk, ist jetzt der Moment, das Rad einzufahren.

Selbst wenn der Pilot den Windenstart einwandfrei steuert, gibt es mögliche **Störungen** von außerhalb. Zum einen ist es für den Windenfahrer keineswegs einfach, die gerade herrschende Windstärke richtig einzuschätzen, zum anderen können sowohl die Winde selbst als auch das Seil versagen. Daß der Pilot dennoch in der Lage sein muß, sein Flugzeug in jeder möglichen Situation unter Kontrolle zu behalten, dürfte selbstverständlich sein.

Am häufigsten kommt es vor, daß sich die Windstärke von Schlepp zu Schlepp ändert. Natürlich muß der Windenfahrer bei stärkerem Gegenwind weniger schnell schleppen als bei Windstille. Hat er mit dem Piloten Funkkontakt, ist das Ganze kein Problem, da der Pilot seine Situation unmittelbar weitergeben kann und mit dem Kommando »schneller« oder »langsamer« dem Windenfahrer direkt helfen kann. Ohne Funkkontakt ist der Windenfahrer auf das optische Bild angewiesen. Da der Pilot bei zu langsamem Schlepp gezwungen ist, seinen Steigwinkel zu verflachen, bedeutet umgekehrt ein zu flach steigendes Flugzeug für den Windenfahrer, daß er schneller schleppen muß. Steigt dagegen das Flugzeug zu steil und zu schnell, sieht der Windenfahrer, daß er die Schleppgeschwindigkeit reduzieren muß.

Gehen dagegen die beiden Abweichungen »zu schnell« oder »zu langsam« bis in die Nähe der Betriebsgrenzen, bleibt dem Piloten nicht anderes übrig, als sofort auszuklinken. Wird der Schlepp zu langsam, muß er zeitig genug nachdrücken, um das Flugzeug noch mit genügender Fahrt in die Gleitlage zu bringen. Danach wird dreimal ausgeklinkt und das Flugzeug nach dem weiter unten beschriebenen Verfahren gelandet. Wird das Flugzeug dagegen zu schnell, und droht damit die Belastung die zulässige Grenze zu übersteigen, muß ebenfalls früh genug ausgeklinkt werden. Auch in diesem Fall muß zunächst nachgedrückt werden, damit zum einen das Seil entlastet wird und zum anderen das Flugzeug in die Normallage kommt.

Das Versagen der Winde oder des Seiles kündigt sich mehr oder weniger abrupt an. Versagt nur der Windenmotor, kündigt sich das meist durch mehr oder weniger schnelles Nachlassen des Seilzuges an. Der Pilot reagiert dann wie beim zu langsamen Schlepp, verläßt gegebenenfalls die Steigfluglage, klinkt aus und landet.

Absolut keine Zeit zum Überlegen bleibt jedoch, wenn der Seilzug schlagartig aufhört, etwa weil das Seil gerissen ist. Die automatische Reaktion des Piloten muß dann das zügige Nachdrücken sein, um die noch vorhandene Fahrt dafür zu nutzen, das Flugzeug sicher in die Gleitfluglage zu bringen. Ist das Flugzeug stabilisiert, wird dreimal ausgeklinkt und nach einem der beiden folgenden Schemen gelandet:

Bis zu einer Höhe von 100 m über Grund wird grundsätzlich geradeaus weitergeflogen. Hier gilt ohne Einschränkung die Grundregel:

- Mit voller Nutzung der Landeklappen wird geradeaus gelandet.

Ist bereits eine Höhe von mehr als 100 m über Grund erreicht, kann meist eine verkürzte Platzrunde geflogen werden. Natürlich kommt es dabei dann weniger darauf an, exakt beim Landekreuz zu sitzen als vielmehr, überhaupt sicher in den Platz hinein zu landen. Dabei gilt die Grundregel:

- Ein längerer Rückholweg ist immer besser als wenige Schritte zum Bruch.

Der Flugzeugschlepp

Auch wenn der Windenschlepp die mit Abstand umweltfreundlichste und energiesparendste Startart ist, so hat er doch auch seine Nachteile. Der gravierendste ist sicher die begrenzte Starthöhe, die immer dann längere Segelflüge unmöglich macht, wenn die Thermik erst in größeren Höhen beginnt. Der an sich aufwendigere Flugzeugschlepp kann dann durchaus die bessere Alternative sein, einfach deshalb, weil nur durch ihn überhaupt ein Segelflug an solch einem Tag möglich wird.

Die **Verfahren vor dem Start** sind ähnlich wie beim Windenschlepp. Die Vorbereitungen des Segelflugzeuges und des Piloten sind identisch, lediglich das Schleppseil selber sieht anders aus. Während an der Winde ausschließlich gedrehte Stahlseile verwendet werden können, werden im Flugzeugschlepp heute fast nur noch Seile aus Kunstfaser verwendet. Sie enden beidseitig mit einem genormten Ringpaar, manchmal ist am segelflugseitigen Ende auch noch eine Sollbruchstelle eingebaut. In Deutschland schwanken die Seile zwischen 40 und 60 m Länge.

Die Länge des Schleppseiles hat durchaus Auswirkungen auf den Schlepp selbst. Je länger das Seil wird, desto größer werden die Zeitspannen, in denen Schleppflugzeug und Segelflugzeug in unterschiedlichen Luftströmungen fliegen können. Auch neigt ein langes Seil natürlich eher zum Durchhängen und zum Aufschaukeln des Durchhanges (Schleudereffekt). Je kürzer dagegen das Schleppseil wird, desto schneller muß der Pilot mit seinen Korrekturen sein, da sich jede Ablage entsprechend stärker auf das Schleppflugzeug auswirkt.

Für das **Anrollen zum Start** sind in Deutschland noch immer bestimmte Winksignale vorgeschrieben, danach läuft der Anrollvorgang folgendermaßen ab:

Wie beim Windenstart darf der Helfer am Flächenende die Tragfläche erst aufnehmen und waagerecht halten, wenn alle Startvorbereitungen inkl. des Seileinklinkens beendet sind und der Pilot sein Freizeichen gegeben hat. Ist alles klar, wird die Tragfläche waagerecht gehalten und der Winker gibt dem Schleppiloten das Kommando zum Seilanziehen durch Hochhalten beider Arme. Ist das Seil straff, hält der Winker beide Arme waagerecht. Beginnt das Segelflugzeug zu rollen,

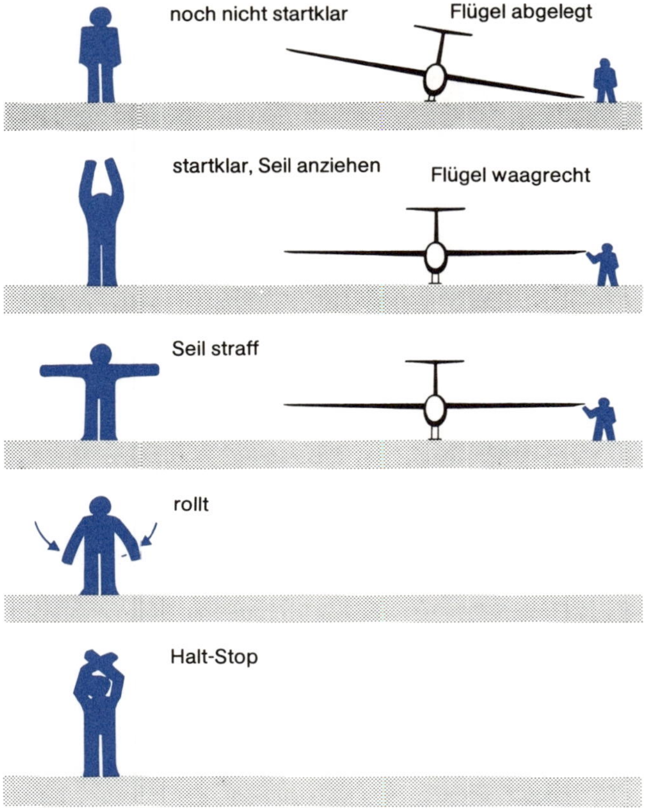

Die Anfangsphase des Flugzeugschleppstartes

schlägt der Helfer beide Arme nach unten an den Körper. Muß der Anrollvorgang unterbrochen werden, kreuzt der Winker beide Arme über dem Kopf und gibt dem Schleppiloten damit das Kommando »Halt – Stop«.

Da heute in der Regel alle Flugzeuge über Funk verfügen, sollte es für den Geschleppten selbstverständlich sein, auf die Frequenz der Schleppmaschine zu schalten und das Funktionieren der Funkverbindung vor dem Start auch auszuprobieren. Ebenso selbstverständlich muß es bei Flugzeugschlepps im Ausland sein, daß man sich vor dem Start mit den dort üblichen Regeln vertraut macht.

Für alle **Steuerbewegungen** während des gesamten Flugzeugschlepps muß der Pilot des Segelflugzeuges daran denken, daß jede von ihm verursachte Abweichung bei der Schleppmaschine eine Gegenkraft auslöst. Weicht das Segelflugzeug etwa nach rechts vom geraden Kurs ab, zieht es das Leitwerk der Schleppmaschine nach rechts und löst damit bei der Schleppmaschine die Tendenz aus, nach links vom Kurs abzuweichen. Entsprechendes gilt für Abweichungen nach oben und unten. Steuert der Segelflugpilot zu hoch, zieht er damit der Schleppmaschine das Leitwerk nach oben und zwingt den Schleppiloten, das Höhenruder so zu ziehen, wie er es für seinen Flug überhaupt nicht gebrauchen kann. Die Grundregel der gesamten Steuerung des Segelflugzeuges im Schlepp muß daher lauten:

- Das Segelflugzeug muß stets so gesteuert werden, daß es möglichst genau dem Flugweg der Schleppmaschine folgt.

Solange beide Maschinen noch rollen, ist es die Hauptaufgabe des Segelfliegers, seine Maschine durch zügige Steuerausschläge (weil die Ruderwirksamkeit noch schlecht ist) möglichst genau in der Startrichtung zu halten. Entsprechend der Bauart seines Flugzeuges muß er versuchen, den schleifenden Sporn durch Drükken oder die Kufe durch Ziehen vom Boden zu bekommen, damit der Rollwiderstand des Segelflugzeuges möglichst gering bleibt. Da die Seitenruderwirksamkeit bei der Schleppmaschine ebenfalls noch gering ist, ist es besonders wichtig, daß der Segelflieger »in der Spur« bleibt, damit er nicht die Schleppmaschine durch seine eigene Abweichung in der anderen Richtung aus der Spur treibt. Vor allem bei Seitenwind ist die Gefahr groß, daß ein nicht genügendes Vorhalten des Segelflugzeuges den ganzen Schlepp aus der Richtung drückt.

Erst recht gilt das, wenn das Segelflugzeug bereits abgehoben hat, das Motorflugzeug aber noch rollt. Bei Seitenwind muß hier der Segelflieger besonders aufpassen und durch Vorhalten verhindern, daß seine Maschine aus der Richtung abgetrieben wird.

Schleppflugzeug rollt

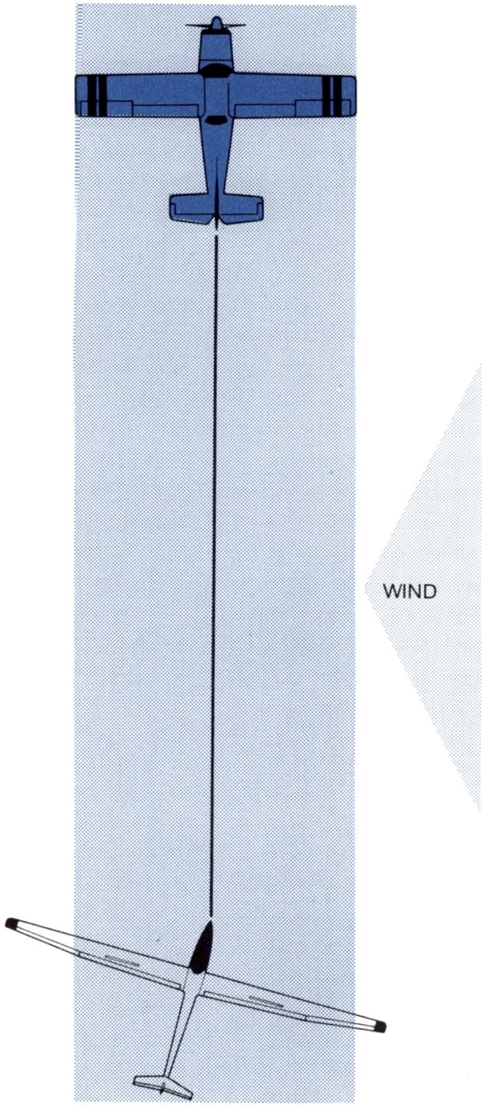

Segelflugzeug fliegt und hält vor

Die Kompensation des Seitenwindes beim Flugzeugschleppstart

Die zweite Hauptaufgabe in dieser Phase besteht für den Segelflieger darin, ein zu hohes Steigen seiner Maschine zu verhindern. Da das Segelflugzeug bereits schneller als im normalen Gleitflug fliegt, muß es durch gefühlvolles Drücken sowohl am zu hohen Steigen als auch am Wiederaufsetzen gehindert werden. Richtig ist es, die Maschine etwa 1 bis 2 m über dem Boden zu halten, bis die Schleppmaschine abhebt. Mehr als 5 m über den Boden sollte das Segelflugzeug keinesfalls steigen, da sonst der Zug auf das Leitwerk der Schleppmaschine so stark wird, daß diese nur noch schwerer oder gar nicht mehr abheben kann.
Hebt schließlich auch die Schleppmaschine ab, heißt es für den Segelflieger doppelt aufpassen. Nicht wenige Schleppiloten neigen dazu, ihre Maschine möglichst lange am Boden zu halten und sie dann aber recht zügig hochzuziehen. Hier sofort mitzuhalten und ohne Verzögerung entsprechend mitzusteigen, ist für die Sicherheit beider Maschinen von Bedeutung.
Für die Schleppmaschine kann ein zu starker Zug nach unten zum nicht mehr aussteuerbaren Aufbäumen führen und damit den Schleppiloten in krassen Fällen zum Ausklinken zwingen. Für den Segelflieger ergibt sich eine nicht geringere Gefahr dadurch, daß er unnötigerweise in Bodennähe in den Propellerwirbeln der Schleppmaschine fliegt. Herrscht stärkerer Gegenwind, fliegt er zudem unnötigerweise in der Bodengrenzschicht und hat damit unter Umständen wesentlich weniger Fahrt als auf gleicher Höhe mit der Schleppmaschine. Bereits vom Abheben des Schleppzuges an muß daher die Grundregel lauten:

- Das Segelflugzeug muß während des gesamten Schlepps stets in gleicher Höhe mit der Schleppmaschine fliegen.

Solange der Schleppzug im **Geradeausflug** fliegt, muß der geschleppte Pilot hauptsächlich darauf achten, daß er weder nach oben oder unten noch seitlich von der Achse des Schleppzuges abweicht. Da vertikale Abweichungen durch ihre Auswirkung auf die Schleppmaschine am gefährlichsten werden können, muß der Segelflieger hier besonders genau aufpassen.

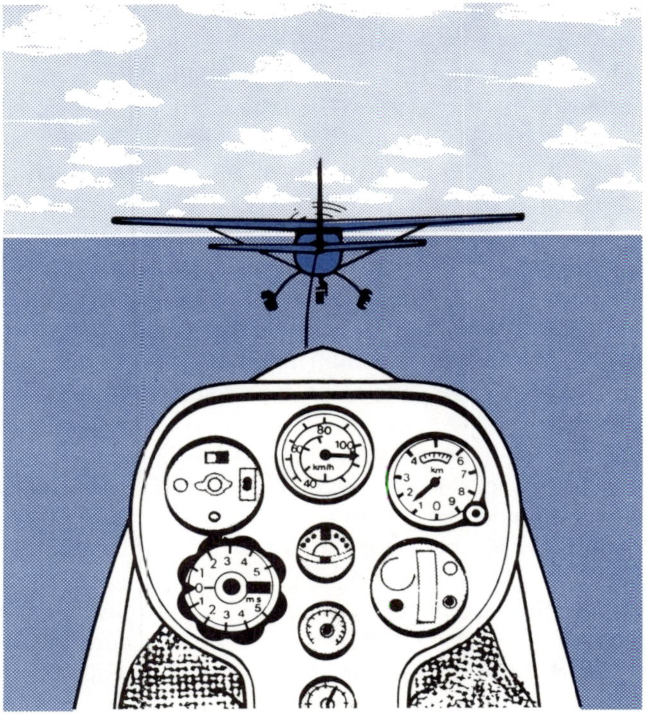

So muß der Segelflieger die Schleppmaschine vor sich sehen

Zur Kontrolle seiner richtigen Flughöhe bieten sich zwei Möglichkeiten an. Bei der einen wird der Horizont, bei der anderen der eigene Haubenrahmen als Bezugsgröße verwendet. Im Flachland wird meist die Beachtung des Horizontes empfohlen:

- Das Segelflugzeug fliegt dann richtig, wenn die Tragfläche der Schleppmaschine auf Horizonthöhe liegt.

Im Bergland oder bei starkem Dunst läßt sich jedoch der Horizont nicht mehr verwenden. In diesem Fall kann nur der eigene Cockpitrahmen als Visierpunkt dem Segelflieger weiterhelfen. Natürlich ist hier das Visierbild abhängig von der Bauart des Segelflugzeuges. Doch gibt es auch dafür eine einfache Grundregel:

- Das Segelflugzeug liegt dann in der Höhe richtig, wenn die Motormaschine so über dem Cockpitrand zu sehen ist, wie unmittelbar nach dem Abheben des Segelflugzeuges.

Relativ harmlos ist es, wenn die richtige Höhe vom Segelflieger unterschritten wird, das Segelflugzeug also zu tief fliegt. Zum einen merkt der Segelflieger seinen Fehler sehr schnell allein schon dadurch, daß er plötzlich von den Propellerböen der Schleppmaschine durchgeschüttelt wird, zum anderen kann mit leichtem Ziehen problemlos Abhilfe geschaffen werden.
Keineswegs so einfach ist es, wenn das Segelflugzeug zu hoch fliegt. Zum einen verschwindet die Schleppmaschine aus dem Blickfeld des Segelfliegers, der damit nicht mehr abschätzen kann, um wieviel er die Schleppmaschine bereits überhöht hat. Zum zweiten wird das Leitwerk der Schleppmaschine unter Umständen stark nach oben gezogen, so daß der Schleppilot gar nicht mehr verhindern kann, daß seine Maschine zu sinken beginnt und damit die Höhendifferenz noch vergrößert wird. Zum dritten schließlich läßt sich die Situation keineswegs durch einfaches Nachdrücken des Segelfliegers bereinigen, da damit nur bewirkt würde, daß das Segelflugzeug Fahrt aufholt, das Seil stark durchzuhängen beginnt und im Extremfall das Segelflugzeug sogar die Schleppmaschine einzuholen droht. Selbst wenn sich das Seil dann langsam wieder zu straffen beginnt, kann der Schleudereffekt so stark sein, daß trotz allem ausgeklinkt werden muß.
Unter allen Umständen und möglichst rasch muß immer dann ausgeklinkt werden, wenn die Schleppmaschine nach unten aus dem Gesichtsfeld verschwindet und der Segelflieger sich nicht in der Lage sieht, diesen Zustand rasch zu beenden. Wird hier nicht sofort ausgeklinkt, besteht die Gefahr, daß der Seilzug so stark wird, daß die Handkraft nicht mehr zur Auslösung der Kupplung ausreicht. Die einzig richtige Reaktion kann hier nur sein:

- Übersteigt das Segelflugzeug die Schleppmaschine zu stark, muß der Segelflieger nachdrücken, um das Seil zu entlasten, und ausklinken.

Ist die Überhöhung noch nicht zu stark, kann der Segelflieger versuchen, durch vorsichtiges Nachdrücken

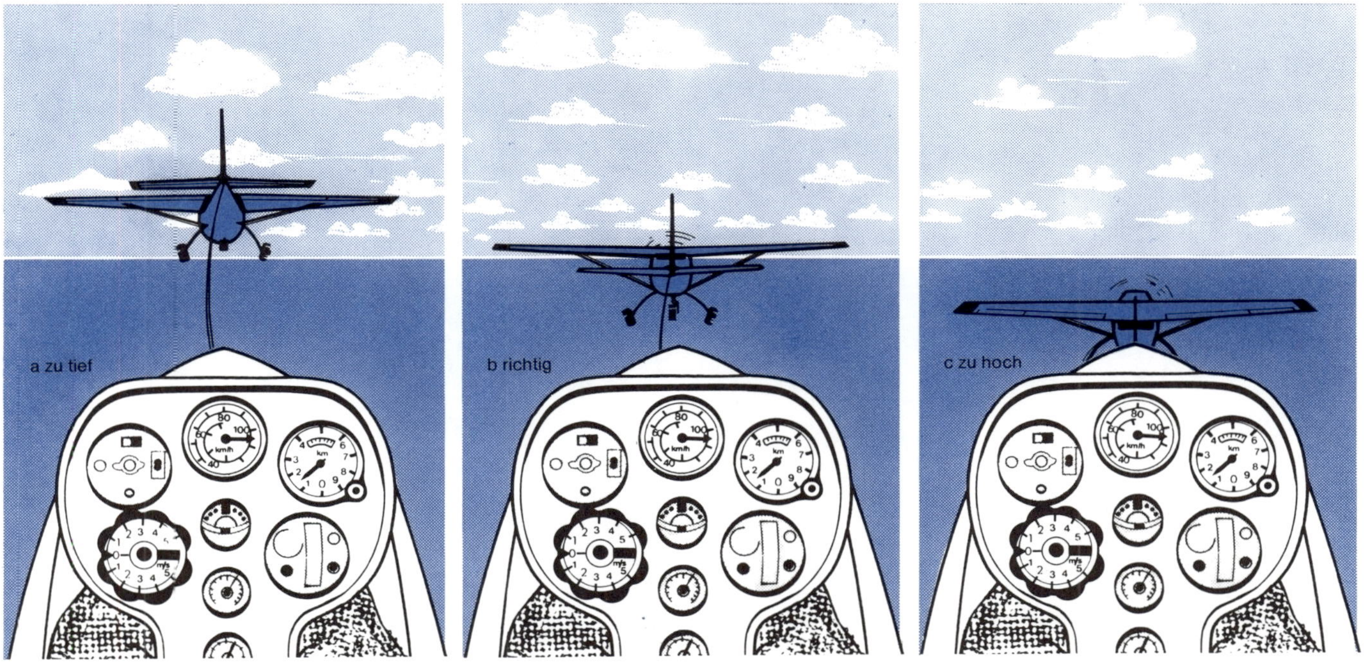

Die Grenzen der Flughöhe des Segelflugzeuges im F-Schlepp

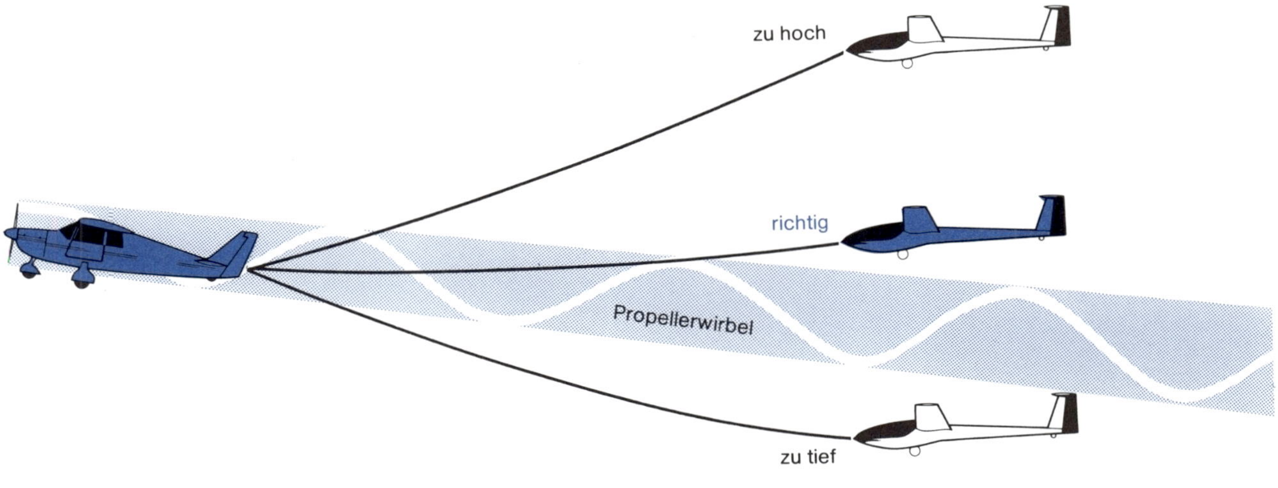

Das Segelflugzeug darf hinter der Schleppmaschine weder zu hoch steigen noch zu tief sinken

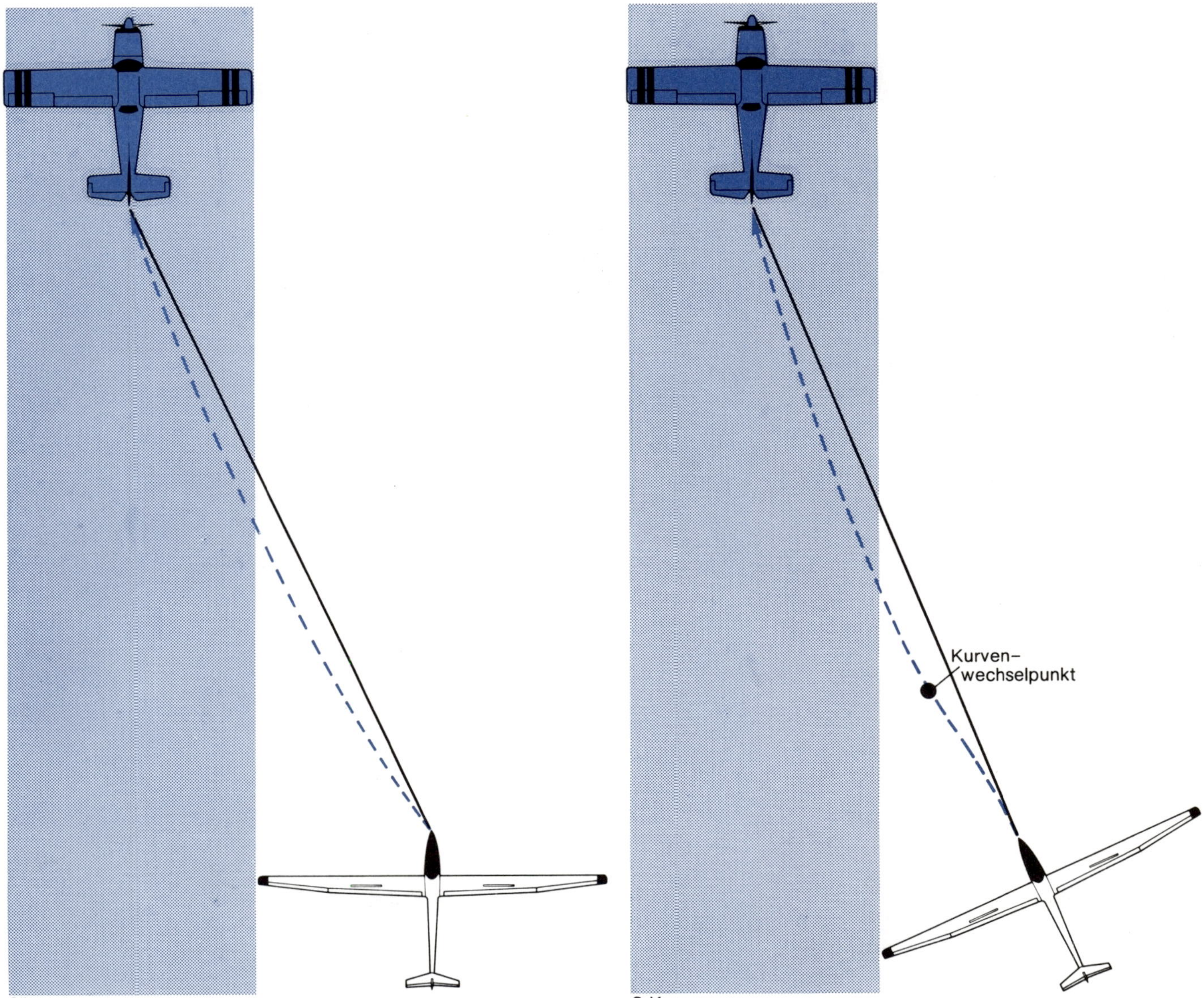

Slip

S-Kurve

Die Korrektur bei seitlicher Ablage
links: Schiebeflug zur Schleppbahn hin
rechts: flache S-Kurve mit frühem Kurvenwechselpunkt

wieder in die richtige Position zu kommen. Einen größeren Seildurchhang kann er dadurch verhindern, daß er entweder vorsichtig die Bremsklappen zu Hilfe nimmt oder seine Maschine in einen leichten Slip (vgl. S. 62) bringt. Das darf aber nicht dazu führen, daß es anstelle der vertikalen Abweichung zu einer seitlichen Abweichung kommt.
Seitliche Abweichungen sind nicht allzu tragisch, solange der Pilot keinen Pendeleffekt zuläßt. Ist die Ablage gering und hängt das Flugzeug an einer Bugkupplung, genügt es meist sogar, einfach zu warten, bis das Segelflugzeug wieder von selbst in die richtige Position kommt.

Anders sieht die Sache aus, wenn das Segelflugzeug an der Schwerpunktkupplung hängt und die Ablage stärker geworden ist. Für diesen Fall gibt es zwei Korrekturmöglichkeiten:

- Durch Hängenlassen einer Tragfläche zur Mitte hin wird die Maschine in einen leichten Schiebeflug gebracht. Durch leichtes Gegensteuern mit dem Seitenruder wird gleichzeitig verhindert, daß die Maschine zu kurven beginnt und damit über die Mitte hinaus nach der anderen Seite in Ablage gerät. Ist das Segelflugzeug wieder auf der Schleppachse angelangt, genügt es, die Maschine gerade zu nehmen und das Gegenseitenruder auf Null zu bringen.
- Mit der Einleitung einer flachen Kurve (Quer- und Seitenruder zur Mitte) kann die Korrektur am schnellsten vollzogen werden. Allerdings gelingt das nur, wenn frühzeitig vor Erreichen der Achse die Kurvenlage bereits gewechselt wird (Quer- und Seitenruder von der Mitte weg), da sonst das Segelflugzeug unweigerlich über die Mitte hinaus pendelt und unter Umständen auf der anderen Seite eine größere Ablage bekommt als vorher.

Anders als beim Anrollen bringt im normalen Geradeausschlepp Seitenwind dem Segelflugpiloten keine Korrekturnotwendigkeit. Hier ist es einzig und allein die Aufgabe des Schleppiloten, den richtigen Vorhaltewinkel zu fliegen. Für den Segelflieger ist die Längsachse des Schleppflugzeuges gleichzeitig die Achse des gesamten Schleppzuges. Für ihn heißt es lediglich, der Schleppmaschine genau nachzufliegen.

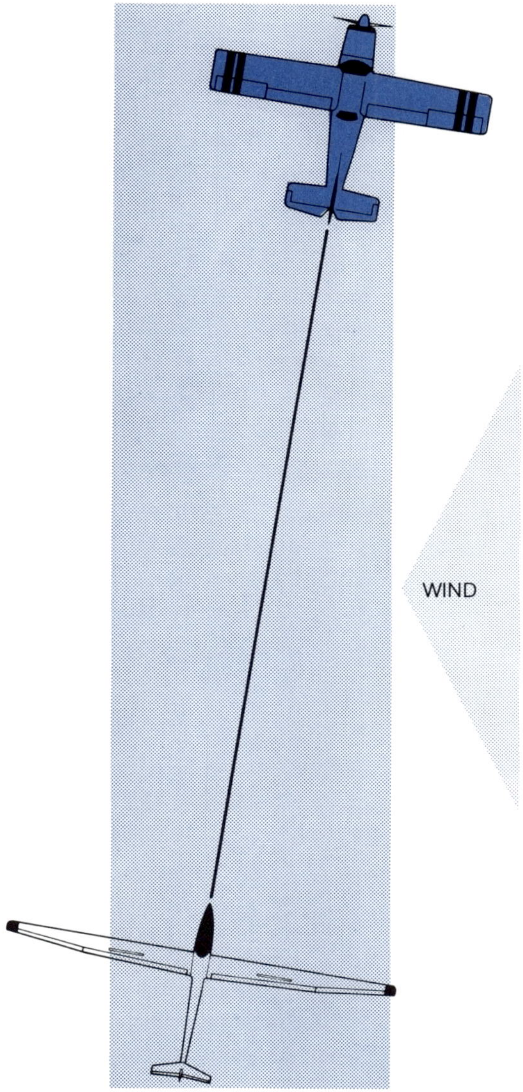

Im Flug hält der gesamte Schleppzug zur Kompensation des Seitenwindes vor

Auch beim **Kurvenflug** geht es für den Segelflieger darum, der Flugbahn des Schleppflugzeuges möglichst genau zu folgen. Der einzige Unterschied gegenüber dem Flug geradeaus besteht darin, daß beide sich jetzt nicht auf einer geraden Linie, sondern auf einer Kreisbahn bewegen. Liegen beide richtig, bildet das Schleppseil eine Sehne zur Kreisbahn. Die jeweiligen Winkel zwischen den Achsen der beiden Flugzeuge und dem Schleppseil sind gleich. Auch die Querlagen beider Maschinen sind nahezu gleich. Lediglich bei engeren Kurven ist die Querneigung des Segelflugzeuges etwas flacher, um den Seitenzug des Seiles nach innen auszugleichen. Durch falsches Steuern kann sowohl eine Ablage von der Kreisbahn nach außen als auch nach innen entstehen.

Fliegt das Segelflugzeug zu weit innen, wird der Winkel zwischen der Längsachse des Schleppflugzeuges und dem Seil sehr viel größer, der zwischen der Längsachse des Segelflugzeuges und dem Seil dagegen sehr viel kleiner. Weil das Segelflugzeug in diesem Fall einen wesentlich kürzeren Weg fliegt, reduziert sich seine Fahrt, und es bildet sich leicht ein größerer Seildurchhang. Wird die Ablage rechtzeitig erkannt, genügt es meist, die Querlage etwas zu vermindern, so daß die Maschine nach außen schiebt. Damit strafft sich das Seil langsam und ohne Schleudereffekt. Die Fahrt nimmt wieder zu und zur Beendigung der Korrektur genügt es, die Querlage wieder vorsichtig derjenigen der Motormaschine anzupassen. Ist dagegen die Ablage schon sehr stark geworden, kann es notwendig sein, mit der Einleitung einer flachen Gegenkurve zu korrigieren. Auch für diesen Fall aber gilt, daß zeitig genug vor Erreichen der richtigen Kreisbahn wieder gegengekurvt werden muß, da sich sonst allzu leicht ein Aufschaukeln ergibt.
Fliegt dagegen das Segelflugzeug zu weit außen, verringert sich der Winkel zwischen Längsachse der

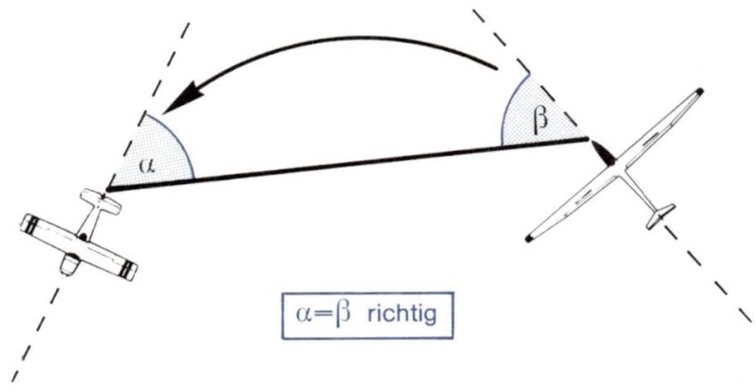

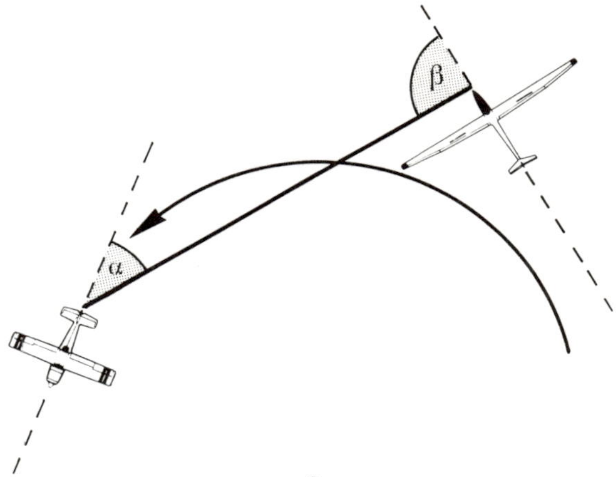

Segelflugzeug zu weit außen $\alpha<\beta$

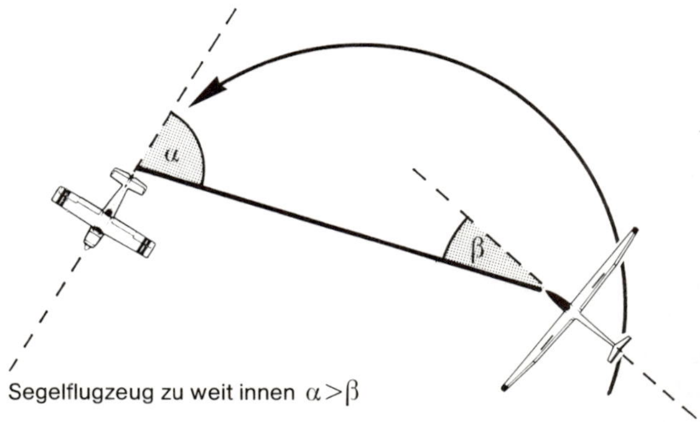

Segelflugzeug zu weit innen $\alpha>\beta$

Damit beide Maschinen im Kurvenflug auf gleicher Bahn fliegen, müssen die Winkel α und β gleich sein

Schleppmaschine und Seil deutlich, während der zwischen der Längsachse des Segelflugzeuges und dem Seil deutlich zunimmt. Weil das Segelflugzeug einen wesentlich größeren Weg hat, erhöht sich seine Fahrt beträchtlich und in der Folge davon natürlich auch sein Auftrieb. Je mehr das Segelflugzeug dabei aber zu steigen beginnt, desto mehr wird das Leitwerk der Motormaschine nach oben und ins Innere der Kurve gezogen. Wird die Ablage nicht rechtzeitig korrigiert, kann der Seilzug so stark werden, daß ein Ausklinken kaum noch möglich ist.

Die Korrektur der Ablage nach außen erfolgt über die Querlage. Da die Ablage durch zu geringe Querneigung entsteht, muß zur Korrektur eine im Vergleich zur Motormaschine etwas stärkere Querlage gesteuert werden. Durch diesen Schiebeeffekt wird ein zu starker Durchhang des Seiles verhindert und damit ein anschließender Schleudereffekt vermieden. Ist die Ablage bereits so groß, daß die Korrektur über einen einfachen Schiebeflug nach innen nicht mehr möglich ist, muß ausgeklinkt werden, da eine Korrektur über eine nach innen eingeleitete Kurve zu einem zu großen Seildurchhang und einer gefährlichen Annäherung an die Schleppmaschine führen würde.
Für den an sich völlig problemlosen Flugzeugschlepp ergeben sich damit die zwei absoluten Grenzen, die sich in den beiden Grundregeln über den Zwang zum Ausklinken zusammenfassen lassen:

- Übersteigt das Segelflugzeug die Schleppmaschine so weit, daß die Schleppmaschine aus dem Gesichtsfeld des Segelfliegers verschwindet, muß sofort ausgeklinkt werden.
- Fliegt das Segelflugzeug so weit außerhalb der gemeinsamen Kreisbahn, daß eine gefahrlose Rückkehr auf die richtige Flugbahn nicht mehr möglich ist, muß sofort ausgeklinkt werden.

Für das normale Ende des Schlepps, also das **Ausklinken** durch den Piloten des Segelflugzeuges gibt es nur eine unbedingt verbindliche Grundregel:

- Wackelt die Schleppmaschine eindeutig mit den Flächen, muß ausgeklinkt werden.

Ihren Grund hat diese Regel darin, daß der Schleppilot die Möglichkeit haben muß, bei irgendwelchen Schwierigkeiten (z. B. Motorstörung) seine Last möglichst rasch loszuwerden. Im Normalfall wird dagegen zwischen Schleppiloten und Geschlepptem die Schlepphöhe und der ungefähre Ort des Ausklinkens vereinbart (z. B. 1000 m über Platz), so daß beide Seiten auf das Ausklinken vorbereitet sind. Besteht Funkverbindung, wird der Segelflieger seinem Schlepper mitteilen, daß er nun ausklinkt.

Wie beim Windenstart wird wieder dreimal ausgeklinkt und die Fahrt der Maschine in den Normalbereich zurückgenommen. Erst wenn der Segelflieger absolut sicher ist, daß sich das Schleppseil gelöst hat, darf er nach rechts einkurven. Für den Schleppiloten gilt sinngemäß das gleiche. Er muß solange geradeaus fliegen, bis er absolut sicher ist, daß das Segelflugzeug nicht mehr am Seil hängt; erst dann darf er nach links einkurven und in den Sinkflug übergehen.

Sollte der extrem seltene Fall eintreten, daß die Kupplung am Segelflugzeug versagt und der Segelflieger deshalb nicht ausklinken kann, gibt es prinzipiell zwei Möglichkeiten, das Segelflugzeug dennoch heil auf den Boden zu bringen.
Beim einen Verfahren klinkt der Schleppilot seinerseits das Seil aus, nachdem er das Segelflugzeug in eine Position über den Platz gebracht hat, aus der das Segelflugzeug sicher landen kann. Gelingt es dem Segelflieger bis zur Landung nicht, das Seil doch noch abzuwerfen, muß er so hoch zur Landung anfliegen, daß sich das herunterhängende Seil nicht in irgendwelchen Hindernissen vor dem Platz verfangen kann. In der Mitte des Platzes sicher zu landen, ist in diesem Fall wesentlich besser, als aus dem normalen Anflug heraus mit verhängtem Seil abzustürzen.
Das andere, sehr viel elegantere Verfahren setzt eigentlich eine Funkverbindung zwischen beiden Maschi-

nen voraus, da in den seltensten Fällen vor dem Schlepp eine entsprechende Absprache stattfindet. Können sich jedoch die Piloten in der Luft entsprechend verständigen, ist die einfachste Lösung der gemeinsame Landeanflug, bei dem das Segelflugzeug bis zum Aufsetzen im Schlepp bleibt. Hauptaufgabe des Schleppiloten ist es dabei, so flach anzufliegen, daß der Segelflieger das Seil straff halten kann; die Hauptaufgabe des Segelfliegers ist es, mit den Landeklappen einen Durchhang des Seiles zu verhindern. Auch wenn das Ganze etwas ungewöhnlich ausschaut, so ist dieses Verfahren doch wesentlich sicherer und vom Piloten des Segelflugzeuges einfacher zu handhaben als die Landung mit einem unkontrolliert herumbaumelnden 40 m langen Seil.

Die Platzrunde und die Landung

Nicht ohne Grund wird gesagt: »Fliegen heißt Landen«. Zweifellos sind Landeanflug und Landung die Teile des Fluges, die dem Anfänger weitaus die meisten Schwierigkeiten machen. Das ganze »Problem« verliert jedoch viel von seinem »Schrecken«, wenn man es in seine Einzelaufgaben zerlegt.
Zum einen ist es die Aufgabe, die Maschine aus einem definierten Punkt im Raum (Position) zu einem anderen Punkt knapp über dem Boden (Beginn der Landebahn) im Rahmen der konstruktiv vorgegebenen Betriebswerte (Flughandbuch) möglichst ohne Abweichung zu führen: also den Anflug zu steuern.
Zum andern ist es die Aufgabe, den Übergang aus dem Gleitflug bis zum Strömungsabriß so zu steuern, daß die Minimalfahrt gerade dann erreicht ist, wenn das Fahrwerk den Boden berührt: also das Aufsetzen zu steuern.
Damit all das möglichst »narrensicher« funktioniert, wurde die Platzrunde erfunden. Sie ist das Rückgrat jeden Fluges, denn in ihr spielen sich die wichtigsten Phasen – Start und Landung – in genau vorgegebenem Rahmen ab. In dem Viereck mit seinen vier 90°-Kurven ist die »Position« als der eigentliche Beginn der Landung der für den Segelflieger wichtigste Punkt. Selbstverständlich müssen aber auch alle anderen Teile dieser Standardrunde dem Piloten in Fleisch und Blut übergehen. Deshalb folgt hier ihre Vorstellung in allen Details.

Die Platzrunde

Das Schema des Flugplatzes und der Standardplatzrunde besteht aus folgenden Teilen:

1. Signalfeld mit Lande-T, Windsack und evtl. weiteren Signalen
2. Arbeitsplatz des Startschreibers und Telefonisten
3. Startplatz
4. Flugbahn im Windenstart
   Damit sie senkrecht über der Startbahn verläuft, muß bei Seitenwind mit dem Seitenruder und (bei

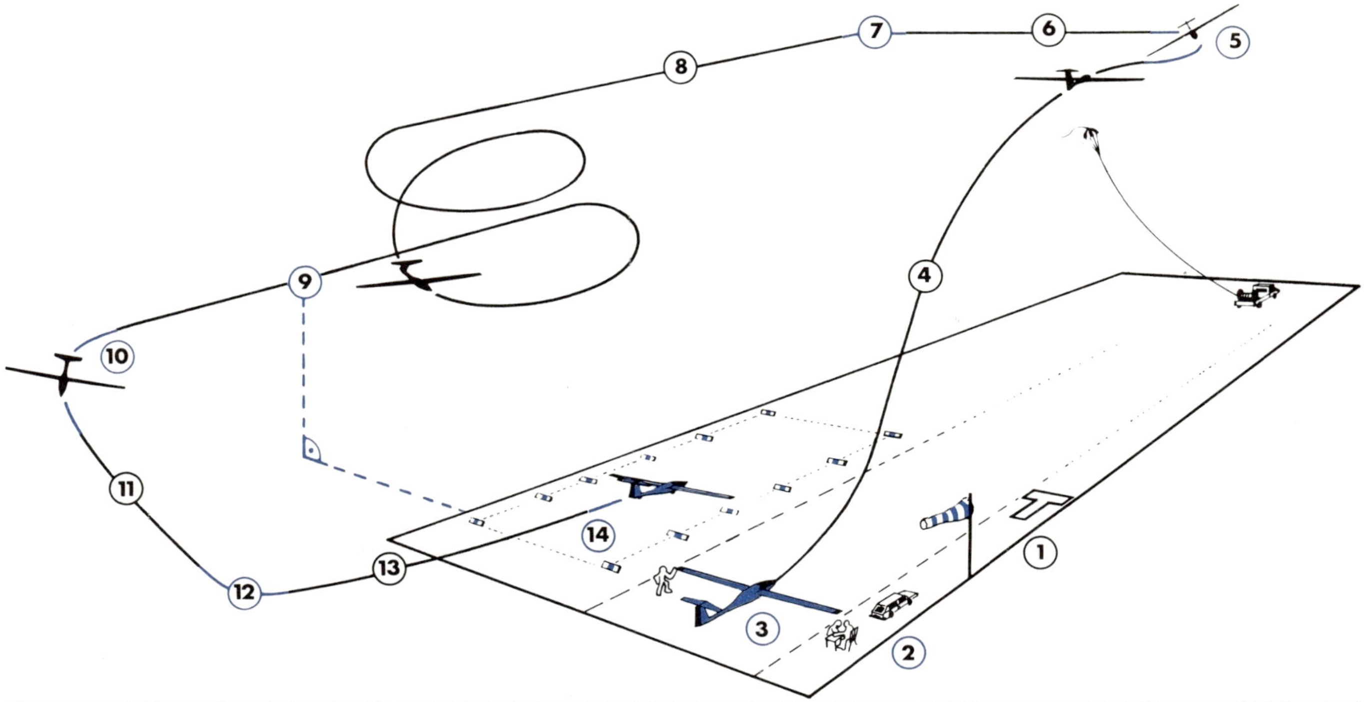

Das Schema der Platzrunde zeigt die Lage des Flugweges im Raum

stärkerem Wind) mit dem Querruder vorgehalten werden.

5. Querabflugkurve
6. Querabflug

   Damit er auch bei stärkerem Wind rechtwinklig bleibt, wird bereits vor dem Einleiten der Querabflugkurve über die Fläche ein Visierpunkt am Horizont gesucht. Durch entsprechendes Vorhalten wird nach der Kurve einem Versetzen vorgebeugt.
7. Gegenanflugkurve
8. Gegenanflug

   In diesem Bereich wird die Platzrunde verlassen oder in sie eingeflogen. Damit die Einteilung des zweiten Teils der Platzrunde nicht schon durch einen falschen Ausgangspunkt beeinträchtigt wird, ist es besonders wichtig, den Gegenanflug auch wirklich parallel zur Landebahn auszuführen. Zwischen dem Ende der Gegenanflugkurve und der Position werden, soweit es die Höhe zuläßt Übungen absolviert oder der Anschluß an die Thermik gesucht.
9. Position

   Dieser Kontrollpunkt liegt querab zum Aufsetzpunkt. Hier beginnt aus rund 150 m Höhe (für moderne Hochleistungsmaschinen entsprechend weniger) der korrekte Landeanflug; hier wird das Fahrwerk ausgefahren; ab hier gibt es keine Kreise mehr zur Thermiksuche.
10. Queranflugkurve
11. Queranflug

    Weil sich hier entscheidet, wie gut die Höheneinteilung gelingt, darf er keinesfalls zu kurz geraten oder gar zu einer einfachen 180°-Kurve reduziert werden. Wer ihn ausfallen läßt, nimmt sich selbst die beste Möglichkeit zur Anlage der optimalen Landekurve.

12. Landekurve
    An ihrem Ende muß die Landebahn genau voraus liegen und das Flugzeug noch knapp 100 m Höhe haben.
13. Endanflug
    Die Fahrt wird um 10–15% erhöht und noch einmal kontrolliert, ob das Fahrwerk ausgefahren und verriegelt ist. Falls Wölbklappen vorhanden sind, werden sie nach den Angaben des Flughandbuches gesetzt.
14. Landung

Der Landeanflug

Schwebt ein Segelflugzeug auf den Punkt genau zur Landung ein, sieht das für den Laien arg nach Hexerei aus (»Wie macht der das ohne Motor?«). Dabei ist gerade das alles andere als eine große Kunst, da der Anflug im Gleitflug auf mehreren fixen Größen beruht:

- Bei gleicher Fluggeschwindigkeit, gleicher Klappenstellung und ruhiger Luft ist der Gleitpfad stets gleich.
- Der Anfang dieses Standard-Gleitpfades liegt an einem ganz bestimmten Punkt der Platzrunde (der Position).
- Die resultierende Standard-Längsneigung erleichtert das Abschätzen vom Ende des Gleitpfades und ermöglicht so frühzeitige Korrekturen (Klappen/Verlegen des Flugweges).
- Der Einfluß des Windes auf den Standard-Gleitpfad ist durch den Anflug ab der Position gut abschätzbar. Abweichungen können deshalb leicht korrigiert werden.

Da es für den Segelflieger ab der Position keine Möglichkeit der Energiezufuhr mehr gibt, wird der Abflug an der Position höher angesetzt als es der Gleitwinkel der Maschine erfordern würde. Diese Energiereserve dient

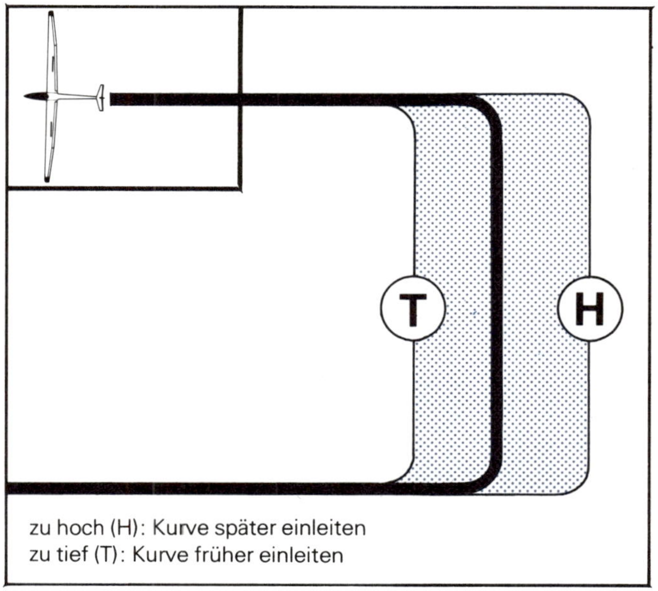

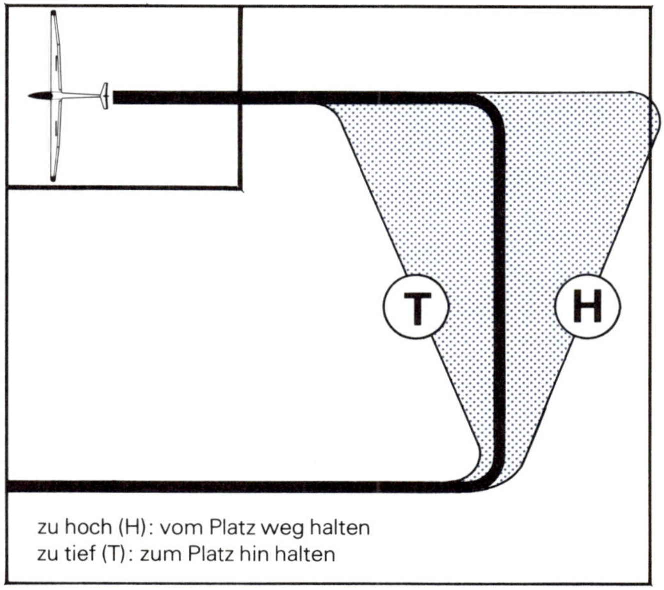

Höhenkorrektur mit versetzter Queranflugkurve

dem Ausgleich von Gegenwind oder verstärktem Sinken während des Anfluges. Für Korrekturen am Gleitpfad gibt es für den Segelflieger grundsätzlich zwei Möglichkeiten:

- Die Änderung des Gleitwinkels durch Korrektur der Klappenstellung und/oder der Fluggeschwindigkeit. Die Möglichkeiten dafür sind typenbedingt und im Flughandbuch beschrieben.
- Die Änderung des Gleitpfades durch Verlegung des Flugweges. Die Möglichkeiten dazu sind in den Zeichnungen angedeutet.

Windeinfluß kompliziert natürlich auch den Landeanflug. Bei reinem Gegenwind sind drei Auswirkungen zu berücksichtigen:

- Im Gegenanflug erhöht sich die Geschwindigkeit über Grund um die Windgeschwindigkeit.
- Im Queranflug Versetzung weg vom Platz. Zur Korrektur wird schiebefrei hin zum Platz vorgehalten.
- Im Endanflug verringert sich die Geschwindigkeit über Grund um die Windgeschwindigkeit. Dabei gilt es nicht nur den Gegenwind durch eine größere Ausgangshöhe bzw. späteren Beginn des Gleitfluges zu berücksichtigen. Wichtiger noch ist, die Wirkung der Windscherung zu berücksichtigen. In Bodennähe nämlich nimmt die Stärke des Gegenwindes kontinuierlich ab, was dazu führt, daß das Flugzeug im gleichen Maße Fahrt verliert (= Energieverlust). Damit für die eigentliche Landung genügend Fahrtreserve zur Verfügung steht, muß entsprechend der Windgeschwindigkeit schneller (Flughandbuch) angeflogen werden.

Mit **Rückenwind** sollte eigentlich nie gelandet werden, da die Nachteile und Gefahren einfach zu groß sind. Wer dennoch dazu gezwungen ist, muß die drei Auswirkungen berücksichtigen:

- Im Gegenanflug verringert sich die Geschwindigkeit über Grund um die Windgeschwindigkeit.
- Im Queranflug Versetzung hin zum Platz. Zur Korrektur wird schiebefrei weg vom Platz vorgehalten.
- Im Endanflug erhöht sich die Geschwindigkeit über

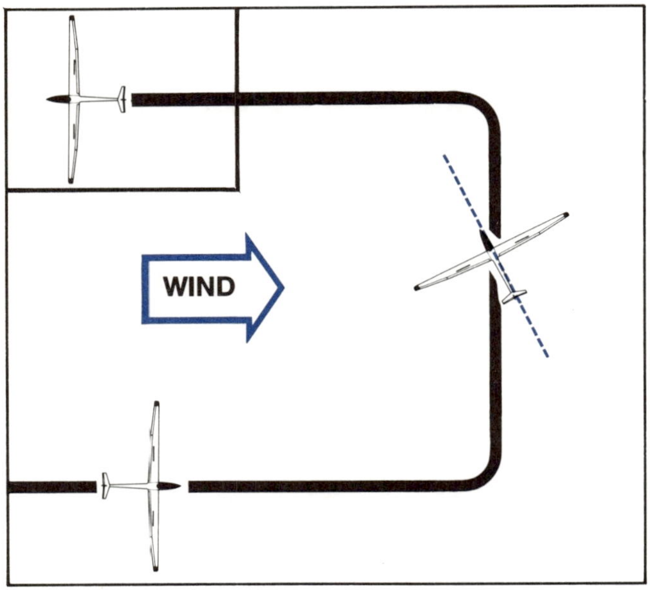

Das Vorhalten bei Gegenwind

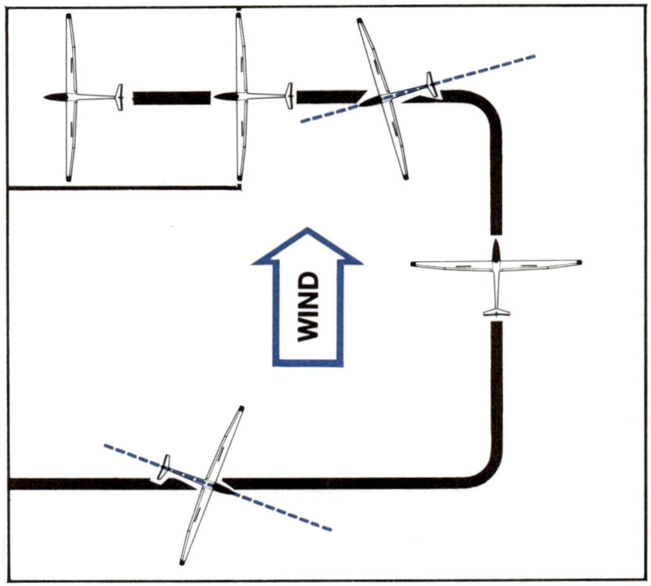

Das Vorhalten bei Seitenwind

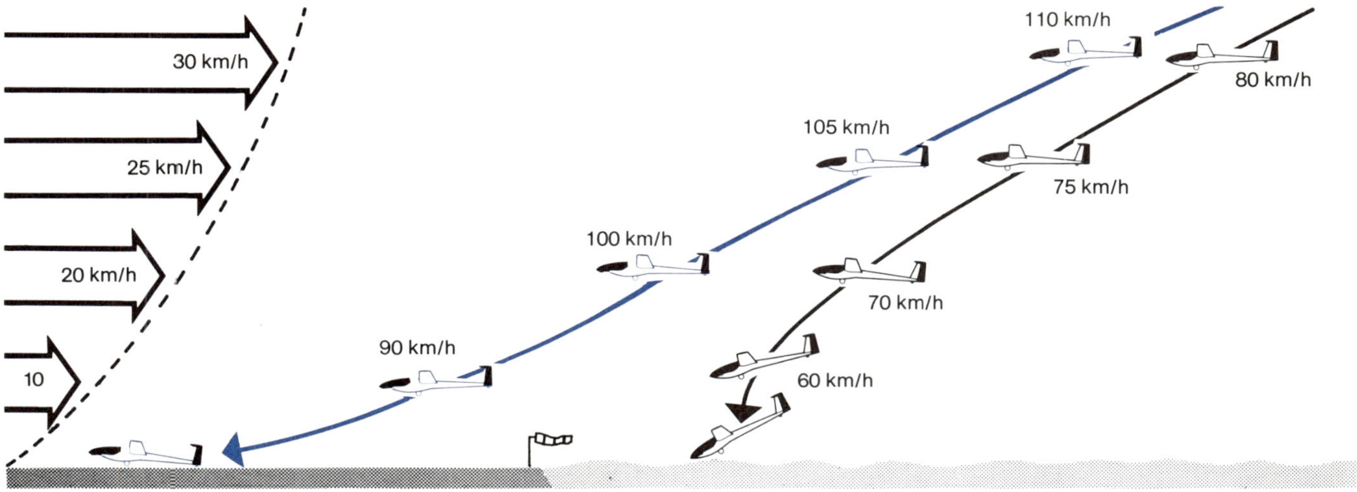

Die Auswirkung der Windscherung bei der Gegenwindlandung

Grund um die Windgeschwindigkeit. Die Windscherung wirkt jetzt genau umgekehrt wie bei der Gegenwindlandung: In dem Maße wie der Wind gegen den Boden hin abnimmt, wird die Fluggeschwindigkeit größer (= Energiezufuhr), die Landung gerät immer weiter – und das mit sehr hoher Aufsetzgeschwindigkeit.

Mit **Seitenwind** muß dagegen häufig angeflogen werden. Die Kompensation seiner drei Auswirkungen muß deshalb unbedingt beherrscht werden:

- Im Gegenanflug Versetzung vom Platz weg (Leeplatzrunde) oder zu ihm hin (Luvplatzrunde). Zur Korrektur wird schiebefrei gegen den Wind vorgehalten.
- Im Queranflug erhöht (Leeplatzrunde) oder vermindert sich (Luvplatzrunde) die Geschwindigkeit über Grund. Eine Korrektur ist nicht möglich, doch muß darauf geachtet werden, daß sich jeweils in der Queranflug- und in der Landekurve die Fluggeschwindigkeit ändert, je nachdem ob man in Gegen- oder Rückenwind ein- oder ausfliegt.
- Im Endanflug Versetzung aus der Landerichtung. Zur Korrektur wird schiebefrei gegen den Wind vorgehalten (bis kurz vor dem Aufsetzen).

Die Landung

Sind alle Tücken des Anfluges bewältigt und schwebt die Maschine mit richtiger Geschwindigkeit in richtiger Höhe über den Beginn der Landebahn, dann ist der eigentlichen Landung schon das meiste von ihrer angeblichen Problematik genommen. Schließlich gilt noch immer der Grundsatz:

- Ein guter Endanflug ist die halbe Landung.

Für die Beschreibung der Bilderbuchlandung sei deshalb unterstellt, daß die Maschine gerade in 10 m Höhe den Beginn der Landebahn überfliegt, genau der Bahnachse folgt und mit leicht erhöhter Fahrt (etwa 1,3fache Überziehgeschwindigkeit) anschwebt. In Einzelphasen zerlegt, sieht die Landung dann so aus:

1. Das Steuern der Landung beginnt in dem Moment, in dem der Gleitpfad des Anfluges durch Reduzierung der Geschwindigkeit verlassen wird. Dieses »Abfangen« beginnt in knapp 10 m Höhe durch sanftes Ziehen des Höhenruders. Das darf nur dazu führen, daß die Maschine die Nase zum horizontalen Flug hebt. Sie darf keinesfalls zu steigen beginnen. Wird das Abfangen oder Ausrunden richtig gesteu-

ert, erreicht die Maschine knapp einen Meter über dem Boden die Horizontalfluglage.

2. In der Horizontallage schwebt die Maschine zunächst in gleicher Höhe, wird dabei langsamer und beginnt schließlich in sich zu sinken. Mit Feingefühl wird dieses Sinken durch Ziehen (= »aushungern«) so lange kompensiert, bis das Fahrwerk den Boden möglichst sanft berührt. Natürlich darf bei diesem Aushungern die Maschine keinesfalls wieder zu steigen anfangen, weil dann garantiert in falscher Höhe die Strömung abreißt.
3. Wird das Aushungern richtig gemacht, erfolgt das Aufsetzen der Maschine in dem Moment, in dem die Mindestgeschwindigkeit unterschritten wird, das Flugzeug also nicht mehr flugfähig ist. Obwohl dabei das Höhenruder entsprechend gezogen ist, wird damit doch zuverlässig verhindert, daß die Maschine noch einmal vom Boden möchte. Jedes Hüpfen des Flugzeuges nach dem Aufsetzen ist lediglich ein Beweis dafür, daß die Maschine nicht genügend ausgehungert, die Fahrt beim Aufsetzen also noch zu hoch war.
4. Beim Ausrollen müssen die Rollrichtung und die Querlage entsprechend der abnehmenden Fahrt durch zunehmend zügiger werdende Ausschläge des Seiten- und Querruders eingehalten werden. Das Höhenruder bleibt gezogen. Wichtig ist es dabei vor allem, daß nicht eine Tragfläche zu früh Bodenberührung bekommt. Vor allem in höherem Gras besteht sonst die Gefahr, daß die Maschine ausbricht und sich auf der Stelle dreht (Ringelpiez).

Herrscht Seitenwind, muß der die Abdrift korrigierende Luvwinkel spätestens beim Aufsetzen des Hauptfahrwerkes abgebaut sein. Je nach Richtung und Stärke des Seitenwindes kann die mit dem Seitenruder zu steuernde Ausrichtung der Flugzeuglängsachse auf die Achse der Landebahn schon zu Beginn des horizontalen Schwebens erfolgen. Ist die Versetzung stärker, muß dagegen möglichst lange gewartet werden. Zwei mögliche Fehler aber gilt es auf jeden Fall zu vermeiden:

- Mit Vorhaltewinkel aufzusetzen. Das Fahrwerksrad kann nur geradeaus rollen, die Maschine würde deshalb sofort aus der Richtung gerissen. Die auftretenden Scherkräfte können durchaus das Fahrwerk kosten. Bei starkem Wind deshalb zwar möglichst spät aber dennoch unbedingt vor dem Aufsetzen gerade richten.
- Nicht normal durchgezogen zu landen. Jeder Versuch, die Maschine mit Überfahrt an den Boden zu drücken, bringt nicht nur eine immense Belastungsprobe für das Fahrwerk, sondern vor allem auch die Gefahr, daß die Maschine springt und dann erst recht schief aufkommt.

Beim Landeanflug innerhalb der normalen Platzrunde kann es durchaus vorkommen, daß gleichzeitig zwei oder noch mehr Flugzeuge zur Landung anfliegen. Bei gleichzeitigem Anflug von Motor- und Segelflugzeugen gilt die Grundregel:

- Segelflugzeuge haben den Vorrang vor Motorflugzeugen.

Beim gleichzeitigen Anflug von mehreren Segelflugzeugen weicht das höher fliegende dem niedriger fliegenden aus und läßt ihm den Vorrang. Generell gilt dabei:

- Im Endteil des Landeanfluges darf kein Luftfahrzeug überholt oder unter- oder überflogen werden.

Da die ganze Schönheit des Segelfliegens nur beim Überlandflug zu erleben ist, ist es nur eine Frage der Zeit, bis die erste **Außenlandung** fällig ist. Für sie gelten grundsätzlich gleiche Regeln wie für eine ganz normale Landung aus der Platzrunde heraus. Vor allem auf den Abflug von der Position und auf den Queranflug darf auf gar keinen Fall verzichtet werden.

Die Auswahl des Landefeldes für die Außenlandung sollte nicht unter Zeitdruck leiden und muß möglichst früh genug begonnen werden. Mögen dafür im Flachland 300 m über Grund ausreichen, so muß im bergigen Gelände oder gar in den Alpen spätestens in 500 m über Grund entschieden sein, wo man im Zweifelsfalle landet.

Da es für die »Entscheidungshöhe« also keinen absoluten Maßstab gibt, ist es besser, sich den abgebildeten Entscheidungstrichter vorzustellen.

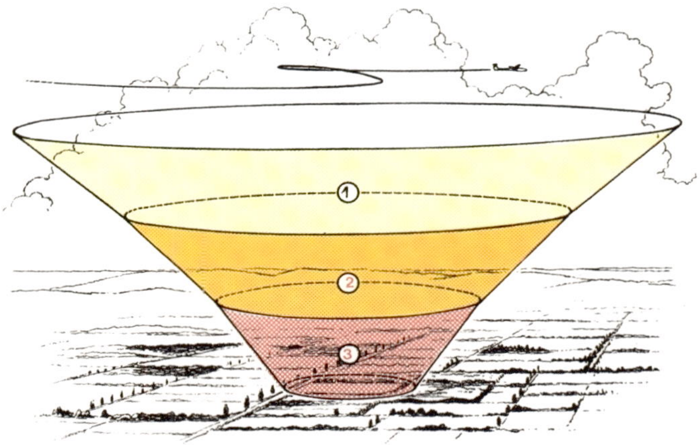

Dieser Trichter, mit seinen zum Boden hin sich verengenden Öffnungswinkeln, soll die Einengung des Entscheidungsspielraumes bildhaft verdeutlichen.
Selbstverständlich hängen diese Winkel sowohl von der Wetterlage (Wind) als auch von der Leistungsfähigkeit des Flugzeuges (Gleitzahl) ab.
Bleiben wir bei der bildhaften Beschreibung und betrachten die Veränderung des Entscheidungsspielraumes.
Oberhalb der Höhe, in der sich die Ränder der Entscheidungstrichter verschiedener Landefelder berühren, kann unbedenklich auf »Anschluß nach oben« geflogen werden. Sinkt man in den Trichter hinein, verengt sich der Entscheidungsspielraum in Entscheidungsstufen.

Erste Entscheidungsstufe (1): Bodenorientierte Phase

Durchfliegt das Segelflugzeug die oberste Ebene des Trichters, muß bei der Fortführung des Fluges die Oberflächenstruktur einbezogen werden, es wird also »bodenorientiert« geflogen. Landealternativen sind möglich, ein Landefeld muß vorhanden sein!

Entscheidung:
Bodenwind in Richtung und Stärke überprüfen bzw. ermitteln!

Zweite Entscheidungsstufe (2): Landefeldorientierte Phase

Trotz Suchens nach Anschluß hat sich die Höhe über Grund auf etwa Ausklinkhöhe im Windenstart vermindert. Das Landefeld stellt den Bezugspunkt dar. Es wird geflogen wie am Heimatplatz, nämlich »landefeldorientiert«. Das schließt natürlich das weitere Suchen von thermischem Anschluß nicht aus, aber der Spielraum ist enger geworden.

Entscheidung:
Landefeld bestimmen!
Beschaffenheit, Umgebung und Hindernisse erfassen!
Position und Platzrunde festlegen!

Dritte Entscheidungsstufe (3): Lande-Phase

Ohne einen neuen Bart zu finden, wird »Positionshöhe« erreicht (je nach Verhältnissen ca. 150–250 m GND). Bei allen weiteren Entscheidungen sollte beachtet werden, daß der Pilot das »Gesetz des Handelns« in den Händen behält.

Entscheidung:
Landeentschluß!
Platzrunde fliegen!

Ist die Entscheidung für ein bestimmtes Landefeld getroffen, darf natürlich weiterhin um den Anschluß an die Thermik gekämpft werden, doch dies nur in dem Bereich, aus dem die Position für das gewählte Landefeld jederzeit sicher erreichbar ist.

Bei der Auswahl des Landefeldes geht es im wesentlichen um drei Entscheidungskriterien:
1. Die Landerichtung. Wenn irgend möglich sollte auf jeden Fall gegen den Wind gelandet und deshalb ein Landefeld mit dieser Ausrichtung gesucht werden. Die Windrichtung selbst läßt sich an Rauchfahnen oder dem Wandern von Wolkenschatten feststellen.

Fehlt beides, muß die eigene Windversetzung beobachtet werden. Hilfreich kann auch ein Anruf beim nächstgelegenen öffentlichen Landeplatz sein (Rufzeichen INFO).

2. Der Bewuchs des Landefeldes. Für die Auswahl gibt es eine klare Rangfolge. Am besten geeignet sind solche Flächen, die erkennbar erst vor kurzem landwirtschaftlich bearbeitet worden sind (gemähtes Feld, gemähte Wiese, geeggter Acker). Nur bei diesen Flächen kann man einigermaßen sicher sein, daß sie frei von versteckten Hindernissen sind. Schon weniger geeignet sind ungemähte Wiesen, Weiden und sonstiges undefinierbares Grün. In den Weideflächen verstecken sich fast immer von oben nicht zu erkennende Drähte, einzelne Pfosten und ähnliches. In ungemähten Wiesen können sich Raine und Gräben verstecken, das undefinierbare Grün aber kann ebenso gut ein Kartoffelacker wie ein Maisfeld sein (Schatten am Rand geben manchmal Hinweise). Am wenigsten geeignet sind Felder mit mehr oder weniger hoch stehenden Früchten. Freiwillig wird sich niemand einen Weingarten oder ein Spargelfeld aussuchen, doch sind auch Getreidefelder wegen der Gefahr des Ringelpiez alles andere als harmlos. Ihr kommt man allenfalls dadurch bei, daß man die Ähren als Erdoberfläche nimmt und das Flugzeug mit absoluter Minimumfahrt in das Getreide plumpsen läßt.
3. Die Hindernisfreiheit des Anfluges. Stehen Landerichtung und Landefeld fest, muß die Hindernisfreiheit des Anfluges sorgfältig überprüft werden. Das beste Landefeld nützt nichts, wenn unmittelbar davor eine hohe Überlandleitung den Anflug unmöglich macht. Meist aber sind es nicht die großen Leitungen, sondern die nur schwer erkennbaren Telefonleitungen und im Gebirge vor allem die Seile der Materialseilbahnen der Bergbauern. Gerade in schmäleren Tälern beginnen sie oft genau in der Mitte der Talsohle und versperren damit nicht selten den schönsten Landeplatz.

Sollte es einmal vorkommen, daß absolut kein richtig geeignetes Landegelände auszumachen ist, gilt es aus der jeweiligen Situation das beste zu machen. Dafür einige Anhaltspunkte:

- Gibt es kein ebenes Gelände, ist es meist am besten, ungeachtet der Windrichtung bergauf zu landen. Bergauf mit dem Wind gibt immer noch eine kürzere Landestrecke als bergab gegen den Wind. Eine Landung schräg zum Gefälle sollte wenn irgend möglich vermieden werden, weil zum Aufsetzen die Querneigung gleich der Hangneigung werden muß. Steuert man jedoch diese Querneigung, will die Maschine sofort zu einer Kurve weg vom Landeplatz eindrehen.
- Ist das Landefeld zu kurz, kann ein Ringelpiez helfen. Wird zuerst die Schnauze mit dem Höhenruder an den Boden gedrückt, bevor man die Fläche auf den Boden läßt, kann meist sogar der mit dem Ringelpiez häufig verbundene Bruch des Rumpfes vor dem Leitwerk vermieden werden.
- Bei hohem Bewuchs (Korn, Mais, Büsche und Wald) hilft nur das Aushungern der Maschine über den Bewuchsspitzen. Plumpst die Maschine mit Minimalfahrt in den Bewuchs, bestehen durchaus Chancen, daß auch die Maschine die Landung heil übersteht.
- Ist das Gelände für eine Landung völlig ungeeignet, muß der Schutz des Piloten unbedingt Vorrang vor einem Gedanken an die Maschine haben. Als beste Vorsorge für den Piloten hat es sich in diesem Fall bewährt, ohne Abfangen bis zum Aufschlag zu slippen. Die zuerst aufschlagende Tragfläche nimmt mit ihrem Bruch den größten Teil der Energie auf und sorgt dafür, daß der Rumpf nicht mehr mit voller Wucht aufprallt.

Nach der – hoffentlich glücklichen – Landung wird das Flugzeug soweit wie möglich gesichert und der Landeplatz möglichst von Zuschauern freigehalten. Wohl ist der Flurschaden durch die Haftpflichtversicherung der Maschine gedeckt, doch muß es ja nicht sein, daß die Jugend eines ganzen Dorfes das gesamte Landefeld zertrampelt. Sind diese beiden Punkte geregelt, wird die Landemeldung an den Heimatplatz durchgegeben.

Die Steuerung in allen Lagen

Je mehr dem Piloten Flugzeug und Instrumente vertraut werden, desto mehr wird ihm auffallen, wie eigenstabil moderne Maschinen fliegen. Solange die Beladung stimmt, die Gesetze des aerodynamischen Waagebalkens also eingehalten werden, und solange die Trimmung richtig gehandhabt wird, geht die Eigenstabilität der meisten Typen sogar so weit, daß der gleichmäßigste Gleitflug dann gelingt, wenn der Pilot möglichst wenig eingreift.
Nun ist aber ein Segelflugzeug nicht ausschließlich für einen Gleitflug in ruhiger Luft gedacht. Sein Motor ist die über die Sonneneinstrahlung wirksam werdende thermische Energie und dieser Motor will genutzt werden. Selten geht das in ruhigem Geradeaus- oder Kurvenflug, häufig dagegen ist es notwendig, in enger Thermik auch eng zu kreisen. Die dabei auftretende Turbulenz bringt es durchaus mit sich, daß die Maschine bis in ihre Grenzbereiche hineinkommt.
Natürlich soll damit keineswegs angedeutet werden, daß die Bereiche bis zu den Betriebsgrenzen nicht sicher nutzbar wären. Ganz im Gegenteil soll die Notwendigkeit ausdrücklich betont werden, daß der Pilot diese Bereiche nicht nur kennenlernt, sondern vielmehr mit ihnen richtig vertraut wird. Und das ist nur möglich durch intensives Üben. Flog die Maschine im Normalbereich am besten alleine, so muß der Pilot nämlich jetzt der Maschine ihre Leistungsfähigkeit durch wohl dosierte, aber doch energische Steuerausschläge geradezu abringen. Hat er diese aber erst einmal so im Griff, daß die Reaktionen automatisch kommen, hat der Pilot die Gewähr dafür, daß er seine Maschine in jeder Flugsituation wirklich unter Kontrolle halten und die optimale Leistung aus ihr herausholen kann.

Der Geradeausflug

Das erste Ziel muß es sein, im **Langsamflug** den Grenzbereich der Mindestfahrt zu erkunden, die vom Flugzeug gemeldeten Signale zu erkennen und schnell und sicher zu reagieren. Unter Langsamflug wird dabei

der Bereich zwischen der Mindestfahrt (Abkippgeschwindigkeit +10%) und der Abkippgeschwindigkeit verstanden.
Zur Einleitung des absichtlichen Langsamfluges wird das Höhenruder langsam gezogen. Darauf passiert folgendes:

- Der Horizont versinkt, das Fahrtgeräusch wird deutlich geringer und die Fahrtanzeige sinkt erheblich.
- Der Ruderdruck nimmt deutlich ab, auf Steuerausschläge reagiert die Maschine nur noch sehr träge.
- Manche Typen beginnen deutlich zu schütteln.

Zum Beenden des Langsamfluges genügt es, mit dem Höhenruder nachzugeben und die Maschine Fahrt aufholen zu lassen.

Geschieht das nicht, sondern wird weiter gezogen, kommt die Maschine bei Minimalfahrt in den **Sackflug**. Bei ihm wird unter Verzicht auf das Einhalten einer bestimmten Richtung die Maschine trotz sehr stark gezogenem Höhenruder (bei manchen Typen kann sogar ganz durchgezogen werden) gerade noch am Abkippen gehindert. Das gelingt allerdings nur unter völligem Verzicht auf das Querruder. Beginnt die Maschine nach einer Seite zu hängen, kann sie nur noch durch Seitenruderausschlag nach der entgegengesetzten Seite (rechte Fläche hängt = Seitenruder nach links) gehalten werden. Ausgenutzt wird dabei das Positive Schieberollmoment (vgl. S. 25), mit dessen Hilfe die durch den Seitenruderausschlag beschleunigte Fläche gehoben wird.
Würde dagegen im Sackflug versucht, gegen die hängende Fläche mit dem Querruder anzukommen, würde das Negative Wendemoment (vgl. S. 26) diesen Versuch schon im Ansatz vereiteln. Der auf der hängenden Fläche entstehende höhere Widerstand ließe die Maschine trotz (oder eigentlich gerade wegen) des Gegenquerruders sofort über die hängende Fläche abkippen.
Daher die Regel:

- Im Sackflug kann die Maschine nur mit dem Seitenruder gehalten werden. Das Querruder darf überhaupt nicht betätigt werden.

Auch nach vorne kann die Maschine zum **Abkippen** gebracht werden. War der Knüppel im Sackflug noch nicht am Anschlag, genügt es, ihn völlig durchzuziehen (Quer- und Seitenruder bleiben auf Null). Damit wird der Anstellwinkel so groß, daß die Strömung der Fläche nicht mehr zu folgen vermag und deshalb abreißt. Da damit natürlich der Auftrieb zusammenbricht, geht das Flugzeug nach vorne, auf den Kopf und beginnt wieder Fahrt aufzuholen. War dagegen das Höhenruder im Sackflug schon ganz gezogen, muß für das Abkippen etwas »Schwung« geholt werden. Das geschieht einfach dadurch, daß die Maschine nicht langsam ausgehungert, sondern mit etwas Schwung hochgezogen wird. Bleiben Quer- und Seitenruder wieder auf Null, kippt das Flugzeug brav nach vorne, holt Fahrt auf und läßt sich sanft abfangen.
Auch hier gilt wieder die Grundregel:

- Beim Abkippen darf das Querruder keinesfalls betätigt werden, da es genau gegen die gewünschte Richtung wirken und die Maschine u.U. ins Trudeln bringen würde.

Kippt das Flugzeug dagegen seitlich über die hängende Fläche, weil die Maschine auch noch schiebt, ist der Anfang für das **Trudeln** gegeben. Wird keine Gegenmaßnahme ergriffen, geht die Maschine auf den Kopf und beginnt sofort in die Richtung zu drehen, in die sie gekippt ist. Für den Piloten wird die Erde nahezu schlagartig zu einem sich schnell drehenden Plattenteller, auf den er rasch hinunterzustürzen glaubt. Das für den Piloten so dramatische Geschehen ist – genügend Höhe und besonnenes Reagieren vorausgesetzt – harmlos und absolut sicher zu beherrschen.
Soll das Trudeln absichtlich eingeleitet werden, geschieht das aus dem Sackflug heraus. Statt das Abkippen durch gezielte Seitenruderausschläge zu verhindern, wird es mit einem kräftigen Seitenruderausschlag eingeleitet und durch einen ebenso kräftigen Ausschlag des Querruders in der Gegenrichtung – einer Ruderkreuzung also – unterstützt.
Da das Trudeln ein in sich stabiler Flugzustand ist, hört

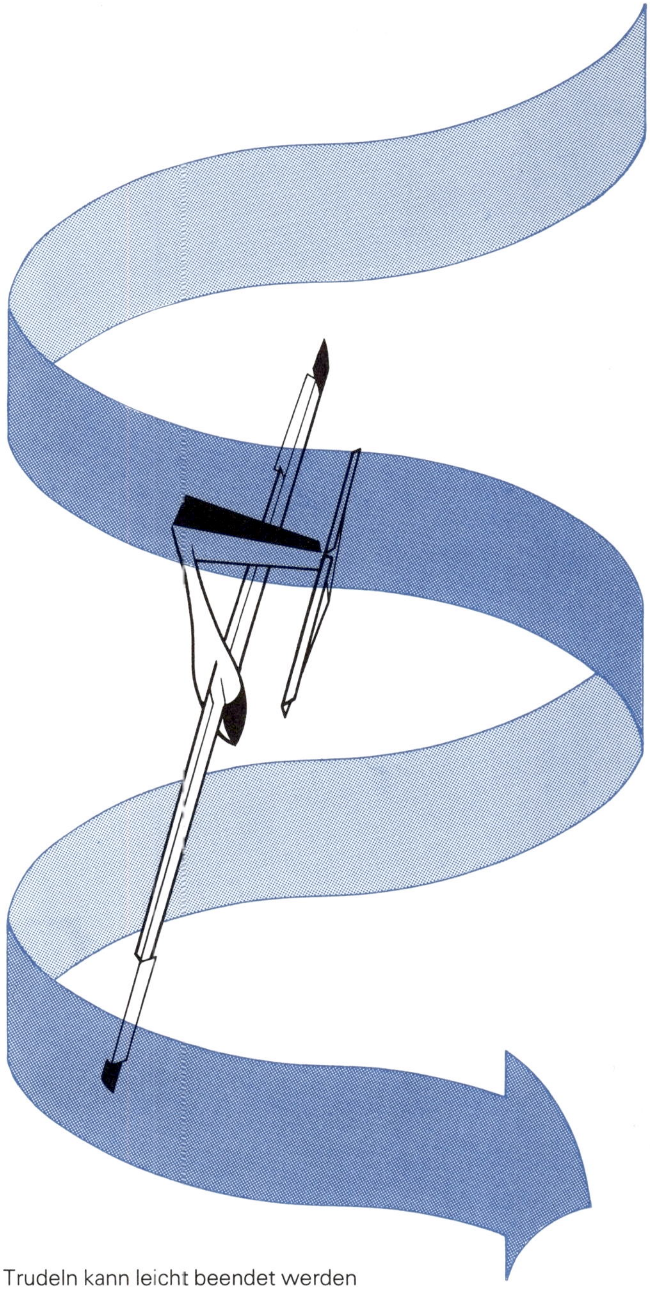

Trudeln kann leicht beendet werden

es keinesfalls von selbst auf, sondern muß durch entsprechende Steuerausschläge beendet werden. Dazu ist notwendig:

- Höhen- und Querruder auf Null als Voraussetzung dafür, daß sich die abgerissene Strömung wieder an die Fläche anlegt.
- Voller Seitenruderausschlag gegen die Drehrichtung als Voraussetzung dafür, daß das Drehen aufhört.
- Weiches Abfangen aus der Sturzfluglage, wenn die Drehbewegung aufgehört hat.

Auch für den **Schnellflug** gibt es natürlich einen Grenzbereich, der durch die Farbanzeigen am Fahrtmesser auch klar markiert ist. Zu üben gibt es beim Schnellflug wenig, wohl aber einiges zu beachten:

- Die typbezogenen Farbmarkierungen am Fahrtmesser sind nicht willkürlich sondern konstruktionsbedingt. Die dort vorgegebenen Grenzen sind absolute Obergrenzen, die unbedingt eingehalten werden müssen. Da die Luftkräfte im Quadrat der Geschwindigkeit wachsen, ist die Grenze für die Festigkeit der Maschine nämlich nur allzu schnell erreicht.
- Die Steuerkräfte sind im Schnellflug wesentlich höher als im normalen Bereich. Der Knüppel will also schon festgehalten werden, sollen nicht ungewollte Steuerreaktionen den Piloten überraschen. Entsprechend der hohen Steuerkräfte sind natürlich auch nur sanfte Steuerausschläge erlaubt.

Der Kurvenflug

Voraussetzung ist, daß der Pilot im Normalbereich den Kurvenflug sauber beherrscht, ohne zu schieben oder zu schmieren kurvt und dabei exakt den Horizont halten kann. Aus dieser Ausgangsposition gibt es zwei Übungsbereiche. Zum einen müssen der Langsamflug und das Abkippen auch aus dem Kurvenflug heraus beherrscht werden. Zum anderen muß der Kurvenflug mit größerer Schräglage geübt werden.
Für beide Bereiche muß die Auswirkung des Lastvielfa-

chen auf die **Überziehgeschwindigkeit im Kurvenflug** berücksichtigt werden. Vom normalen Kurvenflug her ist bekannt, daß in einer Kurve um so schneller geflogen werden muß, je größer die Schräglage ist. Diese allgemeine Information muß jetzt um die Fakten erweitert werden, von denen die steigende Überziehgeschwindigkeit Vs (= stalling speed) abhängig ist. Dies ist um so wichtiger, da die Überziehgeschwindigkeit keineswegs linear mit der Schräglage wächst.

Das **Lastvielfache** – das ist die Resultierende aus der Schwerkraft und der Zentrifugalkraft – ist unabhängig vom Flugzeugtyp und wächst mit zunehmender Schräglage ganz rapide, wie die folgende Tabelle zeigt:

Schräglage °	10	20	30	40	50	60	70	80	90
Lastvielfaches	1,02	1,06	1,15	1,31	1,56	2,0	2,92	5,76	∞

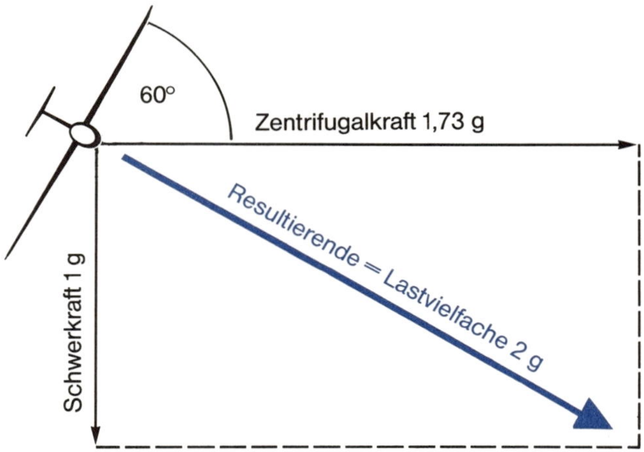

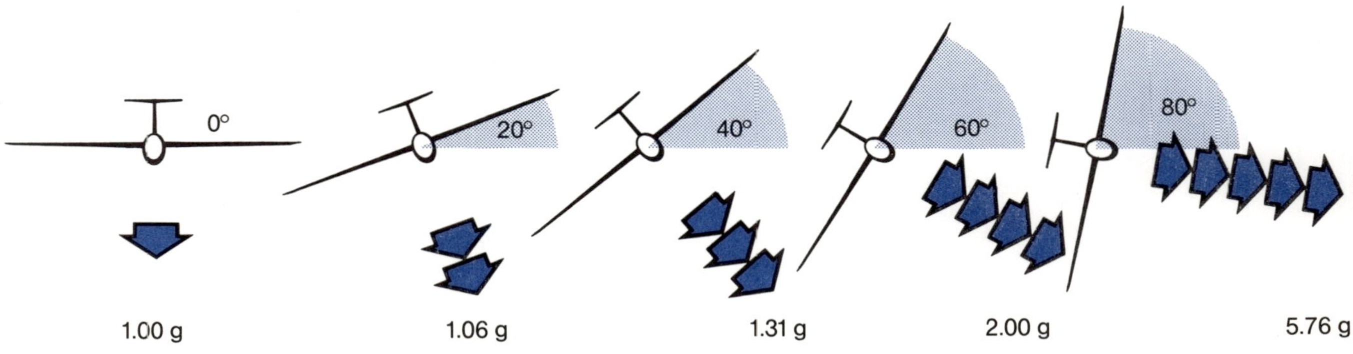

Das Lastvielfache bei Kurven mit unterschiedlichen Schräglagen

Das Lastvielfache ist nichts anderes als der Faktor, mit dem das Fluggewicht multipliziert werden muß. Eine Maschine mit einem Fluggewicht von 300 kg im Geradeausflug hat im Kurvenflug mit einer Schräglage von 60° ein Kurvengewicht von 600 kg! Zum Ausgleich der Kräfte muß nun natürlich auch der Auftrieb entsprechend wachsen. Dies geht natürlich nur über eine höhere Fluggeschwindigkeit. Analog dazu steigt die Überziehgeschwindigkeit, wobei der Multiplikationsfaktor die Quadratwurzel aus dem Lastvielfachen ist. Es gilt also die Formel:

Kurvenüberziehgeschwindigkeit = Überziehgeschwindigkeit $\times \sqrt{\text{Lastvielfaches}}$

Für ein Flugzeug mit einer Überziehgeschwindigkeit im Geradeausflug (ohne Klappen) von 65 km/h ergibt sich so für eine Schräglage von 60° und damit einem Lastvielfachen von 2,0

Kurvenüberziehgeschwindigkeit =
$65 \times \sqrt{2} = 65 \times 1{,}41.. = 92$ km/h

Für das gleiche Flugzeug ergeben sich folgende Kurvenüberziehgeschwindigkeiten

Schräglage°	30	45	60	70	80
Kurvenüberziehgeschwindigkeit	70	77	92	110	156

Für alle **Langsamflug- und Abkippübungen** aus dem Kurvenflug heraus muß natürlich diese Kurvenüberziehgeschwindigkeit berücksichtigt werden. Für das Abkippen bzw. für den Beginn des Trudelns treten dann wieder dieselben Anzeichen und Wirkungen ein wie beim Geradeausflug. Auch die Gegenmaßnahmen sind dieselben. Wichtig ist dabei vor allem, ganz bewußt darauf zu achten, wie die Maschine ein Abkippen nach innen ankündigt. Daß auch in dieser Situation niemals mit dem Querruder korrigiert werden darf, muß eiserne Regel werden. Hier kann nur höhere Fahrt helfen.

Kurven und Kreise mit größerer Schräglage sind kaum schwieriger zu fliegen als normale Kurven bis 30° Schräglage, verlangen aber wegen des höheren Steuerdruckes exaktere Steuerausschläge. Leichte Steuerfehler, die im normalen Bereich von der Eigenstabilität der Maschine kompensiert werden, kommen jetzt verstärkt ans Licht. Insofern zeigen Steilkurven verläßlich, wie sicher der Pilot seine Maschine in der Hand hat.

Anfangs ist es nicht ganz einfach, die Schräglage richtig einzuschätzen. Da aber gerade davon die Kurvenüberziehgeschwindigkeit abhängt, ist es wichtig, ein Gefühl für die Schräglage zu entwickeln. Das geschieht durch zwei schmale Klebestreifen, die im Winkel von 45° auf die Haube oder am oberen Rand des Instrumentenbrettes aufgeklebt werden. Sobald einer der Streifen parallel zum Horizont liegt, beträgt die Schräglage genau 45°. Auf die gleiche Weise kann nach und nach jede Schräglage exakt erflogen werden.

Eingeleitet wird eine Steilkurve wie jede andere Kurve auch. Als zusätzliches Element kommt lediglich dazu, daß entsprechend der vorgesehenen Schräglage Fahrt aufgeholt werden muß. Damit eine möglichst gleichförmige Kurvenbewegung entsteht, soll das Fahrtaufholen nicht schon im Geradeausflug, sondern kontinuierlich mit zunehmender Querneigung erfolgen. Dabei darf der Horizont nicht wegzusteigen beginnen.

Im steilen Kreisflug ist das Hauptkriterium neben der richtigen Kreisfluggeschwindigkeit, daß bei konstanter Schräglage schiebe- und schmierfrei geflogen wird. Wie bei der Kurve im Normalbereich muß meist mit dem Querruder etwas gestützt werden und das Seitenruder steht auf Null. Das Höhenruder muß dagegen mit wachsender Schräglage leicht gezogen werden. Abhängig vom Maschinentyp gibt es für jeden Grad der Querneigung eine bestimmte »Normalstellung« der Ruder, die es einfach durch Üben in den Griff zu bekommen gilt.

Sind die Normalstellungen automatisiert, ist auch die gezielte Veränderung der Schräglage oder der Fahrt kein Problem mehr. Die Veränderung der Querneigung wird wie gewohnt im Zusammenspiel von Quer- und Seitenruder gesteuert (Horizont halten nicht vergessen). Für die Veränderung der Fahrt kommt abhängig von der Schräglage das Seitenruder mit ins Spiel (Ausschlag in Kurvenrichtung = Fahrterhöhung). Wie stark

das der Fall ist, ist typenabhängig und muß einfach ausprobiert und geübt werden.
Krönender Abschluß beim Üben von steilen Kurven und Kreisen ist der Kurvenwechsel, dessen sauberes Gelingen an zwei einfachen Kriterien ablesbar ist:

- Den schiebe- und schmierfreien Kurvenwechsel zeigt die im Käfig festhängende Kugel bzw. der nach keiner Seite auswehende Faden.
- Die gleichbleibende Längsneigung zeigt der waagrecht wandernde Horizontbezugspunkt.

Während der schiebefreie Kurvenwechsel mit dosiertem Einsatz des Querruders und vollem Ausschlag des Seitenruders meist schnell funktioniert, bringt die Steuerung der Längsneigung schon eher Probleme. Das scheint auf den ersten Blick widersinnig, hat es doch den Anschein, als müsse lediglich eine vorhandene Längsneigung beibehalten werden. Genau das aber ist nicht der Fall. Vielmehr muß aus einem gezogenen über einen normalen wieder in einen gezogenen Flugzustand übergeleitet werden.

Was genau geschieht und ausgesteuert werden muß, sei am Beispiel eines Kurvenwechsels von 45° zu 45° beschrieben. Bei dieser Schräglage beträgt das Lastvielfache 1,4 und damit der erzeugte Auftrieb ebenfalls das 1,4-fache des Normalen. Soll sich das Flugzeug in der Übergangsphase nicht aufbäumen, muß der überschüssige Auftrieb durch Drücken abgebaut werden. Je mehr die Maschine dann wieder in die neue Schräglage kommt, desto mehr muß wieder vorsichtig gezogen werden. Da der ganze Kurvenwechsel ohne Geschwindigkeitsveränderung vor sich geht, ist der Horizont eindeutig die beste Kontrollinstanz für die richtige Längsneigung. Daher die Grundregel:

- Der Horizont darf beim Kurvenwechsel weder sinken noch steigen.

Der Slip

Ein ganz besonderer Flugzustand ist der Slip, der nichts anderes ist, als ein absichtlich herbeigeführter, ausgeprägter Schiebeflug. Mit ihm kann im Landeanflug sehr rasch überschüssige Höhe abgebaut werden. Der zunächst überraschend auf den Piloten wirkende Flugzustand ist bei richtiger Steuerung absolut stabil und ein ideales Hilfsmittel, wenn der Gleitpfad einmal stärker als gewöhnlich verkürzt werden muß.

Eingeleitet wird der Slip mit allen drei Rudern, doch dürfen sie im Gegensatz zu nahezu allen anderen Fluglagen nicht gleichzeitig, sondern stets nur nacheinander eingesetzt werden. Das geschieht in folgender Reihenfolge:

1. Visierpunkt oder noch besser Visierlinie für die Richtung des Slips festlegen.
2. Durch einen ausgeprägten Querruderausschlag (Seitenruder bleibt normal!) eine Fläche zum Hängen bringen. Durch das Negative Wendemoment beginnt die Schnauze nach der anderen Seite auszuwandern. Das Flugzeug selbst beginnt zur hängenden Fläche hin zu schieben. Dies wird unterstützt durch
3. einen Seitenruderausschlag gegen den Querruderausschlag. Dadurch wird erreicht, daß der Schiebezustand erhalten bleibt und die Maschine nicht doch noch zur hängenden Fläche hin dreht.
4. Die Neigung des Flugzeuges, über die hängende Fläche Fahrt aufzuholen, wird durch dosiertes Ziehen des Höhenruders gestoppt.
5. Alle drei Ruderausschläge müssen im Slip beibehalten werden.

Steuerndes Element im Slip ist die Querneigung. Sie ist die Ursache dafür, daß ein Abkippen aus dem Slip unmöglich ist. Trotz gleicher Ruderstellung wie beim Trudeln (Quer- und Seitenruder gekreuzt, Höhenruder gezogen) verhindert sie sogar, daß ein slipendes Flugzeug ins Trudeln kommt.
Gefährlichster Fehler beim Einleiten des Slips ist denn

auch, wenn die Querneigung zu gering bleibt, sei es, weil zu wenig Querruder gegeben oder weil das Seitenruder zu früh ausgeschlagen wird. Dieser gefährliche Fehler läßt sich nach der einfachen Regel vermeiden:

- Erst ausreichende Querneigung, dann erst gegensinniger Seitenruderausschlag!

Gesteuert wird der Slip ganz normal mit allen drei Rudern. Ihre »Neutralstellung« ist allerdings nicht die normale Nullstellung, sondern die für den jeweiligen Slip eben notwendigen Ausschläge (Linksslip: Querruder links, Seitenruder rechts, Höhenruder leicht gezogen). Es empfiehlt sich deshalb, nicht mit ganz vollen Ruderausschlägen zu slipen, damit die Ruder noch nach allen Seiten eine Korrekturmöglichkeit bieten.

Die Fluggeschwindigkeit im Slip wird mit dem Höhenruder gesteuert. Dabei muß beachtet werden, daß sie

Der Slip im Landeanflug

nicht nach dem Fahrtmesser gesteuert werden kann. Er nämlich zeigt völlig falsche Werte, weil das Staurohr (die Abnahme des Gesamtdruckes) schräg angeblasen wird. Da zudem die optimale Slipgeschwindigkeit typabhängig ist, gilt es, Erfahrungen zu sammeln und durch eifriges Üben ein entsprechendes Gefühl für die richtige Geschwindigkeit zu entwickeln.

Die Richtung, in die der Slip geht, wird mit dem Seitenruder gesteuert. Ist es ganz ausgeschlagen, funktioniert eine Richtungsänderung zum gehobenen Flügel nur durch entsprechende Rücknahme des Querruders. Typischer Fehler im Slip ist, daß die Maschine trotz vollem Gegenseitenruder zur hängenden Fläche dreht.

Das kann zwei Ursachen haben:

- Die Querneigung ist zu groß. Zur Korrektur muß die hängende Fläche etwas angehoben werden.
- Die Fahrt ist zu hoch. Zur Korrektur muß die Fahrt vermindert werden.

Die **Beendigung** des Slips erfolgt genau umgekehrt wie das Einleiten. So ergibt sich folgende Reihenfolge:

1. Das gezogene Höhenruder wird nachgelassen, damit die Längsneigung der Maschine wieder ihre normale Lage erhält.
2. Das Seitenruder wird auf Null zurückgenommen.
3. Die hängende Fläche wird durch dosierte Querruderführung gehoben. Seitenruder und Querruder dürfen beim Ausleiten zusammenspielen, damit die Maschine möglichst genau in Landerichtung in Normallage kommt.

Beim Ausleiten können drei typische Fehler auftreten:

- Die Maschine bäumt sich auf. Zur Korrektur dieses gefährlichen Fehlers muß sofort nachgedrückt werden.
- Die Maschine schiebt in der ursprünglichen Richtung weiter, obwohl die Fläche wieder waagrecht ist. Ursache ist das zu spät zurückgenommene Seitenruder. Zur Korrektur muß dieser gefährliche Fehler mit dem Seiten- und/oder Querruder beseitigt werden.
- Die Maschine beginnt nach dem Ausleiten zur anderen Seite hin zu schieben. Ursache ist wieder das Seitenruder, das diesmal zu früh oder zu stark (möglicherweise sogar Gegenausschlag) zurückgenommen wurde. Zur Korrektur kann das Seitenruder oder das Querruder benützt werden.

Der Hangflug

Segelfliegen ist die Kunst, eine Luftströmung zu finden, deren nach oben gerichtete Komponente größer ist als die Sinkgeschwindigkeit des Flugzeuges. Die Größe der Differenz der beiden entgegengesetzt wirkenden Vertikalgeschwindigkeiten ist das Maß für die mögliche Steiggeschwindigkeit. Die erreichbare Flughöhe ist abhängig von der Reichweite der Aufwindkomponente. Bei ihrer Suche nach Strömungen mit ausreichender Aufwindkomponente wurden die Segelflieger der »Gründerzeit« zunächst dort fündig, wo der Wind durch größere Hindernisse nach oben abgelenkt wird: an den Hängen der Wasserkuppe und an den Dünen der Kurischen Nehrung.

Arthur Martens war der erste, der den Effekt, daß jede Windströmung dem Höhenprofil eines Hindernisses folgen muß, so richtig nutzte und damit bewies, was mit einem so einfachen Ding wie einem Segelflugzeug möglich ist: Am 18. August 1922 flog er mit seinem »Vampyr« als erster Segelflieger der Welt länger als eine Stunde über den Hängen der Wasserkuppe. Nur zwei Jahre später segelte Ferdinand Schulz mit einem an Einfachheit nicht mehr zu überbietenden Apparat 8 Stunden und 42 Minuten über den Dünen der Kurischen Nehrung – eine Leistung, die ihn damals weltberühmt machte und dem Segelflug gewaltige Impulse gab.

Wohl drängte kurz darauf die Entdeckung der Thermik den Hangflug nahezu völlig in den Hintergrund. Seine Bedeutung aber hat er bis heute nicht ganz verloren. Sicher sind Traumflüge, wie der Ziel-Rückkehrflug von Karl Striedieck am 9. Mai 1977 über 1635 km entlang der Appalachen Ausnahmen, doch bietet dem »Normalverbraucher« der Hangflug auch heute noch vielfältige Möglichkeiten – sei es als Flugmöglichkeit in der thermiklosen Zeit, sei es als Rettung bei nachlassender Thermik oder sei es gar als auslösendes Moment für den Wellenflug. Grund genug also, sich um seine Bedingungen zu kümmern.

Der Aufwind am Hang

Das Grundprinzip des Hangaufwindes ist recht einfach: Seine Größe ist abhängig von der Stärke und der Anblasrichtung des Windes sowie von der Neigung und der Oberfläche des Hanges. Bei gleicher Windstärke ist die Vertikalkomponente um so stärker, je steiler der Hang ist.
Damit überhaupt ein Hangwind mit ausreichender Vertikalkomponente entstehen kann, muß also eine entsprechende Geländeform vorhanden sein. Sicher kann sich niemand den Idealhang zaubern, doch zu wissen, wie er aussehen müßte, hilft auf der anderen Seite, die im Gelände vorhandenen »Fehler« und die damit gegebenen Tücken im Hangwind zu erkennen.
Ein solcher Idealhang müßte möglichst langgestreckt sein und einen möglichst allmählichen Übergang aus der Ebene zum steilen Gelände aufweisen. Seine Ober-

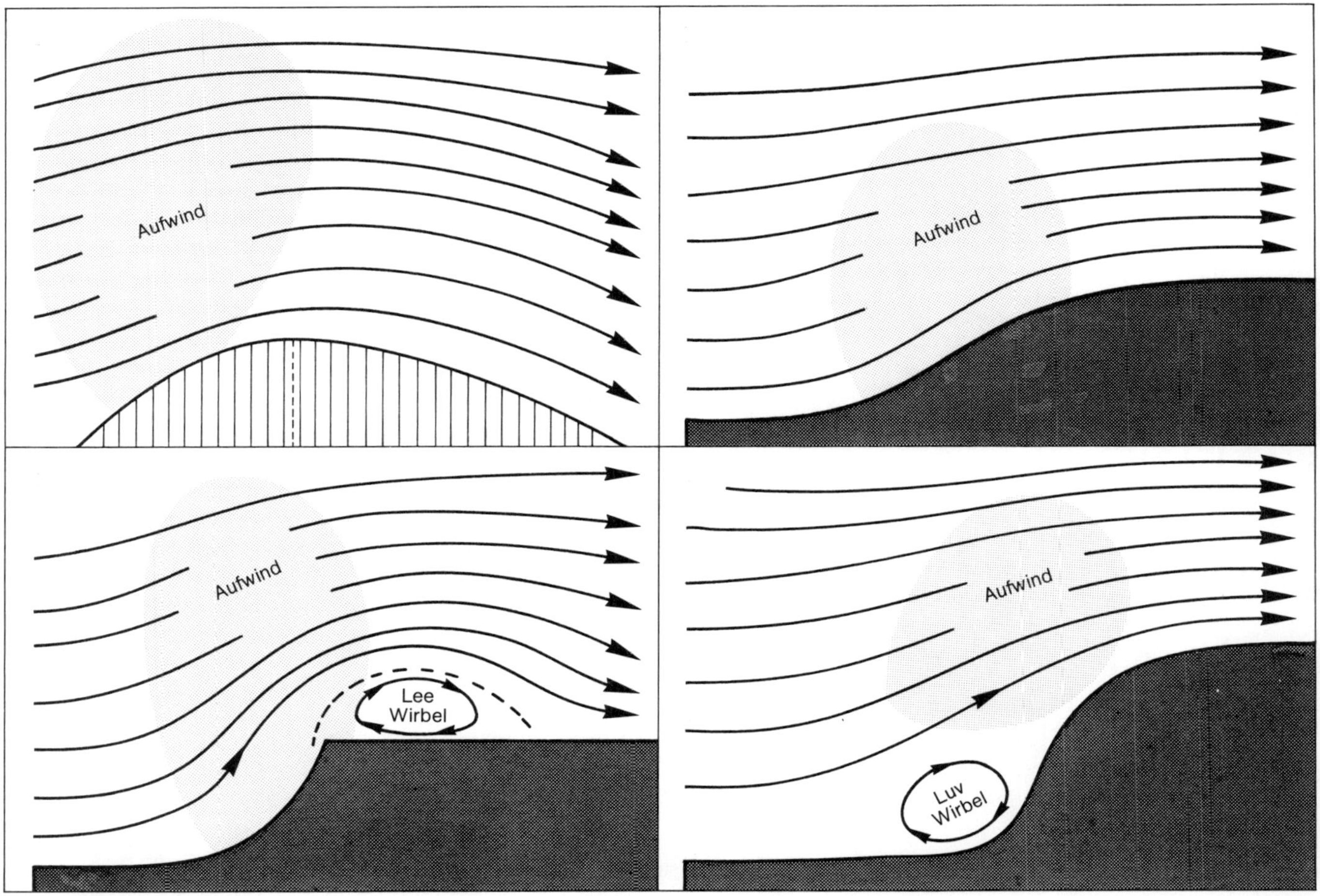

Die Aufwinde an unterschiedlichen Hangprofilen

fläche sollte möglichst homogen, also gleichmäßig entweder nur mit Gras oder mit Wald bewachsen sein und keine Stufen, Vorsprünge oder gar horizontale Falten aufweisen. Damit der Wind nicht schon verwirbelt auf den Hang trifft, sollte auch der Anblasweg möglichst hindernisfrei sein und der Wind senkrecht auf den Hang blasen können.

Ist eine dieser Komponenten schwach oder falsch ausgeprägt, hat das bereits negative Auswirkungen. Ist etwa der Hang oder Berg nicht breit genug, nützt alles andere nichts, weil der Wind dann um den Berg herum wehen kann, und wohl viele Wirbel aber keinen Aufwind erzeugt. Fehlt der allmähliche Übergang aus der Ebene zum Hang, bilden sich im unteren Teil nur starke Wirbel aber ebenfalls kein Aufwind. Ähnliches gilt, wenn die Hangoberfläche nicht homogen ist. Je mehr Absätze, Vorsprünge, Stufen, Falten u.ä. vorhanden sind, desto verwirbelter wird die Luftströmung und desto gestörter der Aufwind.

Geradezu gefährlich wird es, wenn das Hangprofil durch waagerechte Absätze oder gar horizontale Falten unterbrochen ist. Hier bilden sich so ausgeprägte Wirbel, daß aus dem schönen Steigen schlagartig rasantes Fallen werden kann, das dann nur noch mit entsprechender Fahrtreserve ausgesteuert werden kann. Große Auswirkungen hat es auch, wenn der Weg für den Wind vor dem Hang nicht frei ist. Vor allem in den Alpen kommt es häufig vor, daß die schönsten Hänge keinerlei Aufwind produzieren, nur weil der Anblasweg nicht frei ist und deshalb die Luftströmung schon zu sehr gestört ist.

Die Technik und die Regeln für den Flug am Hang

Paßt alles einigermaßen zusammen, dann liegt das beste Aufwindfeld bis in Höhe der Hangkante in einem relativ schmalen Streifen ziemlich dicht am Hang. Erst ab der Hangkante wird das Aufwindfeld manchmal breiter bei einer gleichzeitigen leichten Verlagerung nach Luv. Für den Piloten bedeutet das, daß er bis zur Hangkante hinauf in extremer Bodennähe fliegen und entsprechend der Oberflächenbeschaffenheit des Hanges auf entsprechende Wirbel gefaßt sein muß. Daraus ergibt sich die Grundregel:

- Im Hangflug muß die Fahrt stets so hoch sein, daß auch die in der jeweiligen Situation zu erwartenden stärksten Wirbel ausgesteuert werden können.

Natürlich lassen sich für die notwendige Fahrterhöhung keine festen Werte angeben. Weht an den Westhängen des Schwarzwaldes gerade soviel Wind, daß er ein Flugzeug tragen kann, sieht die Situation natürlich ganz anders aus, als wenn in Innsbruck der Föhn mit über 100 km/h auf die Nordkette des Karwendels drückt. Eine nicht unbeträchtliche Rolle spielt es dabei auch, wie steil der Hang ist. Die Gefahr Abwindwirbel nicht mehr rechtzeitig aussteuern zu können, ist über flachen Hängen wesentlich größer als über steileren. Im flacheren Gelände muß folglich die Fahrtreserve höher sein als im steilen, wo im Zweifelsfall gefahrlos schnell ins Freie abgekurvt werden kann.

Daraus ergibt sich die zweite Regel:

- Je flacher der Hang, desto größer muß die Fahrtreserve sein.

Entsprechend der Windgeschwindigkeit muß der Pilot gegen den Wind vorhalten, um nicht gegen den Hang gedrückt zu werden. Natürlich geschieht das möglichst schiebefrei durch das Steuern einer mehr oder weniger starken Vorhaltekurve vom Hang weg. Ihre Stärke ist abhängig von der Windgeschwindigkeit sowie von der eigenen Fluggeschwindigkeit. Daraus ergibt sich die nächste Grundregel:

- Je geringer die Fahrt, desto größer der Vorhaltewinkel.

Im Geradeausflug entlang des Hanges wird mit der Variation der Fahrt auf unterschiedliches Steigen oder gar Sinken reagiert. In den Steiggebieten wird mit der für die Sicherheit notwendigen Überfahrt geflogen. Gebiete mit schwächerem Steigen oder gar Fallen werden mit deutlich erhöhter Fahrt durchflogen. Entsprechend

der Fahrtvariation muß selbstverständlich auch der Vorhaltewinkel variiert werden.
Da die Versetzung zum Hang sehr schwer abschätzbar und zudem stark von Wirbeln abhängig ist, sind Vollkreise vor dem Hang extrem gefährlich. Deshalb muß die absolute Grundregel lauten:

- Kreise niemals gegen den Hang!

Die automatische Folge des Verbotes von Vollkreisen ist, daß am Hang nur Wendekurven weg vom Hang bzw. flache Achter möglich sind. Sofern es für den Hang eine eigene Hangflugordnung gibt, ist die Lage der Wendemarke dort festgelegt. Ohne Festlegung wird der Hang zunächst in seiner ganzen Breite abgeflogen und dabei registriert, wo die Gebiete des besten Steigens liegen. Anschließend wird jeweils vor dem Ende des Steigens zur Wendekurve eingekreist, damit die Maschine möglichst wenig ins Sinken kommt.
Ist es gelungen, bis in die Höhe der Hangkante hinaufzusteigen, heißt es noch einmal genau aufzupassen. Nicht selten nämlich nimmt dort die Windgeschwindigkeit so zu, daß erheblich mehr vorgehalten werden muß. Geschieht dies nicht, besteht die Gefahr, daß die Maschine ins Lee getragen wird, in handfestes Sinken kommt und nicht mehr auf die Luvseite zurückgesteuert werden kann. Da oberhalb der Hangkante das beste Steigen ohnehin luvwärts verlagert ist, heißt hier die Grundregel:

- Oberhalb der Hangkante muß besonders sorgfältig vorgehalten werden und das beste Steigen luvwärts gesucht werden.

Fliegen mehrere Maschinen vor dem Hang, muß auf die Ausweichregeln geachtet werden. Laut Luftverkehrsordnung wird in der Fliegerei stets nach rechts ausgewichen. Natürlich ist das der Maschine, die mit der rechten Tragfläche am Hang fliegt, nicht möglich, weil sie sonst ja gegen den Hang fliegen würde. Logischerweise muß deshalb im Hangflug immer die Maschine talwärts ausweichen, die mit der linken Fläche am Hang fliegt. Nur sie hat überhaupt eine Ausweichmöglichkeit. Die Grundregel heißt daher:

- Vorflugrecht hat die Maschine mit der rechten Tragfläche am Hang, die Maschine mit der linken Tragfläche am Hang muß talwärts ausweichen.

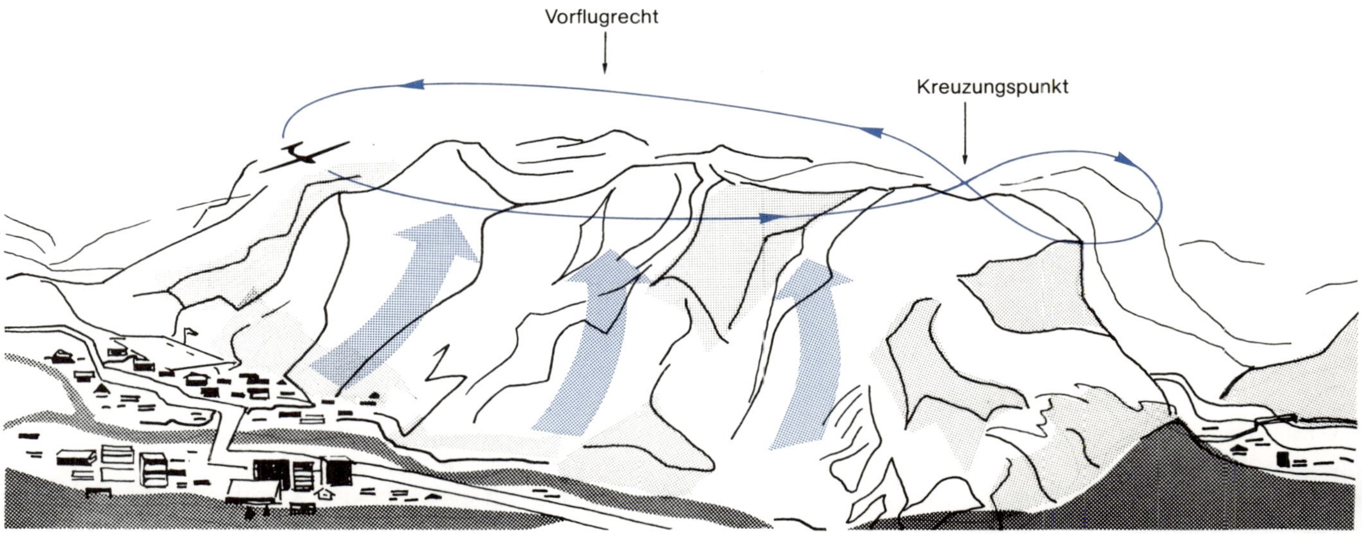

Das Hangflugschema

Aufgrund der unterschiedlichen Bauweise der Segelflugzeuge können ältere Holzmaschinen im Hangwind wesentlich langsamer fliegen als moderne Plastikmaschinen. Muß deshalb eine schnellere Maschine eine langsamere überholen, darf sie das nur auf der Talseite tun, nie auf der Bergseite zwischen Hang und überholter Maschine. Ein allzu knappes Über- oder Unterfliegen der überholten Maschine verbietet sich von selbst. Die Grundregel für das Überholen heißt:

- Die schnellere Maschine weicht zum Überholen talwärts aus.

Gibt es für einen Hang eine eigene Hangflugordnung, müssen selbstverständlich die darin enthaltenen Angaben und Vorschriften entsprechend berücksichtigt werden. Welche Möglichkeiten ein Hang unter Umständen auch noch in seinem Lee zu bieten hat, also dort, wo doch eigentlich nur noch Wirbel und Abwinde zu erwarten sein dürften, ist ab S. 84 beschrieben.

Der thermische Segelflug

Das Schlüsselwort des modernen Segelfluges heißt Thermik. Es steht für eine ganze Zauberwelt unausschöpfbarer Möglichkeiten. Eigenartigerweise entstand der Segelflug jedoch nicht als Mittel zur Erschließung dieser Zauberwelt, sondern als eine aus der Not geborene Tugend zur Umgehung des Flugverbotes nach dem Ersten Weltkrieg. Die Möglichkeiten für den motorlosen Flug sah man ausschließlich im Hangflug. Noch 1923 stellte der sonst so verdienstvolle Prof. Georgii fest, Thermik könne im Segelflug nur gelegentlich und nur zur besseren Ausnützung des Hangwindes genutzt werden.

Da grenzt es schon an Ironie, daß ausgerechnet der erste Motorflieger bereits am 24. Juni 1903 in einem Vortrag festgehalten hatte: »Es gibt noch eine andere Form des Fliegens, und die erfordert keinen Motor. Ich meine den Segelflug, bei dem das Fluggerät durch die gleiche Kraft im andauernden Schwebezustand in der Luft gehalten wird, die die Seevögel ausnützen. Was für eine Kraft das ist, wurde noch nicht mit Gewißheit erkannt, obgleich es ziemlich sicher ein aufsteigender Luftstrom ist.« Seine Behauptung untermauerte er mit der Beschreibung von in der Thermik segelnden Geiern.

Was der Meteorologie-Professor Georgii nicht wahrhaben wollte, ließ den Schwaben Wolf Hirth nicht los. Was er zunächst respektlos »Dusel-Thermik« nannte, versuchte er mehr und mehr systematisch zu nutzen, bis ihm 1930 der erste größere Überlandflug ausschließlich mit Hilfe der Thermik gelang. Als es schließlich Günther Groenhoff und seinem »Fafnir« am 4. Mai 1931 gelang, in $8^1/_2$ Stunden von München aus 272 km nur in der Thermik (und nicht mit Hilfe eines Gewitters) zu segeln, war endgültig klar geworden, was in dem geheimnisvollen Wort Thermik steckt: Nicht mehr und nicht weniger als die Möglichkeit, auf neue Weise den Himmel zu erobern.

D-2454

Die Entstehung der Thermik

Natürlich hat Thermik wie schon der von den alten Rhönvätern erfundene Name sagt, etwas mit Wärme und der Erwärmung der Luft zu tun. Jeder Physiker kannte auch damals schon die physikalischen Grundregeln für die Erwärmung von Luft, nach denen der Zustand eines thermo-dynamischen Systems von den drei thermischen Zustandsgrößen Druck, Temperatur und Volumen charakterisiert wird. Längst war bekannt, daß bei einer bestimmten Gasmenge das Produkt aus Druck und Volumen dividiert durch die Temperatur stets konstant ist. Längst war auch bekannt, daß es Zustandsänderungen gibt, bei denen jeweils eine der drei Zustandsgrößen konstant bleibt und längst kannte man die adiabatische Zustandsänderung, bei der während der Zustandsänderung Wärme weder von außen zugeführt noch von außen abgegeben wird. Selbstverständlich waren auch die drei Gleichgewichtszustände eines Körpers bekannt.

Und dennoch wollte es lange nicht gelingen, die richtige Kombination dieser wenigen Grundgesetze und die daraus resultierenden neuen Gesetzmäßigkeiten in bezug auf die Erwärmung der Luft abzuleiten. Wohl wußte man, daß sich Luft bei der Erwärmung ausdehnt, damit spezifisch leichter wird und zwangsläufig aufsteigen muß. Welche Kräfte dabei aber im Spiel sind, welche Bedingungen erfüllt sein müssen und welche Kriterien eine Vorhersage ermöglichen könnten, das alles waren Probleme, die erst langsam geklärt werden konnten.

Daß sich Luft bei Erwärmung ausdehnt, ist die Folge der Energiezufuhr. Es wächst die Bewegung der Moleküle, die entsprechend mehr »Ellenbogenfreiheit« und damit mehr Platz beanspruchen. Weniger Moleküle in der Raumeinheit ergeben nicht nur ein geringeres Gewicht, sondern auch einen geringeren Druck. Wird Luft vom Boden her unterschiedlich erwärmt, entsteht zwischen den beiden Mengen nicht nur eine Gewichts-, sondern auch eine Druckdifferenz. Die um die erwärmte Luft herumgelagerte kalte Luft bleibt unter höherem Druck und zwingt die wärmere durch seitlichen Druck in die einzig verbleibende Richtung auszuweichen – also nach oben zu steigen.

In der Praxis ergeben sich damit für den Aufwind suchenden Segelflieger die beiden elementaren Fragen, wo sich die Thermik bildet und wo sie sich vom Boden löst.

Um mögliche **Orte der Thermikentstehung** eingrenzen zu können, muß man sich zunächst klar machen, unter welchen Bedingungen sich Luft überhaupt erwärmt bzw. sich so verändert, daß sie leichter wird als die Luft ihrer Umgebung. Im wesentlichen sind dabei drei Komponenten im Spiel.

Zum einen ist Luft ein extrem schlechter Wärmeleiter

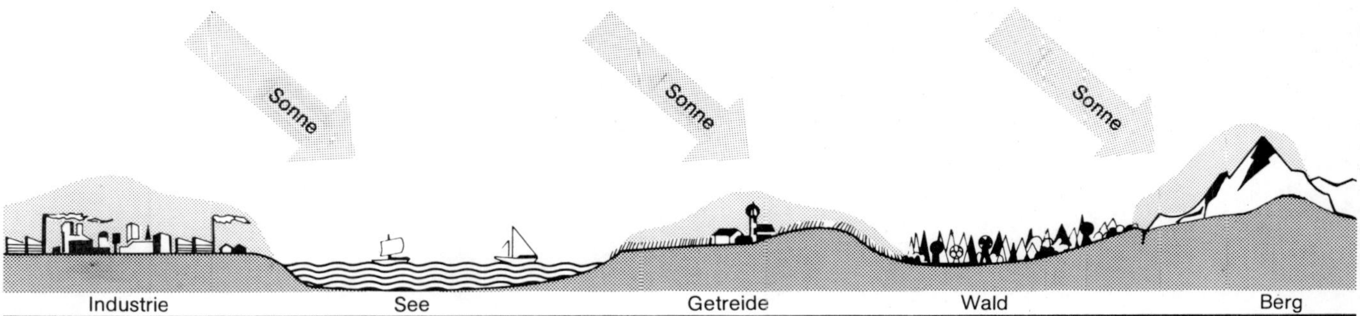

Die Entstehung der Thermik am Boden

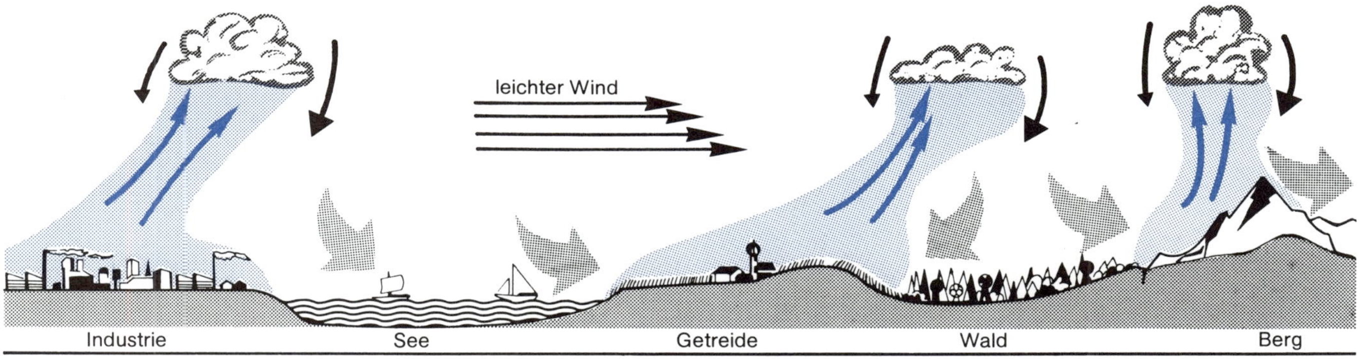

Leichter Wind fördert das Aufsteigen der aufgeheizten Luft

(Styropor hält die Wärme mit Hilfe der eingeschlossenen Luft). Eine einmal erwärmte Luftmenge gibt ihre Wärme nur sehr widerwillig an umgebende Luft ab. Ohne Einflüsse von außen (z.B. Wind) behält sie die einmal gewonnene Eigenschaft lange bei.
Zum anderen ist das Gewicht des Gasgemisches Luft abhängig davon, wieviel gasförmiges Wasser enthalten ist. Da dieser Wasserdampf um nahezu ein Drittel leichter als trockene Luft ist, wird Luft allein schon dadurch leichter, daß sie Wasser in Gasform aufnimmt.
Zum dritten wird die Luft durch die sie durchdringende Sonnenstrahlung beinahe überhaupt nicht erwärmt. Ihre Wärme holt sie sich vielmehr von dem durch die langwellige Strahlung der Sonne erwärmten Boden.
Neben der Dauer und der Intensität der Sonneneinstrahlung ist demnach die Bodenbeschaffenheit das wichtigste Kriterium für das Entstehen besonders erwärmter und damit labiler Bodenluft. Oder anders herum: Nach welchen Kriterien erwärmt sich der Boden, wo wird Wärme eher absorbiert oder wo wird Wärme eher wieder abgegeben?
Ein erstes Kriterium dafür ist, zu welchen Teilen der jeweilige Boden die Sonnenstrahlung absorbiert bzw. reflektiert. Da die absorbierte Strahlung gleich der vom Boden verwertbaren Energie ist, leuchtet es ein, daß der Boden um so energiereicher sein kann, je geringer der Anteil der reflektierten Strahlung und je größer der Anteil der absorbierten Strahlung ist. Wie unterschiedlich die Absorption der Sonnenstrahlung ist, zeigt die folgende Tabelle.

Bodenart	absorbierte Strahlung
Getreide	85–95%
Schwarze Erde	85–90%
Feuchter Sand	90%
Unbewachsener Boden	80–90%
Trockener Sand	80%
Gras	60–85%
Gepflügter Acker	70–80%
Wüste	70–75%
Schnee und Eis	15–50%

Obwohl die Absorption der Sonnenstrahlung durch den Boden ein direktes Maß für seine Energieaufnahme ist, läßt sich daraus allein noch nicht ablesen, wieviel dieser Energie auch wirklich an die darüber lagernde Luft abgegeben wird. Ein wichtiges Kriterium dafür ist die Wärmeleitfähigkeit, die wiederum ihrerseits stark von der Feuchtigkeit abhängt. Natürlich leuchtet es ein, daß um so weniger Wärme vom Boden an die Luft abgegeben werden kann, je mehr in die Tiefe weitergeleitet wird. Ein gutes Beispiel für diese Zusammenhänge ist der Moorboden. Mit seiner schwarzen Erde nimmt er

bis zu 90% der Sonnenstrahlen auf. Ist er nun ausgetrocknet, enthält er viel Luft. Die Wärmeleitfähigkeit ist also gering, und die Tageserwärmung dringt nur etwa 25 cm tief ein. Entsprechend hoch ist seine Oberflächenaufheizung und die damit verbundene Wärmeabgabe an die Luft.
Ganz anders sieht es aus, wenn der Moorboden naß ist. Die Poren sind dann voll Wasser, das mit seiner hohen Wärmeleitfähigkeit die Tageserwärmung bis zu einem halben Meter und mehr in die Tiefe zieht. Die Erwärmung an der Oberfläche bleibt daher wesentlich geringer und entsprechend weniger Wärme kann an die Luft abgegeben werden.
Ähnlich verhält es sich bei Ackerboden. Frisch gepflügt und trocken enthält er sehr viel wärmedämmende Luft, die Aufheizung an der Oberfläche wird hoch. Hat sich der Boden dagegen voll Wasser gesogen, ist die Wärmeleitfähigkeit nach unten wieder groß, die Abgabe nach oben in die Luft entsprechend geringer.
Ähnliches gilt für Wiesen. Sie sind um so bessere Wärmequellen, je kürzer ihr Bewuchs und je trockener ihr Untergrund ist, weil hoher Bewuchs und viel Feuchtigkeit Wärme in den Boden ableiten, statt sie in die Luft darüber abzustrahlen.
Auch bei Wald gibt es große Unterschiede, je nachdem, ob er auf trockenem oder feuchtem Untergrund steht und ob seine Bäume viel oder wenig Wasser verdunsten. Da ein einziger Laubbaum an einem heißen Tag tonnenweise Wasser verdunstet, kann die dafür notwendige Wärme natürlich nicht mehr an die umgebende Luft abgegeben werden. Die Bilanz der thermischen Ergiebigkeit sieht deshalb um so besser aus, je weniger der Baum seiner Art nach verdunstet (Nadelbaum besser als Laubbaum) und je trockener die Bäume stehen.
Für den Segelflieger extrem schlecht sind Wasserflächen. In sie kann die Sonnenstrahlung tief eindringen, und die hohe Wärmeleitfähigkeit tut das ihre dazu, die Wärme zu verteilen und nach unten abzuleiten. Entsprechend gering ist die Erwärmung der Oberfläche und noch geringer eine mögliche Abgabe an die Luft. Da das Wasser eher umgekehrt der Luft zusätzlich noch Wärme entzieht, ist die stabilisierende Wirkung sogar nicht nur auf die Wasserfläche selbst beschränkt, sondern dehnt sich mehr oder weniger weit auf das Umland aus.
Nicht zuletzt hängt die Energiebilanz des Bodens von seiner Neigung gegen die Einstrahlungen ab. Da in unseren Breiten die Sonnenstrahlen praktisch immer mehr oder weniger schräg einfallen, wird bei gleichen Bodenverhältnissen die Energiebilanz stets dort am besten sein, wo die Sonnenstrahlen möglichst im rechten Winkel einfallen können. Da dazu der Boden stets mehr oder weniger geneigt sein muß, wird die in diesem Fall ohnehin gute Energiebilanz für die Thermik dadurch noch ergiebiger, daß die bestrahlte Fläche in ihrer Projektion auf die darüberliegende Luft wirkt.
Wind und Bewuchs sind die beiden Komponenten, die verantwortlich dafür sind, wie lange eine Thermikblase am Boden wachsen und wieviel Energie sich darin sammeln kann. Weht der Wind zu stark, sorgt er für eine rasche Verteilung der vom Boden abgestrahlten Energie, schafft eine relativ dicke und relativ warme, verwirbelte Grenzschicht und verhindert so die Bildung größerer labiler Luftblasen über besonders warmen Bodenbereichen.
Gibt dagegen der Wind Ruhe, ist die Bildung größerer Thermikblasen wieder mehr vom Untergrund und auch vom Bewuchs abhängig. Über glatten Flächen etwa, kann sich weniger Energie ansammeln als über einem hochgewachsenen reifen Getreidefeld. In ihm können sich regelrechte Hitzepolster bilden, die nicht nur für die Ausbildung prächtiger Thermikblasen, sondern auch für entsprechenden Nachschub gut sind, wenn sich die Blase irgendwo löst.

Der **Ort der Ablösung** einer Thermikblase vom Boden ist keineswegs immer identisch mit dem Ort ihres Entstehens. Am Ort der Entstehung steigt die Thermikblase in der Regel nur auf, wenn die Labilität ungestört so stark geworden ist, daß der Druck von oben die Blase nicht mehr halten kann. Die Blase beult dann

immer mehr nach oben aus. Gleichzeitig wird sie vom seitlich wirkenden Druck der Umgebung zunehmend eingeschnürt, bis sie sich schließlich mit deutlich spürbarem Wirbel vom Boden löst und zu steigen beginnt. Ist die Labilität jedoch nicht so groß, daß es zu solch einer »Bilderbuchablösung« kommt, dann kann die labile Blase unter Umständen recht lange am Boden liegen bleiben und auf einen auslösenden Impuls warten. Wieder ist die Art dieses Impulses abhängig davon, ob der Wind geht oder nicht.
Bei Windstille liefern den Auslöseimpuls häufig Linien starker Temperaturgegensätze. Grenzen Getreidefelder etwa an eine Waldkante, wird sich bei Windstille die Thermik selten in der Mitte der Getreidefelder, wohl aber an der Grenze zum Wald lösen. Über weiten Wiesen wird die labile Schicht sanft hin und her wogen (daher das Flimmern in der Luft), ablösen aber wird sie sich an der Grenze zu einem Weg, zu einem Bach oder wieder an einer Waldkante. Ähnliches gilt für die Berge. Bei schwacher Thermik kann es durchaus sein, daß eine Südflanke schön aufgeheizt ist, die heiße Luft sich aber nicht lösen kann, weil die Labilitätsenergie nicht ausreicht. Der Auslösepunkt könnte dann etwa die Kante zur kühleren Westflanke sein. Natürlich sind auch die Grenzen zwischen Felsen und Wald oder zwischen Felsen und Schnee immer mögliche Auslösepunkte für Thermik.
Andere Auslöseimpulse bei Windstille sind irgendwelche Bewegungen am Boden. Jeder erfahrenere Pilot kennt den mit dem eigenen Windenstart ausgelösten »Windenbart«, der ihm die gesamte zur Zeit über dem Platz lagernde labile Luft nachschickt. In extrem ruhiger Luft können aber auch Autos auf einsamen Landstraßen oder ein durchfahrender Eisenbahnzug die gleiche Wirkung haben.
Etwas anders sieht das Ganze aus, wenn auch nur ein leichter Wind weht. Er nämlich treibt die labilen Thermikblasen vor sich her. »Stolpert« nun die Vorderseite einer solchen Blase über irgendein Hindernis (Waldkante, Wiesenrain, Weg, Baumreihe oder Bewuchskante), löst sie sich sofort vom Untergrund und zieht wie in einem Schlauch den gesamten Rest nach. Besonders gut funktioniert dieses Prinzip, wenn die labile Schicht gegen einen vielleicht zusätzlich noch warmen Hügel treibt. Dort kann sich dann unter günstigen Umständen ein richtiger »Fahrstuhl« bilden, der nicht selten sogar längere Zeit andauert.
Ist die Labilitätsenergie groß genug (und »stimmt« die Schichtung der Atmosphäre), zieht die Thermikblase einen regelrechten Aufwindschlauch nach sich und steigt selbst bis zum Kondensationsniveau auf. Hier erreicht die aufsteigende Luft ihre Feuchtigkeitssättigung, die Kondensation tritt ein und es bildet sich die Cumuluswolke. Je nach Zustand der Atmosphäre wird sie mehr oder weniger groß und zerfällt anschließend wieder mehr oder weniger schnell. Wachsen allerdings kann sie nur so lange, wie die Warmluftzufuhr von unten anhält. Kommt kein Nachschub mehr, beginnen die vorher glatten Ränder zu zerfasern, die langsam wieder absinkenden Wolkenteile verdunsten ihr Wasser an die Umgebung und schließlich löst sich die Wolke ganz wieder auf.
Das für den Segelflieger wichtigste Kriterium einer solchen Cumuluswolke ist, ob sie noch wächst oder bereits zu zerfallen beginnt. Nur solange sie noch wächst, ist sie für den Segelflieger lebendig. Beginnt sie zu zerfallen, wird er vergeblich noch nach Aufwind unter ihr suchen.

Der Beginn der Thermik ist meteorologisch definiert durch die **Auslösetemperatur.** Erst wenn diese Temperatur am Boden erreicht wird, ist die Thermik so stark, daß sie zur Quellwolkenbildung führt, das unter den gegebenen Umständen herrschende Kondensationsniveau also erreicht. Je weiter sich die bodennahe Luft über diese Auslösetemperatur hinaus erwärmt, desto höher wird der trockenadiabatische Gradient und desto mehr hebt sich das Kondensationsniveau der Quellwolken an.

Natürlich gibt es auch bereits vor dem Erreichen dieser Auslösetemperatur thermische Ablösungen, doch sind

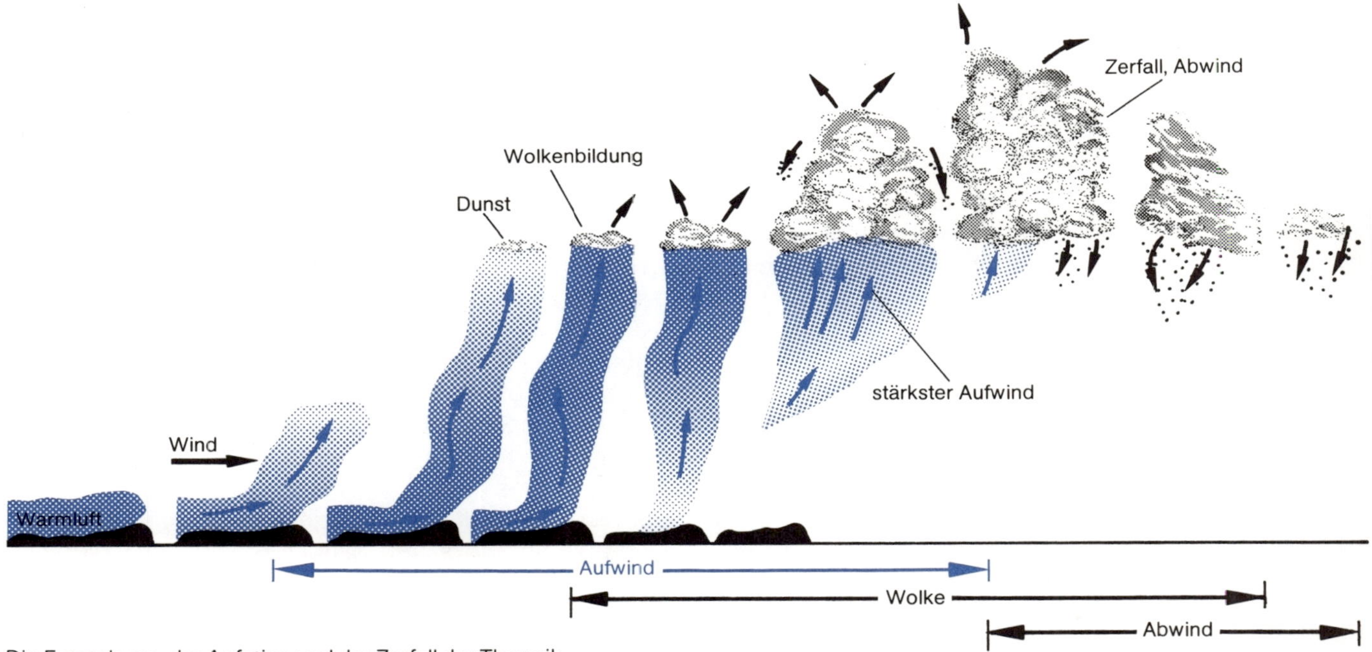

Die Entstehung, der Aufstieg und der Zerfall der Thermik

sie noch zu schwach, um bis zum Kondensationsniveau aufsteigen zu können. Entsprechend der in der Atmosphäre herrschenden Bedingungen kommt es zudem gar nicht so selten vor, daß trotz ausreichender Temperaturen überhaupt keine Kondensation stattfindet, weil die Thermik den Taupunkt wegen einer zu niedrig liegenden Inversion nicht erreichen kann. Dann gibt es zwar meteorologisch keine Auslösetemperatur, für den Segelflieger jedoch unter Umständen dennoch hervorragende Thermik. Aufgrund der fehlenden Kondensation wird diese Form der Thermik **Blauthermik** genannt. Sie kann im Hochsommer durchaus beträchtliche Steigwerte liefern. Einziger Nachteil für den Piloten ist, daß er sich nicht nach den Wolken orientieren kann, sondern seine Thermiksuche bodenorientiert betreiben muß.

Die Dauer der Thermik ist von zahlreichen stabilisierenden oder labilisierenden Faktoren des Wettergeschehens abhängig. Bevor die Thermiktätigkeit etwa 2 Stunden vor Sonnenuntergang endgültig aufhört, kommt es zudem noch zur sogenannten **Umkehrthermik.** Sie tritt sowohl im Flachland wie auch im Gebirge auf und hat ihre Ursache darin, daß tagsüber langsam aufgeheizte Wärmespeicher nun wärmer als ihre Umgebung sind und deshalb ihre Energie jetzt abgeben können.

Im Flachland sind solche Energiespeicher z. B. größere Waldgebiete. Sie nehmen tagsüber sehr viel Energie auf, bleiben aber dennoch kühler als ihre Umgebung und liefern deshalb keine oder nur geringe Thermik. Abends kehren sich die Verhältnisse um, die Umgebung der Waldgebiete wird kühler, die Luft über den Wäldern wird immer wärmer und produziert damit zwar geringes, aber häufig dafür großflächiges Steigen.

Im Gebirge übernimmt die Rolle des Wärmespeichers der Talboden. Tagsüber strömt die Warmluft an den Sonnenhängen nach oben, gegen Abend kühlen in der

Höhe die Hänge ab, die kühlere Luft beginnt den Hängen entlang nach unten zu fließen. Im Tal trifft sie auf den relativ stark erwärmten Boden, der jetzt erst seine Energie abgeben kann. Als Folge findet sich am Abend Steigen über der Talmitte.

Nur im Gebirge gibt es eine weitere Besonderheit, die **Stufenthermik.** Ihr Name drückt die Erscheinung aus, daß in den Bergen nicht selten sehr stark differierende Wolkenbasen zu beobachten sind. Extreme Beispiele dafür sind etwa der Arlberg oder das Engadin. Auf ihren »Seeseiten« steigen vom Bodensee bzw. vom Comersee feuchtere Luftmassen auf, die entsprechend niedriger kondensieren als die trockenere Luft aus dem Inntal.

Die Nutzung der Thermik

Da es noch keine Thermikbrille zum Erkennen aufsteigender Luftströme gibt, ist die Suche der Thermik eine der Hauptaufgaben des Piloten. Als einziges sichtbares Zeichen kann er dabei die Cumuluswolken nutzen. Ansonsten ist er ausschließlich auf sein theoretisches Wissen um die Entstehung der Thermik und auf seine Erfahrung angewiesen.
Die ersten Probleme ergeben sich bereits, wenn der Pilot versucht, den Ort der Entstehung der Thermik, den Ort der Ablösung und die dazugehörige Wolke miteinander in Verbindung zu bringen. Je höher das Kondensationsniveau ist, desto schwieriger gelingt diese Zuordnung. Eine bewährte Faustregel lautet deshalb:

- Auf den unteren zwei Dritteln der Höhe zwischen Boden und Wolkenbasis muß die Thermik nach dem möglichen Ort ihrer Ablösung am Boden gesucht werden. Erst im letzten Drittel seiner Arbeitshöhe kann der Pilot sich an den Wolken orientieren.

Bei einer Basishöhe von 1500 m über Grund bedeutet das immerhin, daß bis zu einer Flughöhe von rund 1000 m die **Beobachtung des Bodens** und die Abschätzung seiner Thermikmöglichkeiten ergiebiger ist als die Orientierung an den Wolken. Dabei gilt es aber besonders darauf zu achten, daß man nicht nur nach möglichen Orten der Ablösung sucht, sondern auch den Einfluß des Windes einkalkuliert.
Tückischerweise spielen Wind und Thermik keineswegs immer das gleiche Spiel miteinander. Je nach Art der Thermikquelle liegt der Aufwind vielmehr entsprechend dem Windprofil schräg oder trotz Wind beinahe gerade in der Luft. Wie stark schräg der Aufwindschlauch im Wind wird, hängt davon ab, ob es sich um einen stabilen Bart handelt, der vom Boden bis zur Wolke reicht und über längere Zeit Warmluftnachschub von derselben Bodenstelle erhält oder ob die Thermik mit dem Wind mitwandert.

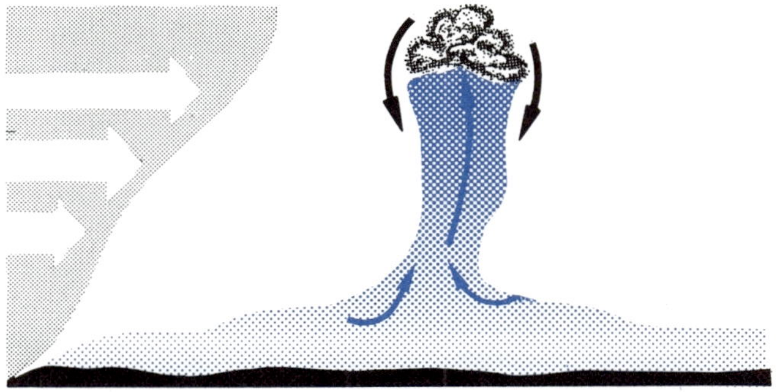

Thermik kann mit dem Wind wandern

Am einfachsten auszufliegen ist die von stärkerem Wind beeinflußte Thermik dann, wenn sie mit dem Wind mitwandert. Sie tut das immer dann, wenn die Thermikquelle selbst mit dem Wind mitwandert oder wenn sich in einzelnen Schüben Blasen lösen, die dann während ihres Aufstieges mit dem Wind wandern. Da in beiden Fällen die Thermik beinahe senkrecht in der Luft steht, kann sie wie bei Windstille ohne Vorhalten ausgekreist werden. Die einzige Folge des Windeinflusses ist die Versetzung der Maschine über Grund.
Ganz anders zeigt sich das Problem für den Piloten, wenn die Thermikquelle ortsfest ist, der Bart vom Bo-

den bis zur Wolke reicht und folglich entsprechend der Windgeschwindigkeit mehr oder weniger schräg in der Luft steht. Da der Wind in den verschiedenen Höhen keineswegs immer gleichmäßig stark weht, muß auch die Schräglage des Aufwindes keineswegs gleichmäßig sein. Sie kann in verschiedenen Höhen steiler oder weniger steil sein, selbst Knicke und seitliche Richtungsänderungen sind durchaus nicht selten. Wie stark die Neigung eines solchen Bartes sein kann, zeigt ein einfaches Rechenexempel. Beträgt die Windgeschwindigkeit nur magere 9 km/h (2,5 m/sec) und erreicht das meteorologische Steigen ebenfalls 2,5 m/sec, dann weist der Aufwind bereits eine Schräglage von 45° auf. Nimmt die Windstärke mit der Höhe zu, verstärkt sich entsprechend die Schräglage.

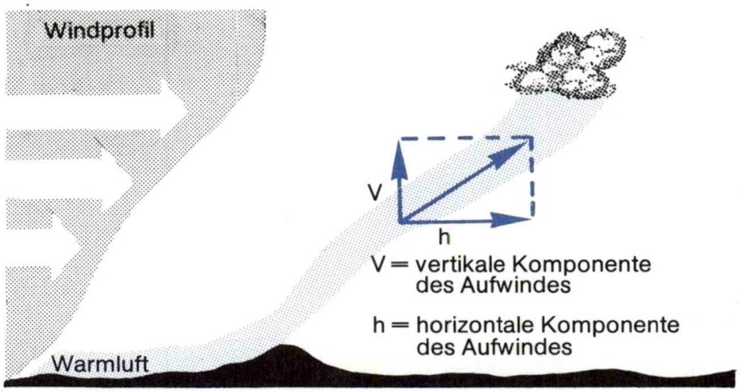

Thermik mit fester Quelle richtet sich nach dem Windprofil

Natürlich ist das mit dem Flugzeug erzielbare Steigen nicht identisch mit dem meteorologischen Steigen der Thermik. Da das Flugzeug stets ein mehr oder weniger großes Eigensinken hat, errechnet sich das von ihm erzielbare maximale Steigen nach der Formel:

- Erzielbares Steigen = meteorologisches Steigen ./. Eigensinken der Maschine

Dieses Eigensinken der Maschine bedeutet aber nichts anderes, als daß das Flugzeug in der Thermik gegenüber der aufsteigenden Luft mit seinem Eigensinken Höhe verliert. Unabhängig von der Richtung der aufsteigenden Luft ist dieses Eigensinken stets senkrecht nach unten gerichtet und verantwortlich dafür, daß die Maschine ohne Vorhalten nach Luv langsam aber sicher nach unten, also leewärts aus dem Bart heraussinkt. Abhilfe dagegen ist nur dadurch möglich, daß der Pilot entsprechend der Schräglage des Aufwindes seine Kreise immer wieder luvwärts verlagert.
Je tiefer der Einstieg in die Thermik gesucht werden muß, desto bedeutungsvoller werden die möglichen Ablösepunkte im Gelände. Nach ihnen zu suchen und sie anzufliegen, ist (auch wenn es manchmal vergeblich ist) immer noch besser, als nur stur geradeaus zu fliegen und auf das Glück zu vertrauen.
Geländeabhängige Ablösepunkte sind bei der »Konkurrenz« der Segelflieger nicht unbekannt. Mäusebussarde oder andere Greifvögel kennen ihre »Hausbärte« und verraten mit ihrem Kreisen absolut zuverlässig vorhandene Thermik. Ihnen zu folgen, kann also nie schaden. Selbst wenn das so gefundene Steigen anfangs noch schwach sein sollte, so besteht doch die Chance, daß man den Anfang eines Bartes erwischt hat und das Steigen ganz von selbst stärker wird.

Hat der Pilot erst einmal die ersten zwei Drittel seines Weges bis zu den Wolken hinter sich gebracht, wird die Lokalisierung eines Aufwindes nach seinem Entstehungsort am Boden immer schwieriger. Außer bei Blauthermik tritt nun anstelle der Orientierung nach unten die **Beobachtung der Wolken.** Dabei sind es vor allem zwei Faktoren, die die besondere Aufmerksamkeit des Piloten verlangen: Der Lebenslauf der Wolke und der Einfluß des Windes.
Es leuchtet unmittelbar ein, daß eine Cumuluswolke nur solange für den Segelflieger attraktiv ist, solange sie im Aufbau ist. Die Tücke des Objektes will es jedoch, daß das Aufbaustadium nicht ohne weiteres immer auch vom Zerfallstadium eindeutig unterschieden werden kann. Das für den Piloten interessanteste Stadium wäre der Beginn der Kondensation, der aber häufig dem Stadium des letzten Verfalles der Wolke so täuschend ähnlich sieht, daß auch erfahrene Piloten nicht ohne weiteres sagen können, ob die Wolkenfet-

zen gerade eine neue Wolke ankündigen oder nur das letzte Sterben einer alten markieren.
Gegen diese Unsicherheit kann nur die dauernde Beobachtung der Wolken helfen. Noch während des Steigens zur Basis der einen Wolke muß der Pilot bereits die nächsten auf seiner Strecke im Blick haben und laufend beobachten, wie sie sich verhalten. Einfach bis zur Basis aufzusteigen und dann die nächste, möglichst dicke Wolke anzusteuern, führt lediglich dazu, daß man zu dem Zeitpunkt bei ihr ankommt, an dem sie zu zerfallen und nur noch Abwind zu liefern beginnt. Ideal dagegen ist es, wenn die ersten Fetzen einer sich bildenden Wolke erkannt werden und dann zügig auf diese Fetzen hin abgeflogen werden kann. Bis die Maschine schließlich diesen Aufwind erreicht hat, wird er gerade seine größte Stärke erreicht haben und damit dem Piloten das Maximalsteigen ermöglichen.

Ist erst einmal die Basis erreicht, wird das Abschätzen der Wolkengüte wesentlich schwieriger. Helfen kann hier jetzt neben der Suche nach Zeichen für ganz neue Wolken allenfalls noch die Beobachtung des oberen Wolkenteiles. Nur wenn er sich noch deutlich verjüngt, ist die Wolke weiter im Aufbau. Ist die Kuppel schon nahezu so breit wie die Basis, ist das Reifestadium erreicht, und ein Anflug dieser Wolke lohnt sich häufig nicht mehr.
Auf welcher Seite der Wolke der Aufwind am besten ist, hängt teilweise vom Sonnenstand ab (auf der Sonnenseite häufig besser als auf der Schattenseite), entscheidender aber ist der Windeinfluß. Sind Luvseite und Sonnenseite identisch, ist die Seite des besten Steigens eindeutig festgelegt. Da dieser Idealfall aber höchst selten eintritt, bleibt meist gar nichts anderes übrig, als die Seite des besten Steigens systematisch zu erfliegen. Ist diese Seite einmal sicher festgestellt, kann dann davon ausgegangen werden, daß die Verhältnisse unter den anderen Wolken an diesem Tal ähnlich sind. Für die ersten Versuche, den Ort des besten Steigens unter der Wolke zu finden, können die beiden Grundregeln gelten:

- Bei Windstille wird der beste Aufwind unter der Wolke an der Sonnenseite gesucht.
- Bei Wind wird der beste Aufwind unter der Wolke auf der Luvseite gesucht.

Jeder Aufwind verursacht ganz natürlicherweise irgendwo auch einen Abwind. Bei normaler Thermik mit Cumulusbildung umgibt dieser Abwind den Aufwind nicht selten wie ein Kranz. Von welcher Seite ein solcher Aufwind dann auch angeflogen wird, stets muß zunächst vorher eine Strecke mit größerem Sinken durchflogen werden (daher kommt die alte Fliegerweisheit: *Wo Fallen ist, ist auch Steigen*). Natürlich wird dieses erhöhte Sinken wie jedes erhöhte Sinken mit Sollfahrt (vgl. S. 119) durchflogen.
Wie die erhöhte Fahrt beim Einsetzen des Steigens reduziert wird, hängt von der Schnelligkeit und Intensität des angetroffenen Steigens ab. Schlägt das erhöhte Sinken abrupt in Steigen um, wird die in der überhöhten Fahrt steckende Energiereserve für eine hochgezogene Fahrtkurve genutzt, um möglichst rasch auf die beste Steiggeschwindigkeit zu kommen. Meistens ist der Übergang jedoch eher stetig, so daß die Überfahrt langsam abgebaut und der bestmögliche Zeitpunkt zum Einkurven sorgfältig gewählt werden kann.

Vom richtigen **Einkurven** hängt es weitgehend ab, wie schnell der Kern des Aufwindes gefunden werden kann. Dabei ist es genauso schädlich, zu früh wie zu spät einzukurven. Der richtige Augenblick ist vielmehr dann gekommen, wenn das Variometer nicht mehr weiter steigt und der nachlassende Sitzdruck signalisiert, daß das Steigen wieder abzunehmen beginnt.
Geht es dabei nur ums Obenbleiben, wird wohl jeder Bart angenommen werden, geht es dagegen um Leistung und Strecke, hat das Einkurven erst Sinn, wenn das angezeigte Steigen um mindestens $^1/_4$ m über dem für diesen Tag erflogenen mittleren Steigen liegt. Notwendig ist diese »Reserve«, weil das Flugzeug im anschließenden Kreisflug ja ein erhöhtes Sinken hat und das erfliegbare Steigen etwa um diesen Wert im Kreisflug zurückgeht.

Nach welcher Richtung eingekreist wird, ist nicht abhängig von einer unterstellten »Drehrichtung« des Bartes (sie gibt es erwiesenermaßen nicht). Auch eine mögliche Vorliebe des Piloten für Links- oder Rechtskreise darf keinesfalls den Ausschlag geben, da das beste Steigen außer in den Fällen, in denen man genau ins Zentrum getroffen hat, stets zur Hälfte links oder rechts von der Flugrichtung liegt. Den Ausschlag muß hier das fliegerische Feingefühl geben, mit dem erspürt wird, auf welcher Seite die Tragfläche gehoben wird. Da auf dieser Seite das größere Steigen vermutet werden muß, wird über diese gehobene Fläche eingekurvt.
Nicht ausgesucht werden kann die Kurbelrichtung immer dann, wenn bereits andere Flugzeuge im Bart kreisen. Um die Zusammenstoßgefahr möglichst gering zu halten, gilt hier die Grundregel:

- Kreisen mehrere Segelflugzeuge im gleichen Aufwind, bestimmt das oberste die Kreisrichtung. Alle anderen müssen in der gleichen Richtung kreisen.

In den allerseltensten Fällen gelingt es auf Anhieb, das Zentrum des Aufwindes zu treffen und schon den ersten Steigkreis so zu legen, daß auf dem gesamten Kreis gleichmäßiges Steigen vorgefunden wird. Meist wird es vielmehr so sein, daß nur ein Teil des Kreises im guten Steigen liegt und ein mehr oder weniger weiter Weg durch geringeres Steigen oder sogar Fallen führt. **Zentrieren** heißt hier das Zauberwort, mit dem die Verlagerung des Kreises in den Bereich des besten Steigens umschrieben wird. Rein theoretisch gibt es dafür drei Möglichkeiten.
Die erste und einfachste Möglichkeit besteht darin, im stärksten Steigen die Maschine aufzurichten, ein kurzes Stück geradeaus zu fliegen und dann neuerlich einzukreisen. Der Nachteil dieses Vorgehens liegt in der geringen Treffsicherheit. Nicht selten muß während vieler Kreise immer wieder kurz aufgerichtet werden, bis der Kreis allmählich im Kern liegt. Da der Erfolg beim Segelfliegen nicht zuletzt davon abhängt, wie schnell der Pilot bei gegebenen Verhältnissen zu steigen vermag, sollte dieses zeitaufwendige Verfahren nur angewendet werden, wenn sich der Pilot über die Lage des Aufwindkernes vollkommen sicher ist.
Eine wesentliche Beschleunigung des Zentrierens läßt

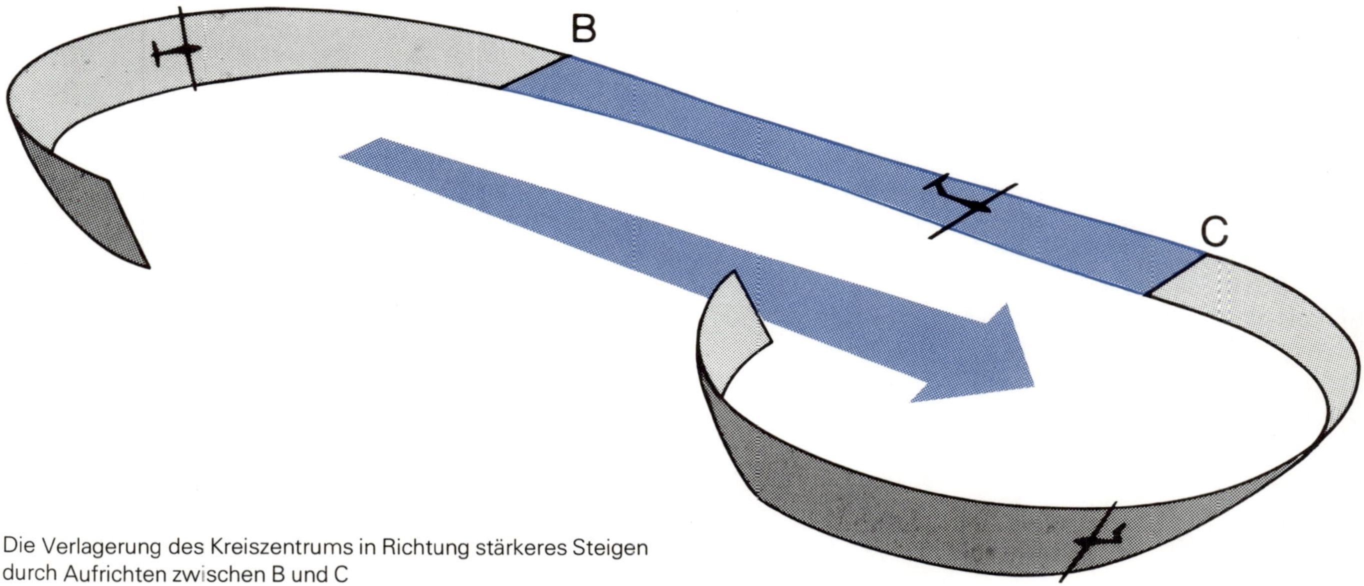

Die Verlagerung des Kreiszentrums in Richtung stärkeres Steigen durch Aufrichten zwischen B und C

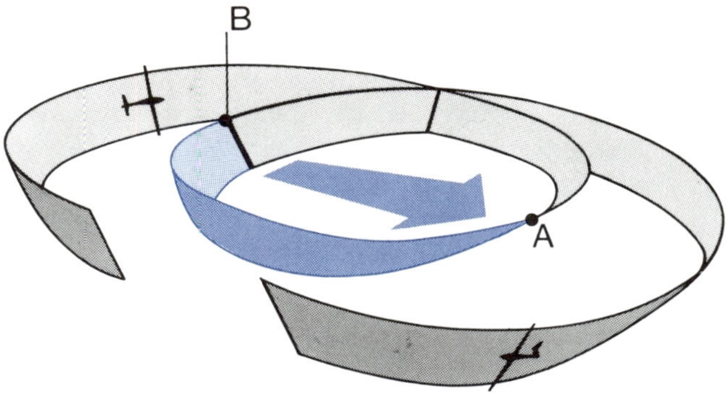

Die Verlagerung des Kreiszentrums in Richtung stärkeres Steigen durch steileres Kurven zwischen A und B

sich dadurch erreichen, daß nicht aufgerichtet, sondern umgekehrt bei nachlassendem Steigen eine steilere Kurve eingeleitet wird. Nach einem Halbkreis mit etwa 50° Schräglage wird wieder zur üblichen Kreisflugschräglage aufgerichtet. Der Vorteil dieses Verfahrens ist, daß es beliebig oft ohne größere Verluste wiederholt werden kann. Sein Nachteil besteht darin, daß die stärkere Querneigung das Eigensinken der Maschine stark erhöht und damit zumindest Teile des Aufwindvorteiles wieder vernichtet werden.

Das vorteilhafteste Zentrierverfahren besteht darin, beide Möglichkeiten (Vergrößerung und Verringerung der Querneigung) zu kombinieren. Entsprechend dem zweiten Verfahren wird bei nachlassendem Steigen ein Halbkreis mit erhöhter Querneigung geflogen, dann aber nicht mit der alten Schräglage weiter gekreist, sondern mit zunehmendem Steigen zusätzlich noch ein Halbkreis mit auf etwa 15° verringerter Querneigung geflogen. Dieses Vorgehen hat den Vorteil, die Maschine am schnellsten in das Zentrum des Steigens zu bringen, unter der Voraussetzung allerdings, daß es dem Piloten möglich ist, die geforderten Steuermanöver auch wirklich sauber zu fliegen, da sonst viele Vorteile durch schlechtere Flugleistungen der Maschine wieder verloren gingen. Dennoch kommt kein Pilot auf die Dauer ohne diese Zentrierregel aus, deshalb steht sie hier noch einmal zum Auswendiglernen:

- Bei abnehmendem Steigen werden die Querneigung und die Fahrt für einen Halbkreis erhöht.
- Bei zunehmendem Steigen werden die Querneigung und die Fahrt für einen Halbkreis vermindert.

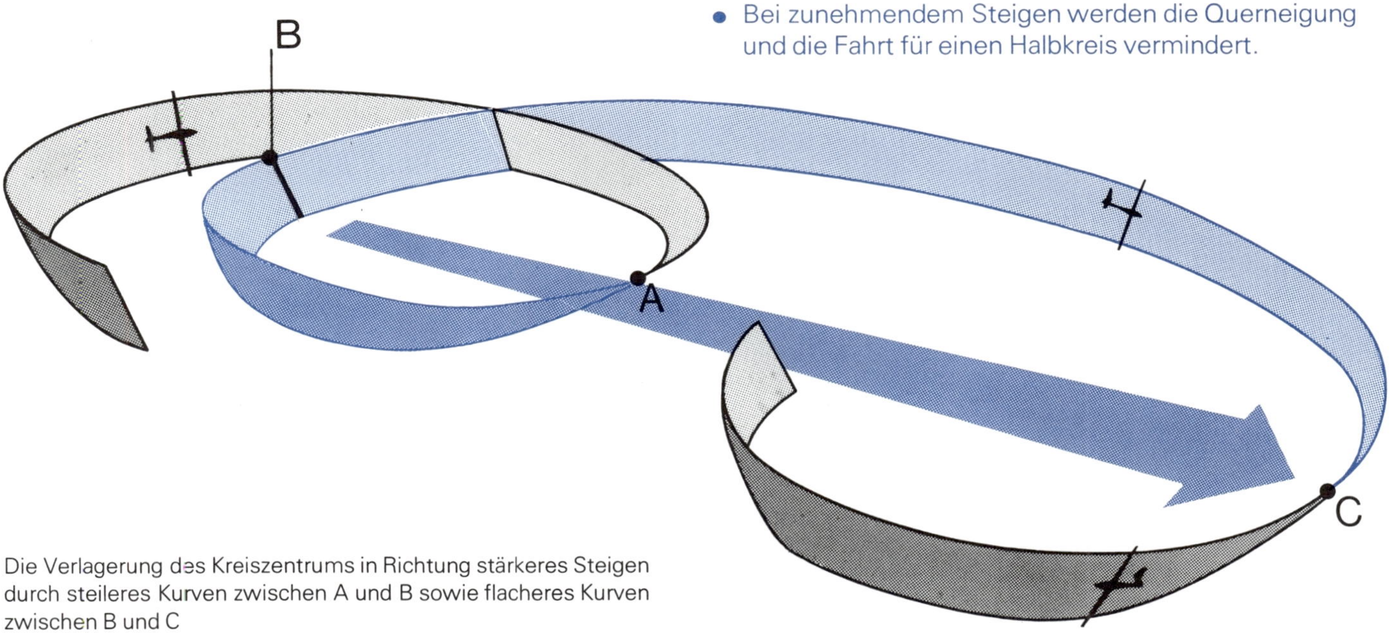

Die Verlagerung des Kreiszentrums in Richtung stärkeres Steigen durch steileres Kurven zwischen A und B sowie flacheres Kurven zwischen B und C

Ein für den Segelflieger unüberwindbares Hindernis beim Zentrieren besteht darin, daß der konstruktionsbedingt kleinstmögliche Kreis nicht ausreicht, um den engen Kern des besten Aufwindes zu erfliegen. Wohl ist das häufig auch gar nicht notwendig, weil der Aufwind im Kern nur unwesentlich stärker ist als im Bereich des möglichen Kreises. Wichtiger ist es deshalb, den eigenen Kreisradius (also die Querneigung) auf die Stärke und den Durchmesser des Steiggebietes abzustimmen.
Natürlich leuchtet es sofort ein, daß es wenig sinnvoll ist, mit großer Schräglage und dem damit verbundenen starken Eigensinken in einem großflächigen, schwachen Steiggebiet zu kreisen. Ebenso unergiebig wäre es aber auch, einen starken, aber sehr engen Aufwind mit großen Kreisen einfangen zu wollen. Die Folge wäre nur, daß die Maschine entweder weit um den Aufwind herum fliegen oder ihn immer nur ganz kurzzeitig anschneiden würde. Der einfache Schluß aus den beiden Beispielen:

- Für jeden Aufwind gibt es nur einen optimalen Kreisradius, der zudem abhängig ist vom Flugzeugtyp (Kreisflugpolare).

Da während des Fluges nicht dauernd gerechnet, gezeichnet und verglichen werden kann und jeder Pilot hier ohnehin seine eigene Erfahrung machen muß, kann für den Einstieg nur eine Faustregel geliefert werden. Sie besagt:

- So eng wie nötig und so flach wie möglich.

Mit dieser Grundregel wird man sowohl dem engen Aufwind in Bodennähe wie dem großflächigen Aufwind unter der Wolke gerecht werden. Mit zunehmender Erfahrung des Piloten wird es ihm dann immer öfter gelingen, Querneigung und Kreisradius den Aufwindverhältnissen optimal anzupassen.
Bereits im Übungsbereich des heimatlichen Platzes kommt es nicht selten vor, daß mehrere Flugzeuge im gleichen Aufwind kreisen. Durch unterschiedliches Können der Piloten und unterschiedliche Leistungsfähigkeit der Maschinen bedingt, wird es immer wieder vorkommen, daß die beteiligten Maschinen einander »ins Gehege« kommen können. Um das zu vermeiden, wurden Kreisflugregeln aufgestellt, die zu beachten im eigenen Interesse jedes Piloten sein sollte. Sie lauten:

- Der Oberste bestimmt die Kreisrichtung.
- Wer sich kreisenden Flugzeugen nähert, muß das so tun, daß er die Kreisenden unter keinen Umständen behindert.
- Wer durch Zentrierversuche seinen Kreis stärker verlagert, darf dabei die anderen nicht behindern.
- Wer einen anderen übersteigen möchte, darf ihn dabei nicht behindern. In der Regel wird er deshalb auf der Außenseite des Kreises vorbeisteigen müssen.
- Jeder sollte möglichst ständig wissen, wo alle anderen sind, und dennoch die Beobachtung des übrigen Luftraumes nicht vernachlässigen.
- Jeder sollte möglichst so fliegen, daß er von allen anderen gesehen werden kann (allzu dichtes Unterfliegen eines Vordermannes verbietet sich damit von selbst).

Der Segelflug in der Leewelle

Anfang der dreißiger Jahre waren Wolf Hirth über Grunau im Riesengebirge Wolken aufgefallen, die zwei Eigenarten hatten: Sie kamen erstens nur bei Südwind einer bestimmten Mindeststärke vor, standen aber trotz des starken Windes konstant an derselben Stelle, statt wie andere anständige Wolken mit dem Wind zu wandern. Und sie leuchteten zweitens noch lange nach Sonnenuntergang und mußten folglich entsprechend hoch stehen. Bei den Einheimischen hießen diese Wolken »Moazagotls«, weil ihre Eigenart bereits dem Schäfer Gottlieb Motz aufgefallen waren. Wolf Hirth erkannte die Bedeutung dieser Wolken für den Segelflug und brachte Prof. Georgii auf ihre Spur. Und dann dauerte es natürlich nicht mehr lange, bis sie ihr Geheimnis preisgaben: Es waren Wellenwolken und damit Zeichen einer bis dahin unbekannten Aufwindart.

Wie dieser Aufwind entsteht, läßt sich am besten am Beispiel eines Baches erklären. Ohne Hindernis fließt das Wasser ruhig und gleichmäßig. Wird das Wasser aber gezwungen, ein Hindernis zu übersteigen, so fließt es auf der Rückseite zwar sofort wieder nach unten, bleibt aber nicht dort, sondern steigt anschließend wieder fast bis auf die Höhe wie über dem Hindernis. Diese und noch mehrere Folgewellen können manchmal auch mehrere Meter hinter dem Hindernis beobachtet werden.

Da es sich um einen rein dynamischen Vorgang handelt, reagiert die Luft an Hindernissen gleich wie das Wasser. Genauso wie der Bach fällt sie auch auf der Leeseite eines Berges nach unten und bleibt bei entsprechender Geländegestaltung keineswegs dort, sondern beginnt wieder zu steigen, also eine Welle auszubilden. In diesem, vom eigentlichen Hindernis einige Kilometer leewärts entfernten, aufsteigenden Teil läßt es sich herrlich segeln – in einem Aufwind, der eigentlich ein Abwind ist.

Reichen diese Wellen weit genug hinauf, dann entstehen in ihren Kämmen die »Moazagotls« des Schäfers bzw. die Lenticulariswolken der Meteorologen. Sie bilden sich im aufsteigenden Teil der Welle, erreichen ihre größte Dicke am Wellenberg und lösen sich am abstei-

Die Entstehung einer Welle im Lee eines Hindernisses

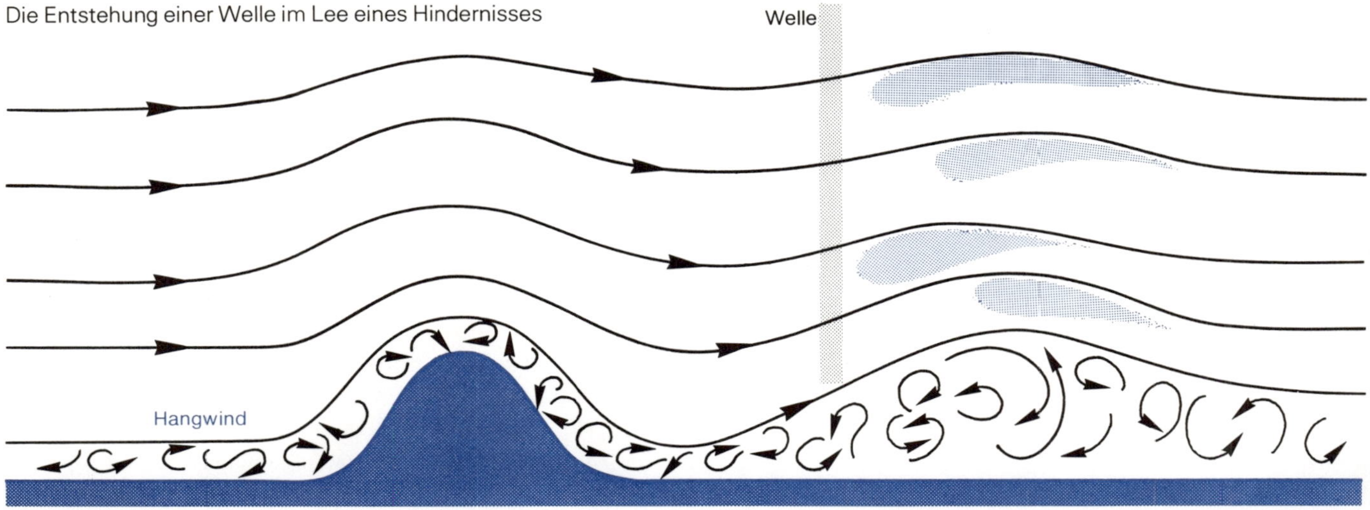

genden Teil der Welle wieder auf. Dadurch entsteht der Eindruck einer stehenden Wolke, die in Wirklichkeit aber immer neu in der gleichmäßigen Wellenströmung gebildet wird.

Die Entstehung der Leewelle

So einfach das Prinzip der Entstehung einer Welle ist, so kompliziert wird das Ganze, wenn es um die Einzelbedingungen geht, die erfüllt sein müssen, damit eine wirklich brauchbare Wellenströmung entsteht. Die beiden wichtigsten Bedingungsbündel lassen sich unter den Stichworten Gelände und Wind zusammenfassen.

Wichtigste Voraussetzung ist die **Geländeform,** da ohne entsprechendes Gelände der schönste Wind nichts hilft. Anders als beim Hangwind ist jetzt nicht mehr die Luvseite eines Bergrückens das wichtigste, sondern seine Leeseite. Sie darf weder zu steil noch zu flach sein, am idealsten sind etwa 45° Neigung. Je glatter der Leehang ist, desto weniger Wirbel entstehen und je länger der Hang ist, desto weniger hat der Wind die Möglichkeit, seitlich um das Hindernis herumzusteuern (einzelne Berge erzeugen keine Wellen).

Ein nach diesen Bedingungen recht günstiges Leewellengelände ist etwa der Hornberg bei Schwäbisch Gmünd. Sein Nordwestabbruch an der Albkante zwingt Südostwind zu einem steilen Sturz über 300 Höhenmeter hinunter in das Vorland der Schwäbischen Alb und schafft damit die Voraussetzung für eine Leewellenbildung über hindernisfreiem Leegebiet.
Noch günstiger ist es, wenn im Lee des ersten Hanges in »passendem« Abstand ein zweites Hindernis in etwa gleicher Höhe aufragt. Wohl hat das Gelände keinen Einfluß auf die Wellenlänge der Strömung, diese ist

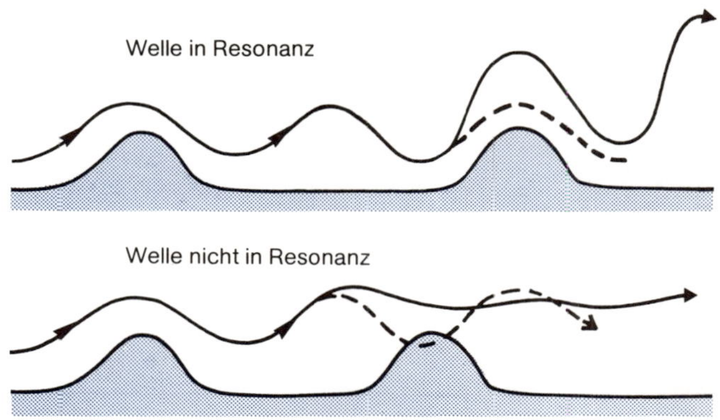

Die Höhe der Welle nimmt durch Resonanz zu

vielmehr das Ergebnis vieler Einzelfakten der jeweiligen Strömung und folglich ausschließlich meteorologisch bedingt. Stellt sich jedoch eine Strömung ein, deren Wellenlänge dem Abstand der beiden Hindernisse entspricht, dann sorgt das zweite Hindernis über eine Resonanzwirkung für eine Verstärkung der Wellenamplitude (= Wellenhöhe).
Ein solches Gelände hat also stets seine eigene Idealströmung bei der dann die Flugmöglichkeiten am besten sind, wenn die Stärke der Strömung die Wellenlänge produziert, die dem Hindernisabstand entspricht. Ein schönes Beispiel einer solchen Geländeform sind die Bergrücken der Tuxer Voralpen und der südlichen Karwendelkette östlich von Innsbruck.
Natürlich nützt das schönste Gelände nichts, solange nicht der dafür passende **Wind** weht. »Wind« steht dabei nur als vordergründiger Begriff für eine ganze Reihe meteorologischer Bedingungen, die in einem bestimmten Verhältnis aufeinander treffen müssen, damit sich eine Wellenströmung ausbilden kann.
Die erste Bedingung dafür leuchtet sofort ein, wenn man an das Vorbild der Wasserströmung denkt. Ist dort das Wasser beim Abstieg auf der Leeseite des Hindernisses bereits zu sehr verwirbelt, kann es anschließend keine richtigen Wellen mehr bilden. Ähnliches passiert in der Luftströmung, wenn sie in sich instabil ist und infolge dessen thermische Vorgänge den laminaren Fluß der Strömung durcheinander bringen. Wellenbildung setzt also eine stabile Schichtung der Luftmasse voraus.
Die Stärke des Windes hat zum einen eine Untergrenze. Unterhalb dieser Grenze von etwa 20 Knoten in Kammhöhe bilden sich trotz richtiger Windrichtung und trotz günstigem Gelände keine Wellen. Die Strömung folgt in diesem Fall vielmehr der Geländeform und bildet allenfalls einen stehenden Wirbel im Lee, der jedoch nicht ausfliegbar ist. Ist die Mindestgeschwindigkeit gegeben oder überschritten, kommt zum anderen die Bedingung dazu, daß die Windstärke mit der Höhe zunehmen muß, damit die Wellenbildung so richtig in Schwung kommt. Nimmt die Windstärke dagegen mit zunehmender Höhe ab, bilden sich lediglich gegeneinander rotierende Wirbel, die ihrerseits die Strömung durcheinander bringen.
Die Windrichtung ist dann ideal, wenn die Strömung im rechten Winkel auf das Hindernis trifft und bis zur Obergrenze der stabilen Schicht keine Richtungsänderung aufweist. Dabei ist es wichtiger, daß der Wind mit der Höhe richtungsstabil bleibt als daß er genau im 90°-Winkel auf das Hindernis trifft. Abweichungen bis zu 30° nimmt die Strömung dann nicht übel, wenn alle anderen meteorologischen Bedingungen stimmig sind. Beim Ausfliegen der Wellen ist dann allerdings darauf zu achten, daß die Wellen nicht quer zur Windrichtung, sondern stets parallel zum Hindernis entstehen.
Da der normalen Wetterkarte allenfalls grobe Angaben über Stärke und Richtung des Windes entnommen werden können, beides alleine aber nicht zum Abschätzen einer Wellenwahrscheinlichkeit ausreicht, bleibt nur die Möglichkeit, einen freundlichen Meteorologen zu suchen, der bei Verdacht auf Wellenmöglichkeit den Scorer-Parameter ausrechnet. In ihm sind all die meteorologischen Bedingungen eingerechnet, die zur Wellenbildung (entsprechendes Gelände vorausgesetzt) vorhanden sein müssen. Wird der für verschiedene Höhenschichten ausgerechnete Parameter mit der Höhe kleiner, besteht begründete Aussicht auf Wellenbildung.
Natürlich ist eine wellenverdächtige Luftströmung keineswegs an irgendeine bestimmte **Wetterlage** gebunden. Viel wichtiger ist es vielmehr, daß die Windrichtung zum jeweiligen Hindernis paßt. Für Leewellen in den Vogesen ist deshalb eine westliche Luftströmung, für Leewellen am Schwarzwald dagegen eine östliche Luftströmung notwendig. In den Alpen kann es ein Nordföhn sein (Tessin) oder ein Südföhn (Innsbruck). Sogar Ost- oder Westwind bietet verschiedene Möglichkeiten (Rheintal).
Daß es bei all dem gar nicht so sehr auf die Höhe des Hindernisses ankommt, beweisen die berühmten Wellenflugmöglichkeiten in den französischen Seealpen, bei denen die Stärke des Mistrals Flüge bis an den

Rand der Troposphäre ermöglicht, obwohl die auslösenden Hindernisse relativ niedrig sind. Da es *die* Wetterlage für Wellenflüge also nicht gibt, bleibt dem Wellenflugaspiranten nur, die für *sein* Gelände notwendige Wetterlage zu beobachten, um mit der Zeit mit ihren Vorbedingungen vertraut zu werden.

Die Nutzung der Leewelle

Passen die örtlichen und meteorologischen Bedingungen alle zusammen, läßt sich der Beginn der fliegerisch nutzbaren Wellenbildung zumindest im Hochgebirge häufig an der Wolkenbildung ablesen. Dabei gilt es zwischen dreierlei Wolkensorten zu unterscheiden:
Die **Staubewölkung** bildet sich am Kamm hoher Sekundärhindernisse (Nordkette in Innsbruck). Ihre horizontale Ausdehnung gegen den Wind ist ein durchaus brauchbares Maß für die Intensität der Strömung. Je weiter sie gegen den Wind vorreicht, desto tragkräftiger ist der Aufwind am Sekundärhang.

Im Lee des Primärhanges bildet sich nahezu immer ein mehr oder weniger kräftiger und mehr oder weniger großer Rotor. Besonders ausgeprägt ist diese Rotorbildung, wenn ein Sekundärhindernis vorhanden ist. Im Hochgebirge reicht dieser Rotor meist als riesige horizontale Walze bis in die Höhe der Bergkämme. Die Oberkante dieser großen Rotoren ist häufig durch kurzlebige **Rotorwolken** markiert, die in einiger Entfernung parallel zum Kamm des Primärhindernisses stehen. Ihre Basis liegt in etwa in Höhe der Hangkante, ihre Spitzen können sehr stark variieren. Schaut man diesen Wolken einige Zeit zu, kann man regelrecht ihre »Drehbewegung« erkennen, da sich die Wolken an der Luvseite rasch neu bilden, auf der Leeseite dagegen rasch auseinanderfallen. Die Geschwindigkeit von Auf- und Abbau dieser Rotorwolken ist ein weiteres Indiz für die Stärke der Wellenströmung.

Die eigentlichen **Wellenwolken** (Lenticularis) sind linsen- oder fischförmige, auf der Sonnenseite strahlendweiße und glatte Wolken, die unter günstigen Umständen stundenlang Form und Platz beibehalten. Als reine Durchströmungswolken bilden sie sich auf der Luvseite der Welle im aufsteigenden Luftstrom aufgrund der adiabatischen Abkühlung, erreichen am Wellengipfel ihre größte Dicke und lösen sich auf der Leeseite der Welle aufgrund der adiabatischen Erwärmung wieder auf. Mit ihrer Luvseite weisen sie auf den Bereich des größten Aufwindes hin, auf der Leeseite können sie sowohl glatt als auch zerfranst auslaufen. In den unteren Bereichen bestehen sie aus unterkühltem Wasser, in größeren Höhen sind es feine Eiswolken. Während des Steigfluges läßt die Beobachtung der Lenticulariswolken Rückschlüsse auf die mögliche Höhe des Wellenaufwindes zu.
Alle drei Wolkensorten sind selbstverständlich nicht nur von der Wellenstruktur und ihrer Amplitude abhängig, sondern vor allem auch von der Luftfeuchtigkeit. Schwach ausgebildete Wellenwolken müssen also nicht unbedingt ein Indiz für geringen Aufwind sein, sie können auch lediglich ein Zeichen für geringe Luftfeuchtigkeit sein. Nur zusammen mit dem Windprofil (Verteilung der Windstärke und Windrichtung bezogen auf die Höhe) und der Feuchtigkeitskurve lassen die Formen der Wellenwolken wirkliche Rückschlüsse auf die Intensität des Wellenaufwindes zu.
Abhängig von der Geländeform und den Wetterverhältnissen ergeben sich die unterschiedlichsten Leewellenstrukturen. Von den schwachen, völlig problemlos anflieg- und nutzbaren Mini-Leewellen eines niedrigen Mittelgebirgshindernisses bis zu den gigantischen »Wasserfällen« aus Luft in den Alpen finden sich alle Zwischenstadien. Allein schon deshalb kann es *die* Flugtaktik für Flüge in Leewellen nicht geben. Das Verhalten des Piloten muß vielmehr in Abhängigkeit von der Wellenintensität gesehen werden.

Die **Flugtaktik für Mittelgebirgswellen** stellt kaum besondere Anforderungen an das fliegerische Können des Piloten. Gefordert ist da schon mehr seine Spürnase, denn häufig fehlt in den Mittelgebirgen jegliche

Wellenbewölkung, die den Standort eines Wellenaufwindes verraten könnte. Hier helfen nur Erfahrung, ständige Wetterbeobachtung und ein Quentchen Glück. Ist schließlich das Aufspüren einer Welle gelungen, ist es meist am besten, sie nach den Regeln des Hangfluges zu nutzen. Man wird also quer zum Wind den Flugweg vorsichtig so verlagern, daß er möglichst im Bereich des besten Steigens bleibt.
Ähnlich wie beim Hangflug wird die Wendekurve vor das Ende des Steiggebietes gelegt und stets entsprechend der Windstärke nach Luv vorgehalten, damit die Maschine nicht ins Lee abtreibt. Vollkreise sind deshalb ungünstig, weil sie die Abdrift ins Lee begünstigen. Ist der Aufwind verloren gegangen, hat dies seinen Grund meistens darin, daß nicht genügend luvwärts vorgehalten wurde und die Maschine deshalb über den Wellenberg ins Lee abdriften konnte. Um den Aufwind wiederzufinden, genügt es meistens, energisch luvwärts vorzufliegen.

Ganz anders sieht die **Flugtaktik in den Wellen der Alpen** aus. Zwar ist dort der Standort der Welle meist bekannt, doch ist dafür das Erreichen der Welle nicht selten um so schwieriger. Da die unterste Stufe der Welle stets mehr oder weniger über dem Gipfelbereich der Berge steht, besteht die Hauptaufgabe des Piloten darin, den Aufstieg bis zum Welleneinstieg zu bewältigen. Je nach Gelände kann das von der Winde aus über den Hangflug möglich sein oder sogar einen F-Schlepp notwendig machen. Muß ein solcher F-Schlepp vielleicht sogar durch die Auf- und Abwinde des Rotors, verlangt das von Schlepper und Geschlepptem allerhöchstes Können.

Für alle Wellenflüge in größere Höhe gelten drei Grundregeln:

- Über 4000 m Höhe nur mit Sauerstoffmaske.
  Da Sauerstoffmangel zu unterschiedlichsten Symptomen führt und unter Umständen sogar ein ausgesprochenes Hochgefühl herbeizaubern kann, darf sich kein Pilot darauf verlassen, daß er den richtigen Zeitpunkt zum Anlegen der Sauerstoffmaske schon spüren werde. Im Zweifelsfall nämlich spürt er gar nichts und schliddert in die Katastrophe.
- Das Wolkenloch (Föhnlücke) für den Abstieg ins Tal muß offen bleiben.
  Im Nahbereich vor der aufziehenden Front bringt der Föhn immer feuchtere Luft heran. Dadurch oder auch bereits durch leichtes Nachlassen der Windstärke kann es leicht geschehen, daß die Föhnlücke sich schließt. Bemerkt der Pilot, daß die Lücke kleiner wird, wird es höchste Zeit zum Abstieg. Notfalls ist es sicherer, überschüssige Höhe abzutrudeln als darauf zu hoffen, die Lücke würde sich schon nicht ganz schließen oder vielleicht sogar wieder größer werden.
- Der für den jeweiligen Tag festgesetzte Zeitpunkt für den Sonnenuntergang ist absolut verbindlich.
  Wer 7000 oder 8000 m hoch fliegt, für den steht die Sonne höher am Himmel und ist der Tag länger. Das darf jedoch nicht darüber hinwegtäuschen, daß es im Tal bereits dunkel zu werden beginnt, wenn oben noch die Sonne ins Cockpit scheint.

Das Paradebeispiel eines Wellenfluggeländes in den Alpen bietet Innsbruck. Wie ein Wellenflug in größere Höhen in den Bergen aussehen kann, soll deshalb an diesem Beispiel beschrieben werden. Dabei sei unterstellt, daß der Südföhn richtig weht, an der Wetterstation auf dem Patscherkofel eine Stärke von mindestens 40 Knoten erreicht und gegen die Höhe hin eher zunimmt. Unter diesen Voraussetzungen ist dem Piloten das Innsbrucker **Wellenflugschema** vorgegeben.
Der Start erfolgt an der Winde. Wegen der starken Seitenwindkomponente darf der Pilot während des Schlepps zum ersten Mal zeigen, was er kann: Vorhalten mit Seiten- und Querruder ist gefragt. Aus der meist schönen Ausklinkhöhe ist der Luvhang für den Aufstieg über die ersten 1000 Höhenmeter mühelos zu erreichen. Dieser Hang ist im Westen begrenzt durch einen Bergbauernhof, im Osten von einer markanten Geländekante (Achselkopf). Unterhalb 1000 m über

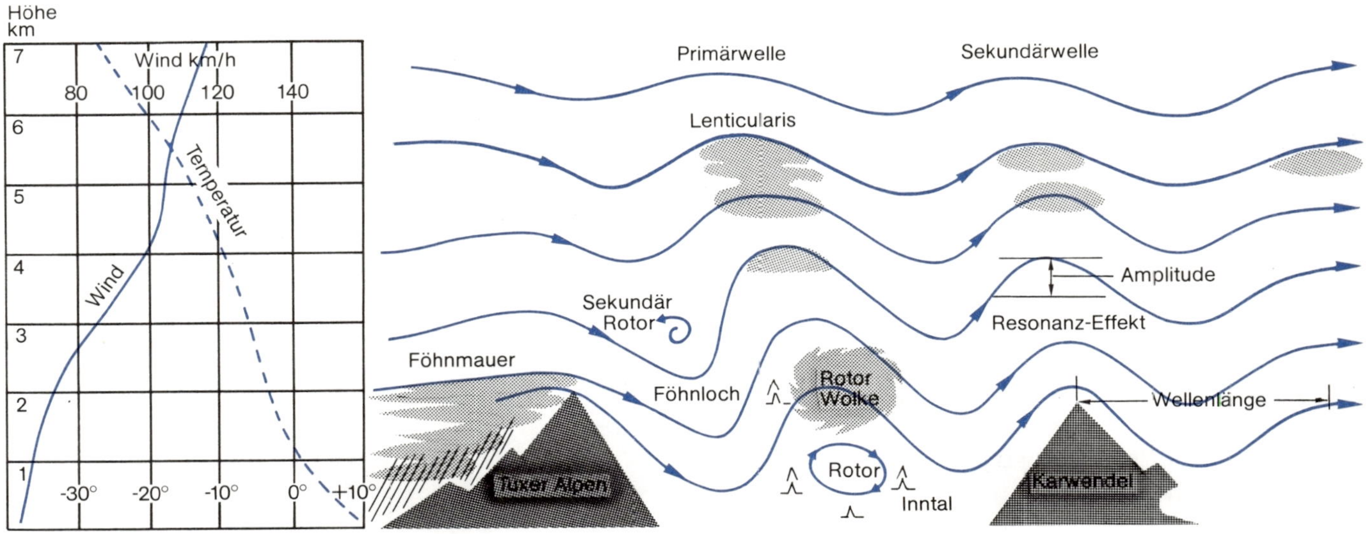

Das Wellenflugschema am Beispiel Innsbruck

Grund darf dieser Hang nicht verlassen werden, da auf beiden Seiten unter Umständen starkes Fallen anzutreffen ist.

Sind die ersten 1000 Höhenmeter durchstiegen, weitet sich der zur Verfügung stehende Segelhang gewaltig. Nun steht die gesamte Nordkette vom Brandjoch bis zur Rumerspitze für die Bewältigung der nächsten 1000 Höhenmeter zur Verfügung. Die Vorteile der größeren Weite werden hier jedoch wieder aufgewogen durch die weniger homogene Oberfläche, die nicht selten für entsprechende Wirbel sorgt. Es gibt also keinerlei Grund, allzu nahe an die Hänge heranzufliegen oder gar den Sicherheitszuschlag auf die Normalfahrt abzubauen.

In rund 2000 m über Grund liegt meist die Staubewölkung auf der Nordkette auf. Aus dem Winkel zwischen Berghang und Wolkenuntergrenze muß unbedingt nach Süden vorgeflogen werden. Niemand darf sich selbst bei schönstem Aufwind unter der Wolkenuntergrenze dazu verleiten lassen, in diese Wolken einzufliegen – und zwar nicht nur, weil es verboten ist, sondern weil es extrem gefährlich ist (Gefahr der Abdrift ins Lee und Kollision mit in den Wolken steckenden Bergen).

Natürlich wird beim Vorfliegen nach Süden jedes irgendwo greifbare Steigen mitgenommen, damit der Flug gegen den Wind möglichst wenig Höhenverlust mit sich bringt und so möglichst ein Anschneiden des Rotors in der Talmitte vermieden wird. Ziel beim Vorfliegen unter der Staubewölkung muß es sein, zwischen 2000 und 2500 m über Grund die Talmitte zu erreichen. Kommt man tiefer an, meldet sich meist der Rotor ganz energisch mit Turbulenzen, die auch noch den letzten Dreck vom Cockpitboden unter die Plexiglashaube zaubern können. Manchmal gelingt es, aus diesem Hexenkessel dennoch den Anschluß an die Wellenströmung zu erreichen, meist aber ist es dann besser, noch einmal an den Hang zurückzufliegen und zu versuchen, eine größere Ausgangshöhe zu gewinnen.

Zeigt sich dagegen etwa in Talmitte plötzlich gleichmäßiges, verstärktes Fallen (durchaus zwischen 5 und 10 m/sec), ist das alleine noch kein Zeichen fürs Umkehren. Meist lohnt es sich, durch dieses Fallgebiet durchzudrücken und weiter im Süden den Aufwind zu suchen. Zwischen 2300 und 2800 m über Grund gelingt es dann meist etwa in Talmitte oder noch etwas weiter nach Süden versetzt, den Anschluß an die Welle zu finden.

Ist dieser Anschluß erst geschafft, ist das »Schlimmste« überstanden. Nun kann der ruhige Teil des Fluges mit stetigem Steigen im absolut ruhigen Wellenaufwind beginnen. Dabei empfiehlt es sich, wegen der Abdrift wieder in langgezogenen Achten vor den Wolkenwänden an der Nordseite der Föhnlücke hin und her zu fliegen und bei jedem Aufrichten nach Süden ein Stück vorzufliegen, um die Versetzung durch den immerhin mit rund 100 Stundenkilometer daherbrausenden Wind zu kompensieren.

Die Freude über den gelungenen Einstieg darf nicht darüber hinwegtäuschen, daß es schon bald Zeit für die Sauerstoffmaske wird (spätestens bei 4000 m). In 6000 m schließlich wird die Frage akut, ob weiter gestiegen werden darf. Ab dieser Höhe nämlich ist normalerweise kein Sichtflug mehr erlaubt. Ein weiteres Steigen ist deshalb nur in bestimmten Gebieten (Föhnreservat) und dort auch nur unter folgenden Bedingungen erlaubt:

- Das Föhnfluggebiet muß von der Flugsicherung aktiviert sein.
- Die Flugsicht muß mindestens 8 km betragen, ein horizontaler Wolkenabstand von 1500 m und ein vertikaler Abstand von 600 m müssen möglich sein.

Sind diese Voraussetzungen erfüllt und macht das Wetter mit, steht einem weiteren Aufstieg bis hinauf zu den einzelnen letzten Lenticulariswolken nichts mehr im Wege.

Die Bewältigung des Wetters

Im Spannungsfeld zwischen Sonne und Erde arbeitet in unserer Atmosphäre eine »Maschinerie« ohnegleichen aus Luft, Wärme, Wasser und Wind. In ihr findet eine permanente Energieumwandlung statt, von deren Gewalten wir meist nur nebulöse Vorstellungen haben. Wer macht sich schon klar, welche Energie notwendig ist, um eine 10 cm dicke Schneeschicht zu schmelzen, Sand aus der Sahara nach Deutschland zu tragen oder Wasser tonnenweise in den Himmel zu heben? Wer bedenkt schon, daß ein einziges Sommergewitter die Energie von etwa 10 Hiroshima-Bomben freisetzt, ein einziger Hurrikan mit Wasserstoffbomben konkurrieren kann? – Und all das nennen wir lapidar Wetter!

Motor dieser gigantischen Wettermaschinerie ist die kinetische Energie, die wir als Wärme bezeichnen. Sie ist ein Glied in der Kette der Energieumwandlung, die von der kurzwelligen Einstrahlung des Sonnenlichtes über die Wärme bis zur Bewegungsenergie des Windes reicht. Verantwortlich für die Umwandlung der Sonnenstrahlung in Wärme aber ist die Erde, deren unterschiedliche Stoffe einfallende Strahlung unterschiedlich aufnehmen uund auch unterschiedlich in Form langer infraroter Wellen (etwa als Wärme) wieder abgeben.

Die daraus resultierende, ungleichmäßige Verteilung der Wärme ist verantwortlich für die Bewegung in der Atmosphäre. Sie nämlich erzeugt in kleinen wie in großen Räumen und in unterschiedlichsten Stärken Spannungen, die nach Ausgleich drängen und dazu führen, daß sich Luftmassen horizontal oder vertikal in Bewegung setzen, über riesige Strecken ziehen, aufeinanderprallen, übereinandergleiten oder auch recht turbulent vermischen. Was immer daraus resultiert, es gehört zu unserem Wetter und damit zu den Erscheinungen, von denen kein Pilot so direkt betroffen ist wie der eines Segelflugzeuges. In seinem ureigensten Interesse dürfte es für ihn keinen Flug geben, ohne daß er sich eingehend mit dem befaßt, was ihn während eines Fluges erwartet.

Die Wetterberatung

Der Deutsche Wetterdienst bietet für die Allgemeine Luftfahrt verschiedene Formen der Flugwetterberatung an. **Mündliche Beratung** über das zu erwartende Wetter bieten die Flughäfen
Bremen, Tel 04 21 / 5 37 21 70
Düsseldorf, Tel. 02 11 / 42 41 40
Frankfurt, Tel. 06 11 / 8 06 26 15
Hamburg, Tel. 040 / 50 75 24 74
Hannover, Tel. 05 11/7 30 53 38
Köln–Bonn, Tel. 0 22 03/40 22 47–48
München, Tel. 0 89/9 78 53 17
Nürnberg, Tel. 09 11/3 66 80
Dresden, Tel. 03 51/58 21 44
Saarbrücken, Tel. 0 68 93/46 50
Stuttgart, Tel. 07 11 / 9 48 43 38
Mündlich eingeholte Beratungen gelten für eine Startzeit bis höchstens zwei Stunden nach der Beratung (Motorsegler).
Statt einer individuellen Beratung kann die Flugwetterberatung auch über **Automatische Flugwetteransage** (AFWA) nach dem GAFOR-System (GAFOR = general aviation forecast) eingeholt werden. Die automatische Ansage ersetzt eine individuelle Beratung, wenn sie längstens eine Stunde vor dem Start (Motorsegler) eingeholt wird. Die Ansage gilt innerhalb der Bundesrepublik und bis zu einer Höhe von 10 000 ft MSL. Sie wird, beginnend mit 0530 UTC, alle 3 Stunden neu mit einer Gültigkeit von 6 Stunden herausgegeben.
Jede Ansage nach dem GAFOR-System enthält folgende Angaben:

- Gültigkeitsdauer der Vorhersage.
- Kurze Beschreibung der allgemeinen Wetterlage.
- Höhenwinde für die Höhen 1500 (nur Bereich Nord), 3000, 5000 und 10 000 ft MSL.
- Lage der Nullgradgrenze.
- Vorhersage für jeweils drei Zwei-Stunden-Abschnitte mit den vier Symbolen des GAFOR-Codes, bezogen auf die Nummern der einzelnen Gebiete des Vorhersagebereiches.
- Zeitpunkt der nächsten planmäßigen Ansage.

Die Vorhersagen können unter folgenden Rufnummern abgehört werden:
a) Vorhersagen für den Bereich **Nord:**
Bremen 04 21 / 1 97 04
Hannover 05 11 / 1 97 10
Düsseldorf 02 11 / 1 97 21
Köln-Bonn 0 22 03 / 1 97 02
Hamburg 0 40 / 1 97 13
b) Vorhersagen für den Bereich **Süd:**
Frankfurt 06 11 / 1 97 37
Nürnberg 09 11 / 1 97 08
München 0 89 / 1 97 06
Stuttgart 07 11 / 22 79 64

Einen Wetterdienst für Luftfahrzeuge im Flug bieten die VOLMET-Sendungen (meteorological broadcasts). Sie werden ständig von folgenden Stationen gesendet:

- Frankfurt 127,600 MHz
- Amsterdam 126,200 MHz
- Brüssel 127,800 MHz
- Bremen 127,400 MHz
- Zürich 127,200 MHz
- Innsbruck 130,475 MHz
- Wien 126,000 MHz
- Zugspitze 130,475 MHz

Die Informationen enthalten das Platzwetter, das QNH, den Trend sowie die Landewettervorhersage für zwei Stunden. VOLMET wird nur in Englisch ausgestrahlt und gilt auch weiträumig für die Bereiche zwischen den Stationen.

Die GAFOR-Gebiete

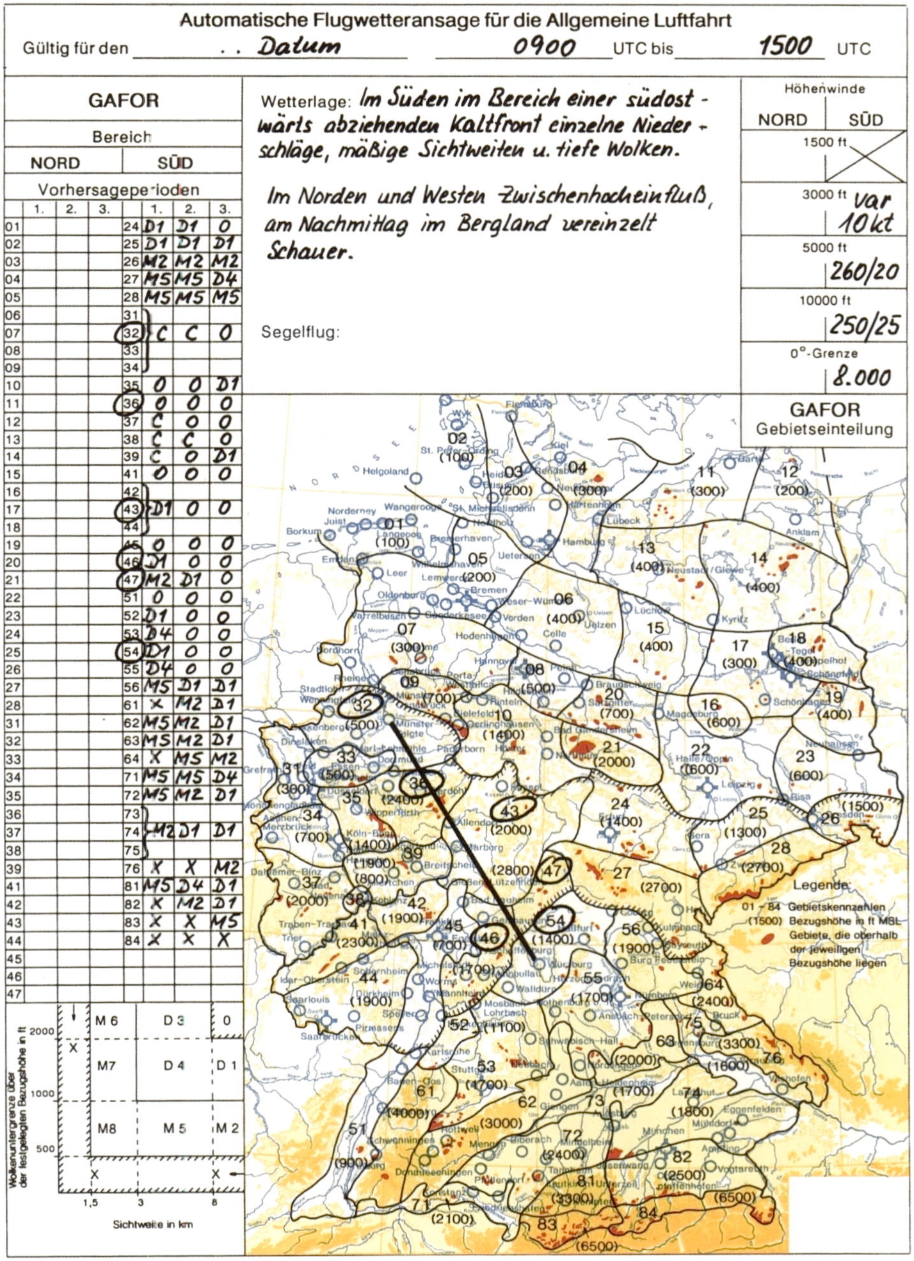

Gebietskennzahlen und Bezugshöhen der GAFOR-Gebiete

Gebiet Nr.	Geographische Bezeichnung	Bezugshöhen in ft MSL
01	Ostfriesland	100
02	Nordfriesland-Dithmarschen	100
03	Schleswig-Holsteinische Geest	200
04	Schleswig-Holsteinisches Hügelland	300
05	Nordwestliches Niedersachsen	200
06	Lüneburger Heide	400
07	Westliches Niedersachsen	300
08	Hannover	500
09	Teutoburger Wald	700
10	Weser-Leine Bergland	1400
11	Mecklenburgisches Tiefland	300
12	Vorpommern	200
13	Westliche Mecklenburgische Seenplatte und Prignitz	400
14	Östliche Mecklenburgische Seenplatte und Uckermark	400
15	Altmark	400
16	Hoher Fläming	600
17	Rhin-Havelluch und Ostbrandenburgisches Seengebiet	300
18	Barnim und Oderbruch	400
19	Spreewald und Gubener Waldrand	400
20	Magdeburger Börde und Nördliches Harzvorland	700
21	Harz	2000
22	Leipziger Tieflandsbucht und Elbe-Elster Niederung	600
23	Niederlausitzer Heiden	600
24	Thüringer Becken	1400
25	Mittelsächsisches Hügelland	1300
26	Oberlausitz und Lausitzer Gebirge	1500
27	Thüringer Wald, Frankenwald und Fichtelgebirge	2700
28	Erzgebirge	2700
31	Niederrheinisches Tiefland	300
32	Münsterland	500
33	Ruhrgebiet	500
34	Niederrheinische Bucht	700
35	Bergisches Land	1400
36	Sauerland	2400
37	Eifel	2000
38	Neuwieder Becken	800
39	Westerwald	1900
41	Hunsrück	2300
42	Taunus	1900
43	Nordhessisches Bergland mit Vogelsberg	2000
44	Rheinpfalz und Saarland	1900
45	Rhein-Main Gebiet und Wetterau	700
46	Odenwald und Spessart	1700
47	Rhön	2800
51	Oberrheinische Tiefebene	900
52	Kraichgau	1100
53	Neckar-Kocher-Jagst-Gebiet	1700
54	Mainfranken u. Nördliches Unterfranken	1400
55	Mittelfranken	1700
56	Oberfranken	1900
61	Schwarzwald	4000
62	Schwäbische Alb	3000
63	Fränkische Alb	2000
64	Oberplälzer Wald	2400
71	Hochrhein- und Bodenseeraum	2100
72	Schwäbische Hochebene	2400
73	Westliche Donauniederung	1700
74	Südbayerisches Hügelland	1800
75	Östliche Donau- und Naabniederung	1600
76	Bayerischer Wald	3300
81	Westliches Alpenvorland	3300
82	Östliches Alpenvorland	2500
83	Allgäuer Alpen	6500
84	Östliche Bayerische Alpen	6500

Die Sichtflugmöglichkeiten sind in der Ansage in fünf Stufen nach folgenden Kriterien definiert:

CHARLIE = C (frei/clear) (national)	Horizontale Sichtweite am Boden 10 km oder mehr und keine Wolken mit einem Bedeckungsgrad von 4/8 oder mehr unterhalb 5000 ft über der jeweiligen Bezugshöhe.
OSCAR = O (offen/open)	Horizontale Sichtweite am Boden 8 km oder mehr und keine Wolkenuntergrenze (4/8 oder mehr) unter 2000 ft über der jeweiligen Bezugshöhe.
DELTA = D (schwierig/ difficult)	Horizontale Sichtweite am Boden weniger als 8 km, mindestens jedoch 3 km und/oder Wolkenuntergrenze (4/8 oder mehr) unter 2000 ft, jedoch nicht unter 1000 ft über der jeweiligen Bezugshöhe.
MIKE = M (kritisch/ marginal)	Horizontale Sichtweite am Boden weniger als 3 km, mindestens jedoch 1,5 km und/oder Wolkenuntergrenze (4/8 oder mehr) unter 1000 ft, jedoch nicht unter 500 ft über der jeweiligen Bezugshöhe.
X-RAY = X (geschlossen/ closed) **Achtung!**	Horizontale Sichtweite am Boden weniger als 1,5 km und/oder Wolkenuntergrenze (4/8 oder mehr) unter 500 ft über der jeweiligen Bezugshöhe. **Flüge nach Sichtflugregeln sind nicht möglich!**

Anm.: »und/oder« bedeutet hier, daß jeweils das ungünstigere der beiden Kriterien Sichtweite und Wolkenuntergrenze für die Einstufung ausschlaggebend ist.

Die Einstufung der Sichtflugmöglichkeiten beruht auf den beiden Kriterien
- horizontale Sichtweite am Boden und
- Höhe der Wolkenuntergrenze mit einem Bedekkungsgrad von 4/8 oder mehr.

Für die Einstufung nach der Wolkenuntergrenze ist eine Ausgangshöhe erforderlich, auf die man die Höhenangabe der Wolkenuntergrenze beziehen kann. Nur so nämlich werden die Sichtverhältnisse in unterschiedlich hoch gelegenen Gebieten bei gleicher Einstufung miteinander vergleichbar. Für jedes Gebiet wurde deshalb eine Bezugshöhe festgelegt, die für den überwiegenden Teil des Gebietes repräsentativ ist. Aus Sicherheitsgründen sind in der GAFOR-Übersichtskarte alle Gebietsteile, die oberhalb der jeweiligen Bezugshöhe liegen, rot markiert.

Wie Bezugshöhe und Einstufung über einem orographisch gegliederten Gebiet mit den zugehörigen Höhenangaben korrespondieren, zeigt folgendes Beispiel für die Bezugshöhe 2000 ft/MSL:

Die Einstufung mit den fünf Sichtflugstufen **C, O, D, M** und **X** läßt keine Rückschlüsse darüber zu, ob die Einstufung aufgrund der Sichtweite, der Wolkenuntergrenze oder wegen beider Kriterien erfolgt ist.
Diese Information ist aber gerade für die VFR-Flieger von besonderem Interesse, weil schlechte Sichten vor allem in Verbindung mit tiefen Wolkenuntergrenzen i. a. eine weitaus größere Gefahr darstellen als niedrige Wolkenuntergrenzen bei guten Sichtverhältnissen, nach dem Motto: Bei schlechter Sicht sind auch die tiefen Wolken nicht zu erkennen.
Aus diesem Grund wurden die Einstufungen **MIKE** und **DELTA** mit einer zusätzlichen Ziffer von 1–8 versehen, aus der hervorgeht, in welchem Einstufungsbereich die Sichtweite und die Wolkenuntergrenze liegen. Die Zuordnung erfolgt nach dem folgenden Schema:

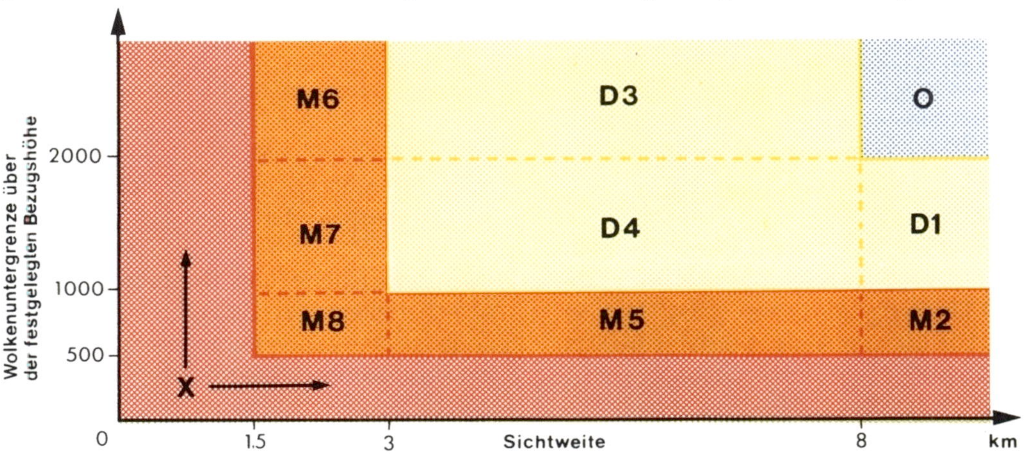

Natürlich kommt auch kein Pilot ohne Studium der **Wetterkarten** aus. Sie werden in regelmäßigen Abständen als Bodenwetterkarte sowie als Höhenwetterkarten für verschiedene Höhen herausgegeben. Auf sämtlichen Wetterkarten werden einheitlich folgende Symbole verwendet:

- Für die Bedeckung:

○	keine Wolken
	ein Achtel
◔	zwei Achtel
	drei Achtel
◑	vier Achtel
	fünf Achtel
◕	sechs Achtel
	sieben Achtel
●	acht Achtel, totale Bedeckung
⊗	Himmel nicht erkennbar (sky obscured)

Ganz speziell auf die Bedürfnisse des Segelfliegers sind die Segelflug-Wettervorhersagen abgestimmt und enthalten auch Angaben über die zu erwartende Thermik. Die automatischen Ansagen können unter folgenden Rufnummern abgehört werden:

- Düsseldorf 0211/11506
- Frankfurt 0611/11506
- Hamburg 040/11506
- Hannover 0511/11506
- München 089/11506
- Nürnberg 0911/11506
- Stuttgart 0711/11506

- Für die Niederschlagsgebiete (auf Arbeitskarten):

Regengebiete	– hellgrün schraffiert
Sprühregengebiete	– ,,, (hellgrün)
Regenschauer	– ▽▽▽ (hellgrün)
Schneefallgebiete	– dunkelgrün schraffiert
Schneeschauer	– (dunkelgrün)
Gewitter	– (rot oder blau)
Nebelgebiete	– gelb schraffiert

- Für die Wettererscheinungen:

∞	Dunst, Haze		Gewitter, Thunderstorm
•	Regen, Rain		Staub-/Sandsturm Dust or Sandstorm
✱	Schnee, Snow		Rauch, Smoke
△	Hagel, Hail	,	Sprühregen, Drizzle
≡	Nebel, Fog		
▽	Schauer, Showers		

- Für die Wolken:

Tiefe Wolken		Mittelhohe Wolken		Hohe Wolken	
	Schönwetter-Cumulus (Cu)		Dünner Altostratus (As)		Cirrus (Ci), zerstreut (scattered)
	Sich hochauftürmender Cumulus (Cu)		Dicker Altostratus (As) oder Nimbostratus (Ns)		Dichte Cirren (Ci), in Fetzen
	Cumulonimbus (Cb) ohne Amboßkopf		Dünner Altocumulus (Ac)		Cirren (Ci) von Amboßwolken
	Stratocumulus, der sich aus Cu gebildet hat		Dünner Altocumulus (Ac) in Fetzen		Cirrus (Ci) in Hakenform (Hakencirren)
	Stratocumulus (Sc)		Dünner Altocumulus (Ac) in Streifen		Cirrostratus (Cs), nicht über 45° (Höhe)
	Stratus (St)		Altocumulus (Ac), aus Cu entstanden		Cirrostratus (Cs), über 45° (Höhe)
	Fractostratus (Fs) oder Fractocumulus (Fc) mit Schlechtwetter		Doppelte oder dicke Altocumulusschicht; oder Ac mit As		Cirrostratus-Schleier (Cs), den ganzen Himmel bedek-kend
	Cumulus (Cu) und Stratocumulus (Sc) mit verschiedenen Untergrenzen		Altocumulus castellanus (Ac cas)		Cirrostratus (Cs), nicht den ganzen Himmel bedeckend
	Cumulonimbus mit Amboßkopf		Altocumulus (Ac) in verschiedenen Höhen, chaotischer Himmel, oft mit dichten Cirren (Ci)		Cirrocumulus (Cc), vorherrschend

- Für den Wind (Geschwindigkeit in Knoten):

	calm		25		55
	1–2		30		60
	5		35		65
	10		40		70
	15		45		75
	20		50		105

- Für die Fronten (auf gedruckten Karten):

Kaltfront Kaltfront		am Boden in der Höhe
Warmfront Warmfront		am Boden in der Höhe
Okklusion Okklusion		am Boden in der Höhe
Stationäre Front Stationäre Front		am Boden in der Höhe

Auf der Bodenwetterkarte werden alle Angaben einer Station nach internationalem Schema in den **Stationskreis** der jeweiligen Station eingetragen.

- Für die Fronten (auf Arbeitskarten):

Kaltfront	blaue Linie	am Boden
Kaltfront	blaue, gestrichelte Linie	in der Höhe
Warmfront	rote Linie	am Boden
Warmfront	rote, gestrichelte Linie	in der Höhe
Okklusion	violette Linie	am Boden
Okklusion	violette, gestrichelte Linie	in der Höhe
Stationäre Front	rot-blaue Linie	am Boden
Stationäre Front	gestrichelte rot-blaue Linie	in der Höhe

Troglinien der Konvergenzen = schwarze, gestrichelte Linien

Das Wetter und der Pilot

Die Kunst einer möglichst treffenden Wettervorhersage ist das eine, was der Pilot daraus macht, ist das andere – und zudem das Entscheidende, ist das Wetter doch der »Motor« des Segelflugzeuges. Neben dem theoretischen Wissen um das Wettergeschehen ist es deshalb besonders wichtig, die sichtbaren Zeichen des Wetters zu erkennen und richtig zu deuten.

Ein wichtiges Kriterium für den Segelflug ist das Zusammenspiel zwischen der Temperatur und dem Taupunkt (= die Temperatur, bei der Kondensation eintritt). Die Differenz beider Werte ist die **Taupunktdifferenz,** mit der ausgedrückt ist, um wieviel °C die Luft noch abgekühlt werden kann, bis die Kondensation eintritt.
Die drei Grundregeln lauten:

- Je größer die Taupunktdifferenz ist, desto geringer ist die relative Luftfeuchtigkeit und entsprechend weit ist der Weg bis zur Kondensation.

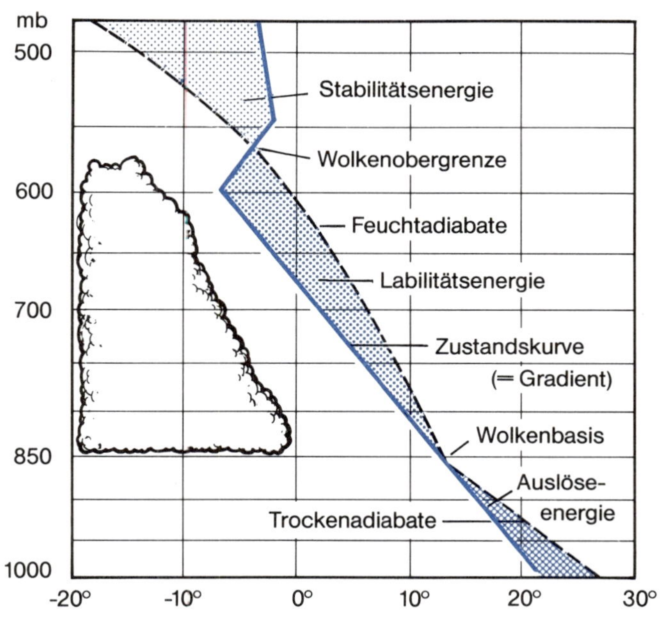

Der Gradient und die Adiabate

- Je kleiner die Taupunktdifferenz ist, desto größer ist die relative Luftfeuchtigkeit und entsprechend kurz ist der Weg bis zur Kondensation.
- Die Größe der Taupunktdifferenz ist das Maß für die Höhe des Kondensationsniveaus.

Da die Temperatur mit der Höhe abnimmt (vertikaler Temperaturgradient), ist aus der Taupunktdifferenz direkt ablesbar, in welcher Höhe das Kondensationsniveau bzw. die Wolkenuntergrenze zu erwarten sind. Für die durch thermische Konvektion entstehenden Schönwettercumuli kann deren Untergrenze aus der Taupunktdifferenz nach folgenden zwei Formeln errechnet werden:

- Wolkenuntergrenze in Fuß
  = Taupunktdifferenz × 400,
- Wolkenuntergrenze in Meter
  = Taupunktdifferenz × 122.

Nicht weniger aussagefähig für die thermische Konvektion ist die von vielen Meteorologen erhältliche Gegenüberstellung des vertikalen Temperaturgradienten (die im Radiosondenaufstieg gemessene, höhenbezogene Temperaturänderung in °C) zur Trocken- und Feuchtadiabate (dem Hebungsgradienten aufsteigender Luft) auf dem Tempblatt. Aus der Lage der beiden im Koordinatenkreuz von Höhe und Temperatur gezeichneten Kurven kann abgelesen werden:

- Die Wolkenbasis. Sie liegt dort, wo die Trockenadiabate (adiabatische Temperaturabnahme = 1 °C pro 100 m Höhe) in die Feuchtadiabate (adiabatische Temperaturabnahme = 0,6 °C pro 100 m Höhe) übergeht.
- Die Wolkenobergrenze. Sie liegt dort, wo sich die beiden Kurven in der Höhe kreuzen. Aus der Lage dieses Punktes kann z. B. abgelesen werden, ob Gewitter zu erwarten sind (wenn er nämlich hoch liegt und die Labilitätsenergie groß ist) oder ob nur mit mäßiger Thermik gerechnet werden kann (wenn er nämlich tief liegt und die Labilitätsenergie gering ist).
- Die Auslöseenergie. Mit ihr wird ausgedrückt, welche Größenordnung die Temperatur erreichen muß, damit es überhaupt zu einer Kondensation kommt.

- Die Labilitätsenergie. Mit ihr wird ausgedrückt, welche Größenordnung Hebungsvorgänge erreichen können. Je weiter der Temperaturgradient links von der Adiabate liegt, desto größer ist die Labilitätsenergie.
- Die Stabilitätsenergie. Mit ihr wird ausgedrückt, welche Größenordnung stabilisierende Kräfte haben. Je weiter der Temperaturgradient rechts von der Adiabate liegt, desto größer ist die Stabilitätsenergie.

Keineswegs unwichtig ist die Beurteilung der Angaben zum **Wind** im Wetterbericht und in den Wetterkarten. Schließlich ist der Wind keine homogene Komponente. Er wirkt ja auch als Land- bzw. Seewind, als Berg- bzw. Talwind, als Hangwind, als Produzent von Auf- und Abwindbereichen, von Leewellen oder auch von extremer Turbulenz. Aufgabe des Piloten ist es folglich stets, die erhaltenen Werte über Richtung und Stärke des Windes auf den geplanten Flugweg zu »projezieren« und zu prüfen, ob eventuell lokal bedingte Auswirkungen zu erwarten sind.

Besonders in langgezogenen Gebirgstälern sind die Auswirkungen der Berg- und Talwinde einzukalkulieren. Der tagsüber bergauf mit Stärken bis zu 20 Knoten und abends und nachts bergab und schwächer wehende Wind wird bei schönem Wetter stets mächtiger sein als der Wind des großräumigen Drucksystems. Der Berg- bzw. Talwind erreicht Höhen bis etwa 500 m.

Mit ganz besonderer Sorgfalt sind vom Piloten all die Angaben im Wetterbericht bzw. in der Wetterkarte auszuwerten, die mit großräumigen Drucksystemen, Luftmassen und Fronten zusammenhängen. Grundsätzlich unterschiedliche Eigenschaften haben Kalt- und Warmluftmassen (vgl. Band »Theorie«).

Die Freiheit der Lüfte

»Über den Wolken muß die Freiheit wohl grenzenlos sein ...« heißt es im Lied – aber eben nur dort! In Wirklichkeit ist die Freiheit der Lüfte längst ein Opfer der Verkehrsdichte geworden. Das mag übertrieben erscheinen, gibt es doch auch heute noch ab und zu eine halbe Stunde, in der weder ein Flugzeug zu sehen noch zu hören ist. Doch gerade dieser Eindruck trügt. Dichte nämlich ist durchaus ein relativer Begriff, der zum nicht unerheblichen Teil abhängig ist von der Geschwindigkeit der beteiligten Luftfahrzeuge. Und genau aus dieser Ecke kommen denn auch die eigentlichen Probleme für die Allgemeine Luftfahrt. Sie nämlich muß sich sowohl mit den Jets des Linienverkehrs als auch mit denen der Militärs »vertragen«.

Damit dies überhaupt möglich ist und alle drei Bereiche einen Bewegungsspielraum erhalten, wurde nach international gültigen Regeln die Gliederung des Luftraumes geschaffen und die Kontrolle (d.h. die Lenkung) des Verkehrs weitgehend auf den Boden verlegt. Zwar schränken beide Maßnahmen die Freiheit des Piloten ein, andererseits aber sind sie eine große Hilfe für den Piloten gerade der Allgemeinen Luftfahrt, der ohne sie in vielen Bereichen längst nicht mehr fliegen könnte. Daß er es dennoch und sogar in Ballungsgebieten kann, verdankt er in erster Linie den Fluglotsen, die auch ihm seinen Flugweg freimachen und sichern. Diese Sicherheit sollte für jeden Piloten Grund genug sein, sich den Regeln der Luftraumgliederung entsprechend zu verhalten und die Anweisungen der Flugsicherung korrekt zu befolgen.

Die Nabelschnur zum Boden

Es soll Zeiten gegeben haben, wo die Segelflieger ein Funkgerät für den überflüssigsten Luxus überhaupt hielten. Seit der Segelflug jedoch in die Rolle des anerkannten Partners innerhalb der Allgemeinen Luftfahrt hineingewachsen ist, muß auch der Segelflieger die Möglichkeiten, die moderne Funkgeräte heute bieten,

aus wohlverstandenem Eigeninteresse so weit wie irgend möglich zu nutzen suchen.
Entsprechend der Bedeutung des Sprechfunkverkehrs erhält kein Pilot einen Pilotenschein ohne Nachweis ausreichender Kenntnisse in diesem Gebiet. Wissen und praktisches Können sind durch den Erwerb eines Funksprechzeugnisses nachzuweisen. Da es zur Vorbereitung auf diese Prüfung eigene Kurse gibt, genügt es hier, nur die allerwichtigsten Punkte zusammenzufassen.
Alle Sprechfunkgeräte (COM-Geräte von communication transceiver) arbeiten als Wechselsprechanlagen. Es kann also nur abwechselnd gesendet oder empfangen werden. Es leuchtet ein, daß allein schon zur Vermeidung von Verwechslungen (mehrere Funkstellen arbeiten auf einer Frequenz im »Reißverschlußverfahren«) der gesamte Sprechfunkverkehr nach strengen Regeln abgewickelt werden muß. Alle Funkstellen haben deshalb feste Rufzeichen. Für die Luftfunkstellen sind das die Kennzeichen des Flugzeuges. Für Bodenfunkstellen setzt sich das Rufzeichen aus der Ortsbezeichnung und einem der folgenden Kennwörter zusammen (für den Funkverkehr in Deutsch):

Info	=	Flugplatzinformationsdienst
Information	=	Fluginformationsdienst
Ramp	=	Bewegungslenkung auf dem Vorfeld durch den Flughafenunternehmer
Rollkontrolle	=	Bodenkontrolle
Rückholer	=	Segelflugrückholbetrieb
Schule	=	Ausbildungsbetrieb
Segelflug	=	Segelflugbetrieb
Turm	=	Flugplatzkontrolldienst

Stets wiederkehrende Wendungen mit festem Inhalt sind ebenfalls international festgelegt.
Die wichtigsten dieser Verfahrenssprechgruppen sind:

Alles zwomal	*words twice*	= Als Aufforderung: Die Verständigung ist schwierig, senden Sie jedes Wort zweimal. = Als Ankündigung: Die Verständigung ist schwierig, ich sende jedes Wort zweimal.
Berichtigung	*correction*	= Bei der Übermittlung ist ein Fehler unterlaufen, es muß richtig heißen ...
Bestätigen Sie	*acknowledge*	= Teilen Sie mit, daß die Sendung empfangen und verstanden wurde.
Ende	*out*	= Unser Gespräch ist beendet. Ich erwarte keine Antwort.
Ich wiederhole	*I say again*	= Bedarf keiner Erklärung.
Kommen	*go ahead*	= Setzen Sie Ihre Meldung ab.
Kommen	*over*	= Meine Übermittlung ist beendet. Ich erwarte Ihre Antwort.
Melden Sie	*report*	= Geben Sie mir die folgende Information.
Negativ	*negative*	= Nein/Erlaubnis wird nicht erteilt./Das ist nicht richtig.

Positiv	*affirmative*	= Ja / Erlaubnis wird erteilt.
Richtig	*correct*	= Bedarf keiner Erklärung.
Sprechen Sie langsamer	*speak slower*	= Bedarf keiner Erklärung.
Trennung	*break*	= Ich zeige die Trennung zwischen verschiedenen Meldungen innerhalb einer Übermittlung oder zwischen einzelnen Teilen einer Meldung an.
Überprüfen Sie	*confirm, verify*	= Prüfen Sie die Richtigkeit Ihrer Meldung und übermitteln Sie die richtige Fassung.
Verstanden	*roger*	= Ich habe Ihre letzte Meldung vollständig erhalten und verstanden.
Warten	*stand by*	= Funkstelle kann erst später antworten.
Wiederholen Sie	*say again*	= Wiederholen Sie Ihre gesamte Meldung / Wiederholen Sie den bezeichneten Teil Ihrer Meldung.
Wiederholen Sie wörtlich	*read back*	= Wiederholen Sie meine Meldung wörtlich / Wiederholen Sie den bezeichneten Teil meiner Meldung wörtlich.
Wie verstehen Sie mich	*how do you read*	= Frage nach der Verständlichkeit.
Wird ausgeführt	*wilco*	= Ich habe Ihre letzte Meldung vollständig erhalten, verstanden und werde danach verfahren.

Bei der Übermittlung von Zahlen sind die Ziffern einzeln auszusprechen. Lediglich ganze Tausender werden mit den Ziffern und dem Folgewort »Tausend« übermittelt. Steckt ein Komma in der Zahl, wird es als »Komma« bzw. »dezimal« gesprochen. Zahlen werden also nach folgenden Beispielen gesprochen:

10	eins null	one zero
96	neun sechs	nine six
200	zwo null null	two zero zero
7000	sieben tausend	seven thousand
33000	drei drei tausend	tree tree thousand
121,975	eins zwo eins Komma neun sieben fünef	one two one dezimal nine seven five

Auch die Übermittlung von Zeiten ist festgelegt. Weltweit einheitliche Grundlage dafür ist die koordinierte Weltzeit (UTC = Universal Time co-ordinated). Damit wurde nicht nur eine einfachere Kommunikation ermöglicht, sondern auch erreicht, daß normalerweise nur die Minuten der angebrochenen Stunde durchgegeben werden müssen. Nur wenn Irrtümer möglich sind, wird die volle Stunde mitgenannt. Die volle Stunde wird als Vierergruppe ausgesprochen:

5 Uhr 24	0524	zwo vier	two four
		oder null fünef zwo vier	zero five two four
12 Uhr	1200	eins zwo null null	one two zero zero

Für das **Buchstabieren** von Rufzeichen, Eigennahmen und sonstigen Angaben ist die Benützung des ICAO-Buchstabieralphabetes verpflichtend vorgeschrieben. Für die einzelnen Buchstaben wurde festgelegt:

Buch-stabe	Schlüssel-wort	Aussprache des Schlüsselwortes*) deutsch	englisch
A	Alfa	**AL** FA	**AL** FAH
B	Bravo	**BRA** VO	**BRAH VOH**
C	Charlie	**TSCHAR** LI	**CHAR** LEE
D	Delta	**DEL** TA	**DELL** TAH
E	Echo	**E** KO	**ECK** OH
F	Foxtrott	**FOKS** TROT	**FOKS** TROT
G	Golf	GOLF	GOLF
H	Hotel	HO **TELL**	HOH **TELL**
I	India	**IN** DIA	**IN** DEE AH
J	Juliett	**DSCHU** LI **ETT**	**JEW** LEE **ETT**
K	Kilo	**KI** LO	**KEY** LOH
L	Lima	**LI** MA	**LEE** MAH
M	Mike	MAIK	MIKE
N	November	NO **VEM** BER	NO **VEM** BER
O	Oscar	**OSS** KAR	**OSS** CAH
P	Papa	PA **PA**	PAH **PAH**
Q	Quebec	KI **BEK**	KEH **BECK**
R	Romeo	**RO** MIO	**ROW** ME OH
S	Sierra	SI **ER** RA	SEE **AIR** RAH
T	Tango	**TÄN** GO	**TANG** GO
U	Uniform	**JU** NI FORM	**YOU** NEE FORM
V	Victor	**WIK** TOR	**VIK** TAH
W	Whiskey	**OUIS** KI	**WISS** KEY
X	X-ray	**EKS** REH	**ECKS RAY**
Y	Yankee	**JÄN** KI	**YANG** KEY
Z	Zulu	**SU** LU	**ZOO** LOO

*) Die zu betonenden Silben sind fett gedruckt.

Flughöhen werden entsprechend der Höhenmesser-einstellung gemeldet:

- Bei der Einstellung des Höhenmessers auf den aktuellen QNH-Wert (unter 5000 ft/MSL oder 2000 ft über Grund) ist es die Flughöhe über NN (altitude).
- Bei der Einstellung des Höhenmessers auf den Standard-Druck (über 5000 ft/MSL oder 2000 ft über Grund) ist es die Flugfläche (flight level) (Motorsegler).

Die Werte für Flugsicht, Bodensicht und Landebahnsicht werden ebenfalls nach festen Regeln übermittelt:

- Bei einer Sicht bis zu 5 Kilometer erfolgt die Meldung in Meter.
- Bei einer Sicht zwischen 5 und 10 Kilometer erfolgt die Meldung in Kilometer.
- Bei einer Sicht von 10 oder mehr Kilometer erfolgt die Meldung: 10 Kilometer.

Die Verständlichkeit im Sprechverkehr wird in fünf Stufen gewertet, wobei zur Meldung der Verständlichkeit nur die entsprechende Zahl übermittelt wird:

1 unverständlich
2 nur teilweise verständlich
3 schwer verständlich
4 verständlich
5 sehr gut verständlich

Die Herstellung der Sprechfunkverbindung erfolgt stets nach dem selben Schema:

Ruf	**Antwort**
Das Rufzeichen der gerufenen Funkstelle	Das Rufzeichen der rufenden Funkstelle
Das Rufzeichen der rufenden Funkstelle	Das Rufzeichen der antwortenden Funkstelle
Die Aufforderung Kommen	Die Aufforderung Kommen

Ist die Funkverbindung hergestellt und eine Verwechslung ausgeschlossen, können das Rufzeichen der Bodenstelle und gegebenenfalls auch die Wörter Hier, Kommen und Verstanden weggelassen werden. Der Empfang einer Meldung kann dann durch die Sendung des eigenen Rufzeichens bestätigt werden.

Auch der Sprechverkehr selbst besteht aus weitgehend feststehenden Redewendungen. Beim Verkehr an Plätzen ohne Flugverkehrskontrolle handelt es sich dabei grundsätzlich um die Weitergabe von Informationen (deshalb auch das Rufzeichen INFO für die Bodenstation), die dem Piloten zwar helfen sollen, seine alleinige Verantwortlichkeit aber nicht tangieren. Beim Verkehr an Plätzen mit Flugverkehrskontrolle dagegen handelt es sich stets um verbindliche Anweisungen, die der Pilot nicht nur strikt zu befolgen, sondern die er auch immer dann zur Bestätigung zu wiederholen hat, wenn es sich um Flugverkehrsfreigaben handelt (z. B. Freigabe zum Durchflug durch eine Kontrollzone).

Die Gliederung des Luftraumes

In der gesamten westlichen Welt ist der Luftraum nach den Regeln der Internationalen Zivilluftfahrtorganisation (ICAO – International Civil Aviation Organisation) in einen kontrollierten und einen unkontrollierten Bereich aufgeteilt. Wie diese Bereiche im einzelnen klassifiziert sind, ist auf den folgenden Seiten dargestellt.

Die Klassifizierung des Luftraums

Die einzelnen Teile des Luftraums werden wie folgt klassifiziert

Luftraum A
Zur Zeit nicht vorgesehen.

Luftraum B
Zur Zeit nicht vorgesehen.

Luftraum C
- Lufträume unter FL 100 in der Umgebung von Verkehrsflughäfen (bisher CVFR-Gebiete)
- der Luftraum in/oberhalb FL 100, ausgenommen bestimmte Gebiete innerhalb Berlin FIR/UIR (Luftraum außerhalb CTAs/UTA)

Luftraum D
Kontrollzonen (CTRs)

Luftraum E
- Nahverkehrsbereiche (TMAs) mit Standard-Untergrenzen 1000 ft und 1700 ft GND
- der Luftraum ab 2500 ft GND bis FL 100, soweit nicht anders klassifiziert.

Ausgenommen sind bestimmte Gebiete innerhalb Berlin FIR (Luftraum außerhalb CTAs).

Luftraum F (innerhalb Berlin FIR/UIR)
Der Luftraum ab 2500 ft GND in bestimmten Gebieten innerhalb Berlin FIR/UIR (außerhalb CTAs/UTA), soweit nicht anders klassifiziert.

Luftraum G
Der Luftraum unterhalb 2500 ft GND, soweit nicht anders klassifiziert.

Weitere Einrichtungen

Innerhalb der Luftraumklassen gibt es folgende Einrichtungen der Deutschen Flugsicherung:

Klassifizierung des Luftraums nach ICAO
Classification of Airspace According to ICAO

<table>
<tr><th></th><th colspan="3">Kontrollierter Luftraum</th></tr>
<tr><th></th><th>A</th><th>B</th><th>C</th></tr>
<tr><td>IFR</td>
<td>Staffelung / Separation:
Alle Luftfahrzeuge / All aircraft
Dienst:
Flugverkehrskontrolle
Service:
Air traffic control
VMC Minima:
Entfällt / Not applicable
Geschwindigkeitsbeschränkung / Speed Limitation:
Entfällt / Not applicable
Sprechfunkverkehr:
Dauernde Hörbereitschaft
Radio Communication:
Constant listening watch
Flugverkehrskontrollfreigabe:
Erforderlich
Air Traffic Control Clearance:
Required</td>
<td>Staffelung / Separation:
Alle Luftfahrzeuge / All aircraft
Dienst:
Flugverkehrskontrolle
Service:
Air traffic control
VMC Minima:
Entfällt / Not applicable
Geschwindigkeitsbeschränkung / Speed Limitation:
Entfällt / Not applicable
Sprechfunkverkehr:
Dauernde Hörbereitschaft
Radio Communication:
Constant listening watch
Flugverkehrskontrollfreigabe:
Erforderlich
Air Traffic Control Clearance:
Required</td>
<td>Staffelung / Separation:
IFR von IFR / IFR from IFR
IFR von VFR / IFR from VFR
Dienst:
Flugverkehrskontrolle
Service:
Air traffic control
VMC Minima:
Entfällt / Not applicable
Geschwindigkeitsbeschränkung / Speed Limitation:
Entfällt / Not applicable
Sprechfunkverkehr:
Dauernde Hörbereitschaft
Radio Communication:
Constant listening watch
Flugverkehrskontrollfreigabe:
Erforderlich
Air Traffic Control Clearance:
Required</td></tr>
<tr><td>VFR</td>
<td>VFR
Nicht gestattet
Not permitted</td>
<td>Staffelung / Separation:
Alle Luftfahrzeuge / All aircraft
Dienst:
Flugverkehrskontrolle
Service:
Air traffic control
VMC Minima:
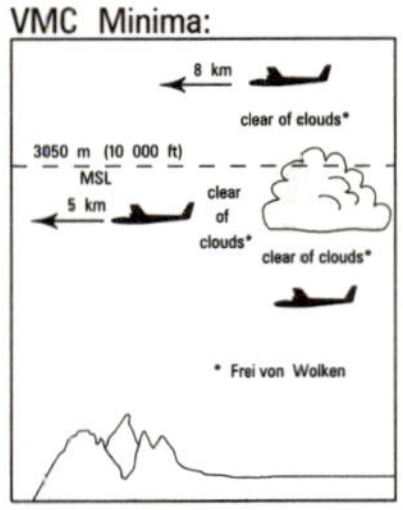

Geschwindigkeitsbeschränkung / Speed Limitation:
Entfällt / Not applicable
Sprechfunkverkehr:
Dauernde Hörbereitschaft
Radio Communication:
Constant listening watch
Flugverkehrskontrollfreigabe:
Erforderlich
Air Traffic Control Clearance:
Required</td>
<td>Staffelung / Separation:
VFR von IFR / VFR from IFR
Dienst:
Flugverkehrskontrolle,
Verkehrsinformation VFR–Flüge / VFR–Flüge
(Ausweichempfehlung auf Anfrage)
Service:
Air traffic control,
Traffic information VFR flights / VFR flights
(Avoidance advice on request)
VMC Minima:
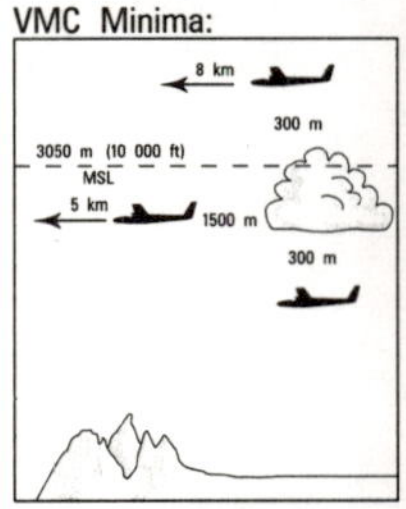

Geschwindigkeitsbeschränkung / Speed Limitation:
250 kt IAS unter / below 3050m (10000ft) MSL
Sprechfunkverkehr:
Dauernde Hörbereitschaft
Radio Communication:
Constant listening watch
Flugverkehrskontrollfreigabe:
Erforderlich
Air Traffic Control Clearance:
Required</td></tr>
</table>

Mit Abweichungen in der Bundesrepublik Deutschland
With Deviations in the Federal Republic of Germany

Controlled Airspace | Unkontrollierter Luftraum Uncontrolled Airspace

D	E	F	G	G
Staffelung / Separation: IFR von IFR / IFR from IFR **Dienst:** Flugverkehrskontrolle, Verkehrsinformation über VFR–Flüge (Ausweichempfehlung auf Anfrage) **Service:** Air traffic control, traffic information about VFR flights (avoidance advice on request) **VMC Minima:** Entfällt / Not applicable **Geschwindigkeitsbeschränkung / Speed Limitation:** 250 kt IAS unter / below 3050m (10000ft) MSL **Sprechfunkverkehr:** Dauernde Hörbereitschaft **Radio Communication:** Constant listening watch **Flugverkehrskontrollfreigabe:** Erforderlich **Air Traffic Control Clearance:** Required	**Staffelung / Separation:** IFR von IFR / IFR from IFR **Dienst:** Flugverkehrskontrolle, Verkehrsinformation über VFR–Flüge soweit möglich **Service:** Air traffic control, traffic information about VFR flights as far as practicable **VMC Minima:** Entfällt / Not applicable **Geschwindigkeitsbeschränkung / Speed Limitation:** 250 kt IAS unter / below 3050m (10000ft) MSL **Sprechfunkverkehr:** Dauernde Hörbereitschaft **Radio Communication:** Constant listening watch **Flugverkehrskontrollfreigabe:** Erforderlich **Air Traffic Control Clearance:** Required	**Staffelung / Separation:** IFR von IFR soweit möglich IFR from IFR as far as practicable **Dienst:** Flugverkehrsberatungsdienst **Service:** Air traffic advisory service **VMC Minima:** Entfällt / Not applicable **Geschwindigkeitsbeschränkung / Speed Limitation:** 250 kt IAS unter / below 3050m (10000ft) MSL **Sprechfunkverkehr:** Dauernde Hörbereitschaft **Radio Communication:** Constant listening watch **Flugverkehrskontrollfreigabe:** Nicht erforderlich **Air Traffic Control Clearance:** Not required	**Staffelung / Separation:** Entfällt / Not provided **Dienst:** Fluginformationsdienst **Service:** Flight Information Service **VMC Minima:** Entfällt / Not applicable **Geschwindigkeitsbeschränkung / Speed Limitation:** 250 kt IAS unter / below 3050m (10000ft) MSL **Sprechfunkverkehr:** Dauernde Hörbereitschaft **Radio Communication:** Constant listening watch **Flugverkehrskontrollfreigabe:** Nicht erforderlich **Air Traffic Control Clearance:** Not required	**In der Bundesrepublik Deutschland** **In the Federal Republic of Germany** **IFR** **Nicht gestattet** **Not permitted**
Staffelung / Separation: Entfällt / Not provided **Dienst:** Verkehrsinformation über IFR–Flüge (Ausweichempfehlung auf Anfrage), Verkehrsinformation VFR–Flüge / VFR–Flüge **Service:** Traffic Information about IFR flights (Avoidance advice on request), traffic information VFR flights / VFR flights VMC Minima: 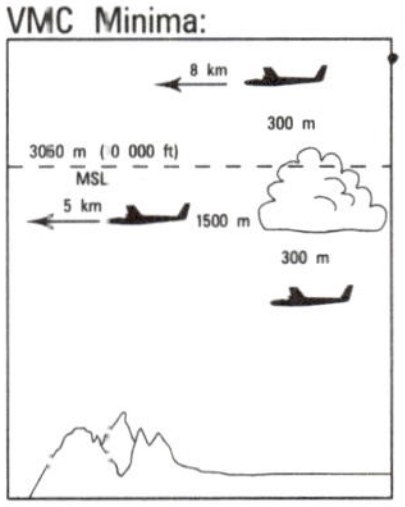 **Geschwindigkeitsbeschränkung / Speed Limitation:** 250 kt IAS unter / below 3050m (10000ft) MSL **Sprechfunkverkehr:** Dauernde Hörbereitschaft **Radio Communication:** Constant listening watch **Flugverkehrskontrollfreigabe:** Erforderlich **Air Traffic Control Clearance:** Required	**Staffelung / Separation:** Entfällt / Not provided **Dienst:** Verkehrsinformation soweit möglich **Service:** Traffic Information as far as practicable VMC Minima: 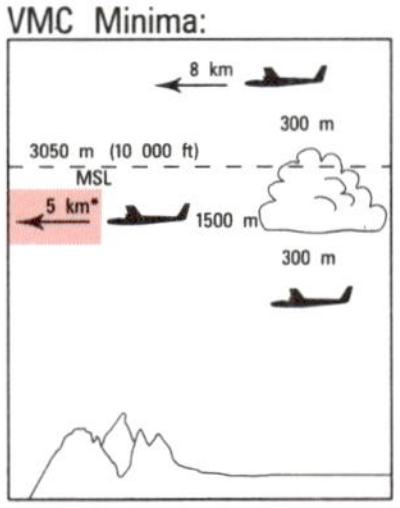 * 8 km in der Bundesrep. Deutschland * 8 km in the Federal Rep. of Germany **Geschwindigkeitsbeschränkung / Speed Limitation:** 250 kt IAS unter / below 3050m (10000ft) MSL **Sprechfunkverkehr:** Nicht erforderlich **Radio Communication:** Not required **Flugverkehrskontrollfreigabe:** Nicht erforderlich **Air Traffic Control Clearance:** Not required	**Staffelung / Separation:** Entfällt / Not provided **Dienst:** Fluginformationsdienst **Service:** Flight Information Service VMC Minima: 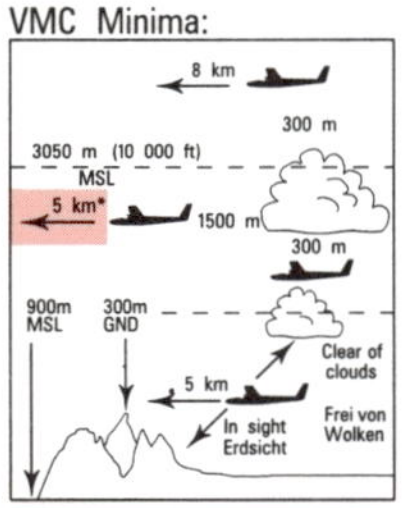 * Sonderregelung innerhalb Berlin FIR * Special regulation within Berlin FIR **Geschwindigkeitsbeschränkung / Speed Limitation:** 250 kt IAS unter / below 3050m (10000ft) MSL **Sprechfunkverkehr:** Nicht erforderlich **Radio Communication:** Not required **Flugverkehrskontrollfreigabe:** Nicht erforderlich **Air Traffic Control Clearance:** Not required	**Staffelung / Separation:** Entfällt / Not provided **Dienst:** Fluginformationsdienst **Service:** Flight Information Service VMC Minima: 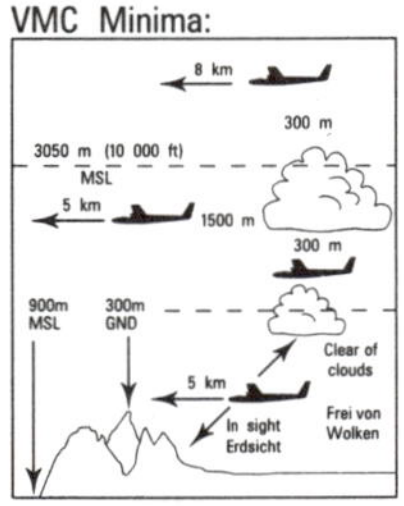 **Geschwindigkeitsbeschränkung / Speed Limitation:** 250 kt IAS unter / below 3050m (10000ft) MSL **Sprechfunkverkehr:** Nicht erforderlich **Radio Communication:** Not required **Flugverkehrskontrollfreigabe:** Nicht erforderlich **Air Traffic Control Clearance:** Not required	**Staffelung / Separation:** Entfällt / Not provided **Dienst:** Fluginformationsdienst **Service:** Flight Information Service VMC Minima: 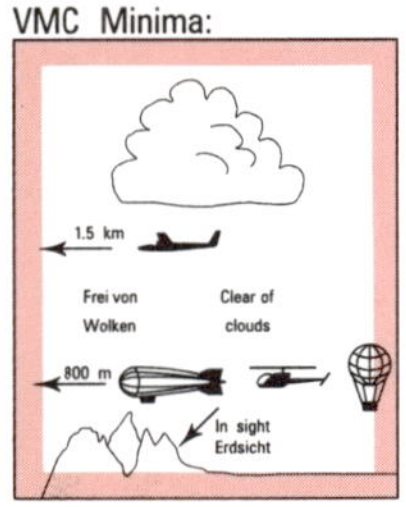 **Geschwindigkeitsbeschränkung / Speed Limitation:** 250 kt IAS unter / below 3050m (10000ft) MSL **Sprechfunkverkehr:** Nicht erforderlich **Radio Communication:** Not required **Flugverkehrskontrollfreigabe:** Nicht erforderlich **Air Traffic Control Clearance:** Not required

Der **Nahverkehrsbereich** (TMA) ist in Deutschland in drei Sektoren unterteilt:

- Der Sektor A hat eine untere Begrenzung von 1000 ft über Grund.
- Der Sektor B hat eine untere Begrenzung von 1700 ft über Grund.
- Der Sektor C hat eine untere Begrenzung von 2500 ft über Grund.

Die obere Begrenzung liegt in Deutschland auf der Flugfläche 245 = 24 500 ft.

Die **Platzverkehrszone** hat horizontal eine Ausdehnung von 5 NM nach allen Richtungen um den Flugplatzbezugspunkt. Die vertikale Ausdehnung beträgt 2000 ft über Grund. Flugzeuge, die nicht auf dem entsprechenden Platz landen wollen, dürfen in die Platzverkehrszone nur mit Genehmigung der zuständigen Flugsicherungsstelle einfliegen.

Das **Fluginformationsgebiet** ist flächendeckend. Mit den vier Gebieten Bremen, Düsseldorf, Frankfurt und München ist das gesamte Gebiet der Bundesrepublik abgedeckt. Die FIR reicht vom Boden bis zur Flugfläche 245. Die FIR hat die Aufgabe, den Informationsdienst und Alarmdienst durchzuführen.

Die **Kontrollzone** hat horizontal eine Ausdehnung von mindestens 5 NM in jeder Landerichtung und eine Breite von mindestens 5 NM (Type I). Die vertikale Ausdehnung beträgt 1500 ft über Grund, mindestens aber so viel, daß die Obergrenze der CTR an die untere Begrenzung der TMA anschließt. Auf größeren Plätzen ist die CTR sowohl horizontal als auch vertikal größer (Typ II). Daneben sind auch unregelmäßige Formen vorhanden. Ihre Ausdehnung ist den ICAO-Karten oder dem Luftfahrthandbuch zu entnehmen.

Verschiedene Kontrollzonen, auf den ICAO-Karten mit HX gekennzeichnet, sind jeweils von Samstag 12 Uhr bis Sonntag 24 Uhr außer Betrieb. Da die Reaktivierung jedoch jederzeit möglich ist, darf zu dieser Zeit in die CTR nur unter folgenden Bedingungen eingeflogen werden:

- Vor dem Flug Vergewisserung bei der Flugberatung (AIS), ob die CTR, die durchflogen werden soll, wirklich nicht in Betrieb ist.
- Frühestens 15 und spätestens 5 Minuten vor dem Einflug Vergewisserung über Funk beim nächsten Fluginformationsdienst (FIS) auf der Frequenz 123,200 MHz, daß die CTR noch außer Betrieb ist.

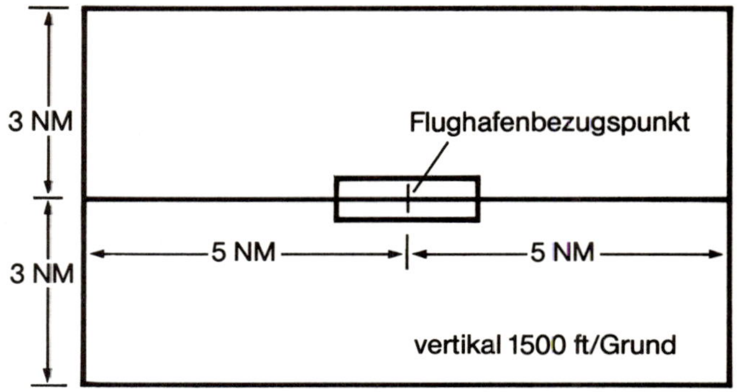

Kontrollzone Typ I

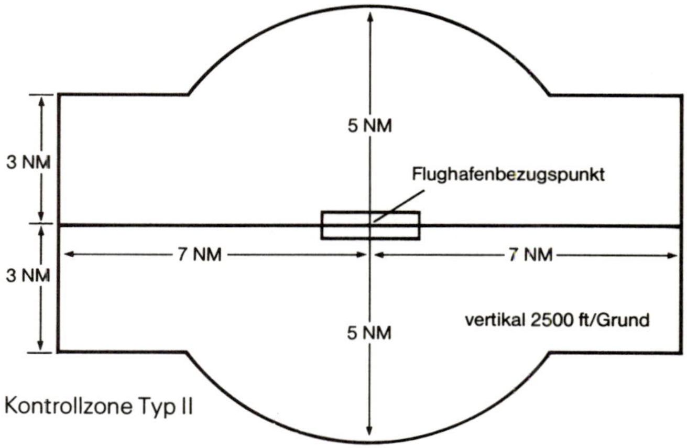

Kontrollzone Typ II

Kann mit dem FIS keine Funkverbindung hergestellt werden, muß die CTR als durchgehend wirksam angesehen werden.

In die CTR darf nur eingeflogen werden, wenn von der Flugverkehrskontrolle eine Freigabe zum Landeanflug oder zum Durchflug gegeben wurde. Diese Freigabe ist spätestens an den in der ICAO-Karte eingetragenen

In der schematischen Darstellung verteilen sich die verschiedenen Lufträume folgendermaßen:

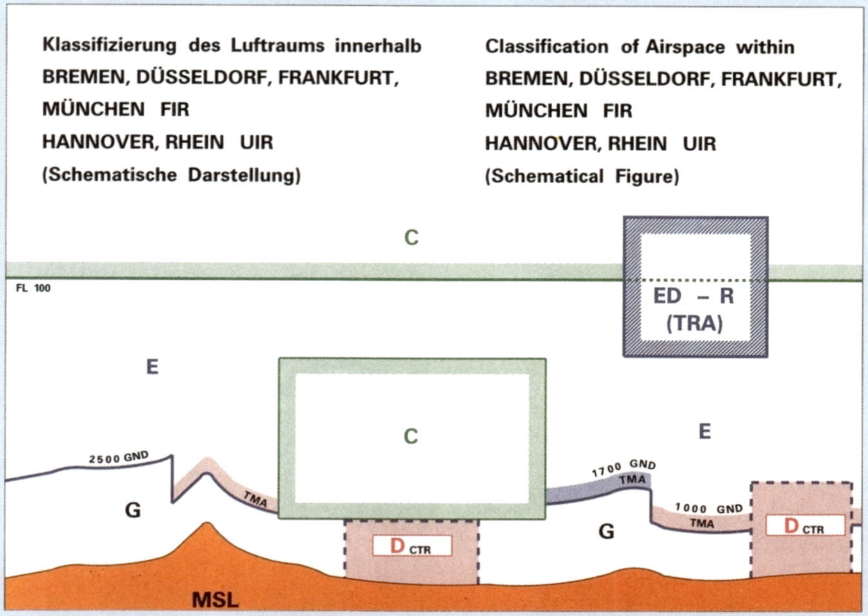

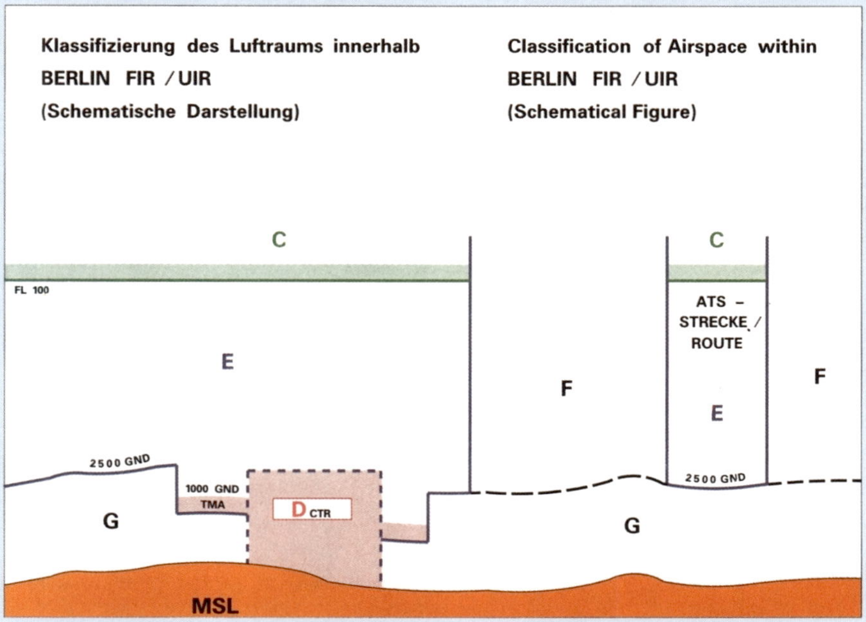

Pflichtmeldepunkten einzuholen. Die in der Freigabe zugewiesenen Höhen, Kurse, nächsten Meldepunkte usw. sind natürlich strikt einzuhalten. Jedes Passieren eines Pflichtmeldepunktes beim An- oder Abflug ist der Flugverkehrskontrolle zu melden.

Die Merkmale der einzelnen Lufträume

1. Staffelung von Flügen, Dienste

Luftraum A
- Staffelung IFR-Flüge/IFR-Flüge, Flugverkehrskontrolle.

Luftraum B
- Staffelung aller Flüge, auch VFR-Flüge/VFR-Flüge, Flugverkehrskontrolle.

Luftraum C
- Staffelung IFR-Flüge/IFR-Flüge, Flugverkehrskontrolle
- Staffelung IFR-Flüge/VFR-Flüge und umgekehrt, Flugverkehrskontrolle
- Verkehrsinformation VFR-Flüge/VFR-Flüge, Ausweichempfehlung auf Anfrage.

Luftraum D
- Staffelung IFR-Flüge/IFR-Flüge, Flugverkehrskontrolle
- Verkehrsinformation IFR-Flüge/VFR-Flüge und umgekehrt, Ausweichempfehlung auf Anfrage
- Verkehrsinformation VFR-Flüge/VFR-Flüge.

Luftraum E
- Staffelung IFR-Flüge/IFR-Flüge, Flugverkehrskontrolle
- ansonsten Verkehrsinformation, soweit möglich.

Luftraum F
- Staffelung IFR-Flüge/IFR-Flüge, soweit möglich, Flugverkehrsberatungsdienst
- Fluginformationsdienst.

Luftraum G
- Fluginformationsdienst.

2. Freigaben

Freigaben sind erforderlich
- für IFR-Flüge im Luftraum A bis E
- für VFR-Flüge im Luftraum B, C und D.

Freigaben für VFR-Flüge im Luftraum D sind nicht für Staffelungszwecke, sondern dazu bestimmt, die Verkehrsdichte in diesem Luftraum zu regulieren.

3. Sprechfunkverkehr

Dauernde Hörbereitschaft ist aufrechtzuerhalten
- bei IFR-Flügen im Luftraum A bis G
- bei VFR-Flügen im Luftraum B, C und D.

4. Minima für VFR-Flüge

Flugsicht im Luftraum B bis G
- in/oberhalb 3050 m (10 000 ft) MSL: 8 km
- unterhalb 3050 m (10 000 ft) MSL: 5 km*

Abstand von Wolken
- im Luftraum B: frei von Wolken
- im Luftraum C bis G: vertikal 300 m, horizontal 1500 m
- im Luftraum F und G unterhalb 900 m MSL oder 300 m GND: frei von Wolken.

5. Geschwindigkeitsbeschränkung

Unterhalb 3050 m (10 000 ft) MSL gilt eine eingeschränkte Geschwindigkeit von max. 250 kt IAS
- für alle Flüge im Luftraum D bis G
- für VFR-Flüge zusätzlich im Luftraum C.

6. VMC-Minima in der Kontrollzone (CTR)

Zusätzlich gelten in der Kontrollzone folgende VMC-Minima:
- Bodensicht: 5 km
- Hauptwolkenuntergrenze: 450 m (1500 ft).

Eine Übersicht hierzu ist auf Seite 217/218 dargestellt.

Hinweis: In der Bundesrepublik Deutschland gelten Abweichungen im Luftraum E und G, die in § 28 LuftVO beschrieben sind.

* Im Luftraum F und G kann die zuständige Luftfahrtbehörde unterhalb 900 m MSL oder 300 m GND niedrigere Flugsichten festlegen.

Wie die Luftraumgliederung auf der Karte dargestellt wird, ist gut an der Umgebung von München zu sehen:

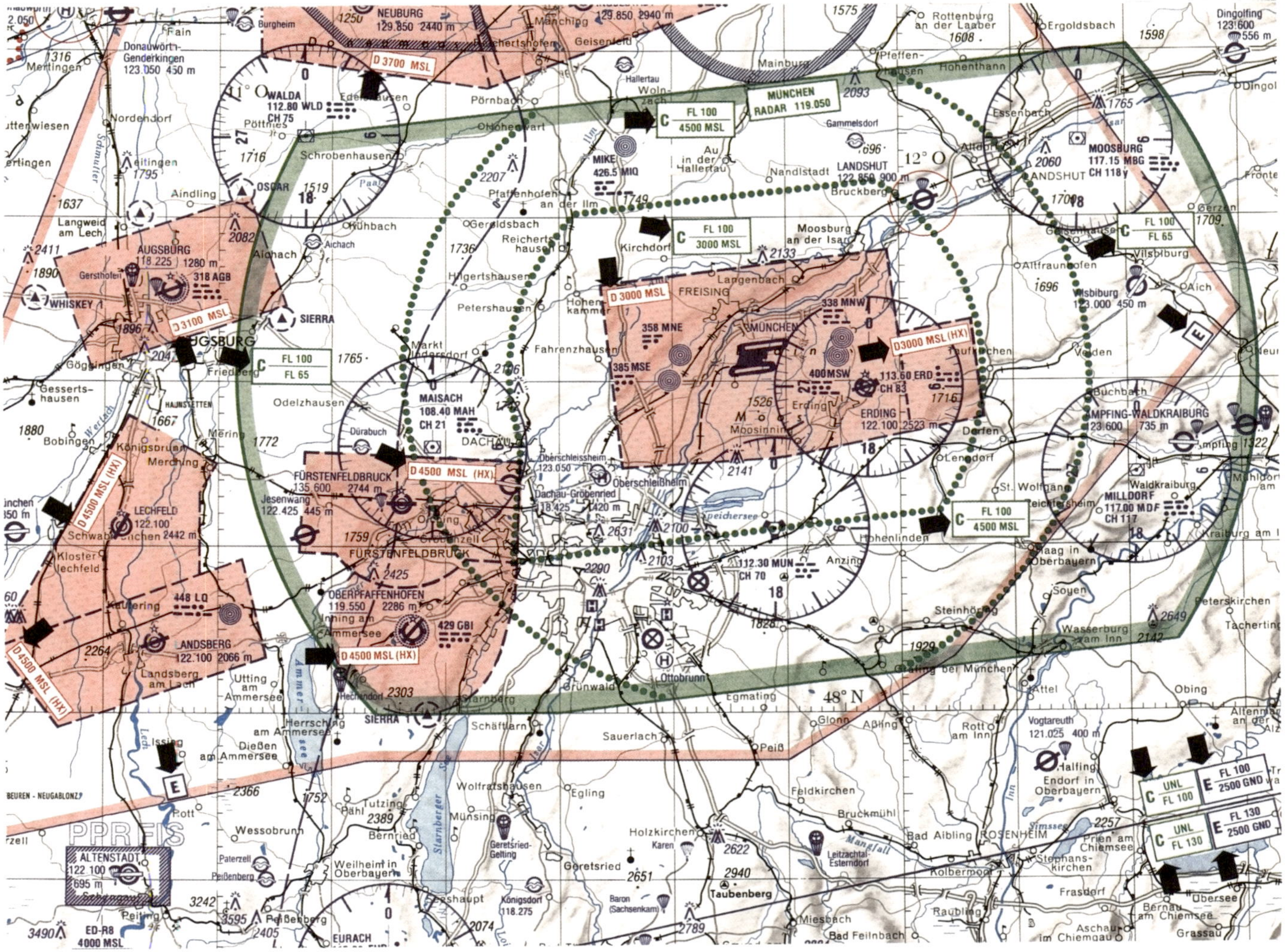

Hinweise auf einzelne Regelungen

1. Luftraum C unter FL 100 in der Umgebung von Verkehrsflughäfen

- Freigaben für VFR-Flüge in diesem Luftraum richten sich nach der Verkehrslage und der Flugsicherungskapazität.
- Für VFR-Durchflüge sind keine festen Strecken vorgesehen.
- Der VFR-Pilot hat der Flugsicherung über Sprechfunk bestimmte Flugdaten zu übermitteln.

- Zur Verständigung Pilot/Flugsicherung wird im Sprechfunkverkehr die Bezeichnung »Luftraum CHARLIE« verwendet.
- Ein Flugplan ist nicht erforderlich.
- Für VFR-Flüge in diesem Luftraum gelten einheitliche Verfahren, einschließlich für Sprechfunkverkehr, die auf Seite 113/114 beschrieben sind.

2. Luftraum C in/oberhalb FL 100

- Regeln und Dienste in diesem Luftraum entsprechen der Verfahrensweise im bisherigen Gebiet **ED-R 9.**
- Freigaben für VFR-Flüge richten sich nach der Verkehrslage und der Flugsicherungskapazität.
- VFR-Flüge sind via Funk-Nav.-Anlagen durchzuführen.
- Führt der VFR-Flug durch **mehrere** Fluginformationsgebiete, sind generell die veröffentlichten Flugverkehrsstrecken oder andere Standardstrecken (z. B. TACAN) zu benutzen (Streckenkarte 1:1 Mio.).
- Für eine Freigabe hat der VFR-Pilot zunächst **FIS** zu rufen und bestimmte Flugdaten zu übermitteln.
- Der Sprechfunkverkehr wird in **englischer** Sprache durchgeführt, da FIS bei Bedarf VFR-Flüge an Flugsicherungsstellen übergibt, die IFR-Streckenflüge kontrollieren.
- Zur Verständigung Pilot/Flugsicherung wird im Sprechfunkverkehr die Bezeichnung »Airspace CHARLIE« verwendet.
- Ein Flugplan ist nicht erforderlich, es sei denn, ein solcher ist aus anderen Gründen vorgeschrieben (z. B. Flüge ins Ausland).
- Luftverteidigungsflüge werden auf der Grundlage entsprechender Vereinbarungen von Flugsicherungsstellen oder Radarführungsstellen der Luftverteidigung geführt.
- Im Unterschied zu anderen FIRs/UIRs ist innerhalb **Berlin FIR/UIR** die gegenwärtige Struktur des kontrollierten Luftraums nicht »flächendeckend«. Insofern lassen sich VFR-Flüge im Luftraum C in/oberhalb FL 100 innerhalb Berlin FIR/UIR überwiegend nur auf den veröffentlichten Flugverkehrsstrecken durchführen (Streckenkarte 1:1 Mio.).
- Für VFR-Flüge im Luftraum C in/oberhalb FL 100 gelten einheitliche Verfahren, einschließlich für Sprechfunkverkehr, die auf S. 114/115 beschrieben sind.

3. Vorübergehender Luftraum F innerhalb Berlin FIR/UIR

Die Einführung dieser Luftraumklasse erfolgt aufgrund der bis voraussichtlich Ende 1994 andauernden Sonderregelungen für Flüge innerhalb Berlin FIR/UIR. Betroffen sind die Gebiete außerhalb CTAs/UTA, in denen noch Flüge der GUS-Streitkräfte abgewickelt werden (»weiße« Gebiete in der Streckenkarte 1:1 Mio.). In diesen Gebieten gelten aber weiterhin die übergeordneten Sonderbestimmungen
- für IFR-Flüge, insbesondere die mit einigen Nutzern abgestimmten Verfahren
- für VFR-Flüge, wie im Luftfahrthandbuch veröffentlicht.

4. Kontrollzonen als Luftraum D

- Regeln und Dienste im Luftraum D entsprechen generell der Verfahrensweise in Kontrollzonen, sofern »VMC« gegeben ist.
- Die CTR-Minima für Bodensicht und Hauptwolkenuntergrenze gemäß ICAO (Pkt. 3.6) werden übernommen, zumal diese Minima in vielen Kontrollzonen schon heute gelten.
- Die VFR-Verfahren für kontrollierte Flugplätze mit Kontrollzone (Sichtanflugkarten) bleiben unberührt. Diese Verfahren gehen über die Bedingungen im Luftraum D insoweit hinaus, als sie VFR-An-/Abflüge in Richtung und Höhe von IFR-An-/Abflügen trennen.
- Auch die Verfahrensweise, wonach bei »IMC« in Kontrollzonen alle Flüge, einschließlich VFR-Flüge/VFR-Flüge in diesem Luftraum gestaffelt werden, ändert sich nicht (»Sonder-VFR-Flüge«).

5. Trennhöhe zwischen Luftraum E und C im Alpengebiet

Im Alpenvorraum wird **FL 130** die Trennhöhe zwischen Luftraum E und C sein (südlich der heutigen Grenze von ED-R 9).

6. Zeitweiliger Luftraum

Ist ein Luftraum zu bestimmten Zeiten nicht aktiv (z. B. ED-R, CTR mit Kennzeichnung »HX«), gilt die Klassifizierung des umgebenden Luftraums.

7. VFR-Flüge mit Transponder

Die für VFR-Flüge mit zivilen, motorgetriebenen Luftfahrzeugen bereits vorgeschriebene Ausrüstung mit Transponder **A/C** gilt
- im Luftraum C
- im Luftraum E oberhalb 5000 ft MSL oder 3500 ft GND.

Auch für VFR-Flüge bei NACHT im kontrollierten Luftraum ist ein Transponder erforderlich.
Für VFR-Flüge innerhalb **Berlin FIR** gelten Ausnahmen zur Flugsicherungsausrüstung bis 28. Februar 1994 (NfL II – 11/92).

8. Geschwindigkeitsbeschränkung 250 kt IAS (Pkt. 3.5)

Flüge mit militärischen Strahlflugzeugen sind von dieser Einschränkung ausgenommen.

9. VFR-Flüge bei NACHT im kontrollierten Luftraum

Für solche Flüge gelten unverändert folgende Bestimmungen:
- Aufgabe eines Flugplans vor dem Start
- Freigabe
- Staffelung zu IFR-Flügen und zu militärischen Nachttiefflugstrecken.

Flüge nach Sichtflugregeln (VFR) im Luftraum C unter FL 100 in der Umgebung von Verkehrsflughäfen

1. Voraussetzungen

Für VFR-Flüge in diesem Luftraum müssen
- Lfz-Führer eine Befähigung besitzen
- Luftfahrzeuge entsprechend ausgerüstet sein.

2. Freigaben

1. Freigaben für VFR-Flüge werden erteilt, sofern die Verkehrslage und die Flugsicherungskapazität es gestatten.
2. Freigaben für VFR-Flüge von Luftfahrzeugen ohne Eigenantrieb werden nur in Ausnahmefällen erteilt.
3. Freigaben für örtliche Flüge (z. B. Segelflüge) an bestimmten Flugplätzen unterhalb des betreffenden Luftraums richten sich nach einer Betriebsbestimmung der zuständigen Flugverkehrskontrollstelle, sofern diese Stelle ein solches Verfahren für vertretbar hält.
4. VFR-Flüge von öffentlichem Interesse (z. B. Foto- und Vermessungsflüge) sind bei der zuständigen Flugverkehrskontrollstelle im voraus anzumelden und mit dieser abzustimmen.

3. Durchführung von VFR-Flügen (Sprechfunk, Flugdaten, geänderte Freigaben)

1. Mit der zuständigen Flugverkehrskontrollstelle ist Sprechfunkverbindung wie folgt aufzunehmen:
   - spätestens 5 Minuten vor Einflug in diesen Luftraum
   - beim Abflug von einem Flugplatz unterhalb dieses Luftraums, so bald wie möglich nach dem Start.

   Der Sprechfunkverkehr wird in englischer und deutscher Sprache durchgeführt.
2. Folgende Flugdaten sind zu übermitteln:
   - Luftfahrzeugkennung

- Luftfahrzeugmuster
- Position
- Zielflugplatz
- Flugstrecke
- Flughöhe oder Flugfläche.

3. Kann der Lfz-Führer eine Freigabe aus Wettergründen oder aus anderen Gründen nicht einhalten, hat er rechtzeitig eine geänderte Freigabe einzuholen.

4. Staffelung

1. VFR-Flüge werden von IFR-Flügen (und umgekehrt) nach den geltenden Flugsicherungsbestimmungen wie folgt gestaffelt:
   - vertikal 1000 Fuß
   - lateral mittels Radar (Radarstaffelung).
2. Radarstaffelung erfolgt in Form von Anweisungen, nach denen der Lfz-Führer bestimmte Kurse einzuhalten hat (»Radarkursführung«).

Flüge nach Sichtflugregeln (VFR) im Luftraum C in/oberhalb Flugfläche 100

1. Voraussetzungen

Für VFR-Flüge in diesem Luftraum müssen
- Lfz-Führer eine Befähigung besitzen
- Luftfahrzeuge entsprechend ausgerüstet sein.

2. Freigaben

1. Freigaben für VFR-Flüge werden erteilt, sofern die Verkehrslage und Flugsicherungskapazität es gestatten.
2. Für Flüge zur Erfüllung von Luftverteidigungsaufgaben (Schutzflüge, Übungsschutzflüge und Luftverteidigungs-Ausbildungsflüge) werden Freigaben auf der Grundlage entsprechender Vereinbarungen gegeben, um Art und Auftrag dieser Flüge gerecht zu werden.
3. Höhenflüge mit Segelflugzeugen, Foto- und Vermessungsflüge, Erprobungs- und Abnahmeflüge, Fahrten bemannter Freiballone, Fallschirmsprünge sowie ähnliche Flugvorhaben sind bei der zuständigen Flugverkehrskontrollstelle im voraus anzumelden und mit dieser abzustimmen.

3. Durchführung von VFR-Flügen (Sprechfunk, Flugdaten, Flugstrecken, geänderte Freigaben)

1. Mit der zuständigen Fluginformationsstelle (FIS) ist rechtzeitig vor Einflug in den betreffenden Luftraum Sprechfunkverbindung aufzunehmen.
   Der Sprechfunkverkehr wird in englischer Sprache durchgeführt, da FIS im Bedarf VFR-Flüge an Flugsicherungsstellen übergibt, die IFR-Streckenflüge kontrollieren.
2. FIS sind folgende Flugdaten zu übermitteln:
   - Luftfahrzeugkennung
   - Luftfahrzeugmuster
   - Geschwindigkeit
   - Position
   - Flugstrecke, bezogen auf Funk-Nav.-Anlagen
   - Flugfläche
   - Zielflugplatz.
3. Führt der VFR-Flug durch mehrere Fluginformationsgebiete, ist der Flug generell auf den veröffentlichten Flugverkehrsstrecken oder anderen Standardstrecken (z. B. TACAN) durchzuführen (Streckenkarte: 1:1 Mio.).
4. Kann der Lfz-Führer eine Freigabe aus Wettergründen oder aus anderen Gründen nicht einhalten, hat er rechtzeitig eine geänderte Freigabe einzuholen.
5. Bei Flügen zur Erfüllung von Luftverteidigungsaufgaben (Schutzflüge, Übungsschutzflüge und Luftverteidigungs-Ausbildungsflüge) kann auf der Grundlage entsprechender Vereinbarungen von den Punkten 3.1 bis 3.4 abgewichen werden. Derartige Flüge werden von der zuständigen ATC-Stelle bzw. einer Radarführungsstelle der Luftverteidigung geführt.

4. Staffelung

VFR-Flüge werden von IFR-Flügen (und umgekehrt) nach den geltenden Flugsicherungsbestimmungen wie folgt gestaffelt:
- vertikal 1000 Fuß oder mehr
- lateral mittels Radar.

Unabhängig von der Aufteilung des Luftraumes in kontrollierte und unkontrollierte Bereiche gibt es noch Gebiete mit Beschränkungen. Sie sind jeweils in den ICAO-Karten eingetragen. Ihre Einzelheiten sind im Luftfahrthandbuch beschrieben. Die fünf Arten von Beschränkungsgebieten sind:

- Das Sperrgebiet ET-P1
- Das Gefahrengebiet ED-D1
- Das Beschränkungsgebiet ED-R1
- Der zeitweilig reservierte Luftraum TRA-201

Das **Sperrgebiet** darf grundsätzlich nicht durchflogen werden.

Das **Gefahrengebiet** ist ein Bereich, in dem oder über dem Vorgänge möglich sind, die Luftfahrzeugen gefährlich sein können. Gefahrengebiete können auf eigene Gefahr durchflogen werden.

Das **Beschränkungsgebiet** ist ein Bereich, in dem das Fliegen zu den Zeiten und in den Höhen verboten ist, die im Luftfahrthandbuch beschrieben sind. Wichtigstes Beschränkungsgebiet in der Bundesrepublik ist das Gebiet ED-R9. Es bedeutet ein Verbot für VFR-Flüge zwischen den Flugflächen 100 und 200 über dem gesamten Bundesgebiet mit Ausnahme eines schmalen Streifens vor den Alpen.

Der **zeitweilig reservierte Luftraum** ist ein Bereich, in dem die Untergrenzen von Beschränkungsgebieten zu bestimmten Zeiten und Tagen herabgesetzt sind. Im Beschränkungsgebiet ED-R9 etwa wird damit werktags die Untergrenze in einzelnen Bereichen bis auf Flugfläche 60 heruntergeholt.

Ein Gefahrengebiet besonderer Art ist durch den **militärischen Tiefflug** gegeben.

VFR-Flüge mit Strahlflugzeugen am Tage unter 1500 ft GND innerhalb Bremen, Düsseldorf, Frankfurt, München FIR.
Diese Flüge werden wie folgt durchgeführt:
- Mon–Fri exc HOL, SR–30 jedoch nicht vor 0600 (0500) bis SS+30 jedoch nicht nach 1600 (1500)
- im unkontrollierten Luftraum bei einer Mindestflugsicht von 5 km und 500 ft Abstand von Wolken
- im kontrollierten Luftraum nach den hier geltenden Sichtflugregeln
- auch unterhalb von Luftraum C in der Umgebung internationaler Verkehrsflughäfen.

Abweichungen
In geringem Umfang werden VFR-Flüge mil. Strahlflugzeuge auch unterhalb 1000 ft GND wie folgt durchgeführt:
- in einer Mindesthöhe von 500 ft GND innerhalb Bremen, Düsseldorf, Frankfurt, München FIR
- in einer Mindesthöhe von 250 ft GND innerhalb der dargestellten Tieffluggebiete
  - Mon im Tieffluggebiet 1
  - Tue im Tieffluggebiet 2
  - Wed im Tieffluggebiet 3
  - Thu im Tieffluggebiet 5
  - Fri im Tieffluggebiet 6
  - O/R in den Tieffluggebieten 7/8

  jeweils
  0800 (0700) – 1130 (1030)
  1230 (1130) – 1600 (1500)

Flüge nach **Sichtflugregeln/**VFR (visual flight rules) sind auch für Segelflugzeuge an Wetterbedingungen gebunden, bei denen Sicht, Wolkenabstand und Hauptwolkenuntergrenze den in den einzelnen Bereichen vorgeschriebenen Minima entsprechen oder darüber liegen müssen. Die entscheidenden drei Wetterbedingungen sind folgendermaßen definiert:
- Die Bodensicht = die amtlich festgestellte Sicht auf dem Flugplatz.
- Die Flugsicht = die Sicht in Flugrichtung aus einem Luftfahrzeug.

- Die Hauptwolkenuntergrenze = die Höhe der Untergrenze der niedrigsten Wolkenschicht über Grund, die mehr als die Hälfte des Himmels bedeckt und unterhalb von 20 000 ft (6000 m) liegt.

Für Flüge im **kontrollierten Luftraum** lauten die Bedingungen:

1. Luftraum Klassen C und D:
   - Oberhalb FL 100: Flugsicht 8 km
     Wolkenabstand 300 m
   - Unterhalb FL 100: Flugsicht 5 km
     Waagerechter Wolkenabstand 1500 m
     Vertikaler Wolkenabstand 300 m
   - In Luftraum D als CTR zusätzlich:
     Bodensicht 5 km
     Hauptwolkenuntergrenze 450 m (1500 ft)
2. Luftraum Klasse E:
   Flugsicht 8 km
   Waagerechter Wolkenabstand 1500 m
   Vertikaler Wolkenabstand 300 m

Für Flüge im **unkontrollierten Luftraum** lauten die Bedingungen:

1. Luftraum Klasse F:
   - Oberhalb FL 100: Flugsicht 8 km
     Wolkenabstand 300 m
   - Unterhalb FL 100: Flugsicht 5 km
     Waagerechter Wolkenabstand 1500 m
     Vertikaler Wolkenabstand 300 m
2. Luftraum Klasse G:
   Flugsicht allgemein 1500 m
   Flugsicht Hubschrauber, Luftschiffe und Ballone 800 m
   Frei von Wolken
   Erdsicht

Für Flüge über **geschlossenen Wolkendecken** lauten die Bedingungen:

- Die Flughöhe muß mindestens 1000 ft (300 m) über Grund betragen, die Flugsicht muß 8 km weit reichen und der Wolkenabstand muß eingehalten werden.
- Für den Anflug und die Landung muß die Einhaltung der Sichtflugbedingungen gewährleistet sein.
- Der Pilot muß die Funkberechtigung besitzen.
- Das Segelflugzeug muß mit einem UKW-Funkgerät ausgerüstet sein.

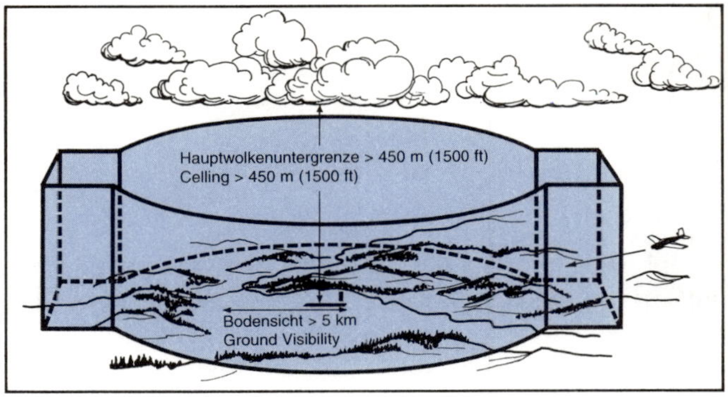

Die zusätzlichen VFR-Bedingungen in der Kontrollzone

Für VFR-Flüge gelten folgende **Sicherheitsmindesthöhen,** die nur unterschritten werden dürfen, soweit es bei Start und Landung notwendig ist:

- Über freiem Gelände: 500 ft (150 m) über Grund.
- Über Städten, dichtbesiedelten Gebieten und über Menschenansammlungen: 1000-ft (300 m) über dem höchsten Hindernis in einem Umkreis von 600 m.
- Über Großstadtgebieten: 2000 ft (600 m) über dem höchsten Hindernis im Umkreis von 600 m.
- Über militärischem Tiefflug von Montag bis Freitag jeweils von 0600 bis 1600:
  im 250-ft-System (feste Streckenführung und gekennzeichnete Gebiete) in Höhen zwischen 250 und 500 Fuß;
  im 500-ft-System (nahezu über dem gesamten Bundesgebiet) in Höhen zwischen 500 und 1500 Fuß.

Analog zur Straßenverkehrsordnung auf dem Boden gibt es für den Verkehr in der Luft die **Luftverkehrs-Ordnung** (LuftVO). In ihr sind alle Verkehrsvorschriften zusammengefaßt, die Piloten im Bereich der Bundesrepublik zu befolgen haben. Im folgenden sind die wichtigsten Regeln aufgeführt, die der Segelflieger in der Praxis zu beachten hat.

In den **Ausweichregeln** ist festgelegt, wer wem wie auszuweichen hat:

- Nähern sich zwei Luftfahrzeuge einander im Gegenflug, weichen beide jeweils nach rechts aus.
- Kreuzen sich zwei Luftfahrzeuge in nahezu gleicher Höhe, so muß das von links kommende ausweichen.
- Unabhängig davon müssen stets ausweichen:
  motorgetriebene Luftfahrzeuge, die schwerer als Luft sind, den Luftschiffen, Segelflugzeugen und Ballonen;
  Luftschiffe den Segelflugzeugen und Ballonen;
  motorgetriebene Luftfahrzeuge den Luftfahrzeugen, die andere Luftfahrzeuge oder Gegenstände schleppen.
- Überholen sich zwei Luftfahrzeuge, weicht das überholende Luftfahrzeug (auch wenn es steigt oder sinkt) nach rechts aus.
- Luftfahrzeugen im Endteil des Landeanfluges und landenden Luftfahrzeugen muß von allen übrigen ausgewichen werden.
- Fliegen mehrere Luftfahrzeuge gleichzeitig zur Landung an, weicht das höher fliegende dem tiefer fliegenden aus. Motorgetriebene Luftfahrzeuge, die schwerer sind als Luft, weichen jedoch stets anderen Luftfahrzeugen aus. Im übrigen gilt die Rangfolge wie beim Kreuzen.
- Einem Luftfahrzeug, das in seiner Manövrierbarkeit erkennbar behindert ist, weichen alle anderen aus.
- Das nicht zum Ausweichen verpflichtete Luftfahrzeug behält Kurs und Geschwindigkeit bei, bis eine Zusammenstoßgefahr ausgeschlossen ist.

Bei den **Signalen** und **Zeichen** wird unterschieden zwischen

- Bodensignalen,
- Lichtsignalen, die an ein Luftfahrzeug im Flug gerichtet sind,
- Lichtsignalen, die an ein Luftfahrzeug am Boden gerichtet sind,
- Signalen, die von militärischen Luftfahrzeugen gegeben werden, wenn sie Zivilluftfahrzeuge ansteuern.

Alle Signale und Zeichen sind vom Piloten strikt zu befolgen. Funkanweisungen der zuständigen Stellen haben jedoch Vorrang vor Boden- und Lichtsignalen. Davon ausgenommen sind nur rote Feuerwerkskörper.

Die **Bodensignale,** die im Signalfeld des Flugplatzes ausgelegt sind, bedeuten im einzelnen:

Landeverbot für längere Zeit.

Beim Landeanflug und bei der Landung ist wegen des schlechten Zustandes des Rollfeldes oder aus anderen Gründen besondere Vorsicht geboten.

Flugsicherungsmeldungen sind an der so bezeichneten Stelle abzugeben.

Angabe der Startrichtung, abgerundet auf die nächstliegenden zehn Grad der mißweisenden Kompaßrose.

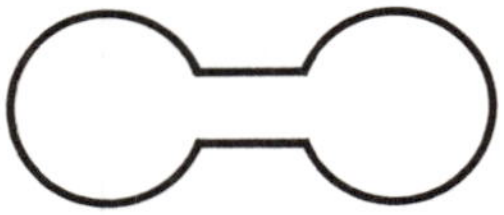

Zum Starten, Landen und Rollen dürfen nur Start- und Landebahnen und Rollbahnen benutzt werden.

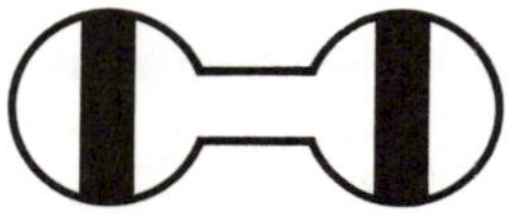

Zum Starten und Landen dürfen nur die Start- und Landebahnen benutzt werden; Rollbewegungen sind nicht auf Start- und Landebahnen oder Rollbahnen beschränkt.

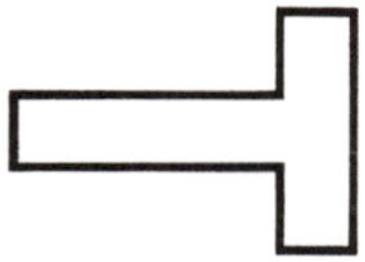

Starts und Landungen sind parallel zum Längsbalken des Lande-T in Richtung auf den Querbalken durchzuführen.

Starts und Landungen sind in der Richtung auszuführen, in die die Spitze des Tetraeders zeigt.

Der durch die Kreuze bezeichnete oder begrenzte Teil des Rollfeldes ist nicht benutzbar.

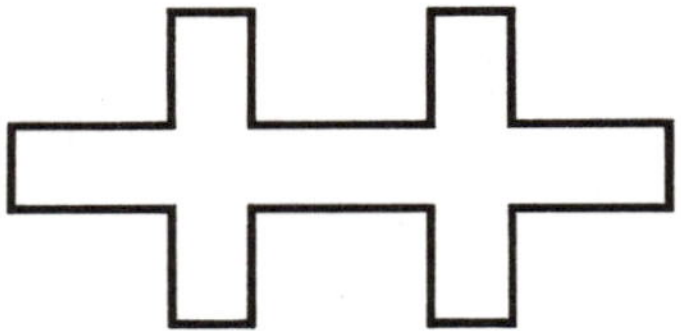

Am Flugplatz wird Segelflugbetrieb durchgeführt.

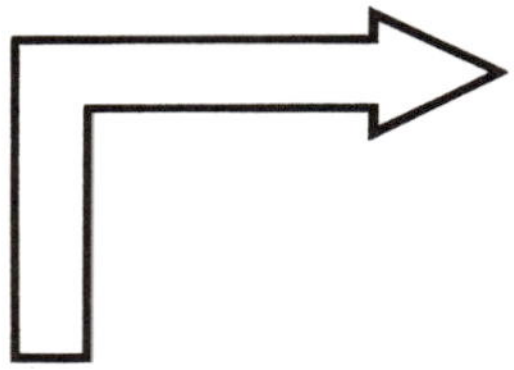

Nach dem Start und vor der Landung sind Richtungsänderungen nur nach rechts erlaubt.

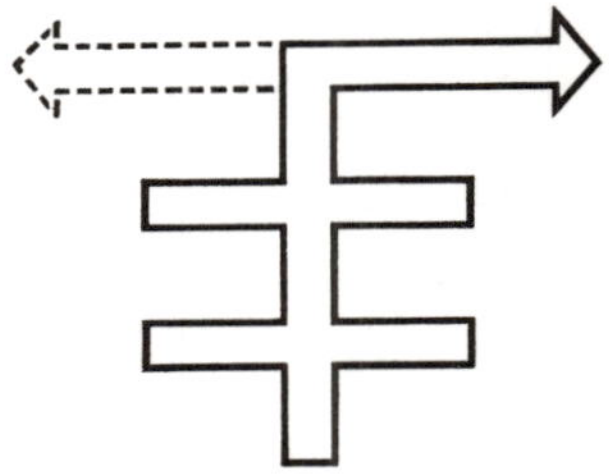

Getrennte Platzrunde für motorgetriebene Luftfahrzeuge und Segelflugzeuge. Nach dem Start und vor der Landung sind Richtungsänderungen für motorgetriebene Luftfahrzeuge nur in Pfeilrichtung, für Segelflugzeuge nur entgegengesetzt erlaubt.

Die Bedeutung der Bodensignale

Die Bedeutung der Lichtsignale

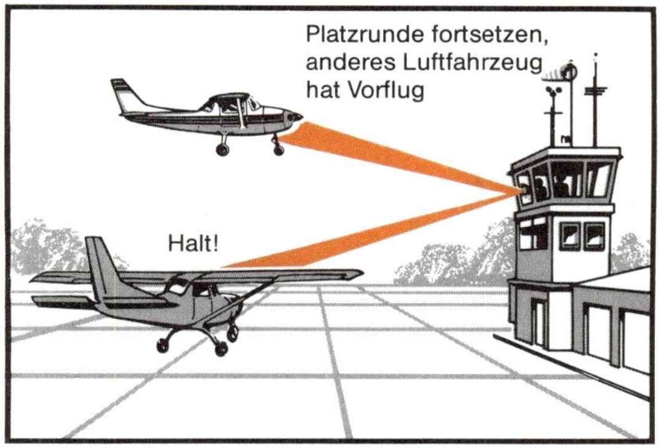

Rotes Dauersignal

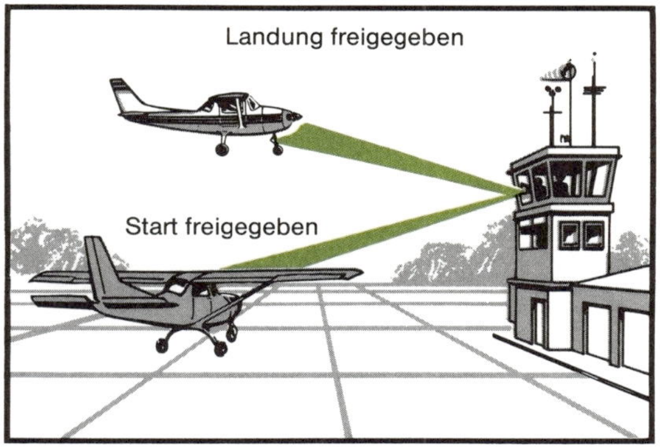

Grünes Dauersignal

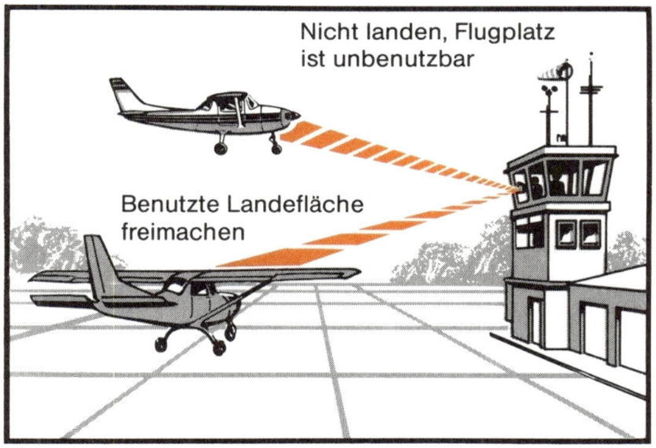

Rotes Blinksignal

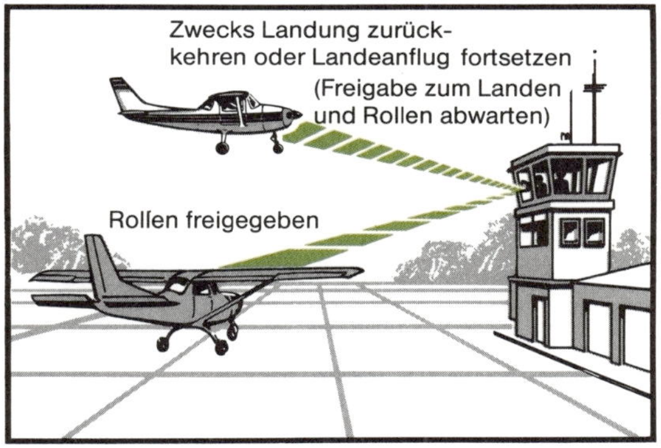

Grünes Blinksignal

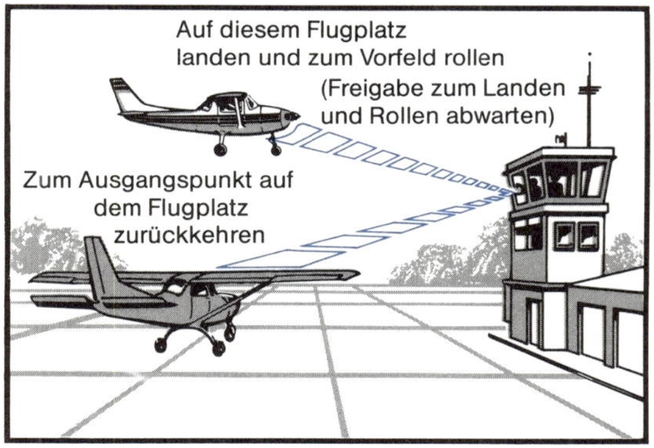

Weißes Blinksignal

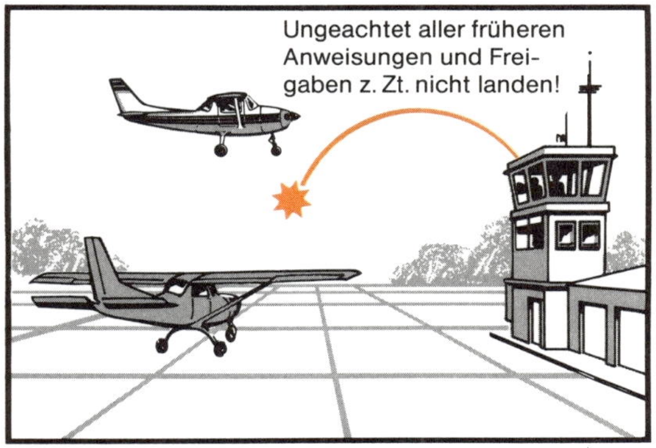

Rote Feuerwerkskörper

Die **Lichtsignale,** die an ein Luftfahrzeug **im Fluge** gerichtet sind, bedeuten:

Grünes Dauersignal	Landung freigegeben
Rotes Dauersignal	Platzrunde fortsetzen, anderes Luftfahrzeug hat Vorflugrecht
Grünes Blinksignal	Anflug fortsetzen (aber Freigabe zum Landen und Rollen abwarten)
Rotes Blinksignal	Nicht landen, Flugplatz unbenutzbar
Weißes Blinksignal	Auf diesem Flugplatz landen und zum Vorfeld rollen (aber Freigabe zum Landen und Rollen abwarten)
Rote Feuerwerkskörper	Ungeachtet aller früheren Anweisungen und Freigaben zur Zeit nicht landen.

Die **Lichtsignale,** die an ein Luftfahrzeug **am Boden** gerichtet sind, bedeuten:

Grünes Dauersignal	Start freigegeben
Rotes Dauersignal	Halt
Grünes Blinksignal	Rollen freigegeben
Rotes Blinksignal	Benutzte Landefläche freimachen
Weißes Blinksignal	Zum Ausgangspunkt zurückkehren

Der Empfang der Lichtsignale ist zu bestätigen

- in der Luft durch wechselweise Betätigung der Querruder (nicht im Quer- oder Endanflug).
- am Boden durch Betätigung der Querruder oder des Seitenruders.

Der Überlandflug

Alle bisher dargestellten Einzelheiten sind Mosaiksteinchen, die ihren eigentlichen Stellenwert erst erhalten, wenn sie zum Ganzen zusammengefügt werden. Je nach Flugvorhaben sind dabei mehr oder weniger dieser Steinchen mehr oder weniger wichtig. Da aber jede Kette nur so stark ist wie ihr schwächstes Glied, hängt das Gelingen des Mosaiks zunächst davon ab, wie sorgfältig die Einzelsteinchen vorbereitet und eingesetzt werden. Schließlich ist kein Flug wie der andere: Stets sind neue Daten, Wetterfakten, besondere Bedingungen und vieles andere mehr zu berücksichtigen – und das selbst dann noch, wenn der Pilot bereits glaubt, eine »Rennstrecke« wie seine Westentasche zu kennen. Wer hier sichergehen möchte, wird also eine möglichst sorgfältige Flugvorbereitung treffen.
In der Flugdurchführung schließlich zeigt sich, ob der Pilot nicht nur die Einzelheiten beherrscht, sondern auch in der Lage ist, ein vorzeigbares Mosaik zusammenzusetzen. Je kompletter seine Einzelsteinchen nämlich sind, je problemloser der Pilot sie zur Hand hat, desto glatter und damit natürlich auch sicherer läuft auch der schwierigere Streckenflug ab. Damit bei der Vorbereitung und bei der Durchführung eines Überlandfluges nichts Wichtiges unter den Tisch fällt, sollte nach einem festen Schema vorgegangen werden.

Die Flugvorbereitung

Die herrlichen Zeiten, als man noch direkt von A nach B fliegen konnte, sind leider schon eine ganze Weile vorbei. Allererster Schritt bei einer Flugvorbereitung ist deshalb, die Frage nach den Bereichen zu stellen, in die nicht oder nur unter bestimmten Bedingungen eingeflogen werden darf. Aufschluß darüber gibt die letzte Ausgabe der ICAO-Karte 1:500000 mit Flugsicherungsaufdruck. Auf ihr gilt es, eine **Kurslinie** zu finden, die einerseits den Vorschriften der Flugsicherung gerecht wird und andererseits unter Berücksichtigung des zu erwartenden Wetters die besten Thermikmöglichkeiten verspricht.

Besonders in Gebieten mit dichtem Flugverkehr zeigt sich schnell, daß es gar nicht ganz leicht ist, eine Strecke so zu legen, daß die Bedürfnisse der Flugsicherung und die Überlegungen zur Thermik zusammenpassen. Lautet die Aufgabe etwa von Königsdorf, südlich von München, aus wochentags ein 300-km-Dreieck ohne Ausflug nach Österreich zu fliegen, dann zeigt schon der erste Blick auf die Karte, welche Hindernisse da alle im Weg stehen. Fixe Gegebenheiten, die absolut berücksichtigt werden müssen, sind hier:

- der Luftraum C um den Flughafen München
- das Beschränkungsgebiet ED-R8 (Altenstadt) mit Durchflugverbot bis 4000 ft MSL (≈ 1300 m NN)
- das Beschränkungsgebiet ED-R17 (Neustadt) mit Durchflugverbot bis 12000 ft MSL (≈ 3600 m NN)
- das Beschränkungsgebiet ED-R 63 mit Durchflugverbot zwischen FL 60 und FL 100.
- eine ganze Reihe von Kontrollzonen mit Obergrenzen zwischen 4100 und 4600 ft MSL (≈ 1250 m bis 1400 m NN)

Da das Gelände nordöstlich von München bis zu 600 m hoch ist, bliebe im Luftraum C über München nur noch eine »Arbeitshöhe« von rund 1000 m übrig – eigentlich zu wenig für einen zügigen Streckenflug. Zumindest wochentags bietet sich daher schon eher ein Flug nach Westen an, da das ED-R8 klein ist und die Kontrollzonen relativ leicht über-, um- oder durchflogen werden können (natürlich nur mit Genehmigung). Als »Idealkurs« bietet sich deshalb das Dreieck Königsdorf – Leutkirch/Unterzeil – Mertingen – Königsdorf an. Da auf allen seinen drei Schenkeln ohne größere Schwierigkeiten so geflogen werden kann, daß weder Sperrgebiete noch Kontrollzonen (die Kontrollzone Augsburg kann bei einer Obergrenze von 3100 ft MSL leicht überflogen werden) tangiert werden, ist die gesamte Strecke ohne größere Umwege fliegbar.

Die geplante Strecke wird in die ICAO-Karte 1 : 500000 eingezeichnet. Dabei zeigt sich schnell, daß der Kurs auf dem ersten Schenkel genau durch das Sperrgebiet Altenstadt führen würde. Ein Ausweichen nach Norden verbietet sich von selbst, da das Südende des Starnberger Sees sicher keine Thermik bietet. Das Ausweichen nach Süden dagegen verspricht zum einen bessere Thermik, zum anderen sind der Sender auf dem Hohen Peißenberg und die große Lechschleife südlich von Schongau hervorragende Orientierungspunkte.

Ob der zweite Schenkel ganz geradlinig geflogen werden kann hängt davon ab, ob die Wolkenbasis einen Flug über 4600 Fuß MSL zuläßt. Ist das im Bereich der Kontrollzone Memmingen nicht möglich, muß die Genehmigung zum Durchflug durch die Kontrollzone eingeholt oder die Kontrollzone umflogen werden. Da bei Antritt des Fluges nicht vorhersehbar ist, ob die Genehmigung für den Durchflug erteilt wird, muß die Ausweichstrecke in der Karte vorbereitet werden. Ähnliches gilt für den dritten Schenkel, der durch die Kontrollzonen Augsburg, Fürstenfeldbruck und Oberpfaffenhofen führen würde. Auch hier muß für den Fall, daß die Kontrollzone weder überflogen werden kann noch durchflogen werden darf, die Ausweichstrecke auf der Karte vorbereitet sein. Da alle drei Kontrollzonen mit HX gekennzeichnet sind, kann nach vorheriger Überprüfung der tatsächlichen Inaktivität am Wochenende in der Regel ohnehin geradeaus geflogen werden.

Für das gesamte Dreieck ergeben sich folglich 6 Teilstrecken, für die zunächst der rechtweisende Kartenkurs ermittelt wird, da sie der Ausgangspunkt für alle weiteren Berechnungen sind. Danach wird mit kleinen Querstrichen auf jedem Schenkel die Entfernung von jeweils 25 km markiert.

Nachdem nun die Kurslinie endgültig feststeht, werden im nächsten Schritt alle Flugplätze in der Nähe der Kurslinie rot markiert. Zwar ist der Segelflieger in der Lage, nahezu überall landen zu können, wer jedoch einmal im Eifer des Gefechtes einen Flugplatz übersehen hat, 2 km daneben eine Außenlandung baute und dann zusehen mußte, wie daneben die Segelflugzeuge im F-Schlepp wieder starten bzw. nach Hause geschleppt werden, wird es nie mehr versäumen, alle erreichbaren Plätze genau zu markieren und sich über ihre Betriebsbedingungen zu informieren. Geeignetes

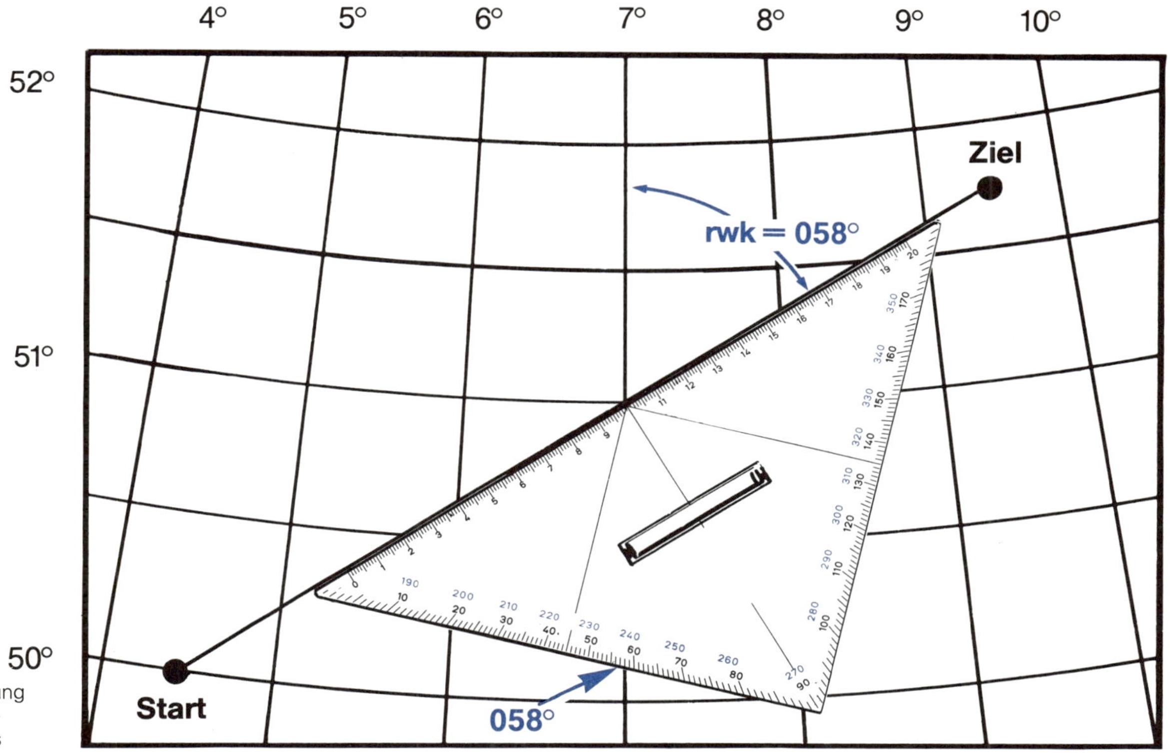

Die Anwendung des Kursdreieckes

Hilfsmittel dafür ist die AIP (Aironautical Information Publication), deren drei Bände alles für den Piloten Wissenswerte enthalten.
Nächster Schritt ist die blaue Markierung aller Höhenangaben in der Nähe der Kurslinie. In bezug zu der zu erwartenden Basis ergeben sie Hinweise auf die jeweils noch zur Verfügung stehenden Arbeitshöhen.
Der letzte Schritt bei der Kartenvorbereitung ist die Markierung von Kontrollpunkten und Auffanglinien. Für den ersten Schenkel sind das der Sendemast auf dem Peißenberg, die Lechschleife südlich von Schongau, die Bahnlinie Kaufbeuren–Füssen sowie die Autobahn Memmingen–Kempten. Für den zweiten Schenkel sind es die Eisenbahn bei Krumbach, die Autobahn Ulm–Augsburg sowie die Eisenbahnschleife bei Mertingen. Für den dritten Schenkel sind es der Flugplatz Augsburg und die Autobahn Augsburg–München, der Flugplatz Jesenwang sowie das Nordende des Ammersees. Alle diese Markierungspunkte und Auffanglinien werden grün markiert.
Während alles bisherige in Ruhe zu Hause vorbereitet werden kann, ist der nächste Schritt der Flugvorbereitung erst am Tag des Fluges selbst möglich. Er beginnt mit dem Abhören des Segelflugwetterberichtes über Radio oder Telefon, evtl. auch einer individuellen Beratung durch den Wetterdienst. Neben den Kriterien für die Thermik spielen Richtung und Stärke des zu erwartenden Windes die Hauptrolle. Für alle 6 Teilkurse wird unter Berücksichtigung des Windes, der zu erwartenden durchschnittlichen Reisegeschwindigkeit, der Ortsmißweisung und der Deviation, der Steuerkurs berechnet (vgl. Band »Theorie«) nach der Regel:

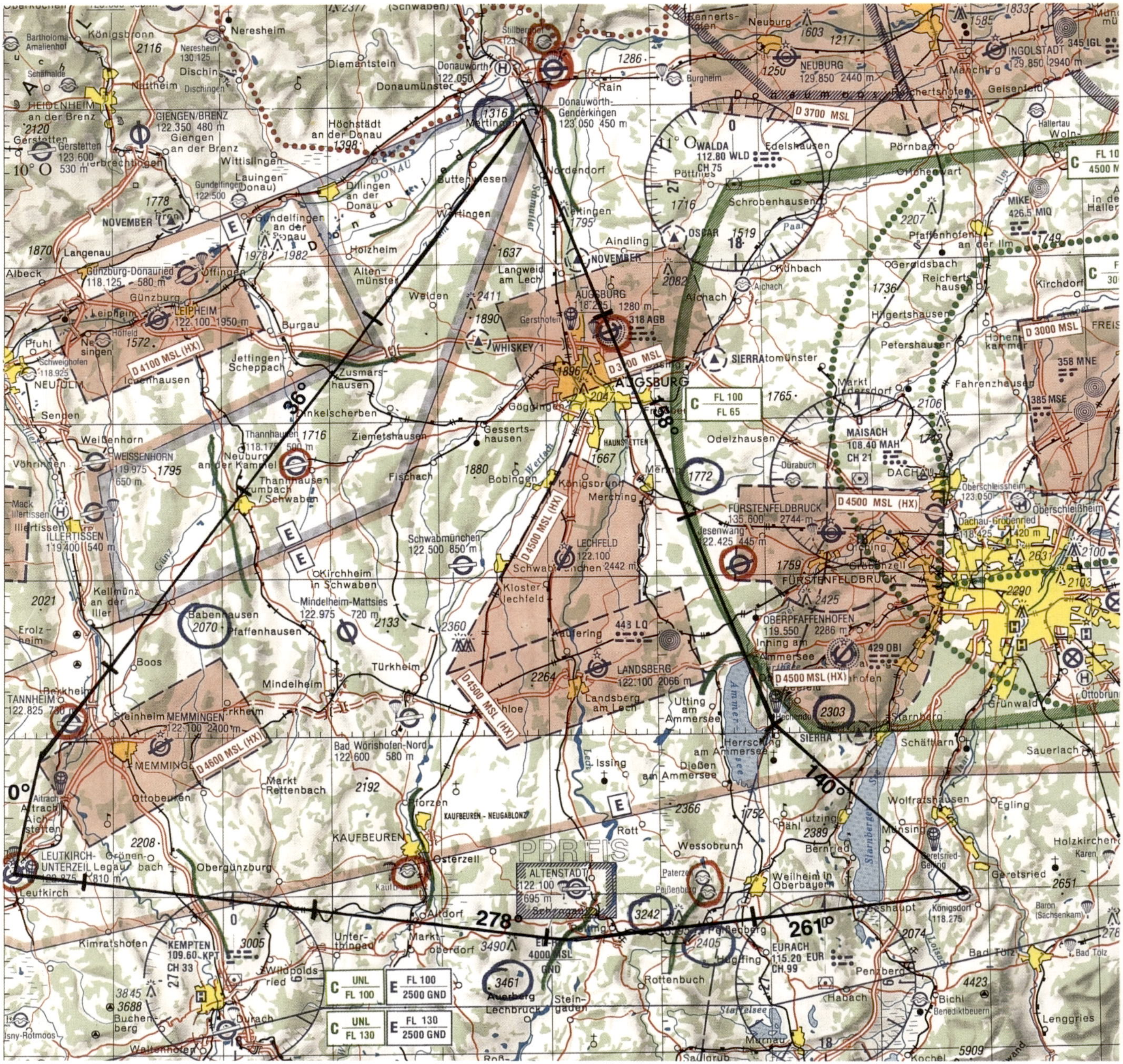

AUGSBURG
MEMMINGEN
KAUFBEUREN
FÜRSTENFELDBRUCK
LANDSBERG
LECHFELD
OBERPFAFFENHOFEN
MAISACH
WALDA
KEMPTEN
EURACH
INGOLSTADT
NEUBURG
LEIPHEIM
Donauwörth
Dillingen an der Donau
Günzburg
Mindelheim
Landsberg am Lech
Ammersee
Starnberg
Weilheim in Oberbayern
Leutkirch
D 4500 MSL (HX)
D 3700 MSL
D 4100 MSL (HX)
D 4600 MSL (HX)
D 3000 MSL
36°
158°
140°
261°
278°

WIND: ________°,			kt = ____km/h			V_{Reise}: __________ km/h	
	rwk-OM-Dev	Steuerkurs	Windeinfall-winkel	Wind-komponente	Strecken-länge km	Sollzeit	Istzeit
Strecke 1							
Strecke 2							
Strecke 3							
Strecke 4							
Strecke 5							
Strecke 6							
Gesamtstrecke____ km ____Gesamtzeit ____h ____Min.							

Der Flugdurchführungsplan

- Steuerkurs = Rechtweisender Kurs + Vorhaltewinkel
  ./. Ortsmißweisung ./. Deviation
  = rwK + VW ./. OM ./. Dev

Für alle 6 Teilstrecken werden dann die um Ortsmißweisung und Deviation korrigierten Kartenkurse, die Kurse unter Berücksichtigung des Luvwinkels, die Windeinfallwinkel, die Mit- oder Gegenwindkomponente (Veränderung der Reisegeschwindigkeit durch den Windeinfluß), die Länge der Teilstrecken und die dafür bei der erwarteten Reisegeschwindigkeit benötigte Zeit tabellarisch festgehalten. Die letzte Spalte bleibt frei zum Notieren der tatsächlich benötigten Zeit. Die errechnete Zeitvorgabe gibt während des Fluges permanent die Möglichkeit, die eigene Leistungsfähigkeit, die Güte des Wetters und damit schließlich die Erfüllbarkeit der Aufgabe selbst zu überwachen. Sollten das Wetter oder das eigene Können hinter der Vorgabe herzuhinken beginnen, liefert der Vergleich von Vorgabe und Erreichtem das erste Indiz für eine möglicherweise erforderliche Umkehr zur Vermeidung einer Außenlandung. Da die Entscheidung zum vorzeitigen Umkehren eine der schwierigsten Pilotenentscheidungen überhaupt ist und dabei die errechnete Zeitvorgabe eines der wichtigsten Kriterien ist, leuchtet es auf den ersten Blick ein, mit welcher Sorgfalt hier gerechnet werden sollte.

Zur unmittelbaren Startvorbereitung gehört es schließlich, die Vollständigkeit der mitzuführenden Papiere zu kontrollieren. Auch wenn beinahe eine halbe Büroausstattung zusammenkommt, darf für einen Überlandflug keines der folgenden Papiere fehlen:

- Personalausweis
- Pilotenschein (oder Ausbildungsnachweis mit schriftlichem Flugauftrag des Fluglehrers)
- Funksprechzeugnis (oder Bestätigung, daß die Ausbildung läuft)
- Flugbuch
- Bordbuch der Maschine mit folgenden Einzelnachweisen:
  Lufttüchtigkeitszeugnis
  Eintragungsschein
  Nachprüfschein
  Versicherungsnachweis
  Funkgenehmigungsurkunde
  Flug- und Betriebshandbuch
- ICAO-Karte 1 : 500 000

Selbstverständlich wird sich der Pilot auch vergewissern, daß seine persönlichen Ausrüstungsgegenstände (z. B. Fotoapparat) komplett sind, daß evtl. notwendiges Montagewerkzeug für das Abrüsten der Maschine an Bord ist, daß die Frage einer möglichen Rückholung geklärt ist (Hänger komplett und Auto startbereit) und daß die Flugleitung über das Flugvorhaben informiert ist. Ist schließlich auch noch die Maschine nachkontrolliert, kann es an den Start gehen.

Die Flugdurchführung

Nach solch sorgfältiger Vorbereitung ist der Pilot für den Flug selbst weitgehend frei für die eigentlichen Pilotenaufgaben: Suche des Aufwindes, Optimierung des Aufwindes, Überwachung des Luftraumes, des Kurses, des Standortes sowie die Durchführung des Funksprechverkehrs. Die für jeden einzelnen Flugabschnitt wichtigen Daten sind mit einem Blick zu übersehen und für die so entscheidende Zeitkontrolle ist lediglich der Vergleich der Vorgabe mit dem Erreichten notwendig.

Dank der guten Vorbereitung sollte die **Navigation** ein Kinderspiel sein, müßte sich die Landschaft im Flug geradezu »kartengerecht« aufrollen und die Kontrollpunkte oder Auffanglinien müßten sich mühelos identifizieren lassen. Sicher wäre das auch so, wäre da nicht für den Segelflieger die Notwendigkeit, immer wieder kreisend Höhe zu gewinnen. Nach viertelstündigem Kreisen aber, bei dem die Aufmerksamkeit des Piloten hauptsächlich der Optimierung des Steigens gilt, sieht die Welt unten nicht selten ganz anders aus und will überhaupt nicht mehr zur Karte passen. Da sich dieses Erlebnis am Anfang immer wieder einstellt, ist die Angst vor dem Orientierungsverlust die Hauptbarriere für den Streckenfluganfänger. Dabei ist gerade diese »Angst« völlig unbegründet, weil es ja keinesfalls notwendig ist, jedes einzelne Minidorf zu identifizieren. Wichtig ist lediglich, die Kurslinie einzuhalten, und das ist mit Hilfe der Orientierungspunkte und Auffanglinien in der Regel dann problemlos, wenn einige wenige Grundregeln eingehalten werden.

- Stets nur nach markanten Bodenzielen fliegen.

Bereits beim Abflug vom heimatlichen Flugplatz wird in Kursrichtung ein möglichst weit entferntes, markantes Bodenziel gesucht und mit dem errechneten Kurs darauf zugehalten. Nach kurzer Zeit schon zeigt sich, ob der errechnete Kurs stimmt oder ob mehr oder weniger vorgehalten werden muß. Gleichzeitig merkt man sich, wo die Sonne bei Einhaltung dieses Kurses steht. Nach längerem Kreisen genügt es, mit diesem Sonnenstand aufzurichten. Die Feinkorrektur des Kurses erfolgt dann im Anflug auf das vorher gemerkte Bodenziel. Noch bevor das erste Bodenziel erreicht ist, wird dahinter auf Kurs das nächste markante Ziel ausgesucht. Solange die Kette hintereinander gesuchter, markanter Bodenziele nicht abreißt, ist ein Abdriften vom Kurs praktisch ausgeschlossen.

- Nur «richtigen« Karteninformationen folgen.

Keineswegs alle Informationen, die eine Karte liefert, sind für den Piloten gleichermaßen brauchbar. Zu den am wenigsten brauchbaren und am häufigsten irreführenden Informationen gehören die in der Karte eingezeichneten Straßen. Das hat seinen Grund darin, daß die Straßen in der Karte nach ihrer Bedeutung für den

Straßenverkehr eingezeichnet sind, diese »Hierarchie« aus der Luft aber sehr oft nicht erkennbar ist. Eine reine Ortsverbindungsstraße kann besser ausgebaut sein als eine nahegelegene Bundesstraße, womit die Verwechslung bereits programmiert wäre. Deshalb sind lediglich Autobahnen und diese auch nur außerhalb der Ballungsgebiete einigermaßen verläßliche Auffang- und Leitlinien. Sehr viel zuverlässiger als Leit- und Auffanglinien sind Eisenbahnstrecken und größere Flußläufe, da sie auch noch aus größerer Entfernung stets einwandfrei identifiziert werden können. Eine ganz hervorragende Orientierungshilfe bieten die in den ICAO-Karten sorgfältig eingetragenen Formen von größeren Waldgebieten. Gerade in dünner besiedelten Gegenden, wo die Navigation mangels prägnanter Merkmale ohnehin schwieriger ist, bieten sie eine verläßliche Hilfe.

- Die zurückgelegte Strecke auf der Karte markieren.

Unnötige Verwirrung schafft sich der Pilot nicht selten selber, indem er immer wieder von neuem auf der Karte sein Operationsgebiet sucht. Da schließlich der Daumen nicht immer auf der Karte bleiben kann, lohnt es sich, den jeweils bereits zurückgelegten Flugweg auf der Karte deutlich sichtbar einzutragen, so daß die letzte gesicherte Position sofort auf den ersten Blick zu sehen ist.

Bei Beachtung dieser drei Grundregeln verliert die Navigation all ihre »Schrecken« und wird nach kurzer Zeit so zur Routine, daß kurze Kontrollen von Zeit zu Zeit völlig ausreichen, um die Maschine auf Kurs zu halten. Dabei spielt es dann überhaupt keine Rolle, wenn der Standort zwischendurch nicht auf 5 km genau definiert werden kann. Viel wichtiger ist es da, daß der Pilot sich um das eigentlich Wichtige wie optimales Zentrieren, Beobachtung der Thermikverhältnisse und Optimierung seiner Reisegeschwindigkeit kümmert.

Vorausgesetzt der Pilot versteht das rein handwerkliche Fliegen, ist also in der Lage, aus gegebenen Wetterverhältnissen optimales Steigen herauszuholen, dann besteht seine Hauptaufgabe beim Streckenflug darin, das gegebene Wetter in optimale Fahrt umzusetzen, das beste Verhältnis zwischen Steigzeit und Gleitzeit zu finden, den Flug also nach **Sollfahrt** zu gestalten. Das geschieht nach der einfachen Grundregel:

- Je besser das Steigen, desto schneller der Gleitflug.

Ausgangspunkt aller Fragen nach einer Optimierung der Durchschnittsgeschwindigkeit ist die Geschwindigkeitspolare, der Kurve also, bei der die Fluggeschwindigkeit in km/h zur Sinkgeschwindigkeit in m/sec in Beziehung gesetzt wird. Die waagrechte Tangente an diese Polare bezeichnet die Geschwindigkeit für das geringste Sinken, die Tangente vom Nullpunkt des Koordinatensystems an die Polare gibt im Berührungspunkt das beste Verhältnis zwischen Gleitflug und Sinkgeschwindigkeit oder die beste Gleitzahl an.

Um dem Segelflieger das Leben nicht zu einfach zu machen, weist die Geschwindigkeitspolare eine ganz besondere Tücke auf. Die Kurve sieht nämlich zwar für ein und dieselbe Maschine und ein und dieselbe Flächenbelastung immer gleich aus, doch liegt sie innerhalb des Koordinatensystems keineswegs immer gleich. Die Grundpolare gilt vielmehr nur für den Gleitflug in ruhiger Luft. Kommt eine horizontale (Rücken- oder Gegenwind) oder eine vertikale (Auf- oder Abwind) Luftbewegung dazu, verändert sich die Lage der Polare innerhalb des Koordinatensystems entsprechend. Selbstverständlich ändern sich damit auch alle aus der Polare ablesbaren Werte entsprechend. Vor allem bringt die Tangente vom Nullpunkt an die Kurve völlig andere Berührungspunkte und damit andere Werte für das optimale Gleiten.

Bei einer horizontalen Luftbewegung (Rücken- oder Gegenwind) folgt das Flugzeug zwar weiterhin seinen Gesetzmäßigkeiten (deshalb behält die Kurve ihre unveränderte Form), gegenüber dem Boden aber verschiebt sich alles. Ein gegenüber der Luft mit 100 km/h fliegendes Segelflugzeug fliegt gegenüber dem Boden bei 50 km Rückenwind mit 150 km/h, bei 50 km Gegenwind dagegen nur mit 50 km/h. Entsprechend müßte die Polare im Koordinatensystem bei Gegenwind nach links, bei Rückenwind nach rechts gerückt bzw. der Nullpunkt des Koordinatensystems entsprechend verschoben werden. Es leuchtet auf den ersten Blick ein, daß die Tangente vom verschobenen Nullpunkt des Koordinatensystems an die Polare nicht nur andere Gleitzahlwerte, sondern auch andere dazugehörende Fluggeschwindigkeiten ergibt. Unabhängig vom geflogenen Maschinentyp läßt sich daher die Grundregel aufstellen:

- Bei Gegenwind muß schneller geflogen werden, bei Rückenwind etwas langsamer.

Die Größenordnung bewegt sich bei Gegenwind zwischen einer Ringeinstellung von +0,25 m (bei etwa 20 km/h) bis 1 m (bei etwa 60 km/h). Bei Rückenwind empfiehlt es sich, unabhängig von seiner Stärke auf die Geschwindigkeit des geringsten Sinkens zurückzugehen, um den Schiebeeffekt möglichst lange nutzen zu können.

Was für eine horizontale Luftbewegung gilt, hat seine Richtigkeit natürlich auch bei vertikalen Bewegungen. Bewegt sich die Luft nach oben, muß die Polare entsprechend nach oben verschoben werden. Sinkt dagegen die durchflogene Luft, muß die Polare nach unten wandern. Natürlich wird wieder der gleiche Effekt erreicht, wenn man die Kurve stehen läßt und den Nullpunkt des Koordinatenkreuzes nach oben bzw. nach unten verschiebt.

Steigt die Luft so stark, daß die Maschine genau ihr Eigensinken kompensieren kann, verschiebt sich der Nullpunkt des Koordinatensystems exakt so weit, daß sich genau eine Waagerechte als Tangente ergibt. Rechnerisch entspricht das einer unendlichen Gleitzahl, praktisch bedeutet es, daß, solange dieses Steigen anhält und mit der Geschwindigkeit des besten Gleitens (der Sollfahrt also) geflogen wird, sich Eigensinken der Maschine und Steigen aufheben: Die Maschine gleitet waagerecht und ohne Höhenverlust.

Aus diesem Zusammenhang ergibt sich die klare Folgerung:

- Ist das Steigen stärker als das geringste Sinken, »lohnt« sich die Zurücknahme der Geschwindigkeit auf die Fahrt des geringsten Sinkens und das Kreisen im Aufwind.
- Ist das Steigen geringer als das geringste Sinken, ergibt sich eine mehr oder weniger steile Tangente an die Polare, die jeweils eine bestimmte Gleitzahl vorgibt und eine dazugehörende Gleitfluggeschwindigkeit (also wieder die Sollfahrt) vorschreibt.

Natürlich kann kein Pilot all diese Werte während des Fluges immer neu herleiten. Die ganzen Beziehungen, die in sich konstant sind, werden vielmehr auf einen um das Variometer drehbar eingebauten Ring geschrieben, eben den **Sollfahrtring** bzw. McCready-Ring (vgl. die Abbildung auf Seite 17). In seiner Nullstellung zeigt dieser Ring für jede Vertikalbewegung des Flugzeuges die dazu passende Sollfahrt an. Damit ist es dem Piloten möglich, seine Höhe unter Berücksichtigung der Vertikalbewegung der Luft auf seinem Gleitweg in eine möglichst hohe Strecke umzusetzen.

Noch nicht berücksichtigt ist dabei, wie schnell das Flugzeug nach dem Gleitflug wieder steigt. Bekanntlich wird jeder Streckenflug außer von der Gleitfluggeschwindigkeit zwischen den Aufwinden mindestens genauso von der Steiggeschwindigkeit bestimmt. Es leuchtet sofort ein, daß ein durchschnittliches Steigen von 3 m/sec zu einer weiteren Strecke führt als ein mittleres Steigen von lediglich 1 m/sec.

Um die unterschiedlichen Steiggeschwindigkeiten in die Gleitfluggeschwindigkeiten einzubringen, ist der Sollfahrtring drehbar eingebaut. Er kann mit seiner Nullmarke so stets dem durchschnittlichen Steigen angepaßt werden. Stellt man seine Nullmarke auf die Marke für 2 m Steigen am Variometer, hat das die gleiche Bedeutung, wie wenn man Polare oder Koordinatenkreuz um diesen Wert verschieben würde. Für die Sollfahrt bedeutet das dann zwar für jede Variometeranzeige eine höhere Fluggeschwindigkeit und damit eine geringere Gleitzahl. Aufgewogen wird das in dem Moment, wo das erwartete Steigen von 2 m/sec eintrifft. Unter dem Strich bleibt als Ergebnis eine höhere Reisegeschwindigkeit.

Das Entscheidende beim Streckenfliegen nach Sollfahrt ist damit die Stärke, die Entfernung und die untere Grenze des nächsten Steiggebietes. Allein davon nämlich ist die »Eingabe« für den McCready-Ring abhängig. Wer zu vorsichtig ist, das erwartete Steigen zu niedrig ansetzt, fliegt zu langsam und erreicht damit eine zu niedrige Schnittgeschwindigkeit. Wer dagegen ein zu starkes Steigen erwartet, fliegt zu schnell und erreicht unter Umständen überhaupt keine Schnittgeschwindigkeit mehr, weil er nämlich zu früh am Boden sitzt.

Zusätzlich kompliziert wird das Ganze dadurch, daß selten in einem Aufwindgebiet die gleichen Steigwerte von unten bis oben vorgefunden werden können. Während in normaler Thermik ihre Stärke meist mit der Höhe zunimmt und unter den Wolken den höchsten Wert erreicht, ist es bei Blauthermik nicht selten umgekehrt. In mittlerer Höhe werden die stärksten Steigwerte angetroffen, mit zunehmender Höhe nimmt das Steigen dagegen wieder ab. Natürlich liegt es auf der Hand, daß möglichst nur der Bereich des jeweils stärksten Steigens genutzt werden sollte. Das wiederum aber bedeutet, daß nicht das mittlere Steigen (erreichte Höhendifferenz dividiert durch die dafür benötigte Gesamtzeit) das Maß für die Eingabe der Sollfahrt sein kann. Viel wichtigere Kriterien sind das Anfangs- und das Endsteigen in einem Aufwind. Erst beide zusammen ergeben in bezug zur möglichen Arbeitshöhe und zur mittleren Entfernung zwischen den Aufwinden dem Piloten die Möglichkeit, die richtigen Eingabe für seine Sollfahrt abzuschätzen. Im Idealfall ergibt sich dann der Ablauf für die Sollfahrtregel:

- Endsteigen = Ringeinstellung = Anfangssteigen

Natürlich kann diese Regel immer nur annäherungsweise eingehalten werden, da Bodenhindernisse, größere Abstände zwischen den Aufwinden und vieles andere zu Korrekturen zwingen können. Gerade weil aber das Fliegen nach der Sollfahrtregel stets ein Kalkulieren mit mehreren Unbekannten ist und der Segelflieger eigentlich ein Hellseher sein müßte, ist es immer wieder von neuem reizvoll, den Versuch zu machen, der jeweiligen Wetterlage eine möglichst optimale Reisegeschwindigkeit abzuringen.

Eine spezielle Form des Fliegens nach Sollfahrt ist der **Delphinflug.** Er erst ermöglicht die heute üblichen hohen Schnittgeschwindigkeiten trotz nicht selten nur mittelmäßiger Thermik. Dabei ist er im Grunde genommen nichts anderes als der Versuch, auf möglichst weiten Strecken Geradeausflug nach Sollfahrttheorie zu praktizieren und möglichst auf jeden überflüssigen Kreis zu verzichten. Während die »klassische« Sollfahrttheorie davon ausgeht, daß die notwendige Höhe im Kreisflug gewonnen wird, wird im Delphinflug versucht, den notwendigen Energiegewinn (Höhengewinn) im Geradeausflug zu erzielen. Erreicht wird das sowohl durch Fahrtvariation als auch durch kleinere Kursabweichungen.
Die Fahrtvariation erfolgt grundsätzlich nach den Regeln der Sollfahrt. Sind die Aufwinde entsprechend verteilt, kann allein das sollfahrtbedingte Reagieren auf das Auf und Ab in der Luft genügen, die Höhe im Geradeausflug zu halten, im günstigsten Fall sogar einen Höhengewinn zu erzielen. Unter der Voraussetzung, daß die Aufwindverteilung überhaupt einen Delphinflug ermöglicht, ist die Ringeinstellung dann richtig, wenn die optimale Höhe gerade gehalten wird. Wird sie mit der Zeit überstiegen, kann eine höhere Ringeinstellung gewählt werden, wird sie dagegen unterschritten, muß die Ringeinstellung verringert werden.
Mindestens so bedeutsam, wenn nicht sogar noch wichtiger für das Gelingen eines Fluges im Delphinstil ist die Variation des Flugweges zur Optimierung der meteorologischen Aufwind-/Abwindbilanz. Entsprechend den jeweiligen Verhältnissen bedeutet das, daß sich der Pilot dem besseren Aufwind zuliebe von der strengen Kursgeraden löst und dafür mehr oder weniger lang einer Wolkenstraße, einem Hügelzug oder einer Bergkette folgt. Paradebeispiel von Strecken, die sich für den Flug im Delphinstil geradezu anbieten, sind die Bergketten entlang der großen Längstäler der Alpen

(z. B. Inntal, Ennstal oder der Pinzgau). Nicht selten ist aber auch Delphinflug im Flachland möglich, vor allem dann, wenn die Basis noch niedrig und die Aufwinde deshalb noch eng beieinander sind. Sogar bei reiner Blauthermik läßt sich die Energiebilanz durch Kursvariationen entscheidend allein dadurch verbessern, daß eben Wald- und Wassergebiete vermieden und dafür nur möglichst thermikverdächtige Gebiete überflogen werden. Ein solch mit viel Fingerspitzengefühl optimierter Flugweg trägt zum Gesamtergebnis meist wesentlich mehr bei als ein noch so braves Befolgen der Sollfahrtregel.

Wegen des hohen Aufwandes an Zeit und Geld werden heute kaum noch freie Streckenflüge ausgeführt. Die Regel sind vielmehr Dreiecksflüge oder zumindest Ziel-Rückkehr-Flüge. In beiden Fällen müssen die Wendepunkte zur Dokumentation des Fluges fotografiert wer-

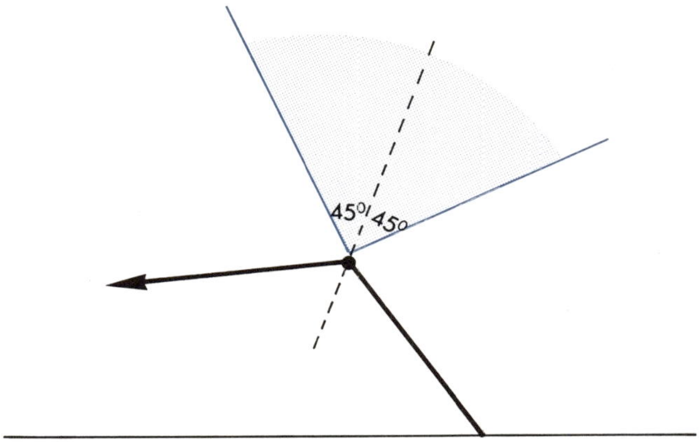

Der Fotosektor

den. Diese **Wendefotos** freihändig fotografieren zu wollen, wäre höchst unklug, weil eine links gesteuerte Wendekurve und ein einhändig ausgelöster Fotoapparat selten zu einem brauchbaren Ergebnis führen. Wesentlich zuverlässiger läßt sich das Wendefoto schießen, wenn die Kamera (die einfachste Automatic-Kamera reicht völlig) seitlich an der Bordwand so montiert ist, daß die Tragfläche ins Bild zielt. Es genügt dann völlig, mit der Tragfläche auf den Wendepunkt zu zielen und im richtigen Moment die Kamera auszulösen.
Mit dieser Technik ist es auch wesentlich einfacher, den international vorgeschriebenen Fotografiersektor (45° beiderseits der Verlängerung der Winkelhalbierenden von Anflug- und Abflugkurs) einzuhalten. Verläßlich getroffen ist er immer dann, wenn man auf der Ideallinie wenige 100 m über den Wendepunkt hinaus fliegt und aus einer hochgezogenen Fahrtkurve heraus fotografiert. Diese Technik hat sich als die mit Abstand schnellste und damit zeitsparendste Fotografiermöglichkeit erwiesen.

Die Kurve um den Wendepunkt

Zur Optimierung der Reisegeschwindigkeit gehört auch die exakte Berechnung des **Endanfluges.** Ziel dieser letzten Rechnung während des Streckenfluges ist es, unter möglichst optimaler Ausnützung der meteorologischen Gegebenheiten das Ziel gerade nur in der Höhe zu erreichen, die eine sichere Landung ermöglicht. Die

eigentliche Kunst besteht darin, weder zu hoch (weil man zu langsam geflogen ist) oder gar zu tief (weil man zu schnell geflogen ist) anzukommen oder gar den Platz überhaupt nicht mehr zu erreichen.
Grundlage der Berechnung des Endanfluges ist natürlich wieder die Sollfahrtregel. Da die Rechnung beim letzten genutzten Aufwind einsetzt, ist ihre Anwendung einfach: Es wird mit derjenigen Ringeinstellung gerechnet und geflogen, die dem Endsteigen im letzten genutzten Aufwind entspricht. Dieses Endsteigen sowie die Stärke und Richtung des Windes (im Zweifel die nächste VOLMET-Station abhören) ergeben mit Hilfe von einem der handelsüblichen Endanflugrechner für jede Entfernung vom Ziel rasch die notwendige Ausgangshöhe. Wird bei der Berechnung das Ziel zunächst mit NULL angesetzt, genügt es anschließend je nach Wettersituation etwa 200 Höhenmeter zuzuschlagen, um genügend Sicherheit für eine einwandfreie Landung zu erhalten.
Natürlich ist auch bei dem so berechneten Endanflug eine laufende Kontrolle der errechneten Werte notwendig. Mit Hilfe des Rechners ist es leicht möglich, laufend Position und Höhe auf Übereinstimmung mit der Sollhöhe zu überprüfen.
Zeigt sich, daß die Maschine über dem »Sollgleitpfad« liegt, wird der Ring entsprechend der neuen Rechnung etwas höher gestellt, im umgekehrten Fall muß zurückgedreht werden. Im optimalen Fall erreicht der Pilot sein Ziel genau in der vorher vorgesehenen Höhe über Grund und hat vor sich selber den besten Beweis, daß er zumindest beim Endanflug keine unnötige Zeit verschenkt hat.

Die Aerodynamik

Die Lehre von den strömenden Gasen und ihrem Verhalten gegenüber festen Körpern beschäftigte die Physiker, lange bevor Otto Lilienthal vor rund 100 Jahren ernsthaft das Fliegen versuchte. Gut 150 Jahre vorher schon – es war im Jahre 1738 – beschrieb Daniel Bernoulli wissenschaftlich exakt das Naturgesetz, dem alle unsere Flugzeuge das Fliegen verdanken. Hätte sich damals ein Praktiker gefunden, der in der Lage gewesen wäre, die wissenschaftliche Aussage für das Fliegen richtig zu interpretieren, hätte zumindest das Segelfliegen beinahe 200 Jahre früher Wirklichkeit werden können.

So grundlegend die Erkenntnis von Bernoulli für die Fliegerei auch ist, so ist sein Gesetz doch nur eines unter vielen, mit denen inzwischen alle Betriebszustände eines Flugzeuges bis ins kleinste Detail beschrieben sind. Längst ist es möglich, das Verhalten und die Eigenschaften eines Flugzeuges exakt vorauszuberechnen oder ein Flugzeug einer Leistungsvorgabe entsprechend zu bauen.

Sicher wird von keinem Piloten verlangt, Aerodynamik wissenschaftlich zu betreiben oder eine Tragfläche umfassend auf ihre Eigenschaften hin zu untersuchen. Dagegen zu wissen, was in den verschiedenen Flugzuständen mit der Strömung um das Flugzeug geschieht, sollte für jeden Flugzeugführer selbstverständlich sein, geht es doch um die elementaren Kräfte, die er unter allen Bedingungen beherrschen sollte.

Der Widerstand und der Auftrieb

Jeder von einem Gas umströmte oder gegen ein Gas bewegte Körper bietet der Strömung einen Widerstand. Er setzt sich zusammen aus dem Formwiderstand, dem Reibungswiderstand, dem Interferenzwiderstand und dem induzierten Widerstand.

Den Löwenanteil des Widerstandes liefert der **Formwiderstand.** Seine Größe ist nicht nur abhängig von der Größe der Stirnfläche des umströmten Körpers und dem Staudruck (= die Resultierende aus der Dichte der

Strömung und der Geschwindigkeit im Quadrat), sondern vielmehr ganz entscheidend von der Form des umströmten Körpers. Wie groß die Unterschiede hier sein können, zeigt ein Beispiel mit unterschiedlich geformten Körpern, die aber alle den gleichen kreisrunden Querschnitt haben.

Der Vergleich zeigt, daß der Widerstand der runden Scheibe etwa den zehnfachen Wert von dem eines stromlinienförmigen Körpers mit gleicher Stirnfläche aufweist. Dieser von der Form und der Stellung des Körpers gegen die Strömung abhängige Größenfaktor des Widerstandes ist der Widerstandsbeiwert, der mit C_w bezeichnet wird. Er wird im Windkanal ermittelt. Ist seine Größe bekannt, kann der Widerstand W eines Körpers nach der Formel berechnet werden:

$$W = C_w \cdot q \cdot F$$

wobei q der Staudruck und F die Stirnfläche des Körpers ist. Da die Geschwindigkeit der Strömung im Quadrat in die Widerstandsberechnung eingeht und er folglich auf das Vierfache anwächst, wenn sich die Strömungsgeschwindigkeit nur verdoppelt, ist die Formgebung im Flugzeugbau so wichtig (z.B. Fahrwerksverkleidung oder Einziehfahrwerk).

Auch der Anteil des **Reibungswiderstandes** ist nicht zu unterschätzen. Seine Größe wird von der Reibung der Strömung an der Oberfläche des Körpers bestimmt. Sie entsteht in der Grenzschicht, in der sich die Strömungsgeschwindigkeit aufgrund der Haftreibung zwischen dem Körper und der Luft von der unbeeinflußten Geschwindigkeit auf Null reduziert. Fließen die Luftteilchen in Strömungsrichtung parallel zueinander und übereinander geordnet um den Körper, wird von einer laminaren Grenzschicht gesprochen. Der Reibungswiderstand ist dann relativ gering.

Fließen die Luftteilchen dagegen verwirbelt um den Körper, ist die Grenzschicht turbulent und der Reibungswiderstand entsprechend größer. Da schon winzige Rauheiten auf einer Tragfläche genügen, um eine eigentlich laminare Grenzschicht turbulent werden zu lassen, sollte nie mit schmutziger, nasser oder vereister Tragfläche geflogen werden.

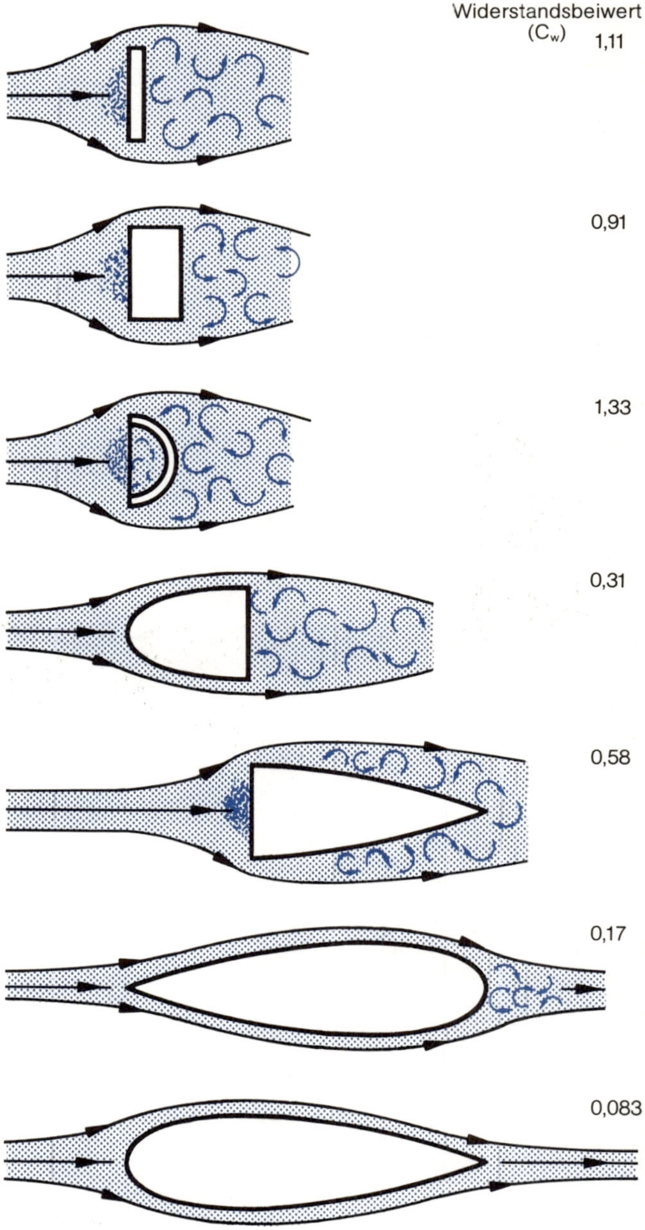

Der Luftwiderstand an Körpern mit kreisrundem Querschnitt

Außer von der Oberflächenbeschaffenheit ist der Reibungswiderstand einer Tragfläche von der Profilwölbung und vom Anstellwinkel abhängig. Das Umschlagen einer laminaren in eine turbulente Grenzschicht bringt durch die Wirbelbildung neben der Widerstandserhöhung auch eine spürbare Verringerung des Auftriebes.

Der **Interferenzwiderstand** entsteht durch die gegenseitige Beeinflussung der von verschiedenen Teilen des Flugzeuges ausgelösten Verwirbelungen in der Strömung. So treffen etwa die von der Rumpfoberfläche verwirbelten Luftteilchen auf das Leitwerk und verursachen dort eine zusätzliche Verwirbelung. Diese gegenseitige Beeinflussung ist der Grund dafür, daß der Gesamtwiderstand eines Flugzeuges immer größer ist als die Summe der Widerstände seiner Einzelteile.

Der **induzierte Widerstand,** auch Randwiderstand genannt, ist nicht von der Form eines Körpers, sondern von Druckdifferenzen abhängig. Am Flugzeug entsteht er an den Flächenenden durch den Druckausgleich zwischen Unterdruck auf der Tragflächenoberseite und Überdruck auf der Tragflächenunterseite als Wirbelzopf (Anfahrwirbel), der laufend neu erzeugt wird. Die Wirbelzöpfe drehen sich stets nach innen, weil die Luft von der Tragflächenunterseite schräg nach außen um den Randbogen nach oben fließen möchte. Die von den Wirbelzöpfen absorbierte Energie geht dem Auftrieb verloren.

Der induzierte Widerstand

Der induzierte Widerstand ist abhängig von der Streckung (Verhältnis von Spannweite zu Flächentiefe) und von der Form der Randbogen. Je größer die Streckung ist, desto geringer ist der induzierte Widerstand. Am größten ist er an Flächen, die mit unverändertem Einstellwinkel (ohne Schränkung) gerade enden. Zur Verringerung des induzierten Widerstandes wird der Einstellwinkel an den Flächenenden auf Null reduziert oder keulenförmige Randkörper (als Tanks genutzt) angebracht.

An kleinen Flugzeugen kostet der induzierte Widerstand lediglich Energie, an großen dagegen verursacht er handfeste Gefahren. Ein startender oder landender Jumbo etwa zieht kilometerlange Wirbelschleppen hinter sich her, die sich langsam seitlich ausbreiten, minutenlang wirksam bleiben und ein Leichtflugzeug durchaus »umwerfen« können. Deshalb stets beachten:

- Nie unmittelbar nach einem Großflugzeug starten oder landen.

In jeder Strömung um einen Körper entstehen aber nicht nur Widerstände, es herrscht stets auch eine ganz bestimmte Gesetzmäßigkeit. Diese hatte Daniel Bernoulli schon 1738 erkannt und als physikalisches Gesetz formuliert:

- In einer Gas- oder Flüssigkeitsströmung ist die Summe von statischem und dynamischem Druck bei gleicher Strömungsgeschwindigkeit stets gleich.

Druck kann demnach in unterschiedlicher Form vorhanden sein.

Unter **statischem Druck** ist dabei der Druck verstanden, der etwa in einem Autoreifen, einem Luftballon oder einem Dampfkessel vorhanden ist. Auch der am Barometer ablesbare Luftdruck ist statischer Druck: Druck also ohne Bewegungsenergie. Unter **dynamischem Druck** ist dagegen der Druck verstanden, der in einem Wasserstrahl oder im Wind vorhanden ist: Druck also mit Bewegungsenergie.

Druck kann außerdem von der einen in die andere Form umgewandelt werden oder in Mischformen vorkommen. Ein aufgeblasener Luftballon etwa enthält nur sta-

tischen Druck. Wird aber die Öffnung freigegeben, entströmt die Luft mit dynamischem Druck. Der statische Druck nimmt dafür entsprechend ab.
Gleiches geschieht in einem zylindrischen Rohr, in dessen Mitte ein Hindernis eingebaut ist. Wird an einem Ende des Rohres Luft eingeblasen, müssen sich die Luftteilchen an der Engstelle gewaltig beeilen, wenn alle durchkommen wollen. Die höhere Strömungsgeschwindigkeit ist aber nichts anderes als ein höherer dynamischer Druck. Entsprechend dem Gesetz von Bernoulli muß in diesem Falle die andere Druckform, der statische Druck also, abnehmen, damit die Summe gleichbleibt. Diese Abnahme aber zeigt sich als Sog (Unterdruck).

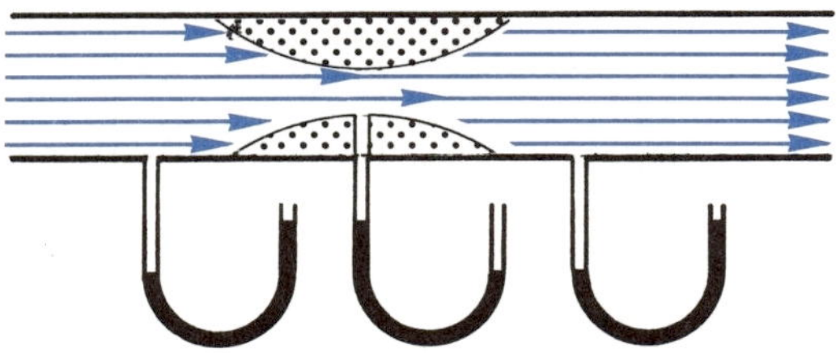

Die Entstehung des Soges im Venturi-Rohr

Was am Hindernis im Rohr geschieht, passiert genauso an jeder von der Luft umströmten Tragfläche. Ihre Wölbung auf der Oberseite entspricht dabei dem Hindernis im Rohr. Da für die Luftteilchen der Weg über die Wölbung sehr viel weiter ist als über die gerade Unterseite, müssen sie sich auf dem Weg über die Oberfläche gewaltig beeilen, um rechtzeitig am Ende des Profiles anzukommen. Natürlich erfolgt auch das wieder auf Kosten des statischen Druckes. Als Folge entsteht wieder ein Unterdruck, der stark genug ist, rund $^2/_3$ der Kraft zu liefern, die ein Flugzeug in der Luft hält.
Der Sog auf der Tragflächenoberseite wird durch Überdruck auf der Tragflächenunterseite ergänzt (geringerer dynamischer Druck bei erhöhtem statischem Druck). Die Druckdifferenz zwischen Ober- und Unterseite der Tragfläche liefert den **Gesamtauftrieb,** der sich folglich

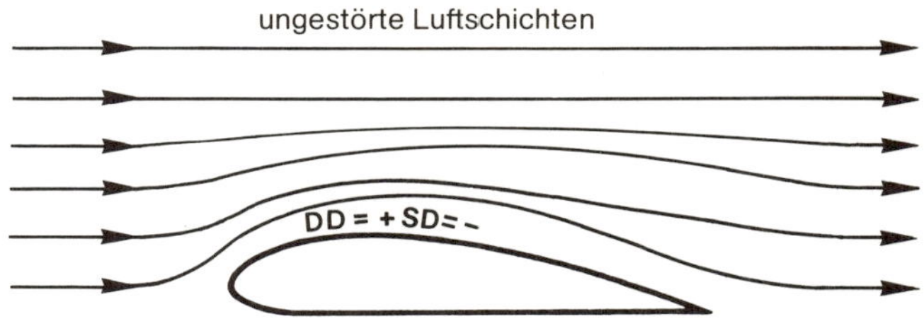

SD = Statischer Druck DD = Dynamischer Druck

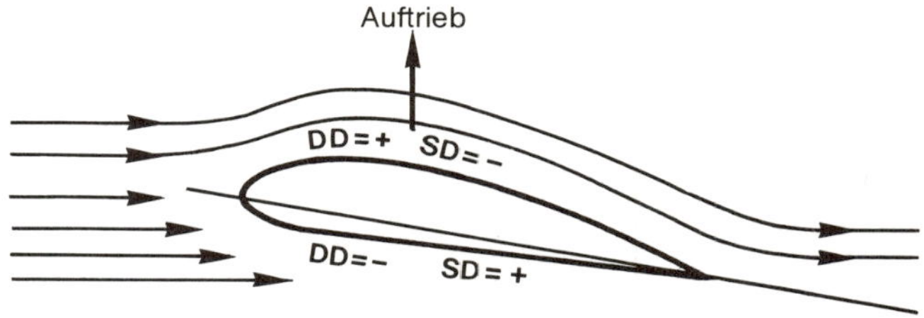

SD = Statischer Druck DD = Dynamischer Druck

Die Entstehung des Auftriebes

zu etwa 2 Drittel aus Unterdruck und zu etwa 1 Drittel aus Überdruck zusammensetzt.
Natürlich bleibt es nicht ohne Einfluß auf die Strömung um einen Körper, wenn sich die Anblasrichtung ändert.

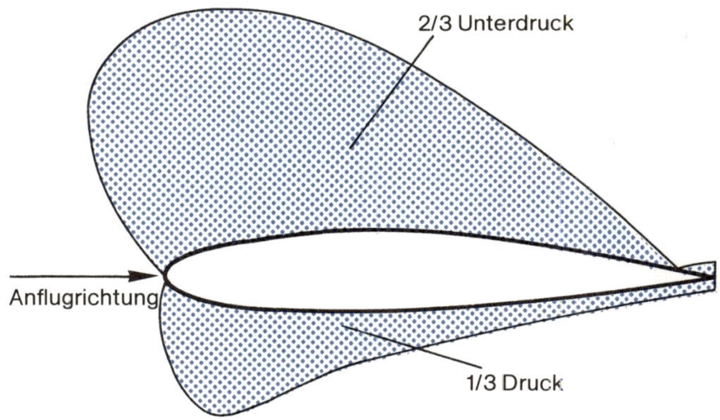

Die Druckverteilung am Profil

Ganz gravierende Folgen hat das an der Tragfläche. Ändert sich hier der Winkel zwischen der Richtung der anströmenden Luft und der Profilsehne (Änderung des **Anstellwinkels**), dann ändert sich automatisch die Druckverteilung zwischen der Ober- und der Unterseite der Tragfläche und damit die Größe des Auftriebes – aber auch die des Widerstandes.

Bei den ganz kleinen Anstellwinkeln von 0° bis etwa 4° wird der Auftrieb nahezu ganz von der Abnahme des statischen Druckes auf der Tragflächenoberseite (Sog) geliefert. Wird der Anstellwinkel größer, wächst neben dem Sog auf der Oberseite der statische Druck auf der Unterseite – Gesamtauftrieb und Widerstand wachsen kontinuierlich mit. Das geht jedoch nur solange gut, solange die Strömung der effektiv ja immer größer werdenden Wölbung der Profiloberseite zu folgen vermag.

Bei einem Anstellwinkel zwischen 15° und 20° ist dann eine effektive Wölbung der Tragflächenoberseite erreicht, der die Strömung nicht mehr in geordneten Bahnen folgen kann. Jetzt passiert zweierlei: Zum einen beginnt Luft von der Tragflächenunterseite um die Hinterkante herumzukriechen und als Wirbel auf der Oberseite nach vorne zu wandern. Zum anderen folgt die Strömung auf der Oberseite wegen der nun zu großen Richtungsänderung nicht mehr der Wölbung, sondern strömt nahezu gerade nach hinten. Erhalten bleibt jetzt zwar noch der statische Überdruck auf der Flächenunterseite, der statische Unterdruck auf der Flächenoberseite dagegen geht nahezu völlig verloren. Entsprechend verringert sich der Gesamtauftrieb, während der Widerstand erheblich zunimmt.

Der Anstellwinkel, bei dem die Ablösung der Strömung an der Flächenhinterkante beginnt, wird **Grenzschichtablösungspunkt** genannt. Ein Flugzeug, das auf diesen oder einen größeren Anstellwinkel »gezogen« wird, reagiert auf diesen **überzogenen Flugzustand** (zusammenbrechender Auftrieb verbunden mit wachsendem Widerstand) mit Durchsacken oder Abkippen. Für den Piloten kündigt sich das Überziehen meist durch ein spürbares Schütteln der gesamten Maschine (aerodynamische Warnung) oder durch ein akustisches Signal (mechanische Warnung) an. Es wird dann höchste Zeit, den Anstellwinkel zu verkleinern, damit die Maschine nicht in einen unkontrollierten Zustand gerät.

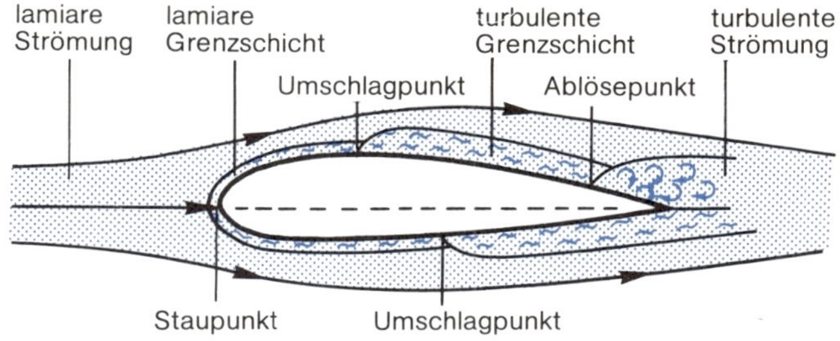

Die Grenzschicht im normal angeströmten Profil

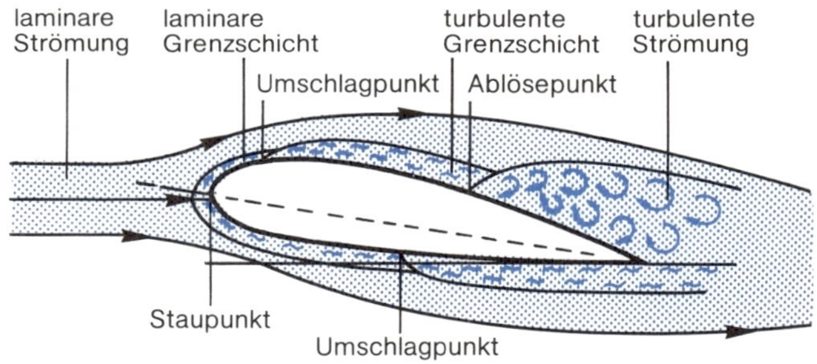

Die Grenzschicht beginnt sich zu lösen

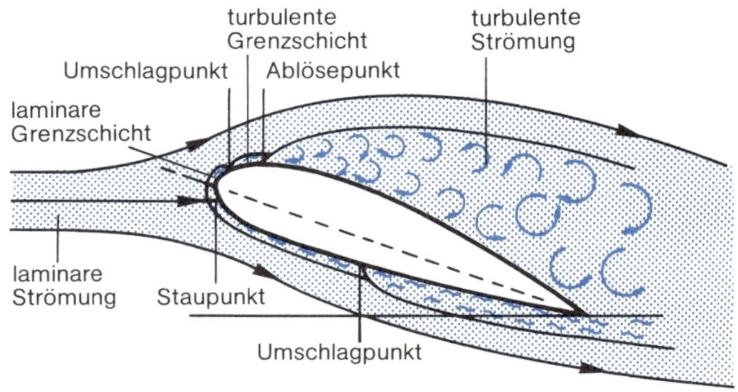

Die Grenzschicht hat sich völlig gelöst

Wie sich gezeigt hat, weist jedes Profil für jeden möglichen Anstellwinkel ein bestimmtes Verhältnis zwischen Auftrieb (definierbar durch den Auftriebsbeiwert C_A) und Widerstand (definierbar durch den Widerstandsbeiwert C_w) auf. Wie dieses Verhältnis bei welchen Anstellwinkeln aussieht, ist folglich eine der wichtigsten Kenngrößen jedes Profils. Schon Otto Lilienthal (1848–1896) machte deshalb das Verhältnis von Auftrieb und Widerstand für die verschiedenen Anstellwinkel eines Profils im **Polardiagramm** (oder kurz Polare) optisch deutlich. Wird es nicht nur isoliert für ein einzelnes Profil, sondern für ein komplettes Flugzeug erstellt, lassen sich an ihm alle wichtigen Merkmale dieser Maschine ablesen.

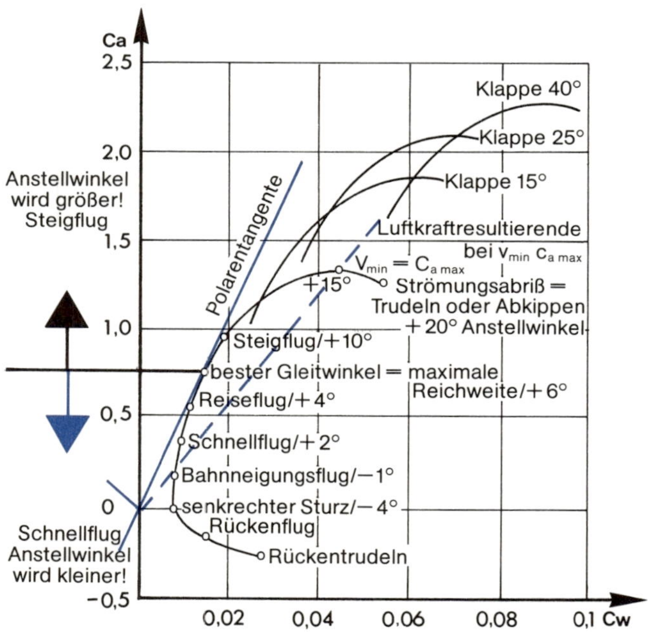

Das Polardiagramm nach O. Lilienthal

Für normale, asymetrische Profile zeigt die Polare schon bei kleinen negativen Anstellwinkeln Auftrieb. Je mehr der Anstellwinkel zunimmt, desto mehr wächst zunächst der Auftrieb, ohne daß im gleichen Maße der Widerstand mit zunimmt. Entsprechend steil ist die Kurve im Bereich der geringen Anstellwinkel. Mit weiter zunehmendem Anstellwinkel flacht die Kurve ab – Signal für den nun unverhältnismäßig stark zunehmenden Widerstand. Der Scheitelpunkt der Polare entspricht dem Anstellwinkel mit dem größtmöglichen Auftrieb. Beim Segelflugzeug ist das der Anstellwinkel für das geringste Sinken. Ein noch größerer Anstellwinkel bringt bereits einen abnehmenden Auftrieb bei weiter stark wachsendem Widerstand. Das Ende der Polare zeigt das Verhältnis unmittelbar vor dem Abriß der Strömung, wenn das Flugzeug überzogen wird.
Der Anstellwinkel mit dem besten Verhältnis von Auftrieb und Widerstand ergibt sich über die Tangente vom Schnittpunkt der Achsen an die Polare. Der zu diesem Punkt gehörende Anstellwinkel ergibt den besten Gleitwinkel. Alle geringeren Anstellwinkel sind günstig für den Reiseflug; alle größeren Anstellwinkel sind günstig für den Steigflug.

Da sich die Polare stets auf ein bestimmtes Profil bezieht, können Flugeigenschaften außerhalb der Grundpolare wie etwa ein besonderes Steigvermögen während des Starts oder eine möglichst geringe Geschwindigkeit für die Landung nur durch eine Änderung der Profilfläche oder des Profils selbst erreicht werden. Ermöglicht wird das durch die verschiedensten **Klappen,** die während des Fluges bedient werden können und mit deren Hilfe die Grundpolare in den gewünschten Bereich »gedehnt« werden kann.
Je nach dem Zweck der Klappen, wird zwischen auftriebsvergrößernden und auftriebsverringernden Klappen unterschieden. Zu den auftriebsvergrößernden gehören alle Formen der Wölbklappen, sowie alle Spielarten der Vorflügel oder Spaltflügel. Zu den auftriebsverringernden Klappen gehören alle Formen der Störklappen.
Die verbreitetste Form der auftriebsvergrößernden Klappen sind die **Wölbklappen**. Sie arbeiten als profilverändernde Klappen an der Hinterkante der Tragflächen und sind meist zwischen Querruder und Rumpf

plaziert. Speziell bei Segelflugzeugen sind sie auch dem Querruder überlagert und reichen dann über die gesamte Spannweite.

Werden die Wölbklappen positiv ausgefahren, ergibt sich durch die so erreichte größere Wölbung des Profils eine Erhöhung von Auftrieb und Widerstand. Für den Start werden sie deshalb nur so weit positiv ausgeschlagen, daß sich ein höherer Auftrieb bei geringerer Erhöhung des Widerstandes ergibt. Für die Landung dagegen werden sie dann voll positiv ausgeschlagen, um die starke Erhöhung des Widerstandes und die verringerte Mindestfahrt zu nutzen. Mit der geringeren Landegeschwindigkeit wird ein problemloseres Aufsetzen und eine kürzere Rollstrecke erreicht. Für den Reiseflug sind die Wölbklappen in Neutralstellung, für den Schnellflug können sie bei manchen Typen negativ ausgefahren werden. Im Segelflug werden die Wölbklappen im positiven Ausschlag zur Senkung der Fluggeschwindigkeit und Erhöhung des Auftriebes für den Steigflug genutzt. Für den schnellen Gleitflug wird der negative Ausschlag genutzt. Die Wölbklappen dienen hier sogar in gewissem Rahmen der Fahrtsteuerung.

Die **Spaltklappen** sind eine Sonderform der Wölbklappen und arbeiten wie diese. Zwischen Fläche und Klappe bleibt jedoch ein Spalt offen, so daß Luft von der Tragflächenunterseite über die Vorderkante der Klappen auf die Oberseite streichen kann. Damit wird erreicht, daß die Strömung sich noch später von den ausgeschlagenen Klappen löst.

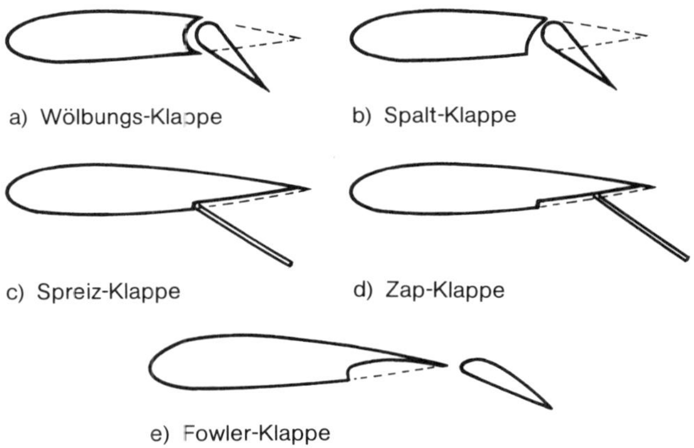

Die gebräuchlichsten Wölbklappenformen

Ebenfalls zu den Wölbklappen gehören die **Spreizklappen.** Sie verändern zwar auch die Wölbung der Tragflächen, doch nur auf der Unterseite der Tragflächen. Können die nach unten abgespreizten Klappen an ihrem Drehpunkt auch noch nach hinten ausgefahren werden, wird aus der einfachen Spreizklappe eine **Zapklappe.** Mit ihr wird nicht nur die Wölbung des Profils verändert, sondern auch die Flügelfläche vergrößert.

Ebenfalls Profiländerung und Flächenvergrößerung bieten die **Fowler-Klappen.** Sie liegen während des Reisefluges unter der Flächenhinterkante in der Kontur des Profiles oder sie sind ganz in die Fläche eingefahren. Für Start und Landung werden die Fowler-Klappen nach hinten ausgefahren und nach Bedarf ausgeschlagen.

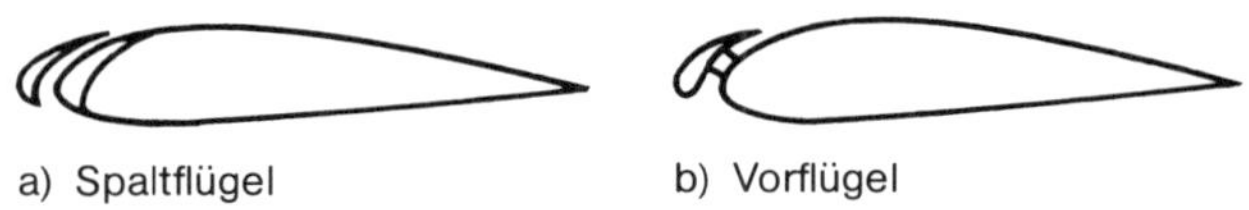

Die gebräuchlichsten Vorflügelformen

Während die verschiedenen Formen der Wölbklappen alle vom Piloten bedient werden müssen, arbeiten **Vor- und Spaltflügel** ohne Mitwirkung des Piloten. Die Vorflügel sind fest vor der Profilvorderkante montiert. Mit ihnen wird die Strömung durch den zwischen Vorflügel und Fläche gebildeten Spalt beschleunigt und damit ein höherer Anstellwinkel ermöglicht. Die gleiche Wirkung wird mit den Spaltflügeln erreicht, doch sind sie nicht wie die Vorflügel fest montiert. Im Normalflug sind sie vielmehr genau in die Flügelnase integriert. Erst wenn der Anstellwinkel zu groß wird, werden sie vom sich bildenden Sog herausgezogen. Über den so gebildeten Spalt wird wieder die Strömung auf der Tragflächenoberseite beschleunigt und so ein größerer Anstellwinkel ermöglicht.

Die verbreitetste Form der auftriebsverrringernden Klappen sind die **Schempp-Hirth-Klappen.** Sie fahren etwa in der halben Flächentiefe nach oben und unten aus, verwirbeln die auftriebserzeugende Strömung und erhöhen den Widerstand. Sie wirken um so stärker, je weiter sie ausgefahren werden und erhöhen direkt die Sinkgeschwindigkeit.
Alle Störklappen haben den Nachteil, daß sie zwar den Widerstand erhöhen, gleichzeitig aber den Höchstauftrieb verringern. Dadurch ergeben sich höhere Landegeschwindigkeiten, die gerade beim Motorflugzeug nicht gerne gesehen sind. Die Störklappen finden sich deshalb vor allem bei Segelflugzeugen.

Das Profil und die Fläche

Die Aerodynamiker verstehen unter einem Profil die Querschnittsform eines Körpers, mit der eine aus der Strömung resultierende Kraftwirkung erzielt werden soll. Profile werden hauptsächlich verwendet an Tragflächen, Leitwerken, Propellern und Rotorblättern. Ihre Form bestimmt zusammen mit dem Anstellwinkel die Geschwindigkeitsdifferenz der Strömung über die Ober- und Unterseite des Profils und damit die Beiwerte für Auftrieb und Widerstand.
Ein Profil wird definiert nach seinen geometrischen Merkmalen. Die wichtigsten sind: die Profiltiefe, die Profildicke, der Radius des Nasenkreises, die Profilwölbung, die Dickenrücklage, die Wölbungsrücklage und der Hinterkantenwinkel. Bezugsebene für den Anstellwinkel ist die **Profilsehne.** Sie ist die Gerade, die Anfang und Ende der Wölbungslinie (Profilmittellinie) verbindet. Der Winkel zwischen ihr und der Richtung der Anströmung des Profiles ist der Anstellwinkel.
Grundsätzlich unterscheidet man

- symmetrische Profile
- asymmetrische Profile, auch Normalprofile, orthodoxe oder Göttinger Profile genannt
- Laminar-Profile

Bei den **symmetrischen Profilen** ist die Wölbung auf der Ober- und Unterseite gleich. Beim Anstellwinkel 0° entwickelt es keinen Auftrieb. Sein *Druckpunkt* (der Angriffspunkt der Luftkraft) liegt etwa bei $^1/_4$ der Profiltiefe. Er ist nicht abhängig vom Anstellwinkel, wandert also nicht. Symmetrische Profile werden vor allem für Ruder und Dämpfungsflächen verwendet. An manchen Maschinen für den Kunstflug finden sich diese Profile auch an den Tragflächen. Symmetrische Profile eignen sich für sehr hohe Geschwindigkeiten.

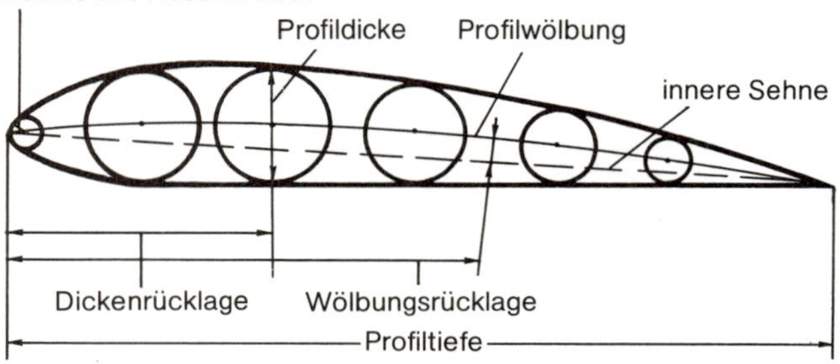

Die wichtigsten Kenngrößen eines Profiles

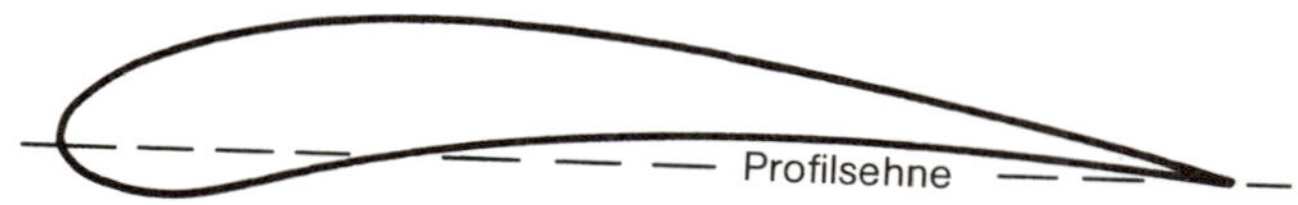

Orthodoxes Profil (Göttinger Profil)

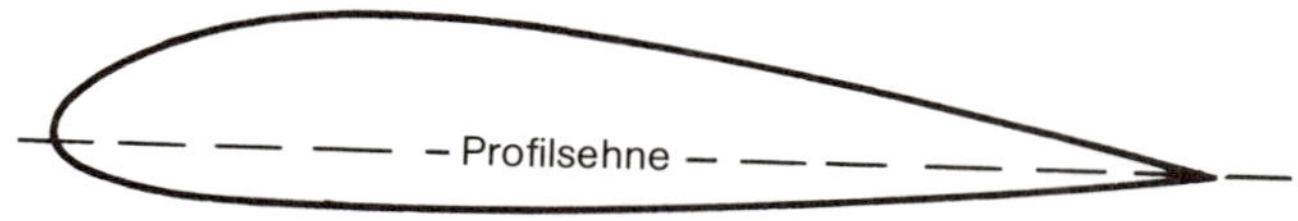

Profil mit gewölbter Oberseite und fast gerader Unterseite

Asymmetrische Profile haben auf der Oberseite eine konvexe, auf der Unterseite dagegen nur eine geringe konvexe, keine oder eine konkave Wölbung. Bei ihnen wächst der Auftrieb annähernd mit der Dicke des Profiles und seiner Wölbung. Entsprechend haben dicke, stark gewölbte Profile hohe Auftriebswerte. Bei 0° Anstellwinkel entwickeln sie noch guten Auftrieb. Ihr Druckpunkt liegt bei etwa $^1/_3$ der Profiltiefe. Sie sind nicht druckpunktfest. Der Druckpunkt wandert vielmehr in Abhängigkeit vom Anstellwinkel. Neben hohem Auftrieb wird auch ein hoher Widerstand erzeugt. Die Einsatzmöglichkeiten asymmetrischer Profile beschränken sich daher auf den Bereich nicht zu hoher Geschwindigkeiten.

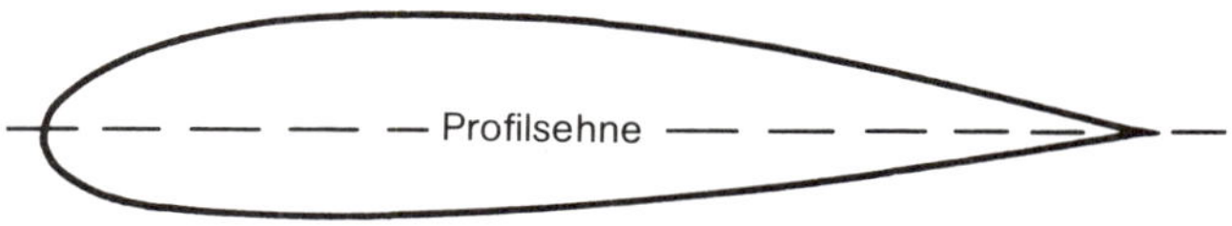

Laminarprofil (fast symmetrisch)

Das **Laminar-Profil** gehört seinen geometrischen Merkmalen nach zu den asymmetrischen Profilen, ist aber so geformt, daß die Grenzschicht seiner Strömung weitgehend laminar (also möglichst geordnet und ohne Grenzschichtwirbel) verläuft. Damit das auch für den rückwärtigen Teil des Profiles möglich wird, hat das Laminar-Profil seine größte Dicke erst bei 50–60% Profiltiefe, während sie beim Normalprofil bei nur etwa 30% der Profiltiefe liegt.
Der Endleistenwinkel muß außerdem so klein sein, daß ein möglichst wirbelfreier Abfluß der Strömung möglich ist. Dies begrenzt gleichzeitig eine weitere Rückverlagerung der größten Profildicke. Wirklich erreicht wird die laminare Strömung nur, wenn jede Rauhigkeit auf den Flächen vermieden wird. Staub, Reif, Eis oder Schnee verwandeln zumindest in der hinteren Profilhälfte die laminare Grenzschicht sofort in eine turbulente. Laminar-Profile finden sich vor allem an Reisemaschinen und Hochleistungssegelflugzeugen.
Bei allen asymmetrischen Profilen ist der Druckpunkt nicht ortsfest. Er wandert vielmehr in Abhängigkeit vom Anstellwinkel nach vorne oder nach hinten, greift also bei größerem Anstellwinkel weiter vorne, bei kleinerem dagegen weiter hinten an. Damit ergibt sich automatisch eine Verstärkungstendenz der gerade eingeleiteten Veränderung.

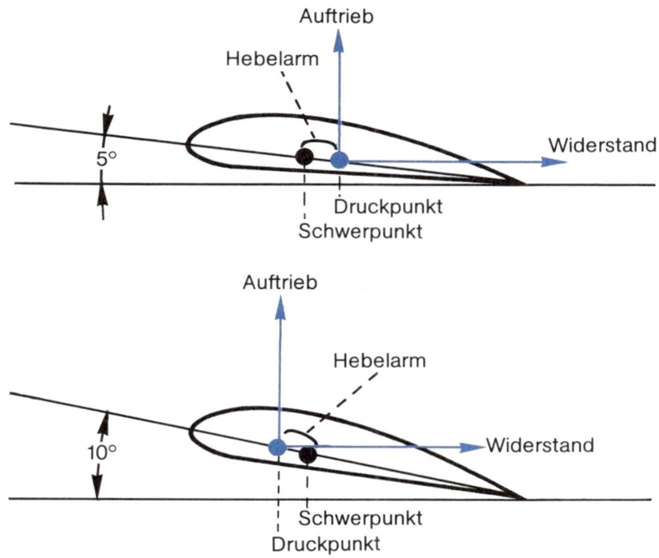

Die Wanderung des Druckpunktes

Wird eine Vergrößerung des Anstellwinkels eingeleitet, wandert der Druckpunkt nach vorne und versucht, das Profil in einen immer größeren Anstellwinkel zu ziehen. Wird die Bewegung nicht gestoppt, bäumt sich die Fläche immer mehr auf und kippt schließlich seitlich ab.
Wird dagegen eine Verkleinerung des Anstellwinkels eingeleitet, wandert der Druckpunkt nach hinten und versucht, das Profil in einen kleineren Anstellwinkel zu ziehen. Wird die Bewegung nicht gestoppt, neigt sich die Fläche immer mehr nach unten und geht schließlich in einen steilen Sturzflug.
Unterstützt werden die beiden Bewegungen durch den Hebelarm, der sich zwischen dem Druckpunkt und dem Schwerpunkt (dem Angriffspunkt aller Schwerkräfte) bildet. Da der Schwerpunkt ortsfest ist, wird der Hebelarm zwischen beiden Punkten um so größer, je weiter der Druckpunkt auswandert. Um das Profil zu stabilisieren, muß folglich die **Druckpunktwanderung** über die Steuerung der Lage des Druckpunktes verhindert werden.
Erreicht wird die stabilisierende Steuerung des Druck-

punktes über eine kleine Hilfsfläche an einem möglichst langen Hebelarm. Die kleine Steuerfläche ist das Höhenleitwerk, als Hebelarm dient der Rumpf zwischen Schwerpunkt und Druckpunkt des Höhenleitwerkes. Der so gebildete Stabilisator für die Tragfläche arbeitet automatisch ohne Steuertätigkeit des Piloten.
Mit wachsendem Anstellwinkel der Tragfläche (der Druckpunkt wandert nach vorne) wächst automatisch auch der Anstellwinkel an der Hilfsfläche. Der dadurch entstehende größere Auftrieb wirkt über den Hebelarm so verstärkt auf die Tragfläche, daß sie in die Ausgangslage zurückgedreht wird.

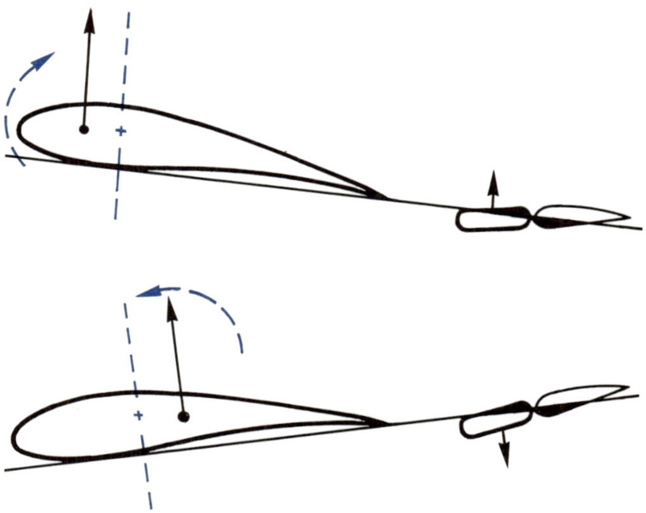

Die Stabilisierung der Druckpunktwanderung

Verringert sich dagegen der Anstellwinkel (der Druckpunkt wandert nach hinten), verringert sich auch der Anstellwinkel an der Hilfsfläche. Der dadurch entstehende geringere Auftrieb wirkt wiederum so verstärkt auf die Tragfläche, daß sie auch jetzt in die Ausgangslage zurückgedreht wird.
Allerdings hätte die ganze so schön automatisch funktionierende Flächenstabilisierung einen entscheidenden Schönheitsfehler: Sie würde auch in einer falschen Fluglage wirken. Eine so mit zu geringem Anstellwinkel stabilisierte Fläche würde im daraus resultierenden Sturzflug bleiben. Verhindert wird das durch einen einfachen Trick: Die Tragfläche und die stabilisierende Hilfsfläche müssen unterschiedliche Anstellwinkel haben, und zwar muß er bei der vorausfliegenden Fläche (in der Regel also die Tragfläche) um 2° bis 3° größer sein.

Der Einstellwinkel ist konstruktiv vorgegeben

Diese Differenz zwischen den beiden Anstellwinkeln ist der **Einstellwinkel.** Er ist definiert als der Winkel, den die Sehne der Tragfläche mit der Sehne der Höhenleitwerksfläche bildet. Im Unterschied zum Anstellwinkel, der vom Piloten in einem gegebenen Rahmen gesteuert werden kann, ist der Einstellwinkel eine feststehende, konstruktive Größe, die von dem jeweiligen Anstellwinkel völlig unabhängig ist.
Dies gilt auch dann, wenn der Einstellwinkel nicht über die gesamte Spannweite gleich groß ist. Bei manchen Flugzeugen nämlich ist die Tragfläche zwischen Flügelwurzel und Flügelspitze »verdreht«. Konstruktiv wird damit erreicht, daß der Einstellwinkel von der Flügelwurzel zur Flügelspitze kontinuierlich abnimmt. Mit dieser **geometrischen Schränkung** läßt sich das Abkippverhalten und die Steuerbarkeit der Maschine im Langsamflug entscheidend verbessern.

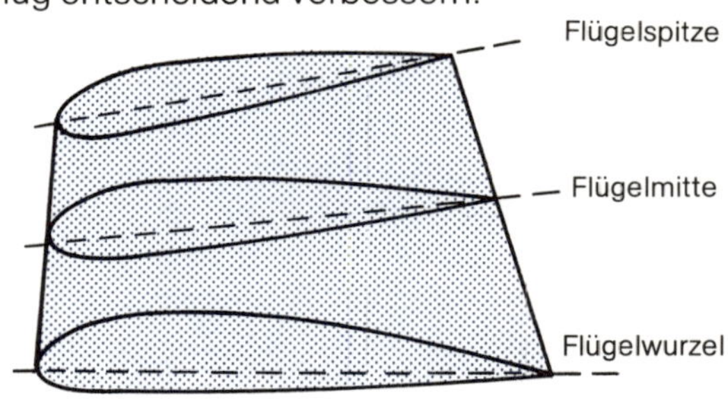

Die geometrische Schränkung

Es wird damit nämlich erreicht, daß der Auftrieb nicht schlagartig zusammenbricht, wenn der Anstellwinkel zu groß wird. Beträgt der Einstellwinkel an den Flächenwurzeln etwa 4° und an den Flächenspitzen 0°, dann können die Tragflächen im Flug noch so stark angestellt werden, im Außenbereich sind sie stets um 4° weniger angestellt als im Innenbereich. Wird der maximale Anstellwinkel überschritten, reißt die Strömung nicht schlagartig und über die gesamte Spannweite gleichzeitig ab. Sie wird vielmehr langsam, nur stückweise und natürlich zuerst im Innenbereich abreißen. Im Bereich der lebenswichtigen Querruder dagegen bleibt die Strömung am längsten erhalten.
Wird dieser Effekt statt über die Änderung des Einstellwinkels über eine Änderung der Profilform (Verringerung der Profilwölbung von innen nach außen) erreicht, handelt es sich um eine **aerodynamische Schränkung.** Ihre Wirkung entspricht der der geometrischen Schränkung. Nicht selten wird auch eine Kombination beider Schränkungsarten angewendet.

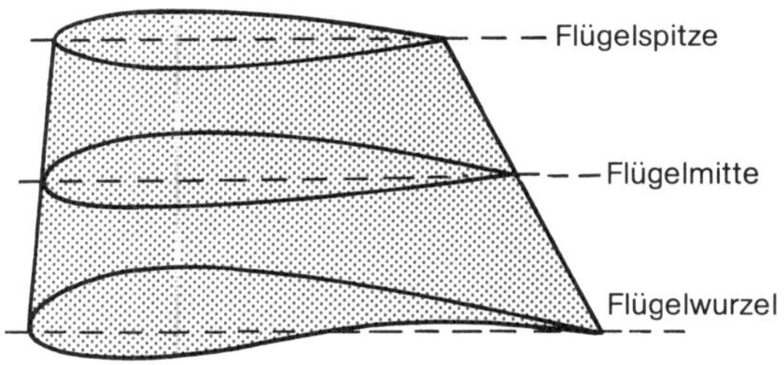

Die aerodynamische Schränkung

Ein Nebeneffekt der Tragflächenschränkung ist eine spürbare Verringerung der Druckdifferenz zwischen Tragflächenober- und Unterseite im Außenbereich. Zwar ist damit auch eine Verringerung des Auftriebes verbunden, doch wird das zu einem guten Teil wieder ausgeglichen durch eine erhebliche Reduzierung des induzierten Widerstandes.
Auch die Form der Tragflächen ist keineswegs ohne Auswirkung auf die Flugeigenschaften. So ist die Verwendung des **Rechteckflügels** wegen seines hohen induzierten Widerstandes auf langsame Maschinen beschränkt. Beim **elliptischen Flügel** ist dagegen der induzierte Widerstand am geringsten, die Auftriebsverteilung ist dafür ebenfalls elliptisch. Auch der **Trapezflügel** hat einen geringen induzierten Widerstand. Die Trapezform kann dabei über die gesamte Fläche oder auch nur über den Außenbereich gezogen sein.

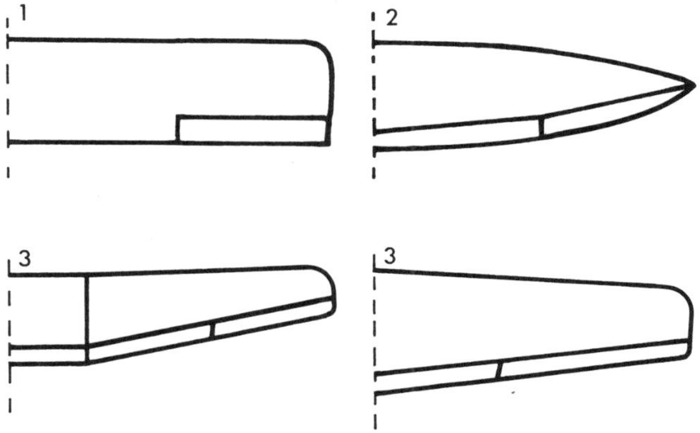

Die wichtigsten Flügelformen

Eine wichtige Kenngröße ist in diesem Zusammenhang die **Flächenbelastung,** die sich als Quotient aus dem Fluggewicht und der tragenden Fläche eines Flugzeuges in kg/m^2 ergibt:

$$F = \frac{\text{Fluggewicht in kg}}{\text{Fläche in m}^2}$$

Sie gibt nicht nur an, welches Gewicht jeder Quadratmeter Fläche zu tragen hat. Flächenbelastung und Geschwindigkeit stehen darüber hinaus in engem Zusammenhang. Je höher nämlich die Flächenbelastung ist, desto größer muß die Fluggeschwindigkeit sein, damit der erzeugte Auftrieb zur Kompensation des Gewichtes ausreicht. Auch die Umkehrung dieses Satzes ist richtig und hat dann seine besondere Bedeutung für den Segelflieger: Je größer die Fluggeschwindigkeit sein soll, desto größer muß auch die Flächenbelastung sein (die Segelflieger erreichen die höhere Flächenbelastung durch Wasserballast in den Tragflächen).

Für den Motorflieger wird es dagegen wohl nie um eine Erhöhung der Flächenbelastung gehen. Für ihn ist viel wichtiger, die höchste zulässige Flächenbelastung (das höchstzulässige Gesamtfluggewicht also) nicht zu überschreiten und zumindest für Start und Landung eine Verringerung der Flächenbelastung zu bekommen. Dies ist dann möglich, wenn die Maschine über Fowler-Klappen verfügt und so eine Vergrößerung der tragenden Fläche in Richtung der Profiltiefe erzielt werden kann.

Alle von einem Profil verursachten und alle auf eine Tragfläche wirkenden Luftkräfte können in einer Größe zusammengefaßt werden, die **Luftkraftresultierende** genannt wird. In ihr lassen sich die Größe und die Richtung der resultierenden Luftkraft zeichnerisch darstellen. Dabei zeigt sich der enge Zusammenhang zwischen Resultierender und Druckpunkt: Der Ausgangspunkt der Resultierenden auf der Profilsehne ist stets der Druckpunkt.

Abhängig vom Anstellwinkel und dem entsprechend wandernden Druckpunkt zeigt die Luftkraftresultierende ein zwar im einzelnen polarenabhängiges, im ganzen aber doch typisches Verhalten:

Kleiner Anstellwinkel

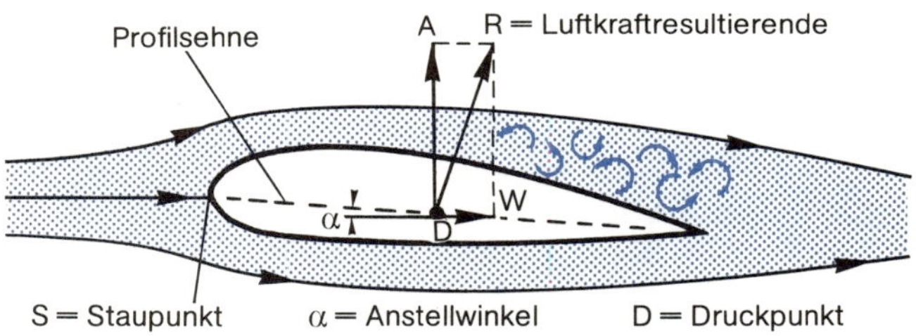

Bei geringen Anstellwinkeln, wie etwa im Horizontalflug, greift sie entsprechend der Lage des Druckpunktes weit hinten an. Aufgrund des noch geringen Widerstandes ist die Resultierende noch nicht weit nach hinten geneigt. Sie wirkt also noch nahezu senkrecht nach oben.

Mittlerer Anstellwinkel

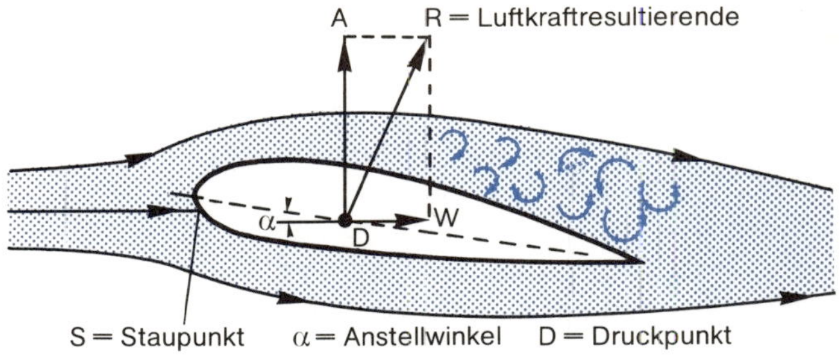

Bei mittleren Anstellwinkeln greift sie entsprechend dem schon wesentlich weiter nach vorne gewanderten Druckpunkt wesentlich weiter vorne an. Aufgrund des schon spürbar wachsenden Widerstandes ist auch die Resultierende deutlich weiter nach hinten geneigt. Sie wirkt also keineswegs mehr nahezu senkrecht nach oben.

Großer Anstellwinkel

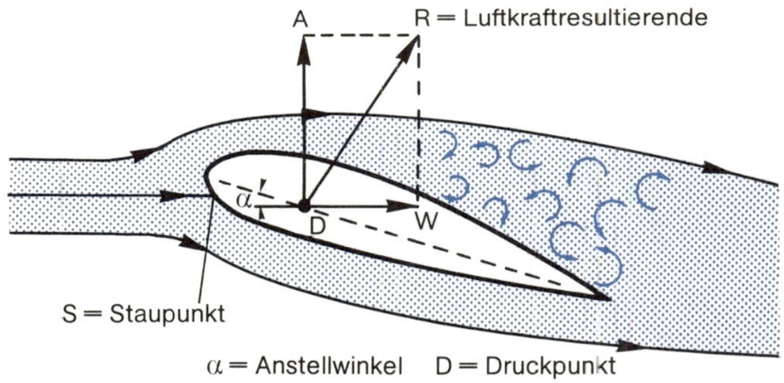

Bei großen Anstellwinkeln greift sie entsprechend dem noch weiter nach vorne gewanderten Druckpunkt im vorderen Drittel der Tragflächentiefe an. Der gewaltig gewachsene Widerstand zwingt sie noch viel weiter nach hinten, so daß sie schon nahezu diagonal nach hinten oben wirkt.

Wächst der Anstellwinkel über den Punkt des Strömungsabrisses hinaus, kippt die Resultierende ganz nach hinten, da der Auftrieb zusammenbricht. Beim Druckpunkt, der nur noch etwa 20% hinter der Flächennase liegt, greifen nur noch Widerstandskräfte an.

Das Kräftegleichgewicht und die Stabilität

Auf jedes Flugzeug wirken grundsätzlich vier verschiedene Kräfte ein, die in jedem beschleunigungs- oder verzögerungsfreien Flugzustand im Gleichgewicht sind. Zwei dieser Kräfte sind Naturkräfte, denen z. B. auch ein herabfallender Stein unterliegt:

- Die Schwerkraft oder auch das Gewicht als die Kraft, die nach unten zum Erdmittelpunkt hin wirkt.
- Der Widerstand als die Kraft, die sich jeder Bewegung entgegenstellt.

Die beiden anderen sind künstliche Kräfte, die speziell am Flugzeug freigesetzt werden:

- Der Auftrieb als die Kraft, die von den Tragflächen erzeugt wird, nach oben wirkt und die Schwerkraft überwindet.
- Der Vortrieb als die Kraft, die von Triebwerk und Propeller erzeugt wird, nach vorne wirkt und den Widerstand überwindet.

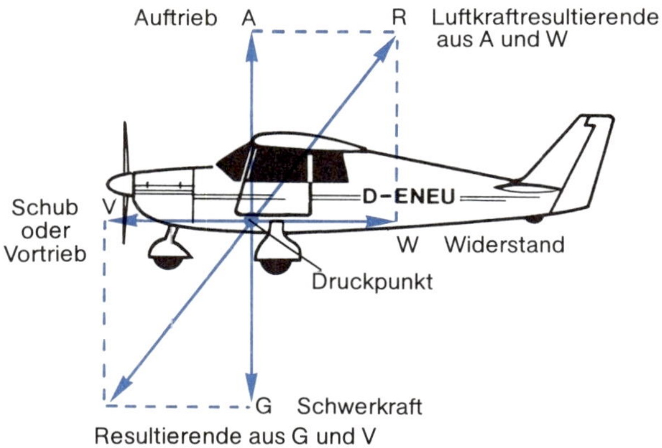

Die Luftkräfte im Horizontalflug

Im konstanten **Horizontalflug** sind nicht nur alle vier Kräfte im Gleichgewicht. Ebenfalls im Gleichgewicht sind die Luftkraftresultierende und die Resultierende aus Vortrieb und Schwerkraft. Aus der geometrischen Darstellung des Kräftegleichgewichtes ist klar ersichtlich, daß jede Änderung des Vortriebes (Beschleunigung oder Verzögerung) das ganze Gleichgewicht durcheinanderbringt. Entsprechend der Änderung muß es neu ausgesteuert werden.

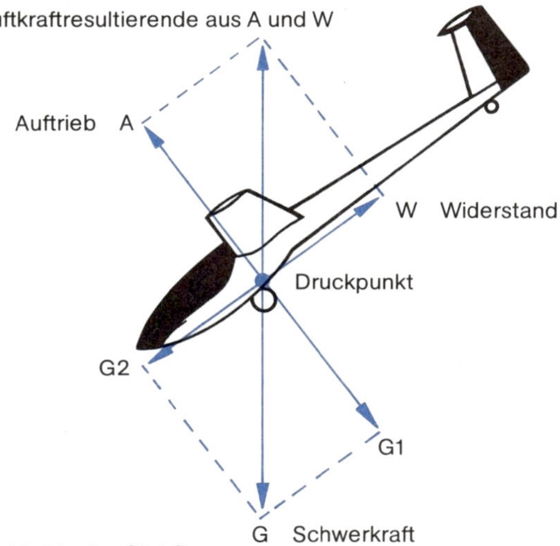

Die Luftkräfte im Gleitflug

Im **Gleitflug,** wenn der Vortrieb gedrosselt ist (Landeanflug) oder ganz fehlt (Segelflug), muß der notwendige Vortrieb von einer Teilkomponente des Gewichtes der Maschine geliefert werden. Wie bei einer Kugel, die über eine Schräge hinunterrollt, wirkt die Schwerkraft in zwei Komponenten. Die eine wirkt als Gegenkraft zum Widerstand (= Vortrieb), die andere ist die Gegenkomponente zum Auftrieb. Damit heben sich Schwerkraft und Luftkraftresultierende auf. Die Energie zur Aufrechterhaltung dieses Gleichgewichtes liefert der Sinkvorgang.

Eine weitere Komponente kommt ins Spiel der Kräfte, wenn eine Richtungsänderung erfolgt: dann muß auch noch die Zentrifugalkraft kompensiert werden, die zusätzlich auf der Seite der Schwerkraft wirkt.

Ganz kräftig spürbar wird das schon, wenn ein Flugzeug aus einem etwas steileren Sinkflug abgefangen werden soll. Zur Schwerkraft addiert sich im **Abfangbogen** die Zentrifugalkraft, deren Größe von der geflo-

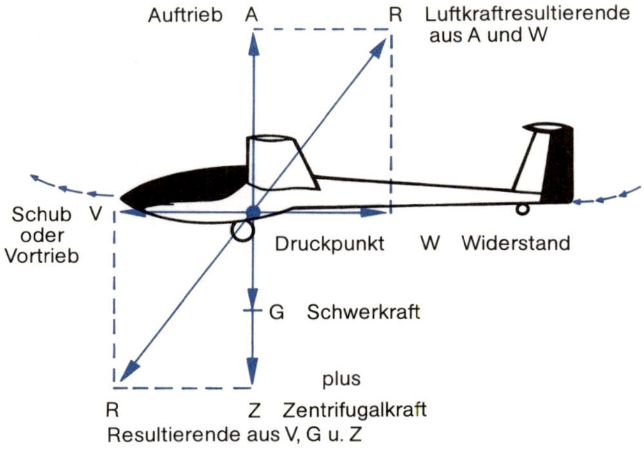

Die Luftkräfte im Abfangbogen

genen Geschwindigkeit und dem Radius des Abfangbogens abhängig ist. Eine Verdopplung oder gar Vervielfachung der Schwerkraft ist dabei schnell erreicht. Die daraus resultierenden hohen Belastungen sind nicht nur eine Gefahr für die ganze Konstruktion. Die verstärkt nach unten wirkenden Kräfte (Schwerkraft und Zentrifugalkraft) müssen vor allem auch durch einen entsprechend großen Auftrieb ausgeglichen werden.

Im **Kurvenflug** addiert sich ebenfalls die Zentrifugalkraft zur Schwerkraft. Beide zusammen bilden als Resultierende das Scheinlot, das in der sauber geflogenen Kurve stets senkrecht zur Querachse des Flugzeuges wirkt. Den beiden Komponenten des Scheinlotes entsprechend bildet auch der Auftrieb zwei Komponenten: eine der Zentrifugalkraft entgegenwirkende, horizontal gerichtete Auftriebskomponente und eine der Schwerkraft entgegengesetzte, senkrecht nach oben wirkende Auftriebskomponente.

Kriterium für einen sauberen Kurvenflug ist, daß die Komponenten von Zentrifugalkraft und horizontal wir-

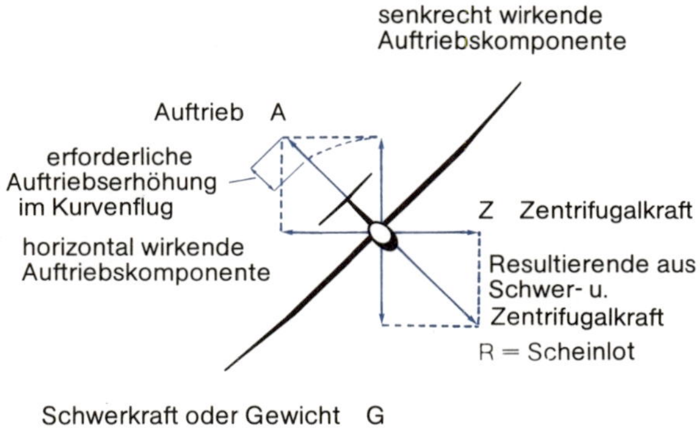

Die Luftkräfte im sauberen Kurvenflug

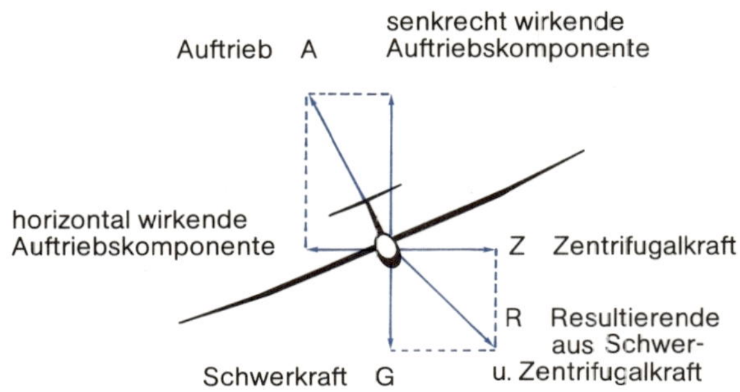

Die Luftkräfte im zu flachen Kurvenflug

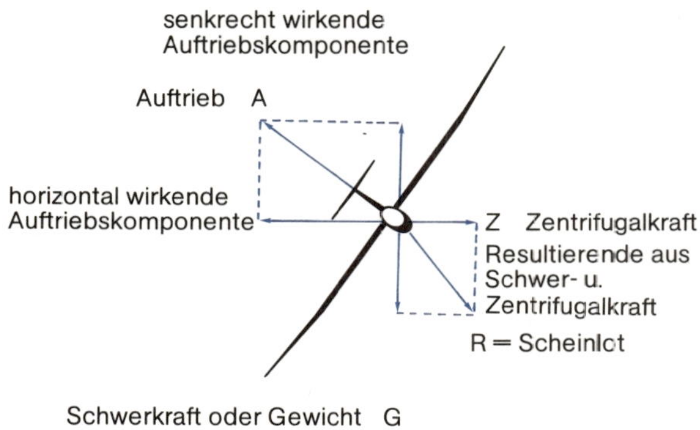

Die Luftkräfte im zu steilen Kurvenflug

kendem Auftrieb im Gleichgewicht sind. Ist eine Kraft größer als die andere, schiebt oder schmiert die Maschine:

- Ist in einer Kurve die Komponente der Zentrifugalkraft größer als die des horizontal wirkenden Auftriebes, dann schiebt die Maschine nach außen, die Kurve ist zu flach geflogen, die Maschine beginnt zu steigen.
- Ist in einer Kurve die Komponente des horizontal wirkenden Auftriebes größer als die Zentrifugalkraft, dann schmiert die Maschine nach innen, die Kurve ist zu steil geflogen, die Maschine beginnt zu sinken.

Natürlich müssen sich auch die Resultierenden auf beiden Seiten »aufwiegen«. Da aber eine wachsende Zentrifugalkraft einen wachsenden Anteil des Auftriebes als horizontal wirksame Komponente absorbiert, bedeutet das eben auch, daß in Abhängigkeit von der Zentrifugalkraft bei jeder Richtungsänderung auch ein entsprechend höherer Gesamtauftrieb notwendig ist. Um wieviel er größer sein muß, hängt von der Größe des

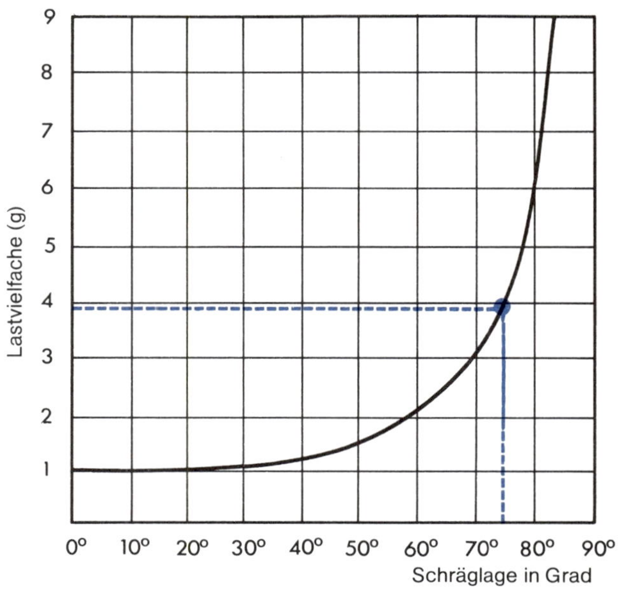

Das Lastvielfache im Kurvenflug

Lastvielfachen ab. Es wird als Faktor der normalen Schwerkraft (= Gewicht), die mit 1 g bezeichnet wird, angegeben. Verstärkt die Fliehkraft die Schwerkraft auf das Doppelte, fliegt die Maschine mit 2 g und hat so das doppelte Gewicht und die doppelte Belastung auszuhalten. Um das Gleichgewicht wieder herzustellen, muß auch der Auftrieb den doppelten Wert erreichen.

Das Lastvielfache steigt mit zunehmender Schräglage zunächst erst langsam, ab einer Schräglage von mehr als 45° dann aber sehr schnell. Bei 60° ist eine Verdopplung erreicht, weitere 10° genügen schon für eine Verdreifachung. Bei 80° ist nahezu eine Versechsfachung von Gewicht und Auftrieb erreicht.

Höhere Werte beim Lastvielfachen sind nicht nur eine Gefahr für den Piloten (4g bedeuten für ihn vierfaches Körpergewicht und früher oder später Blutleere im Gehirn und damit Gefahr der zeitweisen Bewußtlosigkeit), sondern auch für die Maschine. Ihre Festigkeit hat von der Auslegung der Konstruktion her natürliche Grenzen. Daraus resultieren die im Flughandbuch angegebenen Betriebsgrenzen. Die dort für den positiven wie den negativen Bereich angegebenen g-Obergrenzen dürfen keinesfalls überschritten werden.

Damit der zur Kompensation eines höheren Lastvielfachen notwendige größere Auftrieb auch tatsächlich erreicht wird, ist natürlich eine größere Fluggeschwindigkeit notwendig. Bezogen auf den Bereich der Überziehgeschwindigkeit aber heißt das:

- In einer Kurve ist die Überziehgeschwindigkeit immer größer als im Geradeausflug.
- Die Kurvenüberziehgeschwindigkeit ist abhängig von der Schräglage.
- Die Kurvenüberziehgeschwindigkeit wird berechnet nach der Formel:
  $V_{SK} = V_S \cdot \sqrt{\text{Lastvielfaches}}$.

Für eine Maschine mit einer Überziehgeschwindigkeit von 60 kt (V_S = stalling speed) ergibt sich so bei einer Schräglage von 60° eine Kurvenüberziehgeschwindigkeit (V_{SK} = turn stalling speed) von 84,6 kt

$(V_{SK} = 60 \cdot \sqrt{2} = 60 \cdot 1{,}41 = 84{,}6)$.

Für die wichtigsten Überziehgeschwindigkeiten im Horizontalflug ergeben sich im Kurvenflug folgende Überziehgeschwindigkeiten:

Überziehgeschwindigkeit in kt V_s (stalling speed in kt) im Horizontalflug	Kurvenüberziehgeschwindigkeit in kt V_{sk} (turn stalling speed in kt) bei Schräglage (bankangle) 30°	45°	60°	75°
40	43	47,5	56,4	78,6
50	53,7	59,4	70,5	98,3
60	64,5	71,2	84,6	117,9
70	75,2	83,1	98,7	137,6
80	86	95	112,8	157,3
90	96,7	106,9	126,9	176,9
100	107,5	118,8	141	196,6
110	118,2	131	155,1	216,2
120	129	142,6	169,2	235,9

Die gleiche Rechnung gilt dann auch für den Geradeausflug, wenn plötzlich Änderungen der Flugbahn eintreten. Natürlich ist es dem Flugzeug dabei gleichgültig, ob diese Änderung vom Piloten absichtlich eingeleitet wird (wie etwa das Abfangen nach einem Sturzflug) oder durch starke Böen verursacht wird. In jedem Fall führt das höhere Lastvielfache zu einer höheren Überziehgeschwindigkeit.

Bei starken Vertikalböen besteht die Gefahr aber nicht nur durch die höhere Überziehgeschwindigkeit. Das höhere Lastvielfache macht sich auch im schnellen Reiseflug bemerkbar. Hier nämlich wirkt es sich auf die Belastbarkeit der Konstruktion aus. Die Geschwindigkeit ist deshalb sofort auf die im Flughandbuch vorgegebene Manövergeschwindigkeit (V_a = maneuvering speed) zu reduzieren. Sie gewährleistet, daß die höchstzulässige Belastung nicht überschritten wird. Die Manövergeschwindigkeit ist gleichzeitig die Obergrenze für Flugmanöver mit vollen Ruderausschlägen.

Das Gleichgewicht der 6 auf ein Flugzeug einwirkenden Kräfte ist eine sehr anfällige Sache. Jede Einwirkung von außen (etwa Böen) oder von innen (Steuerausschläge durch den Piloten) hat Auswirkungen auf die **Stabilität** um eine oder mehrere der drei Achsen und damit letztlich auf das gesamte Gleichgewicht der Kräfte. Die Stabilitätsverhältnisse an den drei Achsen und ihre Auswirkungen aufeinander verdienen deshalb wohl einige Aufmerksamkeit des Piloten.

Definiert ist die Stabilität entsprechend den **Gleichgewichtszuständen,** die ein Körper einnehmen kann. Bekanntlich ist er dann im Gleichgewicht, wenn die Summe aller auf ihn wirkenden Kräfte oder Drehmomente gleich Null ist. Unter dieser Bedingung erfährt er keine Änderung des Bewegungszustandes; er ist also in Ruhe oder bleibt bei seiner gegebenen, geradlinigen Bewegung. Für den ruhenden Körper gibt es drei Arten des Gleichgewichtes (statische Stabilität oder Gleichgewicht der Lage):

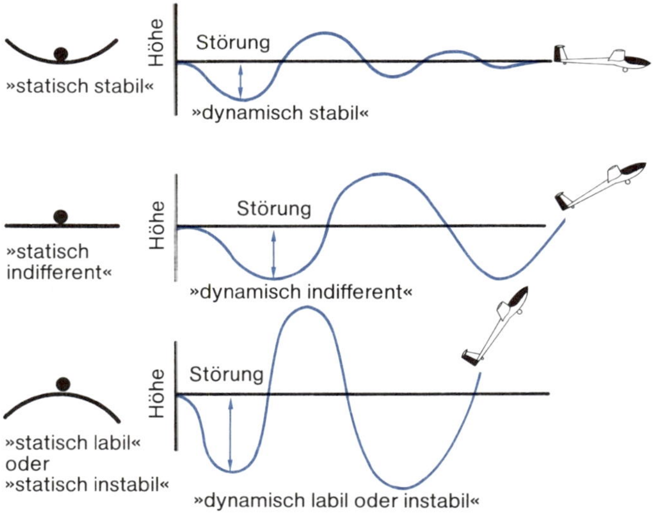

Die Gleichgewichtszustände

- **Statisch stabil** ist ein Körper, wenn er nach einer Störung aus seiner Gleichgewichtslage wieder in die Ausgangslage zurückkehrt. Im Schwerefeld hat sein Schwerpunkt die tiefstmögliche Lage, seine potentielle Energie beträgt ein Minimum. Eine statisch stabile Kugel liegt in einer Schale am tiefsten Punkt. Wird sie bewegt, rollt sie stets zum tiefsten Punkt der Schale zurück.
- **Statisch labil** ist ein Körper, wenn er nach einer Störung aus seiner Gleichgewichtslage nicht wieder in die Ausgangslage zurückkehrt. Im Schwerefeld hat sein Schwerpunkt die höchstmögliche Lage, seine potentielle Energie beträgt ein Maximum. Eine statisch labile Kugel liegt auf einer Wölbung am höchsten Punkt. Wird sie bewegt, entfernt sie sich schnell von ihrer Ausgangslage und kehrt nicht mehr dorthin zurück.
- **Statisch indifferent** ist ein Körper, wenn er nach einer Störung aus seiner Gleichgewichtslage weder in die Ausgangslage zurückkehrt noch in eine andere Lage strebt, sondern vielmehr in der Lage bleibt, in die er durch die Störung gebracht wurde. Im Schwerefeld wird sein Schwerpunkt weder gehoben noch gesenkt, seine potentielle Energie ändert sich nicht. Eine statisch indifferente Kugel liegt auf einer ebenen Fläche. Wird sie bewegt, rollt sie in der Richtung des Anstoßes und bleibt irgendwo im neuen indifferenten Gleichgewicht liegen.

Neben der statischen Stabilität gibt es die dynamische Stabilität. Während es bei der statischen Stabilität um die Bewegungstendenz eines ruhenden Körpers geht, der nach einer Bewegung wieder in die Ruhe (einen neuen statischen Bewegungszustand) zurückkehrt, handelt es sich bei der dynamischen Stabilität um die Bewegungstendenz eines bewegten Körpers, der nach einer Störung seines Bewegungsablaufes in einen veränderten Lauf seiner Bewegung kommt.

- **Dynamisch stabil** ist ein Körper, wenn er nach einer Störung aus seiner gleichförmigen Bewegung wieder zu seiner ursprünglichen Bewegung zurückkehrt. Ein dynamisch stabiles Flugzeug kehrt nach einer Störung an der Querachse nach einigen Pumpbewegungen wieder zur vorher gegebenen, horizontalen Flugrichtung zurück.
- **Dynamisch labil** ist ein Körper, wenn er nach einer Störung aus seiner gleichförmigen Bewegung nicht wieder zu seiner ursprünglichen Bewegung zurückkehrt, sondern sich immer weiter von ihr entfernt. Ein dynamisch labiles Flugzeug kehrt nach einer Störung an der Querachse nicht wieder zur vorher gegebenen, horizontalen Flugrichtung zurück, sondern entfernt sich vielmehr immer weiter von ihr (bis zum Absturz).

- **Dynamisch indifferent** ist ein Körper, wenn er nach einer Störung aus seiner gleichförmigen Bewegung nicht wieder zu seiner ursprünglichen Bewegung zurückkehrt, sondern im Rahmen der Ablenkung einer neuen Bewegungsrichtung folgt. Ein dynamisch indifferentes Flugzeug kehrt nach einer Störung an der Querachse nicht wieder zur vorher gegebenen, horizontalen Flugrichtung zurück, sondern folgt der durch die Störung verursachten, neuen Bewegungsrichtung (es pumpt weiter).

Es leuchtet ein, daß ein Flugzeug um alle drei Achsen möglichst stabil sein sollte, damit der Pilot nicht jede kleine Störung mit dem entsprechenden Ruder korrigieren muß, da sonst das Flugzeug von seiner ursprünglichen Fluglage abweichen würde. Andererseits darf aber die Stabilität nicht so groß sein, daß die Maschine nur noch mit größerem Kraftaufwand gesteuert werden könnte. Ziel aller Konstrukteure ist es daher, um alle drei Achsen eine möglichst ausgewogene Stabilität zu erreichen. Sie ist dann gegeben, wenn das stabilisierende Moment kleiner ist als der eine Bewegung auslösende Steuerauschlag, aber größer als die Momente gewöhnlicher Störungen von außen. Bezogen auf die drei Achsen eines Flugzeuges bedeutet die Stabilisierung im einzelnen:

Die **Längsstabilität** (= Stabilität um die Querachse) wird mit dem eigenstabilen Teil des Höhenleitwerkes, der Höhenflosse erreicht. Sie schafft über die Anstellwinkeldifferenz und den Hebelarm des Rumpfes eine Dämpfung und Begrenzung der Druckpunktwanderung (vgl. S. 15). Eine mit dem Höhenruder eingeleitete Richtungsänderung um die Querachse führt deshalb nicht zu einer dauernden, sondern nur zur zeitweisen Änderung der ursprünglichen Bewegungsrichtung. Bleibt das Höhenruder nicht ausgeschlagen, sorgt der an der Höhenflosse entstehende Auf- oder Abtrieb zur Zurückführung des Druckpunktes an der Tragfläche und damit für die Zurückführung der Maschine in die ursprüngliche Bewegungsrichtung. Das selbständige Zurückkehren in die ursprüngliche Gleichgewichtslage ist der Beweis, daß die Maschine längsstabil ist.

Die **Kursstabilität,** auch Richtungsstabilität genannt (= Stabilität um die Hochachse), ist dann gegeben, wenn das Flugzeug um die Hochachse auftretende Störungen, ohne daß eine Korrektur durch den Piloten notwendig ist, selbst ausgleicht. Sie wird erreicht mit dem eigenstabilen Teil des Seitenleitwerkes, der Seiten-

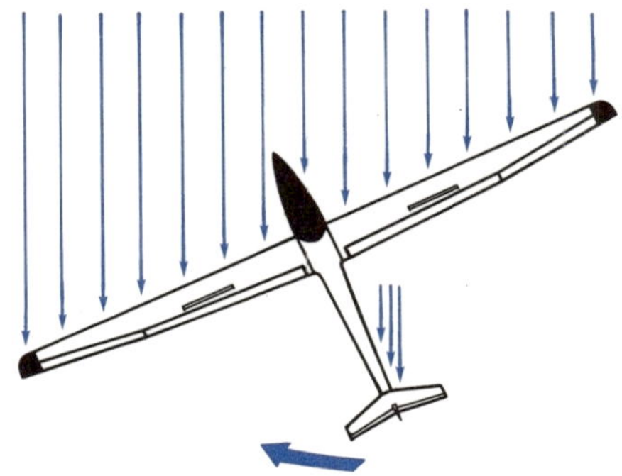

Der Windfahneneffekt von Rumpf und Seitenflosse

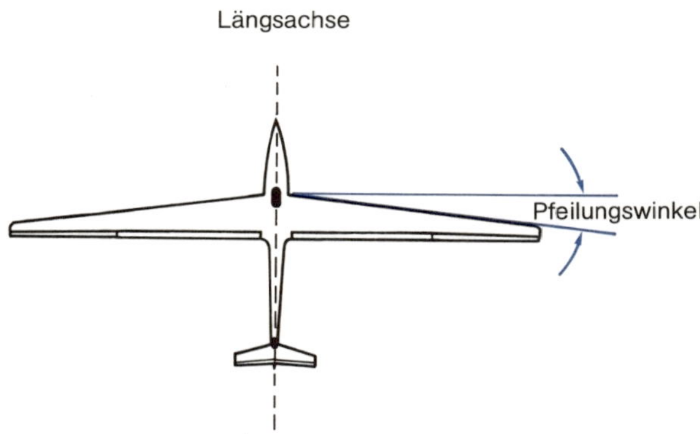

Die Pfeilung der Tragflächen

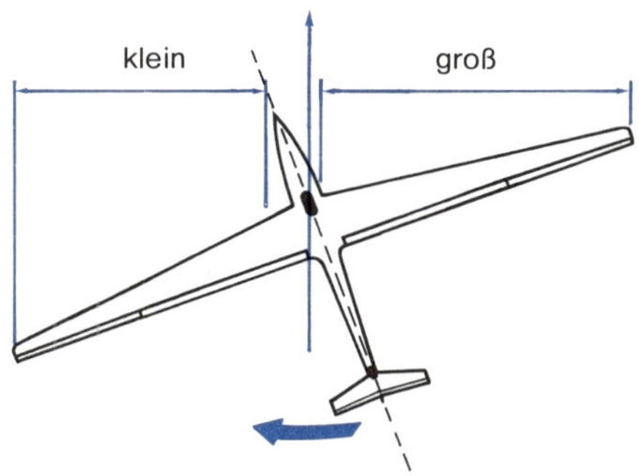

Die Kursstabilisierung durch Pfeilung

flosse. Sie schafft über den Windfahneneffekt und den Hebelarm des Rumpfes eine Rückführung der Maschine in die ursprüngliche Richtung.
Unterstützt wird die Arbeit der Seitenflosse bei manchen Maschinen mit einer Pfeilung der Tragflächen. Dadurch bekommt die voreilende Fläche eine größere Stirnfläche und damit natürlich auch einen größeren Widerstand. Bei der zurückbleibenden Fläche ist es umgekehrt. Beide Wirkungen addieren sich und drehen das Flugzeug, bis beide Flächen wieder im Gleichgewicht sind und die alte Richtung wieder erreicht ist. Das selbständige Zurückkehren in die ursprüngliche Richtung ist der Beweis, daß die Maschine kursstabil ist.
Die **Querstabilität** (= Stabilität um die Längsachse) ist dann gegeben, wenn das Flugzeug um die Längsachse auftretende Störungen ohne Eingreifen des Piloten selbst ausgleicht. Sie wird erreicht über eine V-Form der Tragflächen. Die Auftriebskräfte der beiden Tragflächen wirken dann unterschiedlich, wenn eine Böe das Flugzeug aus der Waagerechten gebracht hat. In der Schräglage nimmt der Auftrieb an der gehobenen Fläche ab, an der gesenkten nimmt er zu. Das hat seinen Grund darin, daß der Auftrieb immer senkrecht zur erzeugenden Fläche wirkt. Zerlegt man die Luftkraft mit dem Kräfteparallelogramm in Auftrieb und Seitenzug, dann zeigt sich, daß die horizontal wirkende Komponente des Auftriebes (= Seitenzug) an der jeweils gehobenen Fläche größer ist als an der gesenkten. Größerer Seitenzug bewirkt aber auch geringere Größe des senkrecht wirkenden Teils des Auftriebes. Die gehobene Fläche bekommt folglich einen geringeren Auftrieb als die gesenkte; die Maschine dreht selbständig in die Waagerechte zurück. Das selbständige Zurückkehren in die ursprüngliche Lage ist der Beweis, daß die Maschine querstabil ist.

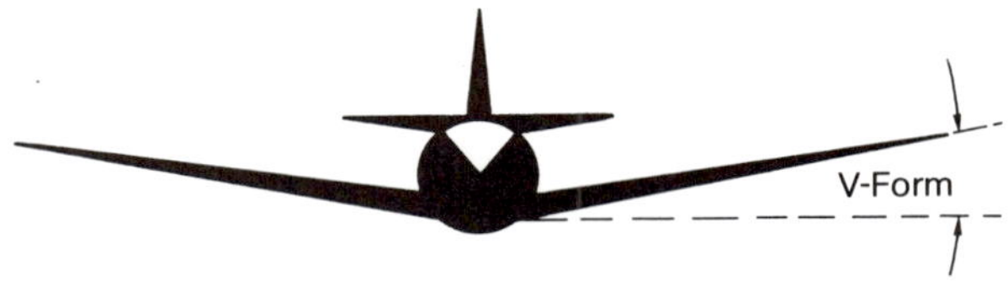

Die Querstabilisierung durch V-Form

Die **Seitenstabilität** ist keineswegs die Stabilität um eine vierte Achse, sondern der Oberbegriff, mit dem Kurs- und Querstabilität zusammengefaßt werden. Damit wird lediglich der Tatsache Rechnung getragen, daß es Stabilität um eine Achse eigentlich nur um die Querachse gibt. Alles was dagegen um die Hoch- und Längsachse geschieht, beeinflußt sich stets wechselweise. Eine Störung um die Längsachse zieht folglich stets auch eine Störung um die Hochachse nach sich. Die Eigenstabilität muß daher auch stets um beide Achsen wirksam sein – genauso wie für einen Eingriff des Piloten in das Geschehen um eine der beiden Achsen stets Quer- und Seitenruder benötigt werden.
Je stabiler eine Maschine um ihre drei Achsen ist, je schneller sie nach einer Störung wieder in die alte Bewegungsrichtung zurückkehrt, desto höher können die Ruderkräfte für den Piloten werden. Dies gilt natürlich hauptsächlich für das Höhenruder, da es am längsten in unterschiedlichen Stellungen gehalten werden muß. Um dem Piloten in dieser Situation zu helfen, wurde die **Trimmung** erfunden.

Theoretisch gibt es zumindest für die Trimmung um die Querachse (für die Längsstabilität also) zwei Möglichkeiten:

- Bei der **Gewichtstrimmung** wird über den Einbau von Trimmgewichten die Lage des Schwerpunktes verschoben bzw. korrigiert. Dieses Vorgehen beschränkt sich jedoch fast ausschießlich auf den Segelflug. Eine andere Möglichkeit sind Trimmtanks wie z. B. in der Concorde, bei der entsprechend der gerade erforderlichen Fluglage der Treibstoff in vordere oder hintere Tanks gepumpt wird.
- Bei der **Rudertrimmung,** auch aerodynamische Trimmung genannt, werden kleine, in die Ruder ein- oder angebaute Hilfsklappen verwendet, die vom Piloten während des Fluges verstellt werden können. Ein Ausschlag nach der einen oder anderen Seite verursacht am Ruder eine Wölbung, an deren Außenseite ein Sog entsteht. Dieser Sog zieht das Ruder in die gewünschte Stellung. Ein Ausschlag der Höhenrudertrimmung nach unten zieht das Ruder selbst nach oben. Dadurch entsteht auf der Unterseite von Ruderflosse und Ruder eine Wölbung. Ihr Sog sorgt dafür, daß das Ruder insgesamt nach unten geht und daß das Flugzeug schwanzlastig wird.

Für die Bedienung der Trimmung durch den Piloten gilt generell: Soll die Maschine schwanzlastig werden (etwa für den Steigflug), muß der Trimmhebel oder das Trimmrad zurückgeführt werden. Soll die Maschine dagegen kopflastiger werden (etwa für den Sinkflug), wird der Trimmhebel oder das Trimmrad nach vorne geführt.

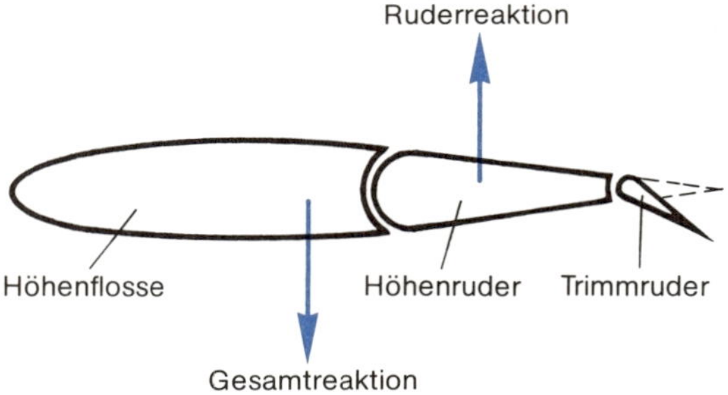

Die Rudertrimmung

Das **Flettnerruder** ist eine Sonderform der Rudertrimmung. Es dient nicht eigentlich der aerodynamischen Veränderung der Nullstellung eines Ruders, sondern der Verringerung der aufzubringenden Steuerkräfte. Dafür bewegt sich das Flettnerruder bei jedem Steuerausschlag automatisch mit, schlägt aber immer in entgegengesetzter Richtung aus. Es verursacht so stets in Richtung des Ausschlages des eigentlichen Ruders einen Sog und »zieht« es damit in die gewünschte Richtung. Diese Form der Rudertrimmung wird auch aerodynamischer Ruderausgleich genannt.

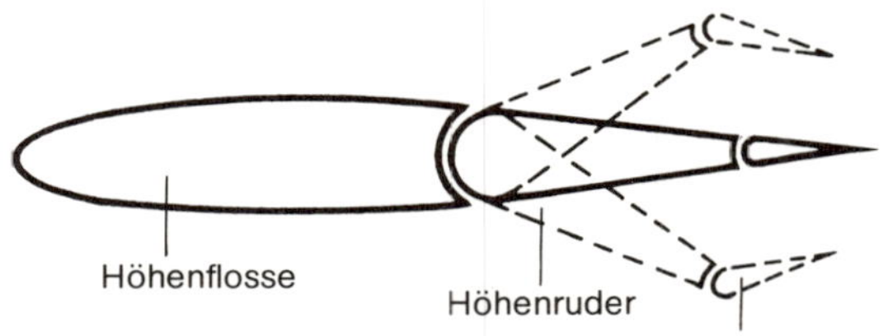

Das Flettner-Ruder

Die **Bügelkante** ist ebenfalls eine Sonderform der Rudertrimmung. Sie besteht aus einem verbiegbaren Blech, das häufig an den Hinterkanten des Seiten- und Querruders zu finden ist. Im Gegensatz zur normalen Rudertrimmung kann die Bügelkante nicht im Fluge verstellt werden. Über sie können Unstimmigkeiten, die sich an einem Ruder in der Luft gezeigt haben, am Boden korrigiert werden. Hängt etwa ein Flugzeug im Flug dauernd links, dann muß eine am linken Querruder angebrachte Bügelkante nach oben gebogen werden.

Die Bügelkante

Dadurch erfolgt im Fluge automatisch ein geringerer Ausschlag des linken Querruders nach unten (und natürlich des rechten Querruders nach oben) – die Maschine kommt von selbst in die Waagerechte.
Alle Finessen der Konstrukteure, die dem Druckpunkt seinen Wandertrieb austreiben und der Maschine ihre Stabilität geben sollen, behalten ihre Wirkung nur so lange, wie die dem Druckpunkt korrespondierende Größe, der Schwerpunkt nämlich, nicht auch zu wandern beginnt. Wird seine Lage verändert, bildet sich zwischen ihm und dem Druckpunkt sofort wieder der gefährliche Hebelarm, der alle Bemühungen der Konstrukteure zunichte macht und dazu führen kann, daß die zur Stabilisierung der Maschine vorhandenen Ruder zur Aufrechterhaltung der Stabilität im Fluge nicht mehr ausreichen. Da die korrekte Lage des Schwerpunktes ausschließlich von der Beladung der Maschine abhängig ist, hat hier der Pilot seinen Beitrag zu leisten, damit seine Maschine wirklich im größtmöglichen Gleichgewicht der Kräfte und mit optimaler Stabilität fliegen kann.

Der **Schwerpunkt** eines Flugzeuges ist definiert als der Massenmittelpunkt (CG = center of gravity), an dem alle Schwerkräfte angreifen. Könnte man das Flugzeug an diesem Punkt unterstützen, würde es, solange nur die Schwerkraft wirksam wäre, in jeder Lage im Gleichgewicht bleiben. Bekanntlich muß dieser Schwerpunkt möglichst genau mit dem Druckpunkt zusammenfallen, damit kein die Stabilität der Maschine gefährdender Hebelarm entstehen kann.
Die maximal zulässige Entfernung des Schwerpunktes von der Ideallage nach vorne oder hinten ist für jeden Flugzeugtyp vom Konstrukteur festgelegt und im Flughandbuch als »zulässiger Bereich« exakt definiert. Es ist die Pflicht jedes Piloten, vor jedem Flug nachzuprüfen, ob der Schwerpunkt seiner Maschine wirklich im zulässigen Bereich liegt. Eine Maschine mit Schwerpunkt außerhalb des zulässigen Bereiches ist extrem gefährlich, da die Steuermöglichkeiten des Piloten stark eingeschränkt sind!

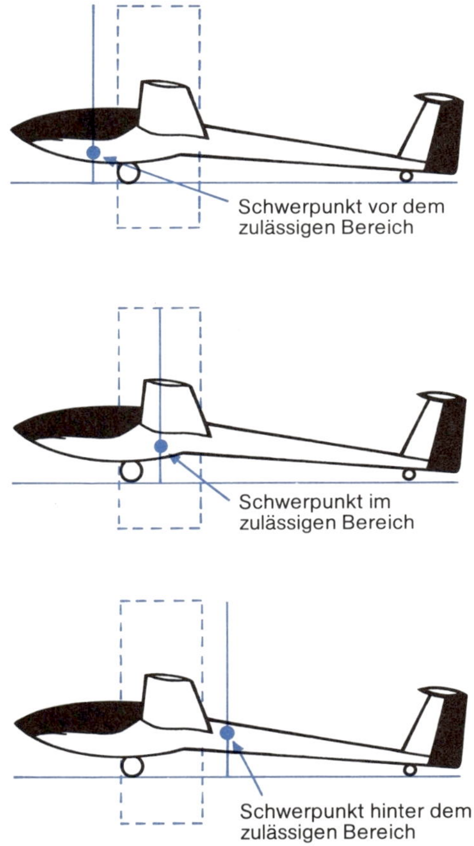

Die Lage des Schwerpunktes

Liegt der Schwerpunkt durch falsche Beladung der Maschine vor dem zulässigen Bereich, stellen sich sofort verschiedene ungünstige Eigenschaften ein:

- Die Überziehgeschwindigkeit steigt spürbar an.
- Der Steuerdruck am Höhenruder nimmt stark zu.
- Die Flugleistungen nehmen rapide ab.

Liegt der Schwerpunkt durch falsche Beladung der Maschine hinter dem zulässigen Bereich, stellen sich sofort höchst gefährliche Eigenschaften ein:

- Das Überziehverhalten ändert sich. Die Maschine reagiert im überzogenen Zustand u.U. auch nicht mehr auf das Seitenruder. Bei manchen Typen besteht sogar die Gefahr, daß sie ins Flachtrudeln geraten.

- Der Steuerdruck am Höhenruder nimmt stark ab. Es wächst die Gefahr, das Höhenruder falsch zu bedienen.
- Die Längsstabilität ist spürbar schlechter.
- Im unteren Geschwindigkeitsbereich ist die Maschine kaum kontrollierbar.

Zur Kontrollrechnung, ob die Zuladung (Benzin, Öl, Pilot, Passagiere, Gepäck) den Schwerpunkt nicht aus dem zulässigen Bereich gebracht hat, sind vier Gewichtsarten zu berücksichtigen:

- Das *Leergewicht* (empty weight) beinhaltet das Gewicht der leeren Maschine einschließlich fest eingebauter Ausrüstung, nicht ausfliegbarem Kraftstoff, nicht ablaßbarem Öl und eventuell vorhandener Hydraulik-Flüssigkeit.
- Die *Zuladung* oder *Nutzlast* (useful load) beinhaltet das Gewicht des Piloten, der Passagiere, des Gepäcks, des ausfliegbaren Kraftstoffes und des ablaßbaren Öles.
- Das *Fluggewicht* (gross weight oder take-off weight) beinhaltet das Leergewicht und die Zuladung.
- Das *höchstzulässige Fluggewicht* beinhaltet das Leergewicht und die im Flughandbuch festgelegte, maximal mögliche Zuladung. Sie darf unter keinen Umständen überschritten werden.

Das Wetter

Für uns Menschen hat das Wetter zwei unumstößliche Tatsachen parat. Die erste ist seine Allgegenwart, der kein atmendes Wesen entrinnen kann. Wohl können wir uns mehr oder weniger gut gegen einzelne Auswirkungen des gerade herrschenden Zustandes der Atmosphäre schützen. Nirgendwo aber ist der Mensch dem Wetter so unmittelbar und so unentrinnbar ausgeliefert wie bei der freien Bewegung im dreidimensionalen Raum; geschützt nur von den dünnen »Wänden« eines kleinen Flugzeuges. Welches Wetter dabei auch gerade herrscht, es herrscht vom Start bis zur Landung unerbittlich mit allen positiven und negativen Möglichkeiten.

Die andere Tatsache ist, daß das einzig Beständige am Wetter sein ständiger Wechsel ist. Weder kann davon ausgegangen werden, daß das gerade herrschende Wetter lange erhalten bleibt, noch daß in einiger Entfernung gar die gleichen Bedingungen herrschen. Hier kann nur der Versuch weiterhelfen, dem Wetter möglichst genau auf die Schliche zu kommen. Das ist umso leichter möglich, als es ja nach den Gesetzen der Physik »funktioniert« und im wesentlichen von vier Faktoren abhängig ist:

- Von der *Sonne:* Ihre Strahlungsenergie bestimmt den Zustand der Erdatmosphäre.
- Von der *Atmosphäre:* Ihr Aufbau bestimmt die Umsetzung der Sonnenstrahlung auf dem Weg zur Erde.
- Von den *geophysikalischen Eigenschaften der Erdoberfläche:* Sie bestimmen den Zustand ganzer Luftmassen.
- Vom *geographischen Platz* auf der Erde: Er bestimmt das Klima mit seinen typischen Eigenschaften.

Wer ein wenig um das Zusammenspiel dieser vier Hauptfaktoren und dazu noch um die Möglichkeit weiß, die die Meteorologie mit ihrer Wettererfassung und Vorhersage bietet, kann zumindest nicht so leicht von Unvorhergesehenem überrascht werden. Schon das allein sollte für jeden Piloten Motivation genug sein, sich intensiv mit allem zu befassen, was mit dem Wetter zusammenhängt.

Der Aufbau der Atmosphäre

Die Gashülle um unseren blauen Planeten nennen wir Atmosphäre. Sie besteht aus Luft, einem Gasgemisch aus rund 78% Stickstoff, 21% Sauerstoff, 0,9% Edelgasen, 0,03 Kohlendioxyd sowie wechselnden Mengen von Wasserdampf, Staub und anderen Schwebstoffen. Die Luft ist zwar leicht, doch keineswegs gewichtslos. Sie folgt vielmehr der Erdanziehung und sammelt sich deshalb auch zum größten Teil direkt über der Erdoberfläche. Mit der Höhe wird die Luftmenge (= Dichte) rasch geringer.
Die Luft lastet in Meereshöhe im Normalzustand mit einem Gewicht von etwa 1,02 kg auf jedem Quadratzentimeter der Erdoberfläche. Der Druck, den dieses Gewicht ausübt, wird in Hektopascal (hPa), Millimeter Quecksilber (mm Hg) oder Zoll/inches Quecksilber (inches Hg) gemessen. In Meereshöhe (NN = Normal Null; MSL = mean sea level) beträgt der Druck in der von der ICAO (International Civil Aviation Organisation) definierten Standardatmosphäre 1013,25 hPa oder 29,92 inches Hg oder 760 mm Hg.

Der **Luftdruck** nimmt mit zunehmender Höhe über NN immer schneller ab. Bereits in 2350 m Höhe beträgt er nur noch ³/₄ der Norm, in 3300 m nur noch ²/₃ und in 5500 m sogar nur noch die Hälfte des Druckes in Meereshöhe. Nach jeweils 5500 weiteren Höhenmetern halbiert er sich dann wieder. Somit ergibt sich:

In Meereshöhe	Normaldruck
in 5500 m NN (18000 Fuß MSL)	die Hälfte des Normaldruckes
in 11000 m NN (36000 Fuß MSL)	ein Viertel des Normaldruckes
in 16500 m NN (54000 Fuß MSL)	ein Achtel des Normaldruckes.

Da die Dichte etwa parallel zum Druck abnimmt (Abweichungen sind temperaturbedingt), kann auch andersherum formuliert werden:

- 50% der Luftmasse unserer Erde liegen in Höhen unter 5500 m (18000 Fuß)
- 75% der Luftmasse unserer Erde liegen in Höhen unter 11000 m (36000 Fuß)
- 87,5% der Luftmasse unserer Erde liegen in Höhen unter 16500 m (54000 Fuß).

Der mit der Höhe abnehmende Luftdruck ist nur eines der Kennzeichen für den Aufbau der Atmosphäre. Ein anderes, noch viel deutlicheres Merkmal ist die vertikale Temperaturverteilung. Sie nämlich ist keineswegs gleichmäßig, sondern gliedert mit ihrem Verhalten die Atmosphäre in klar unterscheidbare Stockwerke, in denen jeweils eigene Gesetzmäßigkeiten herrschen.

Das unterste Stockwerk ist die **Troposphäre** (von griech. tropein = sich ändern). In ihr spielt sich das gesamte Wettergeschehen ab, der gesamte Raum darüber ist praktisch wolkenfrei. Ihre Obergrenze liegt über den Polen in etwa 8000 m Höhe, über unseren Breiten in etwa 11000 m Höhe und über dem Äquator in etwa 16–18000 m Höhe. Da die Temperatur in der Troposphäre ziemlich kontinuierlich um 0,65 °C pro 100 Höhenmeter (2 °C pro 1000 Fuß) abnimmt, betragen die Temperaturen an der Obergrenze über den Polen etwa −40 °C; über unseren Breiten etwa −55 °C und über dem Äquator etwa −80 °C (gerechnet von einer Ausgangstemperatur von 15 °C in NN). Druck und Dichte reduzieren sich nach den schon genannten Gesetzen, so daß an der Obergrenze der Troposphäre nur noch knapp ein Viertel des Druckes in Meereshöhe (etwa 225 hPa) vorhanden und rund ³/₄ der Luftmasse in dieser Schicht zusammengezogen ist.
Mit zunehmender Höhe nimmt innerhalb der Troposphäre auch der in der Luft enthaltene Wasserdampf mehr und mehr ab. Zwar ist der Wasserdampf wesentlich leichter als die Luft (Molekulargewicht etwa 2 : 3) und feuchte Luft deshalb leichter als trockene, doch sind den Aufstiegsvorgängen feuchter Luft natürliche Grenzen durch die Temperatur gesetzt. Von ihr nämlich ist abhängig, wieviel Wasserdampf von der Luft überhaupt »gehalten« werden kann. Grundsätzlich gilt dabei: Luft kann umso mehr Feuchtigkeit aufnehmen, je wärmer sie ist. Mit wachsender Abkühlung muß sie

immer mehr Feuchtigkeit abgeben (Kondensation, Niederschlag). Schon in 2000 m Höhe kann deshalb Luft nur noch die Hälfte der Feuchtigkeit aufnehmen, die sie in Meereshöhe fassen kann. Entsprechend gering wird die in den oberen Bereichen der Troposphäre noch enthaltene Feuchtigkeit. Oder: die Kälte bildet eine natürliche Sperre für die nach oben strebende Feuchtigkeit.

Die Obergrenze der Troposphäre ist die **Tropopause.** Sie ist dadurch gekennzeichnet, daß die Temperatur plötzlich nicht mehr abnimmt, sondern für einige tausend Höhenmeter unverändert bleibt. Diese Isothermie sorgt unter anderem dafür, daß das durch ein ewiges Auf und Ab von Luftmassen geprägte Wettergeschehen wirklich auf die Troposphäre beschränkt bleibt.

Das zweite Stockwerk ist die **Stratosphäre** (von lat. stratus = geschichtet). In ihr spielt sich praktisch keinerlei Wettergeschehen mehr ab. Ihre Obergrenze liegt bei etwa 55 000 m. In dieser Höhe erreicht die Temperatur wieder Werte bis über dem Gefrierpunkt (maximal bis 50 °C), da ab etwa 20 000 m Höhe die Temperatur zwar langsam aber stetig wieder zunimmt. Der Luftdruck dagegen hat natürlich keine Möglichkeit, wieder zuzunehmen. Er nimmt weiter stark ab und beträgt im oberen Bereich der Stratosphäre nur noch den tausendsten Teil des Druckes in Meereshöhe. Gerade 1 mb würde ein Barometer noch anzeigen.

Die kontinuierliche Temperaturzunahme (eigentlich eine gigantische Inversion) sorgt dafür, daß kein vertikaler Luftaustausch, wie er für die Troposphäre so charakteristisch ist, mehr stattfinden kann. Folglich könnte es hier keine Wolkenbildung aufgrund von Hebungsvorgängen geben, selbst wenn genügend Feuchtigkeit vorhanden wäre. Aber auch die fehlt ja völlig. Lediglich horizontale Luftbewegungen sind zu beobachten, Turbulenzen sind selten und ohne große Auswirkungen.

Der Aufbau der Atmosphäre

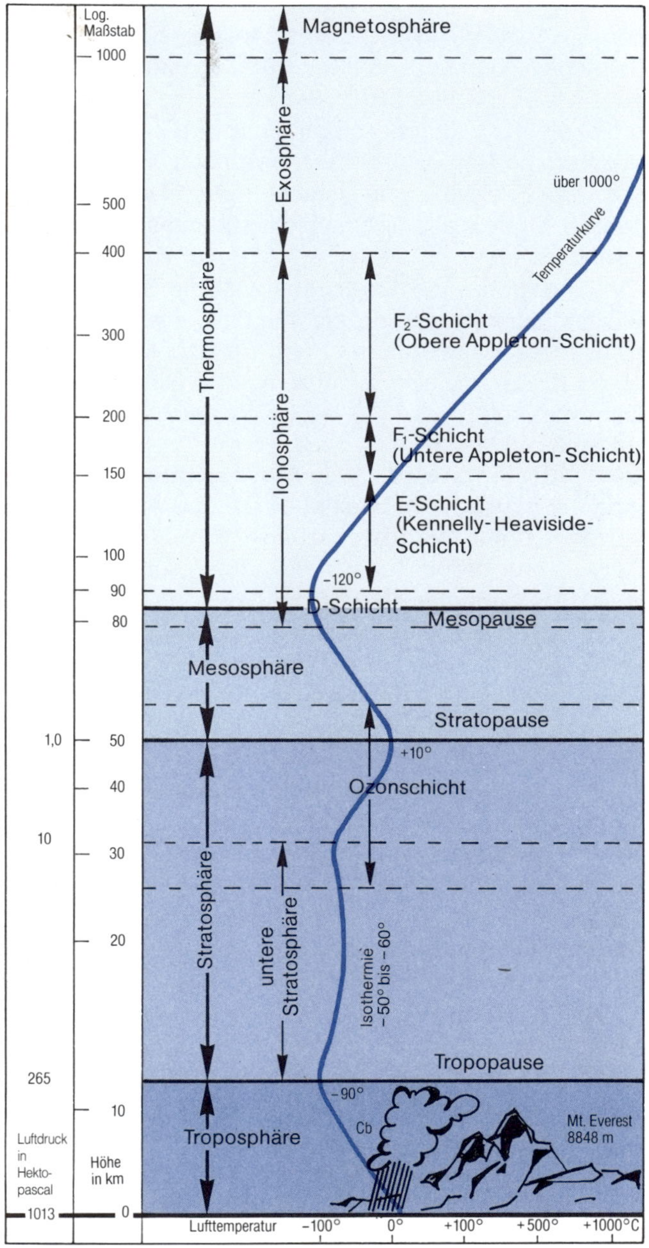

Das so statische Geschehen hat dennoch für alles Leben auf der Erde eine äußerst wichtige Funktion. Hier nämlich wird die Filterschicht gebildet, die den Anteil der schädlichen ultravioletten Strahlung auf ein erträgliches Maß reduziert. Dafür werden normale Sauerstoffmoleküle (O_2) unter Verbrauch von UV-Strahlung in dreiatomige (O_3 = Ozon) umgewandelt. Die dafür absorbierte Energie ist die Ursache für die Temperaturzunahme. Ohne diese Ozonschicht sähe unsere Welt völlig anders aus.
Die Obergrenze der Stratosphäre ist die **Stratopause.** Sie ist dadurch gekennzeichnet, daß die Temperatur nicht mehr weiter zunimmt und die Ozonkonzentration aufhört. Sie markiert gleichzeitig die Obergrenze der Dämmerung.

Das dritte Stockwerk ist die **Mesosphäre** (von griech. meso = mittel). In ihr beginnt die Temperatur wieder zu sinken bis auf Werte zwischen −80 °C und −130 °C. Der Luftdruck reduziert sich bis auf ein hundertstel Millibar. Das bedeutet aber keineswegs, daß es hier besonders ruhig zugeht. Vielmehr gibt es hier Windgeschwindigkeiten bis zu 1000 km/h. Die Obergrenze der Mesosphäre ist die **Mesopause,** die bei etwa 80 000 m Höhe liegt. Bis hierher dringen »normale« Meteore vor.

Das vierte Stockwerk ist die **Ionosphäre** (von griech. ion = elektrisch geladenes Teilchen). Sie wird auch Thermosphäre genannt, weil in ihr Temperaturmaxima bis zu 1000 °C (in über 200 km Höhe) erreicht werden. Aufgrund der extrem geringen Luftdichte könnte diese Temperatur aber kaum über Wärmeaustausch wirksam werden. Wichtiger in ihren Auswirkungen als die hohen Temperaturen sind die elektrischen Vorgänge in dieser Schicht, die sich von 80–400 km Höhe erstreckt.
Durch die Ionisation von Stickstoff und Sauerstoff durch die UV-Strahlung der Sonne werden in unterschiedlichen Höhen verschiedene, elektrisch leitfähige Schichten gebildet. Die einzelnen Schichten unterscheiden sich durch unterschiedliche Ionisierungsvorgänge und durch mit der Höhe steigende Elektronendichte. Die Ionosphäre ist der Bereich der Polarlichter und der wandernden Ionenwolken sowie der Reflexionsschichten, an denen die Kurzwellen reflektiert werden. Sie sind dafür verantwortlich, daß Kurzwellen im »Zickzack« um den Globus wandern können.

Das fünfte und oberste Stockwerk ist die **Exosphäre** (von griech. exo = außen). Sie beginnt etwa in 400 km Höhe und hat nach oben keine Begrenzung. In ihr wird der Einfluß der Schwerkraft so gering, daß aus der schon extrem geringen Luftdichte Teilchen in den Weltraum entweichen können. Umgekehrt strömen kosmische Teilchen (Meteorstaub, interplanetarisches Gas) in die Erdatmosphäre ein. Der Übergang zum Weltraum ist fließend.

Die Übersicht über das »Hochhaus« aus Luft über uns zeigt nicht nur, daß die alles irdische Leben schützende Lufthülle eigentlich recht dünn ist. Deutlich wird vor allem, daß die innerste Schicht mit ihren nur 11 km Dicke äußerst dünnhäutig ist. Noch viel dünnhäutiger wird sie, wenn man sie auf die **Lebensbedingungen** für den Menschen hin abklopft. Dazu muß berücksichtigt werden, daß der Mensch den Sauerstoff nur entsprechend seines Teildruckes aufnehmen kann. Dieser Sauerstoff-Teildruck beträgt entsprechend dem Mischungsverhältnis zwischen Stickstoff und Sauerstoff jeweils etwa 20% des Gesamtdruckes in Meereshöhe, also etwa 200 hPa. In nur 5500 m NN ist der Sauerstoff-Teildruck schon auf 100 hPa reduziert – kein Wunder also, wenn die an 200 hPa gewöhnten Lungen dem Körper nicht mehr genügend Sauerstoff verschaffen können. Zu wenig Sauerstoff aber bedeutet Reduzierung sämtlicher Körperfunktionen und kann zum Tod führen.

- Sauerstoffmangel bedeutet akute Lebensgefahr!

Abhängig von der Höhe führt der Sauerstoffmangel zu mehr und mehr gesteigerten Mangelerscheinungen. Abhängig von diesen Symptomen werden von der Luftfahrtmedizin 4 Höhenschwellen definiert:

- *Die Reaktionsschwelle:* Sie liegt je nach Verfassung des Einzelnen zwischen 2000 und 3000 m und macht sich mit Müdigkeit bzw. verringerter Leistungsfähigkeit bemerkbar. Auch der Untrainierte aber Gesunde kann den Sauerstoffmangel noch durch schnelleres Atmen kompensieren.
- *Die Störungsschwelle:* Sie liegt zwischen 4000 und 5000 m und macht sich bereits mit spürbaren Funktionsstörungen bemerkbar. Besonders die Fähigkeit, logisch zu denken und rasch zu entscheiden, ist beeinträchtigt. Die Zeitreserve bis zum Eintritt der Bewußtlosigkeit beträgt etwa 2 Stunden.
- *Die Todesschwelle:* Sie liegt zwischen 6000 und 7000 m und macht sich bereits durch Lähmungserscheinungen bemerkbar. Die Zeitreserve bis zum Eintritt der Bewußtlosigkeit reduziert sich auf ganze 5 Minuten. Erhält der Organismus keinen zusätzlichen Sauerstoff, tritt nach einiger Zeit der Tod ein.
- *Die biologische Schwelle:* Sie liegt zwischen 12000 und 13000 m und ist dadurch gekennzeichnet, daß der Luftdruck nun nicht mehr größer ist als der Blutdruck des Menschen. Damit aber ist der Siedepunkt des Blutes erreicht, dessen Dampfdruck nun dem Außendruck entspricht. Ohne künstlichen Gegendruck (Druckanzug oder Druckkabine) beginnt im Blut die Gasblasenbildung, die über eine Embolie zum Tod führt. Die Zeitreserve bis zum Eintritt der Bewußtlosigkeit beträgt noch 30 Sekunden.

Die Angaben zu den Zeitreserven bis zum Eintritt der Bewußtlosigkeit könnten den Eindruck entstehen lassen, daß dem Piloten ja immer noch sehr viel Reaktionszeit zur Verfügung steht, wenn er die ersten Anzeichen von Sauerstoffmangel bemerkt. Deshalb kann nicht eindringlich genug darauf hingewiesen werden, daß diese Ansicht aus zwei Gründen völlig falsch ist:

- Die ersten Anzeichen von Sauerstoffmangel sind individuell sehr verschieden und keineswegs immer sicher zu erkennen. Sie reichen von wohliger Müdigkeit bis zu prickelndem Hochgefühl (»So schön war die Welt noch nie«). Da die Signale häufig angenehm wirken, wird der Beginn überhaupt nicht erkannt und die Steigerung nur allzu leicht übersehen. Sogar teilweise Bewußtlosigkeit wird nicht als Warnsignal empfunden, da sie gar nicht bemerkt wird!
- Der Beginn der Zeitreserve bis zum Eintritt der Bewußtlosigkeit kann außer beim Ausfall der Sauerstoffanlage vom Piloten meist nicht eindeutig definiert werden. Wird dagegen ohne Sauerstoffanlage die Störungsschwelle überschritten, ist selten klar, wann dies geschieht. Werden dann die ersten Anzeichen übersehen, ist es bis zur ersten unbemerkten Bewußtlosigkeit nicht mehr weit. Deshalb sollte stets die Grundregel gelten:
- Kein Flug über 4000 m/13000 ft ohne Sauerstoffgerät!

Das »Hochhaus« aus Luft hat aber – zumindest in seinem untersten Stockwerk – noch eine weitere Eigenschaft aufzuweisen. Der Zustand der Luft in der Troposphäre ist von vielen Faktoren abhängig und einem dauernden Wechsel unterworfen. Auch beeinflussen sich so manche Faktoren gegenseitig (etwa Temperatur und relative Luftfeuchtigkeit). Um dennoch einen Luftzustand als allgemein verbindliche Bezugsgröße zu erhalten, wurde von der ICAO eine **Standardatmosphäre** bezogen auf die mittlere Breite von 45° und bezogen auf Meereshöhe festgelegt. Danach weist die »amtliche Luft« folgende Werte auf:

- Der Druck in NN
  beträgt 1013,25 hPa oder 29,92 inches Hg
- Die Temperatur in NN
  beträgt 15°C
- Die relative Luftfeuchtigkeit
  beträgt 0%
- Die Dichte in NN
  beträgt 1,225 kg/m^3
- Die Temperaturabnahme
  beträgt 0,65°C/100 m oder 2°C/1000 ft
- Die Höhe der Tropopause
  beträgt 11000 m oder 36000 ft
- Die Temperatur der Tropopause
  beträgt –56,5°C

Der Wärmehaushalt der Atmosphäre

Leben und Wettergeschehen auf der Erde sind nur möglich, weil es in der Strahlung eine Form der Energieübertragung gibt, die an keine Wärmeleitung gebunden ist. Entsprechend seiner Temperatur »sendet« jeder Körper elektromagnetische Wellen aus. Ihre Wellenlänge ist umso kürzer, je höher die Temperatur ist. Die an ihrer Oberfläche etwa 5750 °C heiße Sonne gibt deshalb extrem kurzwellige Strahlung im Bereich von 0,3 bis 3 Mü (1 Mü = 1/1000 mm) ab. Die nur 20 °C warme Erde strahlt dagegen langwellig im Bereich von 3 bis 80 Mü aus.

Von der von der Sonne abgestrahlten Energie in Form elektromagnetischer Wellen trifft nur etwa der milliardenste Teil die Oberfläche der Erdatmosphäre. Dennoch kommen auf der der Sonne zugewandten Seite der Erdatmosphäre pro Minute stetig etwa 2 cal/cm^2 als Energie an. Dieser seit Jahrhunderten konstante Wert ist die **Solarkonstante.**

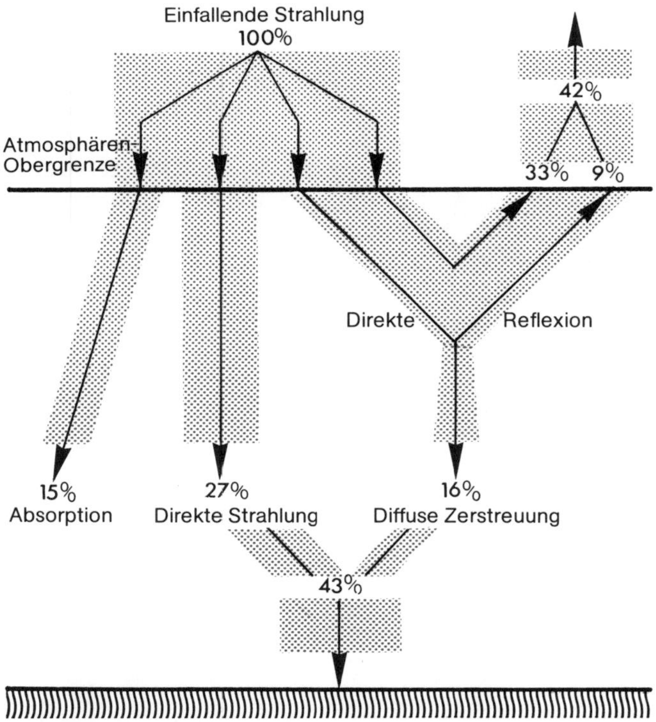

Die Extinktion der Sonnenstrahlung

Die auf die Erdatmosphäre treffende Energie ist aber nun keineswegs gleichzusetzen mit dem, was wir als Licht und Wärme auf der Erdoberfläche wahrnehmen. Zum einen nehmen wir ja gar nicht alles wahr (etwa UV- oder Infrarot-Strahlung), zum anderen wird die Sonnenstrahlung auf ihrem 500 km langen Weg durch die Atmosphäre nicht wenig beeinflußt, vor allem aber geschwächt. Diese Abschwächung der Strahlung wird **Extinktion** genannt. Sie beruht hauptsächlich auf drei verschiedenen Vorgängen:

- **Die diffuse Zerstreuung:** Sie wird durch die Luftmoleküle verursacht, die nicht alle Wellenlängen gleichmäßig passieren lassen. Besonders die blauen Strahlen sind anfällig für diese Zerstreuung. Das führt dazu, daß trotz fehlender Wolken der Himmel nur mittags so richtig blau ist. Abends dagegen wächst die Streuung der Blaustrahlung so stark, daß nur noch Gelb bis Rot übrigbleiben, weil das Licht nun einen bis zu dreißigmal längeren Weg durch die Luft hat. Aus dem gleichen Grunde erscheint der Himmel in größeren Höhen sehr viel blauer und dunkler als von Meereshöhe aus.
- **Die Reflexion:** Sie wird von den festen und flüssigen Luftbeimengungen (Staub, Wolken) sowie der Erdoberfläche verursacht. Dabei wird die Strahlung nicht abgeschwächt, sondern in eine andere Richtung gelenkt. Allein durch diese Reflexion geht im Schnitt über ein Drittel der einfallenden Strahlung verloren. Das Verhältnis zwischen reflektierter und gesamter Strahlung wird Albedo genannt. Er ist abhängig von der Wolkendichte (eine geschlossene, dicke Wolkendecke reflektiert bis zu 70% der Strahlung zurück in den Weltraum) und vom Zustand der Erdoberfläche. Frischer Schnee etwa reflektiert bis zu 85% der Strahlung ungenutzt. Wasser oder Wald dagegen reflektieren weniger als 10%.

- **Die Absorption:** Sie wird von der Ozonschicht (O_3), von Wolken, Dunst und der Erdoberfläche gesteuert. Die Ozonschicht in der Stratosphäre etwa absorbiert nahezu die gesamte UV-Strahlung und setzt sie in Wärme um. Der Boden absorbiert die gesamte nichtreflektierte Strahlung und setzt sie in Wärme um (die Luft über dem Boden wird erst danach durch Wärmeleitung vom Boden aus erwärmt).

Die von der Sonnenstrahlung erwärmte Erdoberfläche strahlt nun ihrerseits, allerdings nicht kurz-, sondern langwellige Strahlung ab. Diese langwellige Strahlung kann von Wasserdampf, Wasser und Kohlendioxyd besonders gut absorbiert und neuerlich in Wärme umgesetzt werden. Dadurch wird verhindert, daß sich die warmen Erdstrahlen in die Höhe verlieren (wie etwa in klaren und deshalb besonders kalten Nächten). Sie kommen vielmehr als Gegenstrahlung auf die Erde zurück. Dieser Vorgang wird als **Glashauseffekt** bezeichnet, da ein gläsernes Gewächshaus nach eben diesem Prinzip funktioniert: Kurzwellige Strahlung dringt ungehindert durch das Glas, wird vom Boden absorbiert, erwärmt als langwellige Strahlung die Luft und kann aber nicht durch das Glas entweichen. Da die kurzwellige Strahlung die Luft kaum erwärmen kann, muß die Erwärmung der gesamten Troposphäre vom Boden aus erfolgen. Dafür gibt es folgende Möglichkeiten:

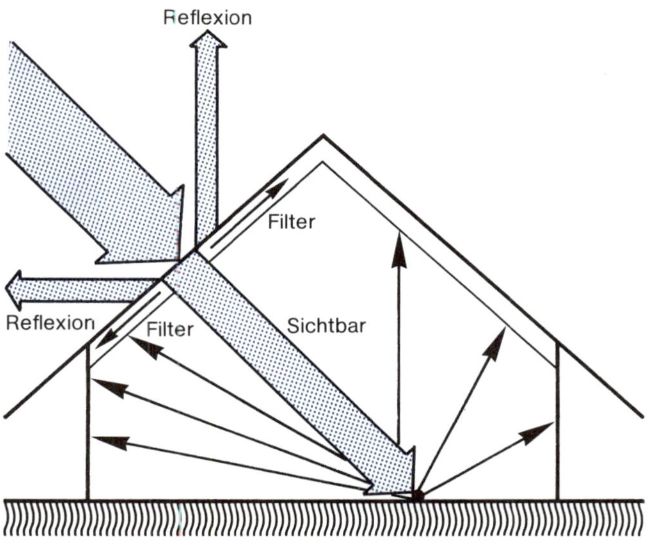

Der Glashauseffekt

- **Die direkte Wärmeleitung:** Sie ist für die Erwärmung der bodennahen Schichten verantwortlich. Da die Luft aber viel zu gut isoliert, würde die direkte Wärmeleitung nicht sehr weit in die Höhe reichen.
- **Die Konvektion:** Sie ist die Folge der unterschiedlichen Erwärmung der Luft über unterschiedlichen Bodenflächen. Über freier Ackerfläche etwa erwärmt sich die Luft sehr viel stärker als über Laubwald. Da warme Luft weniger dicht und deshalb leichter als kalte Luft ist, beginnt sie aufzusteigen und verursacht damit auch einen Absinkvorgang von kalter Luft aus der Höhe.
- **Die Turbulenz:** Sie sorgt schon bei geringen Windgeschwindigkeiten für die Vermischung verschiedener Luftschichten und damit für den Wärmetransport nach oben.
- **Die Kondensation:** Mit ihr wird auf einem Umweg Wärme in die Höhe transportiert. Nimmt die Luft an der Erdoberfläche Wasser durch Verdunstung auf, wird dabei Wärme verbraucht. Steigt die feuchtwarme Luft bis zum Kondensationsniveau auf, wird bei der Kondensation die bei der Verdunstung verbrauchte Wärme wieder frei und erwärmt die höheren Luftschichten.
- **Die Absorption:** Auch hier wird Wärme auf einem Umweg in die Höhe transportiert, wenn die langwellige Erdstrahlung nämlich auf dichte Wolken trifft. Von ihnen wird die Erdstrahlung absorbiert, in Wärme umgesetzt und in die Umgebung abgeleitet.

Die vielen unterschiedlichen Möglichkeiten zur Erwärmung der Luft in unterschiedlichen Höhen deuten schon an, daß die Temperatur in der Höhe stark schwanken kann. Die tatsächliche Temperatur in den verschiedenen Höhen einer ruhenden Luftmasse ist deshalb für das Erkennen des Wettergeschehens von größter Bedeutung. Sie wird über Radiosondenaufstieg erfaßt und als **vertikaler Temperaturgradient** oder Schichtungsgradient gezeichnet. Dabei können sich drei Grundformen der vertikalen Temperatur zeigen:

- Eine mehr oder weniger regelmäßige, mehr oder weniger starke Abnahme der Temperatur. Im Idealfall wäre es die der ICAO-Standardatmosphäre zugrunde gelegte Temperaturabnahme von 0,65°C/100 m. Natürlich ist dieser Idealzustand selten gegeben. Andererseits haben alle Abweichungen von dieser »Norm« für die Meteorologen ihre Aussagefähigkeiten.
- Keine Abnahme der Temperatur trotz zunehmender Höhe. Diese Temperaturgleichheit wird **Isothermie** genannt und deutet eine mögliche Sperre für Vertikalbewegungen an.
- Eine mehr oder weniger starke Zunahme der Temperatur trotz zunehmender Höhe. Diese Temperaturzunahme wird **Inversion** genannt und ist stets eine Sperre für Vertikalbewegungen.

Luft ist ein Gasgemisch und folgt deshalb den Gasgesetzen. Dehnt sie sich aus (Expansion), kühlt sie sich ab. Verdichtet sie sich (Kompression), erwärmt sie sich. Tritt eine solche Temperaturänderung ohne Wärmeabgabe nach außen oder Wärmezufuhr von außen nur durch Kompression oder Expansion auf, so handelt es sich um einen **adiabatischen Vorgang.** Eine adiabatische Abkühlung etwa tritt ein, wenn Luft aufsteigt (ihr Druck also abnimmt), sie von höherem Druck zu tieferem Druck fließt oder der Luftdruck fällt. Eine adiabatische Erwärmung tritt ein, wenn Luft absinkt (ihr Druck also zunimmt), sie von tieferem Druck zu höherem Druck strömt oder der Luftdruck steigt. Die sich aus der Temperaturveränderung mit wechselnder Höhe ergebende Linie ist der **adiabatische Temperaturgradient** oder der Hebungsgradient.

Da die adiabatische Temperaturab- bzw. -zunahme von der Luftfeuchtigkeit abhängt, muß unterschieden werden:

- Der **trockenadiabatische Temperaturgradient** gilt immer dann, wenn ein auf- oder absteigendes Luftquantum nicht mit Feuchtigkeit gesättigt ist. Die Abkühlung beim Aufstieg bzw. die Erwärmung beim

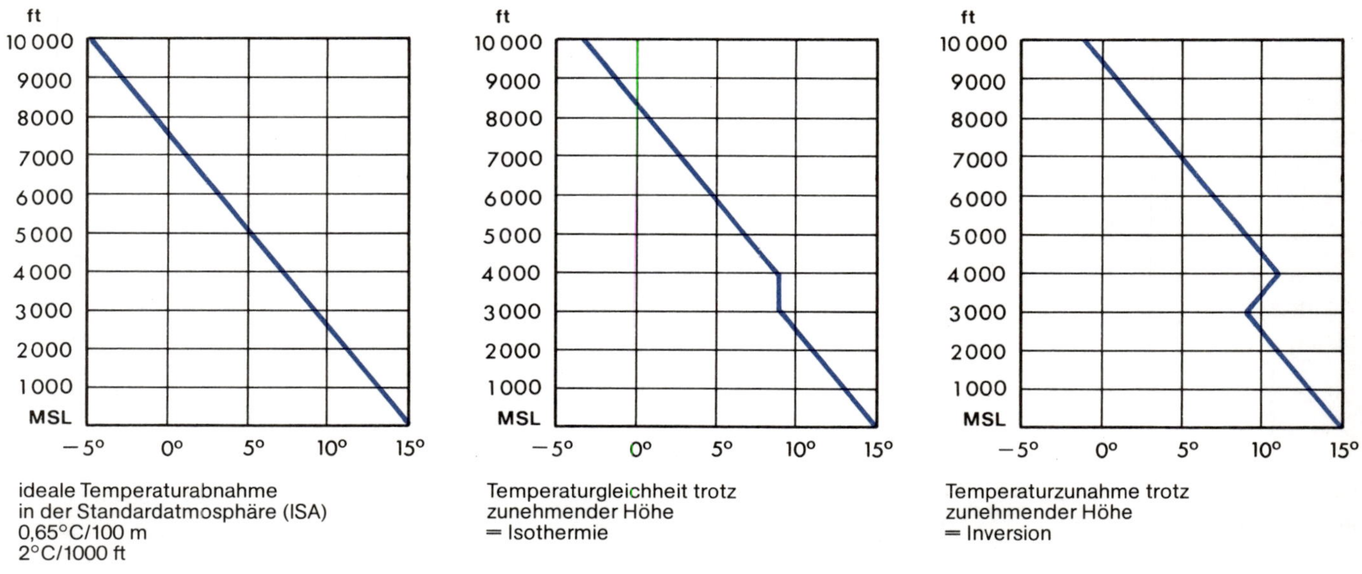

Der vertikale Temperaturgradient

Abstieg beträgt unter dieser Bedingung unabhängig von der Ausgangstemperatur stets genau 1 °C pro 100 Höhenmeter.

- Der **feuchtadiabatische Temperaturgradient** gilt immer dann, wenn ein aufsteigendes Luftquantum mit Feuchtigkeit gesättigt ist und deshalb mit der weiteren Abkühlung Kondensation eintritt. Die Abkühlung beim Aufstieg beträgt unter dieser Bedingung etwa 0,6 °C pro 100 Höhenmeter.

Die unterschiedliche Abkühlung von ungesättigt oder gesättigt aufsteigender Luft hat einen einfachen Grund: Bei der Kondensation des in der Luft enthaltenen Wasserdampfes zu Wasser (Nebel und Wolken = Luft mit feinsten Wassertröpfchen) wird die Wärme wieder frei, die bei der Verdunstung des Wassers an der Erdoberfläche gebunden worden war. Natürlich wird umso mehr Wärme frei, je mehr Feuchtigkeit kondensiert. Die Menge der freiwerdenden Wärme aber bestimmt die Größe des feuchtadiabatischen Temperaturgradienten. Er ist deshalb nie ganz genau gleich groß.

Isolierte Luftteilchen sind gegenüber ihrer Umgebung stets in einem der drei aus der Mechanik bekannten Gleichgewichtszustände. Demnach gibt es folgende drei Möglichkeiten:

- Im **stabilen Gleichgewicht** befindet sich ein isoliertes Luftquantum, wenn nach einer Höhenänderung die Luft der Umgebung versucht, es in die Ausgangslage zurückzubefördern. Das ist dann der Fall, wenn der Schichtungsgradient kleiner ist als der Hebungsgradient der aufsteigenden Luft. In ungesättigter Luft ergibt sich trockenstabiles Gleichgewicht, wenn die Temperaturabnahme in der Luftschichtung mit der Höhe kleiner als 1 °C pro 100 Höhenmeter ist. In gesättigter Luft ergibt sich feuchtstabiles Gleichgewicht, wenn die Temperaturabnahme in der Luftschichtung kleiner ist als der feuchtadiabatische Temperaturgradient.

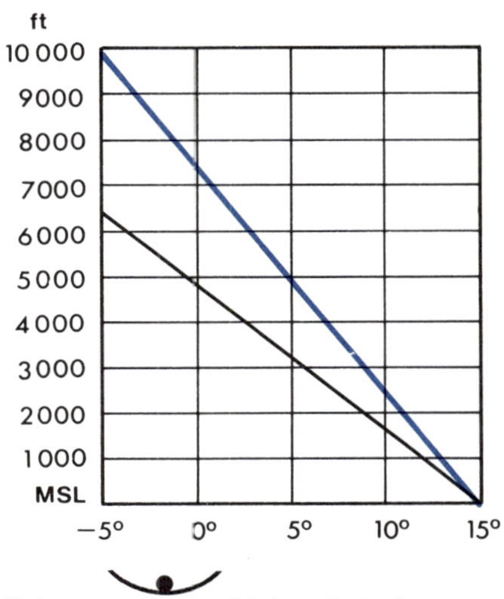

Hebungsgradient aufsteigender Luft
1 °C/100 m (= Trockenadiabate)
Schichtungsgradient der ruhenden Luft
kleiner als 1 °C
= Stabilität

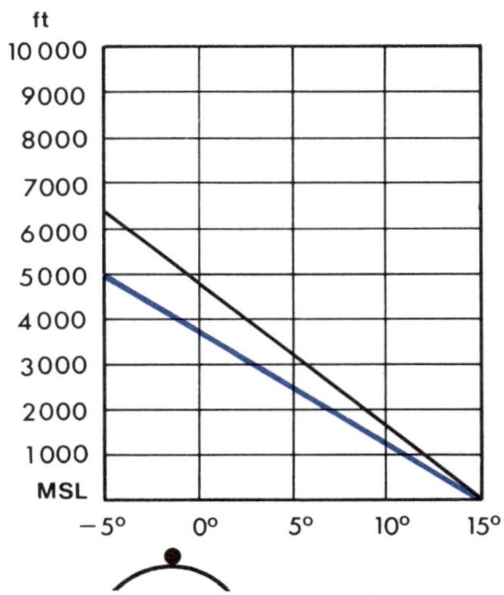

Hebungsgradient aufsteigender Luft
1 °C/100 m (= Trockenadiabate)
Schichtungsgradient der ruhenden Luft
größer als 1 °C
= Labilität

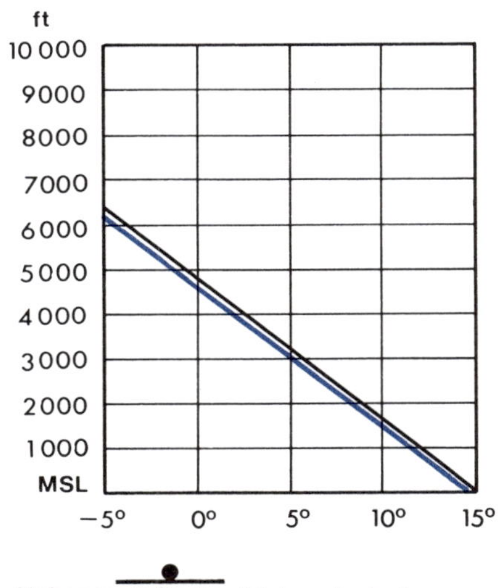

Hebungsgradient aufsteigender Luft
1 °C/100 m (= Trockenadiabate)
Schichtungsgradient der ruhenden Luft
ist gleichgroß wie Hebungsgradient
= Indifferent

Die Gleichgewichtszustände in der Luftschichtung

- Im **labilen Gleichgewicht** befindet sich ein isoliertes Luftquantum, wenn nach einer Höhenänderung die Luft der Umgebung versucht, es noch weiter von seiner Ausgangslage weg zu befördern. Das ist dann der Fall, wenn der Schichtungsgradient größer ist als der Hebungsgradient der aufsteigenden Luft. In ungesättigter Luft ergibt sich trockenadiabatisches Gleichgewicht, wenn die Temperaturabnahme in der Luftschichtung mit der Höhe größer als 1 °C pro 100 Höhenmeter ist. In gesättigter Luft ergibt sich feuchtadiabatisches Gleichgewicht, wenn die Temperaturabnahme in der Luftschichtung größer ist als der feuchtadiabatische Temperaturgradient.
- Im **indifferenten Gleichgewicht** befindet sich ein isoliertes Luftquantum, wenn nach einer Höhenänderung die Luft der Umgebung nicht versucht, es zurück oder weiter weg zu befördern. Das ist der Fall, wenn der Schichtungsgradient genauso groß ist wie der Hebungsgradient der aufsteigenden Luft. In ungesättigter Luft ergibt sich trockenindifferentes Gleichgewicht, wenn die Temperaturabnahme in der Luftschichtung mit der Höhe genau 1 °C pro 100 Höhenmeter ist. In ungesättigter Luft ergibt sich feuchtindifferentes Gleichgewicht, wenn die Temperaturabnahme in der Luftschichtung genauso groß ist wie der feuchtadiabatische Temperaturgradient.

Als Faustregel kann gelten: Liegt der Schichtungsgradient auf dem Tempblatt links von der Adiabate, ist Labilität gegeben (Möglichkeit für Thermik, Wolkenbildung und eventuell Wetterverschlechterung). Je weiter die beiden Kurven auseinanderliegen, desto größer ist die Labilitätsenergie. Liegt ein Schichtungsgradient dagegen rechts von der Adiabate, ist Stabilität gegeben. Sie ist umso größer, je weiter die beiden Kurven auseinanderliegen.

Während aufsteigende Luft in Abhängigkeit von der Sättigung mit Luftfeuchtigkeit unterschiedlichen Adiabaten folgt, gilt für absinkende Luft ausschließlich der trockenadiabatische Temperaturgradient (Trockenadiabate). Das hat seinen Grund darin, daß jedes Absinken durch die damit verbundene Kompression eine Erwärmung erbringt. Sie verursacht sofort ein Unterschreiten des Taupunktes. Damit ist die Luft nicht mehr gesättigt und es gilt die Trockenadiabate mit 1 °C Erwärmung pro 100 Höhenmeter Absinken. Natürlich sorgt diese rasche Erwärmung dafür, daß der Sättigungsgrad ebenfalls rasch sinkt. Deshalb lösen sich Wolken in absinkender Luft schnell auf (z. B. bei Südföhn auf der Alpennordseite).

In Zusammenhang mit der Luftfeuchtigkeit sind mehrere Begriffe und Maßeinheiten für den Piloten von Bedeutung, weil an ihnen entscheidende Komponenten des herrschenden und des zu erwartenden Wetters ablesbar sind. Zu den wichtigsten gehören:

- **Die absolute Feuchte (a):** Hier wird vom Raummaß ausgegangen und gefragt, wieviel Feuchtigkeit in 1 m^3 feuchter Luft enthalten ist. Die Angabe g/m^3 zeigt, wieviel Gramm Wasserdampf in 1 m^3 Luft enthalten sind.
- **Die spezifische Feuchte (s):** Hier wird vom Gewicht ausgegangen und gefragt, wieviel Feuchtigkeit in 1 kg feuchter Luft enthalten ist. Die Angabe g/kg zeigt, wieviel Gramm Wasserdampf in 1 kg Luft enthalten sind.
- **Das Mischungsverhältnis (m):** Hier wird vom Gewicht ausgegangen und gefragt, wieviel Feuchtigkeit einem kg trockener Luft beigemischt ist. Die Angabe g/kg zeigt, wieviel Gramm Wasserdampf einem kg trockener Luft hinzugefügt sind.
- **Der Dampfdruck (e):** Hier wird nach dem Teildruck gefragt, den der in der Luft enthaltene Wasserdampf ausübt. Die Angabe erfolgt in hPa oder mm Hg.
- **Der Taupunkt (t_d):** Hier wird danach gefragt, bis zu welcher Temperatur eine gegebene Luft abgekühlt werden muß, damit Kondensation eintritt. Die Angabe erfolgt in Grad Celsius.
- **Die Sättigungsfeuchte (A):** Hier wird danach gefragt, bei welcher Temperatur die Luft welche Menge Wasserdampf maximal aufnehmen kann. Die Angabe erfolgt in g/m^3. Da hierbei der Druck eine unwesentliche Rolle spielt, läßt sich die Sättigungs-

feuchte als Kurve zeichnen. Sie zeigt für jeden Temperaturwert die mögliche maximale Feuchte. Alle Werte unter der Kurve zeigen ungesättigte Verhältnisse an, alle Werte über der Kurve Sättigung.

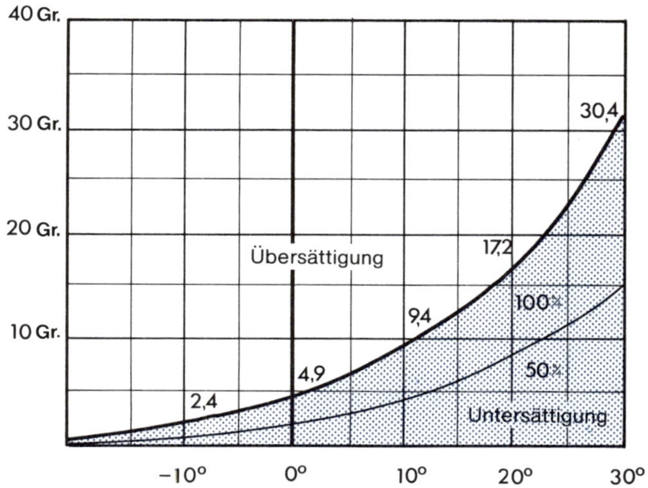

Die Sättigungsfeuchte ist abhängig von der Temperatur

- **Die relative Feuchte (f):** Hier wird nach dem Verhältnis zwischen der vorhandenen zu der bei der jeweiligen Temperatur größtmöglichen Feuchte gefragt. Die Angabe erfolgt in %, die nach folgender Formel ausgerechnet werden:

$$f = \frac{a}{A} \times 100$$

Von Bedeutung ist dabei vor allem, wieviel % bis zur Sättigung (= 100%) noch fehlen.

- **Die Taupunktdifferenz (D):** Hier wird nach der Differenz zwischen Temperatur und Taupunkt gefragt. Die Angabe erfolgt in Grad Celsius und sagt aus, um wieviele Grad Celsius die ungesättigte Luft abgekühlt werden muß, bis die Sättigungsfeuchte und damit der Taupunkt erreicht ist. Die Taupunktdifferenz (spread) kann jeder METAR-Meldung entnommen werden. Für die Interpretation gilt:

Ist die Taupunktdifferenz groß (der Taupunkt liegt weit unter der tatsächlichen Temperatur), dann ist in der Luft relativ wenig Feuchtigkeit enthalten und Kondensation wird nicht so schnell eintreten.

Ist die Taupunktdifferenz klein (der Taupunkt liegt nur geringfügig unter der tatsächlichen Temperatur), dann ist in der Luft relativ viel Feuchtigkeit enthalten und Kondensation kann schnell eintreten, weil eine geringe Abkühlung ausreicht, daß die relative Luftfeuchtigkeit 100% erreicht.

Ist die Taupunktdifferenz gleich Null (der Taupunkt und die Temperatur sind identisch), dann ist die Sättigung bereits erreicht. Die relative Feuchtigkeit beträgt 100% und die geringste Abkühlung genügt jetzt, um die Kondensation eintreten und Wolken- bzw. Nebelbildung beginnen zu lassen.

Der Wasserhaushalt der Atmosphäre

Gießt es in Strömen, liegt die Vorstellung nahe, der Himmel bestehe nur aus Wasser. Daß dem ganz und gar nicht so ist, beweist eine simple Zahl: Selbst in tropischen Regengebieten übersteigt der Wassergehalt der Luft in der Troposphäre selten 4% (darüber ist ohnehin praktisch kein Wasser mehr zu finden). Aber natürlich sagt diese Zahl nichts über örtliche Konzentrationen. Daß da manches möglich ist, zeigt schließlich jedes Gewitter. Wasser kommt in unserer Atmosphäre in allen drei möglichen **Aggregatzuständen** vor:

- *Gasförmig* ist es als Ergebnis der Verdunstung nahezu überall in der Troposphäre als unsichtbarer Wasserdampf vorhanden.
- *Flüssig* ist es in Form von Nebel, Wolken und Regen überall zu sehen. Bei Nebel und Regen allerdings ist die Sichtbarkeit nur eine Folge der Konzentration. Das einzelne Wassertröpfchen selbst wäre bei einem Durchmesser von etwa 0,005 mm kaum sichtbar. Dafür sind diese Tröpfchen aber eben schwebefähig und in der Lage, mit der Luft horizontal und vertikal zu wandern.
- *Fest* ist es in Form von Eiskristallen, Schnee und Hagel sommers wie winters zu sehen.

Unter Wärmeverbrauch verwandelt sich Eis in Wasser (Schmelzen) und Wasser in gasförmigen Wasserdampf (Verdunsten), auch kann Eis direkt in Wasserdampf übergehen (Sublimation). Umgekehrt verwandelt sich Wasserdampf unter Wärmeabgabe in Wasser (Kondensieren) und Wasser in Eis (Gefrieren), auch der direkte Übergang von Wasserdampf zu Eis (Sublimation) ist möglich. Für die einzelnen Stufen zwischen den Aggregatzuständen sind für 1 g Wasser jeweils folgende Wärmemengen notwendig:

- Verwandlung von Eis in Wasser 80 cal Wärmeverbrauch und umgekehrt 80 cal Wärmeabgabe.
- Verwandlung von Wasser in Wasserdampf 600 cal Wärmeverbrauch und umgekehrt 600 cal Wärmeabgabe.
- Verwandlung von Eis in Wasserdampf 680 cal Wärmeverbrauch und umgekehrt 680 cal Wärmeabgabe.

In welcher Form Wasser in der Atmosphäre vorkommt, hängt also direkt von der zur Verfügung stehenden, der zu- oder abnehmenden Wärme ab. Bezogen auf den Wasserkreislauf heißt das nichts anderes, als daß die Wärme einer seiner Hauptmotoren ist. Das gilt für die Verdunstung an der Grenze zwischen Wasser und Wasserdampf auf der Erdoberfläche genauso wie natürlich auch und gerade für die Wolkenbildung an der Grenze zwischen Wasserdampf und Wasser in der Luft. Als zusätzliche Bedingung kommt hier dazu, daß für die Kondensation Kondensationskerne, winzige Staub- oder Rußpartikelchen also, vorhanden sein müssen, an denen sich der Wasserdampf als Wasser niederlassen kann.

Für die **Wolkenbildung** gibt es grundsätzlich zwei Möglichkeiten. Bei der einen sind adiabatische Vorgänge (Hebung mit unterschiedlichen Ursachen) im Spiel. Bei der anderen kommen Wärmeleitung oder Ausstrahlung zum Tragen. Sie werden als nichtadiabatische Vorgänge bezeichnet.

Bei der Wolkenbildung aufgrund adiabatischer Vorgänge kann die Hebung von Temperatureinflüssen oder von Hindernissen ausgelöst werden.

Ist nur die Temperatur im Spiel, wird von **thermischer Konvektion** gesprochen (kurz Thermik genannt). Sie basiert darauf, daß eine genügend große Temperaturdifferenz für so große Labilität sorgt, daß einzelne Luftmassen wegen ihrer höheren Temperatur und daraus resultierender geringerer Dichte aufsteigen müssen, sich dabei adiabatisch abkühlen, so den Taupunkt erreichen und die »überschüssige« Feuchtigkeit über Kondensation abgeben müssen.

Dieser Vorgang hat seine Ursache ausschließlich in der unterschiedlichen Erwärmung der Luft über unterschiedlichen Bodenflächen. Dabei kann die Grundregel gelten:

- Alles, was bei Sonneneinstrahlung trocken und heiß wird, ist eine mögliche Thermikquelle (trockene Wiesen, Getreide, Siedlungen, Nadelwald, Felshänge).
- Alles, was trotz Sonneneinstrahlung feucht und kühl bleibt, ist keine Thermikquelle (feuchte Wiesen, Wasser, Schnee, Laubwald).

Der Umfang, den die Thermik erreichen kann, ist bedingt durch die erreichte Temperaturdifferenz zwischen dem vorhandenen vertikalen Temperaturgradienten und der Adiabate, die ausgeht von der am Boden erreichten Temperatur. Der Hebungsvorgang kann nach wenigen hundert Höhenmetern sanft aufhören (Blauthermik), weil dann die Temperaturdifferenz gleich Null und das Gleichgewicht wieder hergestellt ist. Er kann zu einem Himmel voller schönster Schönwettercumuli, aber auch zu einem gewaltigen Gewitter führen.

Welche Kräfte hier am Werk sein können, darauf mag die folgende, einfache Rechnung einen Hinweis geben. Dafür sei unterstellt, daß die Sonne auf einen runden Platz mit 200 m Durchmesser scheint und die Luft sich bis in 10 m über Grund um 2 Grad erwärmt. Da bekannt ist, daß ein Kubikmeter Luft mit jedem Grad Temperaturzunahme etwa 5 Gramm leichter wird, läßt sich die Gewichtsdifferenz G_D leicht ausrechnen:

$$G_D = 100 \times 100 \times 3{,}14 \times 10 \times 5 \times 2 = 3140 \text{ kg}$$

Um diese 3140 kg sind die 314 000 m^3 Luft über dem Platz nur durch die Erwärmung leichter gemacht worden. Wird diese Warmluftblase so leicht, daß sie von der umgebenden Luft nicht mehr am Boden gehalten werden kann, löst sie sich und steigt wie ein Freiballon auf. Mit einem Unterschied allerdings: die aufsteigende Blase zieht meist weitere Luft nach, so daß ein Thermikschlauch entsteht, der bei günstigen Verhältnissen vom Boden bis zu den Wolken reicht. Wäre dieser Paradeaufwind 2000 m hoch, wären (bei einem Gewicht von 1,3 kg/m^3) darin immerhin 81640 Tonnen Luft in Bewegung. Weist dieser Aufwind auch nur ein Steigen von 2,5 m/sec auf, werden jeweils in 13,3 Minuten 81,5 Tonnen Luft über 2000 Höhenmeter befördert – und das ist nur die harmlose Thermik über einem winzigen Erdenfleck! Nimmt das ganze größere Dimensionen an, wird vielleicht sogar ein Gewitter daraus, kann die Thermik vom Piloten also wohl allen Respekt verlangen!

Eine weitere Ursache für Hebungsvorgänge können **ortsfeste Hindernisse** sein. Schon Mittelgebirge, wie etwa die Schwäbische Alb und erst recht natürlich die Alpen zwingen heranströmender Luft eine Vertikalkomponente auf. In ihr wird natürlich wieder die adiabatische Abkühlung wirksam, die zur Wolkenbildung auf der Luvseite führt, wenn der Taupunkt erreicht wird. Auf der Leeseite des Hindernisses lösen sich diese Hebungswolken wieder auf.

Die Wolkenuntergrenze kann dabei auf Luv- und Leeseite nahezu gleich hoch liegen. Ebenso sind aber auch größere Unterschiede möglich. Sie hängen davon ab, in welcher Höhe auf der Luvseite der Taupunkt erreicht wird. Liegt auf der Luvseite zwischen Taupunkt (Wolkenbasis) und Gipfellinie des Hindernisses eine größere Höhe, ergibt sich eine nahezu gleich große Basisdifferenz, da auf der Leeseite schon kurz nach dem Scheitelpunkt wieder die Trockenadiabate wirksam wird (die Wolken lösen sich wegen der Erwärmung wieder auf). Daraus erklärt sich auch die starke Erwärmung der Luft bei Föhn.

Die dritte Ursache für die Hebungsvorgänge können **Verdrängungsvorgänge zwischen Luftmassen** sein. Dabei sind immer eine relativ warme und eine relativ kalte Luftmasse beteiligt. Je nachdem welche der beiden Luftmassen die aktive Rolle übernimmt, läuft das Geschehen mehr oder weniger turbulent ab. Seinen Namen jedenfalls erhält das Geschehen von der aktiven Luftmasse.

Bei der **Kaltfront** schiebt sich relativ kältere und deshalb dichtere und schwerere Luft wie ein Keil ziemlich rasch unter relativ wärmere und deshalb weniger dichte und leichtere Luft und zwingt sie, je nach der entstehenden Temperaturdifferenz zu mehr oder weniger stürmischem Aufsteigen. Dabei kann es Feuchtlabilität bis in größere Höhen geben. Alles zusammen läßt gewaltige Wolkenwände entstehen, in denen nicht selten heftige Gewitterherde eingestreut sind. Solche Kaltfronten sind für den Privatpiloten absolute Hindernisse: Vor und unter der Front gibt es heftigste Auf- und Abwinde (bis 30 m/sec) und entsprechende Turbulenzen, die zur Überschreitung des Lastvielfachen führen können. Ein Umfliegen ist ebenso wenig möglich wie ein Überfliegen, da die Dimensionen in beiden Richtungen zu groß sind.

Bei der **Warmfront** schiebt sich relativ wärmere und leichtere Luft wie über eine schiefe Ebene in einem riesigen Aufgleitvorgang auf relativ kältere und schwerere Luft. In der Regel ist die aufgleitende Warmluft nicht nur sehr feucht, sondern auch stabil geschichtet. Beim Aufgleiten kühlt die Warmluft langsam aber sicher adiabatisch ab und bildet ab der Kondensationsbasis aufgrund der großen Feuchtigkeit mächtige Stratuswolken. Sie sind verantwortlich für den endlosen Landregen und ebenfalls ein absolutes Hindernis für den nach Sichtflugregeln fliegenden Piloten, wenn die Stratuswolken am Boden nahezu aufliegen und die Sicht auf Null zurückgeht. Wegen der großen vertikalen und horizontalen Ausdehnung ist ein Über- oder Umfliegen ebenfalls nicht möglich. Lediglich der nach Instrumentenflugregeln fliegende Pilot kann die Warmfront durchfliegen. Wegen der stabilen Schichtung geht das ohne Turbulenz, dafür ist in den Wolken starke Vereisungsgefahr gegeben.

Eine aufziehende Warmfront kündigt sich deutlich sichtbar mit hohen Eiswolken (Cirren) an. Tauchen sie auf, ist die Linie, wo die Warmluft den Boden berührt, noch etwa 1000 km entfernt. Mit näherrückender Front gehen die Cirren in langsam dichter werdende Cirrostratus über. Mit sinkender Wolkenbasis gehen sie in Altostratus und schließlich Nimbostratus über.

Die geschlossene, gleichmäßig graue Stratusdecke der Warmfront kann aber auch Überraschungen bergen. Das ist immer der Fall, wenn die aufgleitende Warmluft nicht ganz so stabil oder sogar feuchtlabil geschichtet ist. Dann können sich über der grauen Decke auch Cumulonimben mit all ihren turbulenten Begleiterscheinungen bilden.

Die grundsätzlich andere Möglichkeit der Wolkenbildung beruht auf nicht adiabatischen Vorgängen. Während bei der Wolkenbildung aufgrund adiabatischer Vorgänge der Taupunkt durch Hebung der Luft erreicht wird, kühlt sie sich bei der nicht adiabatischen Wolkenbildung an Ort und Stelle ab. Dies ist durch Wärmeleitung oder durch Strahlungsvorgänge möglich.

Bei der **Wärmeleitung** sorgt die Erdoberfläche mit ihrer nächtlichen Abkühlung dafür, daß sich auch die darüber gelagerte Luft abkühlt. Wird damit der Taupunkt erreicht, tritt natürlich Kondensation und damit Wolkenbildung ein. Da diese Wolken am Boden aufliegen, werden sie Nebel genannt (Nebelbildung von der Erdoberfläche her).

Bei der **Strahlung** kühlt sich eine Luftschicht an Ort und Stelle ab. Das ist dadurch möglich, daß Schichten mit relativ hoher Wasserdampfkonzentration wie sie sich etwa unter Inversionen bilden, entsprechend ihrer Temperatur langwellige Strahlung aussenden. Die dabei verbrauchte Energie führt zu einer kontinuierlichen Temperaturabnahme. Wird dabei der Taupunkt erreicht, setzt Wolkenbildung ein, die zu ausgedehnten und manchmal auch sehr niedrigen Stratuswolken führt. Diese können schließlich bis zum Boden absinken (Nebelbildung von der Höhe her).

Für eine Einteilung der **Wolken** eignet sich zunächst einmal der Aggregatzustand, in dem in ihnen das Wasser enthalten ist. Danach lassen sich drei »Stockwerke« unterscheiden:

- Das Stockwerk der reinen *Wasserwolken.* Es reicht vom Erdboden bis etwa 2000 m und enthält meist nicht unterkühlte, nur aus feinsten Wassertröpfchen bestehende Wolken. Ihre niedrigste Temperatur liegt bei −10 °C. Sie werden tiefe Wolken genannt.
- Das Stockwerk der *Mischwolken.* Es reicht von 2000 m bis 7000 m und enthält häufig einen Mischmasch aus Wassertröpfchen und Eiskristallen. Die in diesem Bereich vorkommenden Wolken weisen Temperaturen zwischen −10 °C und −35 °C auf. Weil sie im mittelhohen Bereich auftreten, bekommen alle ihre Erscheinungsformen die Vorsilbe »alto«.
- Das Stockwerk der reinen *Eiswolken.* Es reicht von 7000 m bis zur Tropopause (in unseren Breiten also bis 12000 m) und enthält Wolken nur aus Eiskristallen. Sie weisen Temperaturen unter −35 °C auf. All ihre Erscheinungsformen bekommen die Vorsilbe »cirro«.

Unabhängig von Höhe und Konsistenz lassen sich die Wolken nach der Art ihrer Entstehung in Quellwolken (Cumulus) und in Schichtwolken (Stratus) einteilen. Alle *Quellwolken* haben gemeinsam, daß sie durch ziemlich senkrechte, relativ rasch ablaufende Hebungsvorgänge entstehen. Sie sind folglich stets ein Zeichen für mehr oder weniger starke Labilität, die auch unter den Wolken für unruhige Verhältnisse (Auf- und Abwinde) sorgt. Ihre Obergrenze ist gleichzeitig die Obergrenze der Labilität, im Temperaturgradienten meist durch eine Inversion gekennzeichnet.

Die Grundform aller *Cumuluswolken (Cu)* ist die im unteren Stockwerk auftretende Schönwetter-Haufenwolke. Sie ist die direkte Folge der Sonneneinstrahlung und löst sich deshalb abends wieder auf. Finden die Schönwettercumulus in der Höhe keine Sperrschicht (Isothermie oder Inversion) vor, kann dies bereits das Ende des schönen Wetters bedeuten. Die kleinen Cumulus wachsen zusammen und immer weiter in die Höhe, manchmal bis an die Grenze der Troposphäre. Dann ist aus dem Cumulus ein *Cumulonimbus (Cb)* geworden, dem sogar große Flugzeuge respektvoll ausweichen (Gewittergefahr).

Im mittleren Stockwerk auftretende Haufenwolken heißen *Altocumulus (Ac)*. Obwohl es meist nur kleine, abgeflachte Ballen sind, deuten sie doch auf stärker werdende Labilität und damit auf Gewittergefahr hin. Sind sie noch ein Stockwerk höher angesiedelt, werden sie *Cirrocumulus (Cc)* genannt. Als Schäfchenwolken wurden sie schon immer als Wetterzeichen verstanden.

Alle *Schichtwolken* haben gemeinsam, daß sie durch extrem flache und sehr langsam ablaufende Hebungsvorgänge entstehen. Sie sind folglich stets ein Zeichen für mehr oder weniger starke Stabilität. Entsprechend ist ihre äußere Form: konturlos, ohne größere Helligkeitsunterschiede und häufig ohne sichtbare Grenze.

Die Grundform aller *Stratuswolken (St)* ist die im untersten Stockwerk auftretende, einförmig graue Schichtwolke. Sie ist meist die Folge des Aufgleitens von feuchtwarmer auf kältere Luft (Warmfront). Gefährlich sind bei ihr vor allem die niedrige Wolkenuntergrenze, die ausgedehnten Niederschlagsgebiete und die damit verbundene schlechte Sicht. Ist die Stratuswolke so mächtig, daß sie bis in das mittlere oder gar bis in das obere Stockwerk hineinreicht, handelt es sich um einen *Nimbostratus (Ns)*, der stets extrem schlechtes Wetter bringt.

Im mittleren Stockwerk auftretende Schichtwolken heißen *Altostratus (As)*. Obwohl sie häufig so dünn sind, daß die Sonne noch zu erkennen ist, sind sie doch nahezu immer Vorboten dichterer Schichtenwolken. Der nächste Regen ist jedenfalls nicht mehr weit. Ein Weiterflug in Richtung Warmfront sollte unterbleiben.

Sind die feinen Stratuswolken noch höher angesiedelt, werden sie *Cirrostratus (Cs)* genannt. Die Schicht besteht nur noch aus einem feinen Schleier, durch den die Sonne recht gut durchscheint und oft einen kreisrunden Brechungsring (Halo) bildet. Er ist fast immer das Zeichen einer aufziehenden Warmfront.

Über den höchsten Cumulus- und Stratuswolken sind die *Cirren (Ci)* angesiedelt. Sie bestehen wie die Cc und die Cs ausschließlich aus feinen Eisnadeln und sehen nicht selten wie feine Federn aus.

Die grobe Klassifizierung der wichtigsten Wolken sieht demnach folgendermaßen aus:

12 000 m Hohe Wolken	Cirrocumulus Cc hohe Schäfchen keine Vereisung		Cirrostratus Cs schleierartige Schichtwolke keine Vereisung		Cirrus Ci federförmig keine Vereisung
7000 m Mittelhohe Wolken	Altocumulus Ac niedere Schäfchen leichte Turbulenz leichte Vereisung		Altostratus As mittlere Schicht- wolke keine Turbulenz leichte Vereisung		
2000 m tiefe Wolken mit Unter- grenze unter 2000 m	Cumulus Cu Schönwetter Quellwolke mäßige Turbulenz mäßige Vereisung	Cumulonimbus Cb als Gewitter bis in große Höhen starke Turbulenz starke Vereisung	Stratus St graue Schicht- wolke keine Turbulenz mäßige Vereisung	Nimbostratus Ns mächtige Schichtwolke bis in große Höhen mäßige Turbulenz starke Vereisung	Stratocumulus Sc Mischform aus Stratus- u. Cumulus leichte Turbulenz mäßige Vereisung

Ein wichtiges Kriterium speziell für Flüge nach den Sichtflugregeln ist die **Hauptwolkenuntergrenze** (ceiling). Nur wenn sie in einer Höhe von mindestens 600 m (2000 ft) über Grund oder Wasser liegt, kann in Kontrollzonen nach Sichtflugregeln geflogen werden (§ 28 LuftVO). Definiert ist die Hauptwolkenuntergrenze als die Höhe der Untergrenze der niedrigsten Wolkenschicht über Grund oder Wasser, die mehr als die Hälfte des Himmels bedeckt und unterhalb von 6000 m (20000 ft) liegt.

Während die Hauptwolkenuntergrenze von den Meteorologen ermittelt wird, kann die Untergrenze von örtlichen Schönwettercumuli vom Piloten selbst berechnet werden. Benötigt werden dafür die Lufttemperatur und der Taupunkt. Die sich daraus ergebende Taupunktdifferenz (spread) multipliziert mit 400 ergibt die Wolkenuntergrenze in Fuß.

Schon die Wolken für sich alleine sind für den nach Sichtflugregeln fliegenden Piloten absolute Hindernisse. Diese werden noch größer, wenn die Wolken ihr Wasser in welcher Form auch immer wieder abgeben, also **Niederschlag** einsetzt. Der Pilot muß deshalb nicht nur die verschiedenen Niederschlagsformen kennen, sondern auch die Möglichkeiten ihrer Entstehung abschätzen können. Dafür gilt es zunächst die Frage zu klären, wie Niederschläge überhaupt entstehen.

Eigentlich scheint es ja ganz einfach zu sein: Enthält die Wolke soviel Wasser, daß sie es nicht mehr halten kann, dann beginnt eben der Niederschlag. Dem aber steht eine unumstößliche physikalische Tatsache entgegen: Die winzigen, in der Luft frei schwebenden Wassertröpfchen nämlich neigen dazu, bei einer Kollision sich nicht zu vereinigen, sondern im Gegenteil sich abzustoßen. Die Frage ist also, wie die winzigen, schwebenden Wasserteilchen dazu gebracht werden, sich zu großen Tröpfchen zu vereinen, damit überhaupt ein Fallen in Gang kommen kann. Grundsätzlich gibt es dafür zwei Möglichkeiten:

Bei der einen steht eine physikalische Tatsache Pate. Eiskristalle regen benachbarte Wassertröpfchen zum Verdampfen an. Der Dampf wiederum gefriert anschließend auf den Eiskristallen. Die werden schwerer und schwerer und beginnen schließlich zu fallen. Wie sie am Boden ankommen, ist dann nur noch eine Frage der durchfallenen Temperaturschichten. Bedingung für diese Form der Niederschlagsauslösung ist aber, daß wenigstens einige Eiskristalle in der Wolke enthalten sind. Sie wirken dann als Katalysatoren.

Die andere Möglichkeit der Niederschlagsauslösung funktioniert auch ohne eisige Katalysatoren. Allerdings ist dafür eine andere Bedingung notwendig: Über elektrische Aufladung muß die Neigung der Wasserteilchen, aneinander abzuprallen, ausgeschaltet sein. Dann wird es möglich, daß die Tröpfchen durch Kollision sich vereinigen, immer größer werden und schließlich sogar den Boden erreichen können.

In welcher **Form der Niederschlag** die Erde erreicht, hängt von drei Variablen ab: von der Luftströmung, von der Temperatur und von der Feuchtigkeit. Entsprechend ergeben sich folgende Niederschlagsformen:

- **Regen:** Immer wenn der Niederschlag den Boden in flüssiger Form erreicht, wird vom Regen gesprochen. Ihn gibt es in drei Grundformen:

  Als *Nieselregen* (drizzle) erreicht er nur eine Tropfenstärke von weniger als 0,1 mm. Die kleinen Wasserteilchen sind so leicht, daß sie fast schweben, ihre Sinkgeschwindigkeit liegt meist weit unter 1 m/sec.

  Als *Regen* (rain) erreicht er eine Tropfenstärke bis zu 5 mm. Die Tropfen können so schwer werden, daß Fallgeschwindigkeiten bis zu 10 m/sec erreicht werden können.

  Als *unterkühlter Regen* (freezing rain) kommt er am Boden an, wenn er eine bodennahe Kaltluftschicht durchfallen muß. Werden die Wassertropfen dabei unter den Gefrierpunkt abgekühlt, ohne daß es zur Kristallisation kommt, frieren sie beim Auftreffen am Boden sofort fest und überziehen alles mit einer Klareisschicht. Bei solchen Verhältnissen darf unter keinen Umständen geflogen werden (Vereisung der Windschutzscheibe = keine Sicht; Eisansatz am gesamten Flugzeug = Veränderung der Aerodynamik und Erhöhung des Gewichtes).

- **Eis:** Immer wenn der Niederschlag den Boden in fester Form erreicht, wird von Eis gesprochen. Es fällt in zwei Grundformen zur Erde:
  Als *Schnee* (snow), wenn die Temperaturen in der Nähe des Gefrierpunktes liegen und sich die einzelnen Eiskristalle deshalb zu mehr oder weniger großen Schneesternen vereinen können. Die Flocken sind umso kleiner, je tiefer die Temperaturen sind. Das Spektrum reicht dabei bis zu den winzigen Eisnadeln, die bei strengem Frost und Temperaturen unter −25 °C sogar aus dem blauen Himmel rieseln (sie entstehen dann durch Sublimation).
  Als *Hagel* (hail) können die Eisstückchen Durchmesser bis zu 10 cm haben. Ihre Form und Größe hängt von der Art ihrer Entstehung und von den Temperaturen der durchfallenen Schichten ab. Ort der Entstehung von Hagel sind fast immer Cumulonimbus-Türme. Ihre Aufwindfelder halten die Eiskerne lange in den Mischbereichen, wo noch genügend Wassertröpfchen vorhanden sind. Ihr Wasser wird von den Eiskernen angezogen, um die so immer neue Schichten wachsen. Primär hängt die Größe der Hagelkörner also davon ab, wie lange sie von den Aufwinden am Fallen gehindert werden. Sekundär hängt ihre Größe, mit der sie am Boden ankommen, davon ab, wie lange die Eiskugeln durch schmelzende Warmluft fallen.
  Sonderformen des Hagels sind *Graupel* (soft hail) und *Eiskörner* (ice pellets). Die Graupel sind ein Mittelding zwischen Schnee und Hagel. Es sind weißliche, mehr oder weniger weiche Kügelchen, die oft schon aus größeren Cumuli (besonders im Frühjahr) fallen können. Die Eiskörner sind dagegen hart, glasig und fast durchsichtig. Sie entstehen, wenn Schnee oder Graupel beim Fall durch Warmluft zu schmelzen beginnen, durch eine darunter gelagerte Kaltluft aber wieder zum Gefrieren gebracht werden.

Bei den **Niederschlagsarten** wird nach dem Entstehungsort unterschieden zwischen Schauerniederschlägen, Dauerniederschlägen und orographisch bedingten Niederschlägen:

- *Schauerniederschläge* entstehen in einzelnen Cumulonimben und in ganzen Fronten aus Quellwolken (Kaltfront). Obwohl die Niederschlagsgebiete durchaus große Ausdehnungen erreichen können, wird allein schon deshalb von Schauerniederschlägen gesprochen, weil sie alle aus Cumuluswolken der verschiedenen Arten kommen und letztlich stets die Folge von Konvektionsvorgängen sind.
- *Dauerniederschläge* entstehen in Stratus- und Nimbostratuswolken. Die ergiebigsten Dauerniederschläge verursacht die Warmfront.
- *Orographische Niederschläge* entstehen an den Luvseiten der Gebirge, wenn der Wind feuchte Luftmassen zum Aufsteigen zwingt. Wird dabei die Sättigungsgrenze erreicht, gibt es trotz manchmal starker Luftbewegung praktisch »ortsfeste« Niederschläge an der Luvseite. Auf der Leeseite, im Regenschatten dagegen, lösen sich die Wolken auf (trockenadiabatische Erwärmung), die Luft ist jetzt sehr trocken. Schönes Beispiel für orographische Niederschläge ist der Südföhn in den Alpen, bei dem die Luft ihre ganze Feuchtigkeit auf der Alpensüdseite fallen läßt und als warmer, trockener Wind auf der Alpennordseite ankommt.

Nicht weniger wichtig als Wolken und Niederschlag ist für den Piloten alles, was gewöhnlich unter dem Begriff **Nebel** zusammengefaßt wird. Während der Autofahrer bei Sichtweiten über 500 m noch gar nicht an Nebel denkt, ist er für den Meteorologen (und den Piloten) längst gegeben. In der Meteorologie und Fliegerei nämlich hat der Nebel zunächst etwas zu tun mit der Sichtweite. Deshalb einige Definitionen:

- **Dunst** herrscht, wenn die Sicht mehr als 1000 m aber weniger als 10000 m beträgt. Beträgt die relative Luftfeuchtigkeit dabei mehr als 80%, handelt es sich um *feuchten Dunst* (mist). Beträgt die relative Luftfeuchtigkeit dagegen weniger als 80%, handelt es sich um *trockenen Dunst* (haze).
- **Nebel** (fog) herrscht, wenn die Sicht weniger als 1000 m beträgt. Definiert wird die Sicht dabei:

- als *Bodensicht* (ground visibility). Das ist die amtlich festgestellte Sicht auf einem Flugplatz. Sichten unter 5 km werden in Meter angegeben.
- als *Flugsicht* (flight visibility). Das ist die Sicht aus dem Flugzeug in Flugrichtung. Sie muß für Flüge nach Sichtflugregeln im unkontrollierten Luftraum mindestens 1500 m betragen.

Natürlich ist Nebel keineswegs gleich Nebel. Allein schon von der Art der Entstehung her gibt es grundsätzlich zwei Möglichkeiten:

- Der Taupunkt wird aufgrund von Temperaturunterschieden zwischen der Erd- oder Wasseroberfläche und der darüber lagernden Luftschicht erreicht.
- Der Taupunkt wird aufgrund der Mischung unterschiedlich warmer Luftmassen erreicht.

Am häufigsten erfolgt die Nebelbildung aufgrund von Temperaturunterschieden. Natürlich können diese Temperaturunterschiede nun wieder auf verschiedene Weise entstehen:

- Beim **Strahlungsnebel** (radiation fog) entsteht der Temperaturunterschied durch nächtliche Wärmeabstrahlung der Erdoberfläche. Kommen hohe Luftfeuchtigkeit in der bodennahen Schicht und geringe Luftbewegung (unter 10 kn) dazu, sorgt der mit der Strahlung sich abkühlende Boden über Wärmeaustausch dafür, daß zunächst unmittelbar über dem Boden und dann immer höher der Taupunkt erreicht wird und Kondensation eintritt. Die Dichte des entstehenden Nebels hängt ab von der Menge der relativen Feuchtigkeit und der Größe der Temperaturdifferenz (am größten bei Sonnenaufgang). Die Dicke des Strahlungsnebels reicht von sehr flach (Wiesennebel/shallow fog) über wenige Meter Höhe (Bodennebel/ground fog) bis zu mehreren hundert Meter Höhe. Von Hochnebel (low stratus) wird gesprochen, wenn der Nebel nicht ganz am Boden aufliegt.
- Beim **Advektionsnebel** (advection fog) entsteht der Temperaturunterschied durch horizontale Luftbewegung, mit der feuchtwarme Luft über einen weniger warmen Untergrund geschoben wird. Durch Wärmeaustausch wird wieder der Taupunkt erreicht, so daß Kondensation einsetzen kann. Wird etwa feuchte Luft von warmen Landflächen auf kalte Wasserflächen geschoben, bildet sich genauso Nebel, wie wenn feuchte Luft von warmen Wasserflächen auf kalte Landflächen geschoben wird. Beide Möglichkeiten sind im Frühjahr bzw. im Herbst etwa am Bodensee gut zu beobachten.
- Beim **Verdunstungsnebel** (evaporation fog) entsteht der Temperaturunterschied über relativ warmen Wasserflächen. Über ihnen verdunstet viel Feuchtigkeit, die die vom kälteren Land einsickernde kältere Luft nicht fassen kann. Schnell wird der Taupunkt erreicht, so daß die Kondensation einsetzen kann.

Weniger häufig ist die Nebelbildung aufgrund von Mischung verschieden warmer Luftmassen. Dafür gibt es nur eine Entstehungsform:

- Beim **Mischungsnebel** (mixing fog) wird der Taupunkt dadurch erreicht, daß feuchtwarme Luft sich mit kälterer mischt. Dadurch entsteht insgesamt eine Temperatur, bei der für die neu entstandene Luftmasse der Taupunkt erreicht wird und die Kondensation beginnt.

Die Wind- und Drucksysteme der Atmosphäre

Ob zarter Lufthauch im Mai oder Schneesturm im Winter, stets ist der Wind für den Meteorologen nichts anderes als mehr oder weniger stark bewegte Luft, wobei die Stärke der Bewegung ein Maß für die freigesetzte Energie ist. Und sie ist gewiß nicht gering, bewältigt die Windenergie doch gewaltige Aufgaben. So bewegt sie Wärme und Feuchtigkeit um die halbe Welt, treibt ganze Sturmsysteme über tausende von Kilometern und ist so eine der wichtigsten Wetterfaktoren.

Ursache des Windes, seiner Stärke und seiner Richtung ist stets ungleichmäßiger Luftdruck. Da Temperaturdifferenzen nicht nur überall in der Atmosphäre vorhanden sind, sondern auch unweigerlich zu Druckunterschieden führen, ist der Anlaß für Wind eigentlich immer und überall gegeben. Wegen des Druckgefälles nämlich versuchen die Luftteilchen aus dem Bereich hohen Druckes in den tieferen Druckes zu kommen, genauso wie die Luft aus einem Autoreifen oder einem Luftballon herausströmt, sobald sie dafür einen Weg findet. Die das Luftteilchen beschleunigende Kraft heißt **Druckgradientkraft.** Sie ist umso größer (und damit auch die Windgeschwindigkeit), je enger hoher und tiefer Luftdruck aneinandergrenzen.

Grundsätzlich werden die Winde in zwei Gruppen eingeteilt:

- global vorherrschende Winde
- lokal und regional vorherrschende Winde.

Die **global vorherrschenden Winde** haben ihre Ursache in der unterschiedlichen Erwärmung der Luft in der Troposphäre, die in der Äquatorregion sehr stark, in den Polarregionen dagegen sehr schwach ist. Die unterschiedliche Wärmeeinstrahlung bringt nun Bewegung in die Luftmassen: über dem Äquator steigt die warme und deshalb leichte Luft auf und wandert in der Höhe zu den Polen. Im Gegenzug wandert die kalte Luft von den Polen in relativ geringer Höhe in Richtung Äquator.

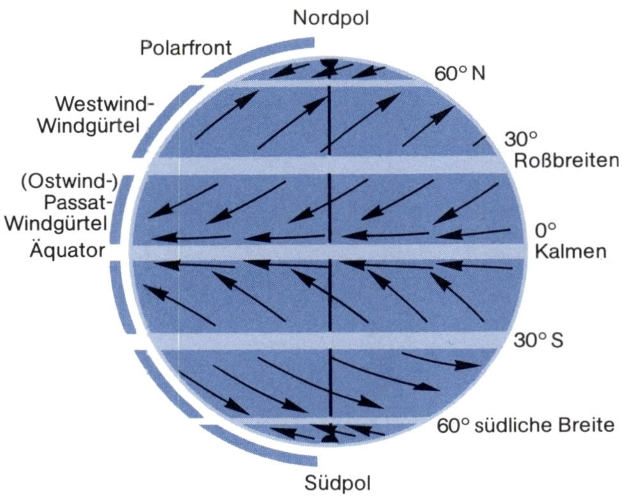

Die planetarischen Windgürtel

Ganz so einfach aber würde das nur funktionieren, würde die Erde samt ihrer Lufthülle stillstehen. Da sie sich aber nun einmal dreht, werden alle Lufbewegungen auf der Nordhalbkugel nach rechts und auf der Südhalbkugel nach links abgelenkt (Coriolis-Kraft). Diese Ablenkung führt zu Windgürteln, in denen der Wind vorwiegend aus Ost oder West weht und die rund um den Globus gehen. Unterschieden wird zwischen dem Passat-Windgürtel (vorherrschend Nordostwind zwischen Äquator und 30. Breitengrad) und dem Westwindgürtel (vorherrschend Südwestwind zwischen 30. und 60. Breitengrad).

Zwischen den Windgürteln entstehen entsprechend der vorherrschenden vertikalen Luftbewegung konstante Hoch- oder Tiefdruckgürtel. Wo die Luftströmung dazu neigt, abwärts zu fließen, bilden sich immer wieder neu Hochdruckgebiete; wo die Luft dagegen regelmäßig aufsteigt, bilden sich genauso regelmäßig Tiefdruckgebiete. So bilden sich über den Polen die polaren Hochdruckkappen und auf 30° Breite (Roßbreite) die beiden Hochdruckgürtel. Über dem Äquator (Kalmenzone) und auf 60° Breite bilden sich Tiefdruckgürtel (subpolare Tiefdruckgürtel).

Richtung und Geschwindigkeit des Windes werden im wesentlichen von drei Komponenten bestimmt:

- Das **Druckgefälle** (= Druckgradient) bestimmt die Geschwindigkeit und damit die Stärke des Windes. Es drückt die Neigung einer Ebene gleichen Druckes zur Horizontalen aus. Optisch sichtbar wird das an den Linien gleichen Druckes (sie heißen auf der Bodenwetterkarte *Isobaren*; auf der Höhenwetterkarte *Isohypsen*). Liegen sie weit auseinander (5 mb auf über 500 km), ist das Druckgefälle flach, der Druckgradient klein und die Windgeschwindigkeit klein. Liegen sie dagegen eng beieinander (5 mb auf unter 250 km), ist das Druckgefälle schon recht groß und entsprechend groß ist auch die Windgeschwindigkeit. Das Druckgefälle wirkt senkrecht zu den Isobaren in der Richtung vom Kern des hohen zum Kern des tiefen Druckes.

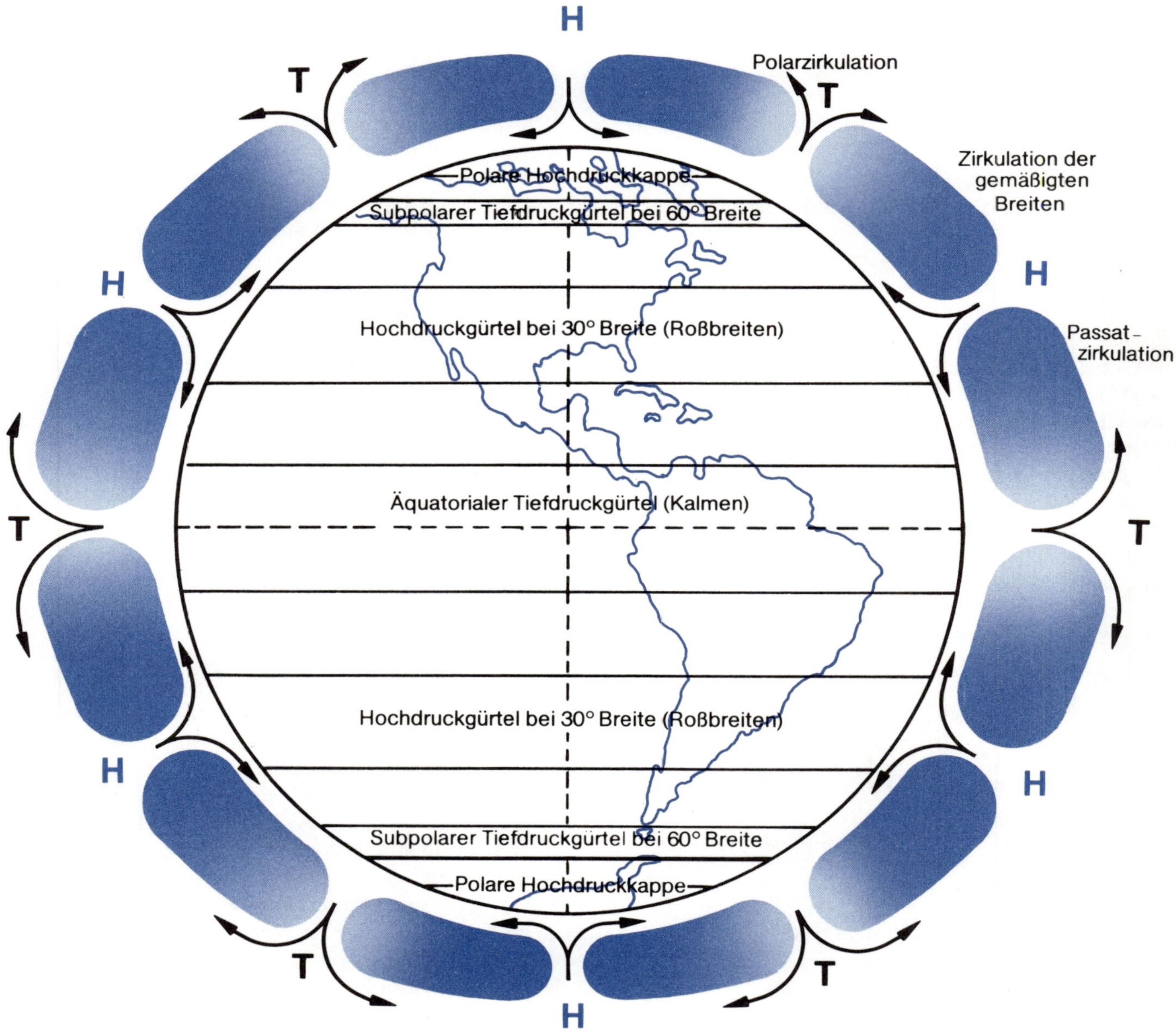

Die Hoch- und Tiefdruckgürtel der Erde

- Die **Coriolis-Kraft** wirkt nicht nur auf globale Luftverschiebungen. Sie sorgt auch dafür, daß der Wind nicht direkt dem Druckgefälle folgen kann, sondern auf der Nordhalbkugel stets nach rechts abgelenkt wird. Ursache dafür ist die Trägheit der bewegten Masse gegenüber dem bewegten Bezugssystem (die Kraft ist also nur eine scheinbare Beschleunigung). Bezogen auf die Ablenkung des Windes bedeutet das, daß die senkrecht zu den Isobaren vom Hoch zum Tief strebende Luft nach rechts abgelenkt wird. Diese Ablenkung ist in der Höhe größer als am Boden, wo die Reibung der Ablenkung entgegenwirkt. Sind die Kraft des Druckgradienten und der Coriolis-Ablenkung schließlich im Gleichgewicht (oberhalb der etwa 1500 m mächtigen Grundschicht), strömt der Wind praktisch parallel zu den Isobaren. Abhängig vom Verlauf der Isobaren handelt es sich dann:
  um *geostrophischen* Wind, wenn er parallel zu geraden Isobaren weht,
  um *Gradientwind,* wenn er entlang gekrümmter Isobaren weht.

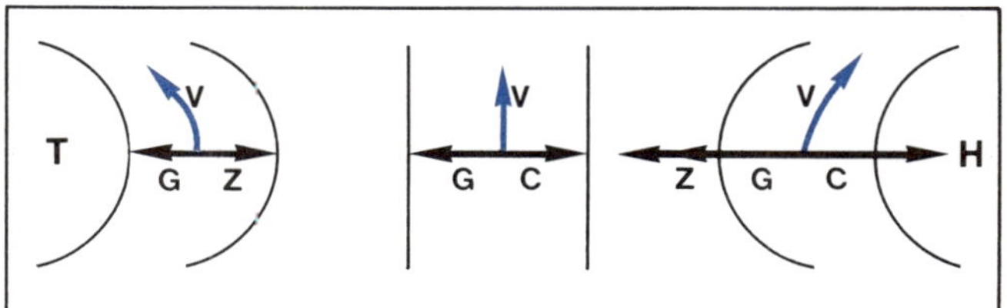

v = Wind, G = Gradientkraft, Z = Zentrifugalkraft, C = Corioliskraft

Gradientwind und geostrophischer Wind

Zusätzlich ist dann auch noch die Zentrifugalkraft im Spiel, die im Tief der Kraft des Druckgradienten entgegen, im Hoch mit ihr gleichgerichtet wirkt.

- Die **Reibung** wirkt in der Grundschicht, also bis in eine Höhe von etwa 1500 m. Sie sorgt dafür, daß die Windgeschwindigkeit gegen den Boden hin abnimmt und auch die Coriolis-Kraft nur entsprechend schwächer wirken kann. Die geringere Ablenkung in den unteren Schichten ist der Grund dafür, daß dort der Wind nicht mehr parallel zu den Isobaren weht. In der Draufsicht ergibt sich eine scheinbare Ablenkung nach links in Richtung des Tiefdruckkernes. Für ein steigendes Flugzeug ergibt sich so:
  Bis in eine Höhe von etwa 1000 m dreht der Wind gegenüber seiner Richtung am Boden um bis zu 30° nach rechts.
  Bis in eine Höhe von etwa 1500 m hört der Einfluß der Bodenreibung völlig auf und der Wind weht endgültig als geostrophischer oder Gradientwind parallel zu den Isobaren.
  Bis in eine Höhe von etwa 500 m verdoppelt sich die Windgeschwindigkeit, bis in etwa 1500 m kann sie sich verdreifachen.
  Für ein sinkendes Flugzeug ergibt sich umgekehrt:
  Ab etwa 1500 m beginnt der Wind nach links zu drehen und nicht mehr parallel zu den Isobaren zu wehen.
  Bis zum Boden kann die Ablenkung in Abhängigkeit von der Oberflächenstruktur (je stärker, je mehr) bis zu 45° nach links drehen.
  Ab etwa 1500 m nimmt die Windgeschwindigkeit kontinuierlich ab. Bis in 500 m kann sie um ein Drittel abnehmen, am Boden ist sie auf ein Drittel reduziert.

Das Zusammenspiel der Kräfte von Druckgradient, Coriolis-Ablenkung und Reibung ergeben das Barische Windgesetz. Für die Nordhalbkugel lautet es:

- Eine Zyklone (Tiefdruckgebiet) umströmt der Wind stets gegen den Uhrzeigersinn. Er strömt am Boden in das Tief hinein.
- Eine Antizyklone (Hochdruckgebiet) umströmt der Wind stets im Uhrzeigersinn. Er strömt am Boden aus dem Hoch hinaus.

Auf der Südhalbkugel sind die Drehrichtungen genau umgekehrt.

Die **lokal und regional vorherrschenden Winde** sind entweder durch lokal bedingte Thermiksysteme oder durch landschaftsbedingte Hindernisse im Gradientwind verursacht. Die thermischen Lokalwinde hatten schon die alten Griechen beobachtet, denen aufgefallen war, daß in den Bergen bei Sonneneinstrahlung der

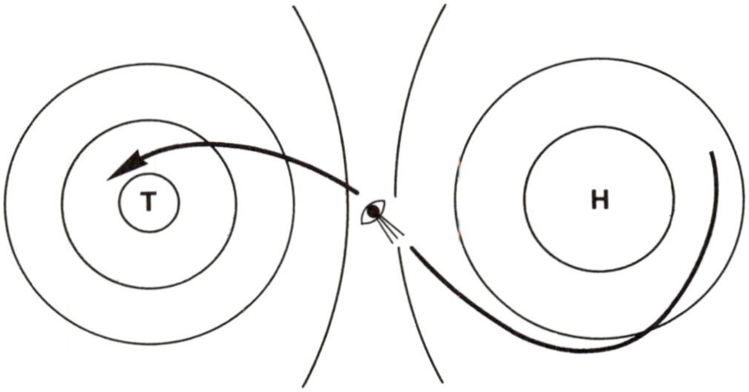

Das barische Windgesetz: Schaut man in den Wind, liegt vorne links das Hoch, hinten rechts das Tief

Wind tagsüber bergauf bzw. talauf, nachts aber umgekehrt weht. Sie nannten diese Winde deshalb anabatisch = aufsteigend und katabatisch = absteigend. Diese Bezeichnungen werden noch heute von den Meteorologen verwendet.

Bestes Beispiel für dieses System ist der **Berg- und Talwind.** Tagsüber weht er als anabatischer Wind vom Tal zum Berg und wird deshalb Talwind genannt. Seine Ursache hat der Talwind darin, daß sich die Luft über den Bergen stärker erhitzt als über dem Flachland. Die in der Höhe aufsteigenden Luftmassen lassen ein Gebiet tiefen Druckes entstehen, in das durch die Täler kühlere Luft aus dem Flachland angesaugt wird. Der Talwind kann eine Stärke bis zu 25 Knoten und eine Höhe bis zu etwa 500 m erreichen. Nachts ist es dann genau umgekehrt. Der Wind weht jetzt als katabatischer Wind vom Berg ins Tal und wird deshalb Bergwind genannt. Seine Ursache hat der Bergwind darin, daß sich die Luft über den Bergen nachts stärker abkühlt als im Flachland. Die kalte und schwere Luft beginnt deshalb talwärts zu strömen. Der Bergwind kann eine Stärke bis zu 15 Knoten und eine Höhe bis etwa 200 m erreichen.

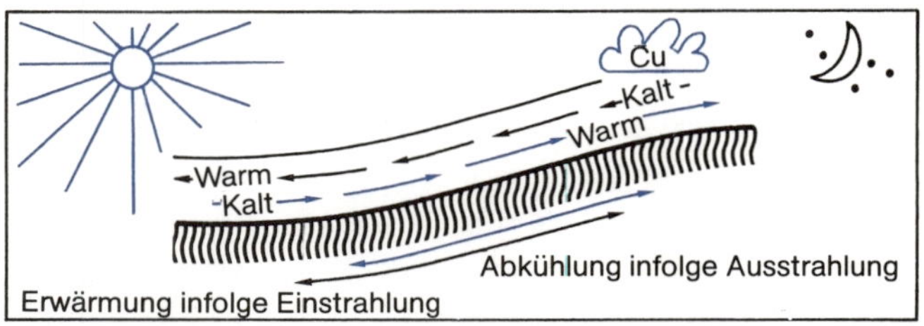

Dasselbe System funktioniert im kleinen auch an einzelnen Gebirgshängen und wird dann **Hangwind** genannt. Tagsüber strömt er als Hangaufwind zur Freude der Segelflieger bergwärts, nachts strömt er als Hangabwind talwärts.

Ebenfalls eine Folge unterschiedlicher Erwärmung sind **Land- und Seewind** an der Küste und an den Uferbereichen großer Seen.

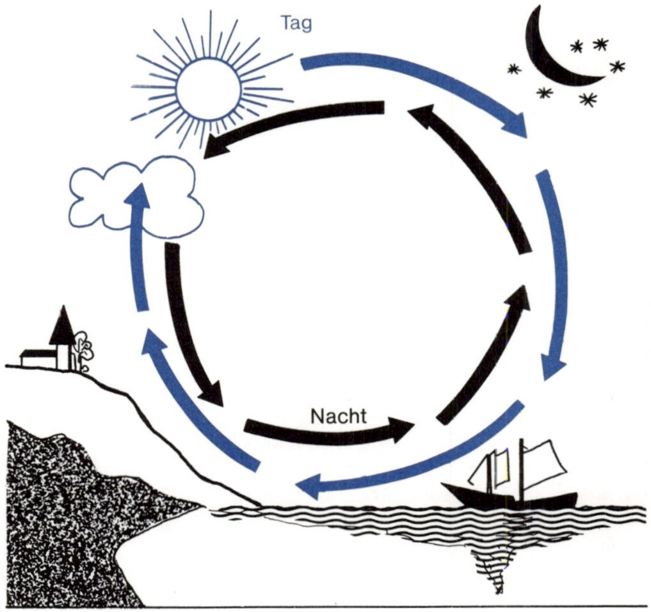

Land- und Seewind

Tagsüber wird die Luft über dem Land stärker erwärmt, steigt auf und zieht kältere Luft vom Wasser nach. Da der Wind von der See zum Land weht, wird er Seewind genannt. Er kann eine Stärke bis zu 20 Knoten und eine

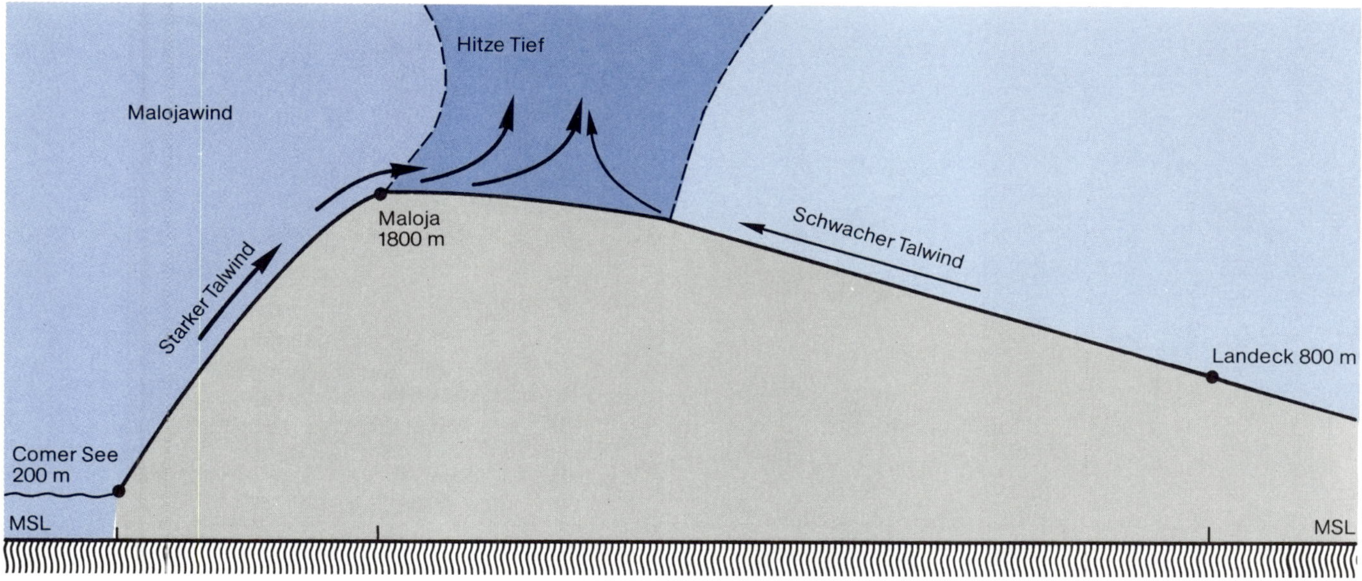

Das Zusammenspiel verschiedener Berg- und Talwindsysteme am Beispiel Malojawind

Höhe bis etwa 500 m erreichen. Nachts funktioniert die Zirkulation umgekehrt. Jetzt kühlt sich die Luft über dem Land stärker ab als über dem Wasser und drückt deshalb seewärts. Weil der Wind vom Land zur See weht, wird er Landwind genannt. Er kann eine Stärke bis zu 10 Knoten und eine Höhe von etwa 200 m erreichen.

Ein zudem noch örtlich gebundener tagesperiodischer Wind ist der aus dem Bergell ins Engadin strömende *Malojawind.* Er ist insofern eine Besonderheit, weil im Engadin zwei Berg- und Talwindsysteme aufeinandertreffen, die zudem noch sehr unterschiedlich gestaltet sind. Im einen, dem oberen Inntal, werden auf rund 100 km Luftlinie weniger als 1000 Höhenmeter überwunden. Im anderen, dem Bergell, werden auf nur 30 km Luftlinie 1600 Höhenmeter überwunden. Entsprechend dem Gefälle produziert das Inntal einen relativ schwachen, das Bergell einen relativ starken Talwind. Dazu kommt, daß das weitläufige Engadin sehr stark erwärmt wird, also praktisch ein Hitzetief produziert. Dieses von der Einstrahlung erzeugte Tief kann aus dem aus dem Inntal wehenden schwachen Talwind nicht ausreichend aufgefüllt werden. Es versorgt sich deshalb mit Nachschub aus dem Bergell. Das führt dazu, daß der Talwind aus dem Bergell bis zu 30 km weit in den Bereich des Talwindes aus dem Inntal einbricht und als Talwind sogar bergab strömt.

Zu den regionalen Winden, die die Folge landschaftsbedingter Hindernisse im Gradientwind sind, gehören:

- Der **Föhn,** dessen Name von lat. favonius kommt und der bei den Rätoromanen noch heute so heißt, ist ein warmer Fallwind auf beiden Seiten der Alpen. Als Südföhn bläst er von Süd nach Nord, als Nordföhn von Nord nach Süd. Die Erwärmung tritt jeweils auf der Leeseite auf, weil sich die Luft auf der Luvseite meist weite Strecken nur feuchtadiabatisch mit etwa 0,6 °C/100 m abkühlt, beim Abstieg in Lee sich aber auf der gesamten Strecke trockenadiabatisch mit 1 °C/100 m erwärmt.

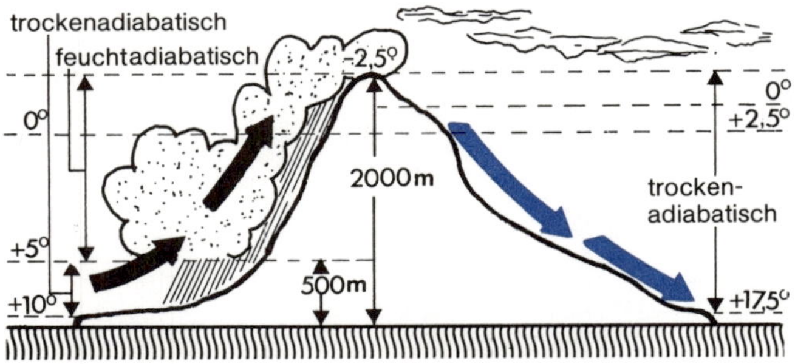

Der Stau- und Föhneffekt an Gebirgen

Voraussetzung für Südföhn ist ein Hoch über dem Balkan und ein Tief über der Biskaya; für Nordföhn ist ein bis Frankreich reichendes Hoch und ein Tief über dem nordöstlichen Mittelmeer notwendig. Beide Föhnarten aber sind für den Sportflieger extrem gefährlich: auf der Luvseite machen ausgedehnte Niederschläge und tiefe Wolkenuntergrenzen, auf der Leeseite starke Abwinde und extreme Turbulenzen Streckenflüge schwierig, nur die Segelflieger freuen sich über die Höhenflugmöglichkeiten in den Leewellen.

- Der **Mistral** weht im Rhonetal und über die französischen Seealpen hinunter zum Mittelmeer. Bei nahezu gleicher Druckverteilung wie beim Nordföhn wirken die hohen Westalpen als zusätzliche Barriere, so daß die Luftmassen zwischen ihnen und den Cevennen beschleunigt werden. Der Mistral weht sehr häufig und erreicht nicht selten Geschwindigkeiten bis zu 70 Knoten mit entsprechenden Turbulenzen.
- Die **Bora** ist ein stürmischer Fallwind an der dalmatinischen Küste. Er kommt als polare Kaltluft aus Sibirien über Ungarn und den Balkan, muß das jugoslawische Karstgebiet übersteigen und stürzt sich schließlich in die warme Adrialuft. Die Bora erreicht Geschwindigkeiten von über 100 Knoten und kann bis weit in die Adria hinaus wehen.
- Die **Bise** weht im Schweizer Mittelland zwischen Jura und Alpen. Der scharfe Nordostwind erreicht Geschwindigkeiten bis zu 50 Knoten. Weht die Bise bei bedecktem Himmel, wird von bise noire gesprochen, weht sie dagegen bei wolkenlosem Himmel, heißt sie bise blanche.
- Der **Scirocco** ist ein stürmischer Südwind, der aus der Sahara kommt. Die sehr warme Luft nimmt auf ihrem Weg über das Mittelmeer sehr viel Feuchtigkeit auf. Spätestens in Norditalien kommt es dann zu ergiebigen Niederschlägen. Erreicht der Scirocco die Alpen, kann man nicht selten die gelb bis rötlichen Kristallisationskerne aus dem Saharastaub im Schnee erkennen.

Die **Windstärke** wird entweder in Graden nach der Beaufort-Skala, in m/sec oder in Knoten angegeben.

m/sec	Bezeichnung	Knoten	Beaufort	km/h
0–0,2	still	unter 1	0	unter 1
0,3–1,5	leiser Zug	1–3	1	1– 5
1,6–3,3	leichte Brise	4–6	2	6–11
3,4–5,4	schwache Brise	7–10	3	12–19
5,5–8,9	mäßige Brise	11–15	4	20–28
9,0–11,0	frische Brise	16–21	5	29–38
12,0–14,0	starker Wind	22–27	6	39–49
15,0–17,0	steifer Wind	28–33	7	50–61
18,0–21,0	stürmischer Wind	34–40	8	62–74
22,0–24,0	Sturm	41–47	9	75–88
25,0–28,0	schwerer Sturm	48–55	10	89–102
29,0–33,0	orkanartiger Sturm	56–63	11	103–117
über 33,0	Orkan	über 63	12	über 117

Im Flugwetterdienst erfolgt die Angabe ausschließlich in Knoten. Die **Windrichtung** wird nach der Himmelsrichtung angegeben, aus der der Wind kommt. Die Angabe erfolgt nach der 360°-Windrose (West = 270°) auf 10° genau.

Ein weiterer, ganz wichtiger Wetterfaktor ist das Entstehen homogener **Luftmassen,** die so groß sein können wie halbe Kontinente, und die sich in Temperatur und Feuchtigkeit der Region anpassen, über der sie länger gelegen haben. Entsprechend der vier Möglichkeiten wird zwischen kalten Luftmassen aus den Polarregionen und warmen aus tropischen Regionen sowie zwischen feuchten aus Seegebieten und trockenen aus kontinentalen Regionen unterschieden.

Für die Definition von Luftmassen werden folgende Begriffe und Symbole verwendet:

A = arktische Luftmasse
P = polare Luftmasse
T = tropische Luftmasse
m = maritime Luftmasse
c = kontinentale Luftmasse
k = kalte Luftmasse
w = warme Luftmasse

Da eine Luftmasse häufig recht lange unterwegs ist, ist nicht nur ihr Entstehungsort und ihr ursprünglicher Zustand für die Beurteilung des Wetters wichtig. Oft genauso wichtig sind die Einflüsse der Gebiete, die die Luftmasse auf ihrem Weg bis zu uns überquert und von deren Eigenschaften sie Teile übernommen hat. Ist eine Polarluftmasse etwa auf dem Umweg über die Azoren zu uns gekommen, würde sie auf der Wetterkarte wohl die Bezeichnung mPT für maritim gealterte und tropisch erwärmte Polarluft erhalten.

Das meist wichtigste Kriterium einer Luftmasse ist ihre Temperatur. Dabei ist es weniger von Bedeutung, welche aktuelle Temperatur in ihr gemessen werden kann. Viel entscheidender ist der Temperaturunterschied gegenüber der Erdoberfläche und gegenüber der Luft, die sie vertreibt. Entsprechend wird unterschieden:

- **Kaltluft:** Sie ist stets kälter als die Erdoberfläche und als die Luft, die sie vertreibt. In ihrer Ursprungsregion mag vielleicht sogar die Feuchtigkeitssättigung erreicht gewesen sein. Dennoch ist die relative Feuchtigkeit meist gering, wenn die Kaltluft bei uns ankommt, da sich wegen der Erwärmung unterwegs Temperatur und Taupunkt schon weit voneinander entfernt haben. Neben guter Sicht beschert sie häufig Labilität und damit verbunden thermische Konvektion (Turbulenz aber auch gute Segelflugmöglichkeiten). Ihre typischen Wolken stammen aus der Cumulus-Familie. Gibt es Niederschlag, sind es Schauerniederschläge.
- **Warmluft:** Sie ist stets wärmer als die Erdoberfläche und als die Luft, die sie vertreibt. Meist hat sie in ihrer Ursprungsregion schon viel Feuchtigkeit aufgenommen, so daß ihre relative Luftfeuchtigkeit von Anfang an recht hoch ist. Auf ihrem Weg zu uns kühlt sie sich meist ab, so daß sich Temperatur und Taupunkt unterwegs weiter nähern. Durch die Abkühlung bleibt die Schichtung stabil und die Turbulenz bleibt gering. Dafür ist die Sicht häufig schlecht. Ihre typischen Wolken stammen aus der Stratus-Familie. Gibt es Niederschlag, sind es meist Dauerniederschläge.

Der Grenzbereich zwischen zwei unterschiedlichen Luftmassen wird **Front** genannt. Sie hängt nicht wie ein Vorhang vertikal in der Luft, sondern ist stets eine mehr oder weniger stark geneigte schiefe Ebene. Die jeweils aktive, die vorhandene Luft verdrängende Luftmasse gibt der Front ihren Namen. Zieht Warmluft auf, wird von einer Warmfront gesprochen. Verdrängt dagegen Kaltluft die vorhandene wärmere, handelt es sich um eine Kaltfront. Eine Front ist um so wetterwirksamer, je größer die Temperaturunterschiede der beteiligten Luftmassen sind.

- Die **Warmfront** kommt nur sehr langsam, dafür aber auch sehr gleichmäßig voran, pro Stunde nur 15 bis 30 km. Die aufgleitende Warmluft steigt pro 30 km Vormarsch nur etwa 1000 ft, was einem Steigungswinkel von etwa 1 : 100 entspricht. Die Frontlinien in der Höhe und am Boden können bis zu 1000 km auseinanderliegen, der Aufzug kann bis zu 3 Tagen dauern. Ihr Niederschlagsgebiet kann vor der Bodenfrontlinie bis zu 400 km Tiefe erreichen. Ein Umfliegen der Warmfront ist aufgrund ihrer großen Ausdehnung nicht möglich.
- Die **Kaltfront** kommt relativ rasch voran, pro Stunde schafft sie 30–60 km. Auch ihr Steigungswinkel, mit dem sie sich unter die Warmluft schiebt, ist steiler. Er beträgt nur etwa 1 : 50. Entsprechend schmaler ist das Niederschlagsgebiet, das meist kaum mehr als 100 km Tiefe aufweist. Dafür gibt es im Sommerhalbjahr vor dem eigentlichen Niederschlagsgebiet nicht selten eine um 100–200 km vorgelagerte Gewitterlinie (squall line). Da Kaltfronten selten unter 500 km lang sind, ist ein Umfliegen nicht möglich.

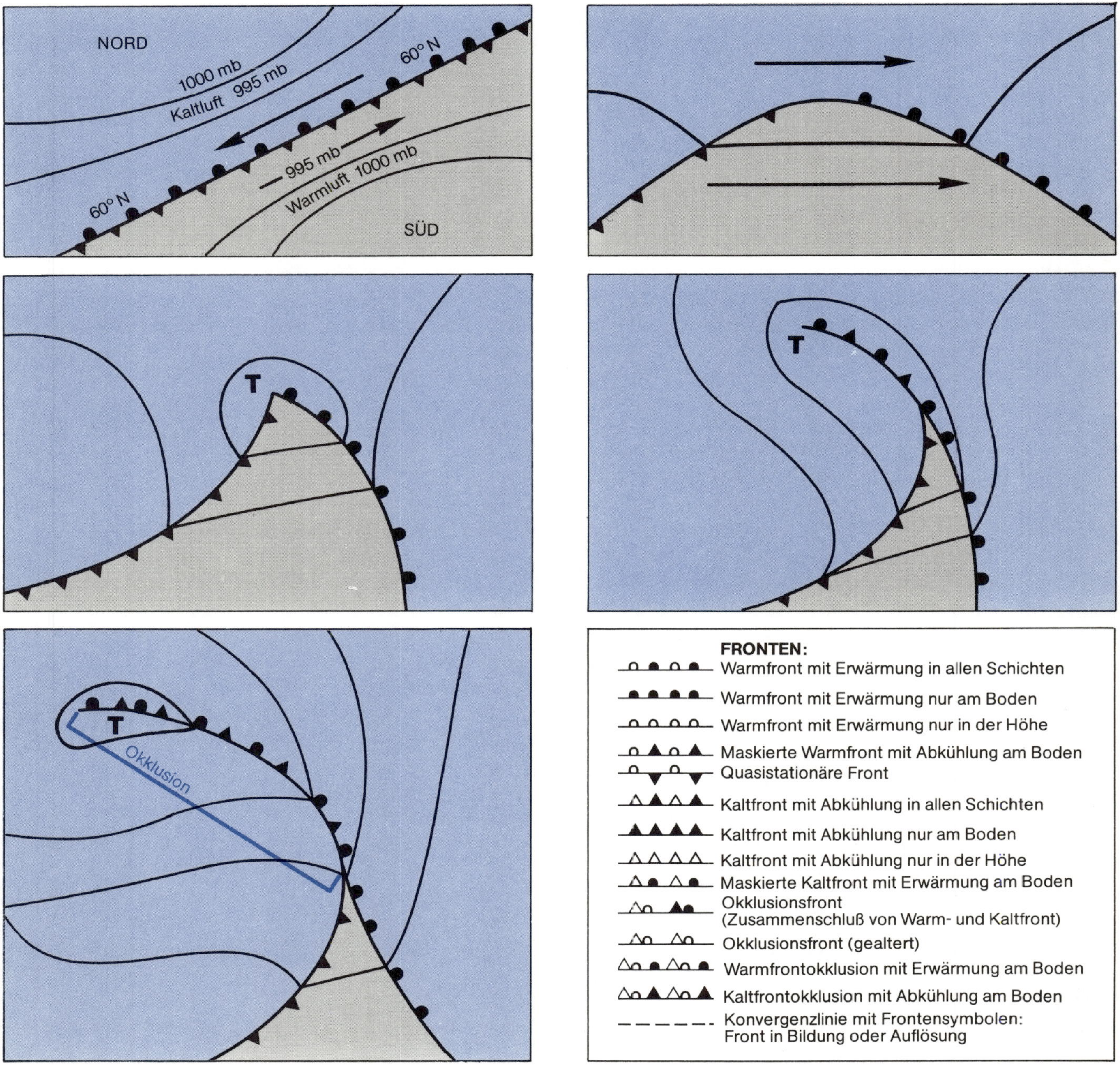

Wellenstörung und Tiefentwicklung

Schon ein kurzer Blick auf die Wetterkarte zeigt, daß Fronten nicht gerade Trennungslinien zwischen unterschiedlichen, in sich abgerundeten Luftmassen sind. Sie sind vielmehr den unterschiedlichen Druckgebilden als bogenförmige Radiallinien eingelagert. Sie müssen folglich mit der Verteilung der Gebiete hohen und tiefen Druckes bzw. mit der Entstehung der verschiedenen Druckgebiete in Zusammenhang stehen. Außerdem fällt auf, daß die Fronten eigentlich nur in den Zyklonen (Tiefdruckgebieten) auftreten, die ohnehin die aktive Rolle bei der Gestaltung unseres Wetters haben. Es einigermaßen abschätzen zu können, hängt folglich ab von der Kenntnis der Gesetzmäßigkeiten der Zyklone.

Die **Entstehung der Idealzyklone** läßt sich meist an der Polarfront lokalisieren. An dieser Luftmassengrenze, etwa am 60. Breitengrad, treffen die kalte von Ost nach West fließende Polarluft und feuchtwarme, von West nach Ost fließende Luft der mittleren Breiten zusammen. Im Normalfall grenzen die beiden Luftmassen zwar aneinander, sie treffen aber nicht frontal aufeinander. Vielmehr stürmen sie wie zwei auf benachbarten Gleisen in entgegengesetzter Richtung fahrende Züge aneinander vorbei. Dabei werden Geschwindigkeiten von über 100 Knoten erreicht (Polarfront-Jetstream).

Natürlich herrscht in diesem Gebiet großer Temperatur- und Strömungsunterschiede ein extrem labiles Gleichgewicht der Kräfte, in dem schon die kleinste Störung eine Art Kettenreaktion auslösen kann: eben die Bildung einer Zyklone. Anfangsstadium ist stets die sogenannte *Wellenstörung.* Die Strömungen laufen nicht mehr geradlinig aneinander vorbei, sondern bilden Schlingen und Schleifen wie ein mäandernder Fluß. Wird eine solche Schlinge zu groß, wird schließlich ein eigenständiger Wirbel mit mehreren hundert Kilometern Durchmesser daraus, der nun als Zyklone sich aus eigener Kraft zu bewegen und seine eigenen Gesetze zu entfalten beginnt.

Schon bei der Bildung der Wellenstörung ist das „Markenzeichen" jeder Zyklone zu erkennen: Stets hat sie eine Warm- und eine Kaltfront, dazwischen liegt der Warmsektor. Gebildet wird sie, weil sich im Westen der Wellenstörung die Kaltluft aus dem Norden unter die Warmluft im Süden zu schieben beginnt. Im Osten der Wellenstörung dagegen strömt die Warmluft aus dem Süden auf die Kaltluft im Norden. Gleichzeitig mit der Frontenbildung setzt die Ausbildung der Niederschlagsgebiete an den Fronten ein. Die Nahtstelle, an der die beiden Fronten im spitzen Winkel zusammenlaufen, ist das Zentrum der Zyklone und der Ort des tiefsten Druckes.

Im weiteren Verlauf löst sich die Zyklone von der kalten Polarluftmasse im Norden und driftet immer weiter in den Bereich der warmen Luft der mittleren Breiten. Dabei weitet sie sich aus, der Druck sinkt weiter und die Wanderung nach Südosten ist nicht mehr aufzuhalten. Während der Wanderung selbst zeigt sich schließlich noch ein weiteres Element: Da die Kaltfront wesentlich schneller zieht als die Warmfront, schließt sich der Warmsektor immer mehr. Ausgehend vom Zentrum des Tiefs schließt die Kaltfront zur Warmfront auf und vereint sich mit ihr zu einer einzigen Schlechtwetterfront. Dieser Vorgang wird Okklusion genannt. Entsprechend der Temperaturrelation zwischen der einholenden und der eingeholten Luftmasse wird von einer Kaltfront- oder einer Warmfrontokklusion gesprochen.

Eine solche Idealzyklone zieht in der Regel mit ihrem Kern nördlich an Deutschland vorbei. Das bedeutet automatisch, daß beide Fronten über uns hinwegziehen. Ein solch typischer Wetterablauf bringt im Idealfall fünf eigene Wettersituationen mit sich:

- Das **Vorderseitenwetter** ist gekennzeichnet durch eine aufziehende Warmfront. Untrügliche Anzeichen sind ansteigende Temperaturen, schlechter werdende Sicht, auffrischender Wind, der von Südost über Süd auf Südwest dreht, und sich stetig verdichtende Cirro- und Altostratus.
- Der **Durchzug der Warmfront** ist gekennzeichnet durch meist ergiebige, relativ warme Dauerniederschläge. Das Ende der Warmfront wird durch dünner werdende Stratuswolken, aus denen nur noch Nieselregen fällt, angekündigt. Der Wind dreht auf West

und läßt nach, während Temperatur und Druck nahezu konstant bleiben.

- Der **Warmsektor** ist gekennzeichnet durch ein relativ ruhiges Wettergeschehen, auch wenn oft mächtige Wolkenreste imponieren wollen. Sie sind ohne größere Bedeutung, da die stabile Schichtung für Ruhe sorgt.

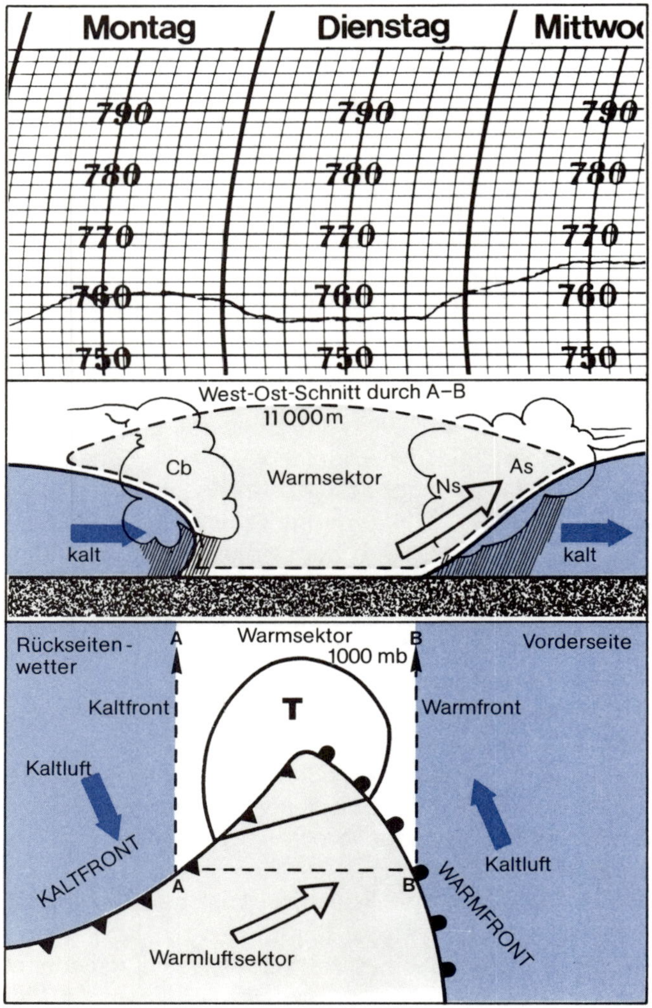

Die Veränderung des Luftdruckes bei Durchzug einer Zyklone

- Der **Durchzug der Kaltfront** ist gekennzeichnet durch einen ausgeprägten Windsprung von Südwest auf Nordwest. Der Wind wird sehr böig und frischt stark auf (bis 80 Knoten). Die Temperatur fällt stark, dafür beginnt der Druck zu steigen. Nach dem Durchzug der Störung bessert sich das Wetter rapide.
- Das **Rückseitenwetter** ist gekennzeichnet durch Wind aus Nordwest, dessen Böigkeit nur langsam abnimmt. Temperatur und Luftdruck steigen langsam an. In der labilen Kaltluft bilden sich Cumuli mit langsam abklingender Schauerneigung. Die Dauer des schönen Wetters (Zwischenhoch) hängt davon ab, wann sich die nächste Zyklone nähert und der Ablauf von neuem beginnt.

Die einzelnen Zyklonen werden nicht selten von einem gewaltigen, bis in die Tropopause hineinragenden und ortsfesten Tiefdruckzentrum gesteuert. Für unseren Raum liegt dieses Steuerzentrum über Island, dem wir häufig ganze Serien von Tiefausläufern und Einzelzyklonen verdanken.

Doch damit nicht genug: Hat ein Tief eine ausgeprägte, großräumige Kaltfront, können an dieser eigene Wellenstörungen und in der Folge Sekundärtiefs entstehen. Auf diese Weise kann es zur Bildung ganzer »Tieffamilien« kommen.

Gemessen an den Aktivitäten der Zyklone führt das **Hochdruckgebiet** eigentlich ein recht »faules« Dasein, streng genommen ist es sogar fast nur ein »Abfallprodukt« der Tiefdrucktätigkeit. Sein Entstehen nämlich verdankt es dem Zusammenströmen von Luftmassen aus den umgebenden Tiefs. So bildet sich eine Luftmasse, die unter adiabatischer Erwärmung und Drehung im Uhrzeigersinn absinkt, in der sich die Wolken auflösen und die am Boden nach den Seiten ausfließt.

Daraus folgt bereits, daß ein Hochdruckgebiet nur solange Bestand hat, solange es in der Höhe Nachschub erhält. Das kann bei einem Zwischenhoch – auch thermisches Hoch genannt – zwischen zwei Zyklonen nur von kurzer Dauer sein. Genauso gut kann es sogar mehrere Wochen halten, wenn es etwa zu einer Hochdruckbrücke zwischen Azorenhoch und russischem

Festlandhoch kommt. Aber auch diese Brücke hat nur solange Bestand, solange sie in der Höhe Luftnachschub erhält. Ist die Voraussetzung jedoch erfüllt, kann das Hoch sogar Steuerfunktion übernehmen: Es weicht den kleineren Tiefs nicht, sondern steuert sie im großen Bogen um sich herum.

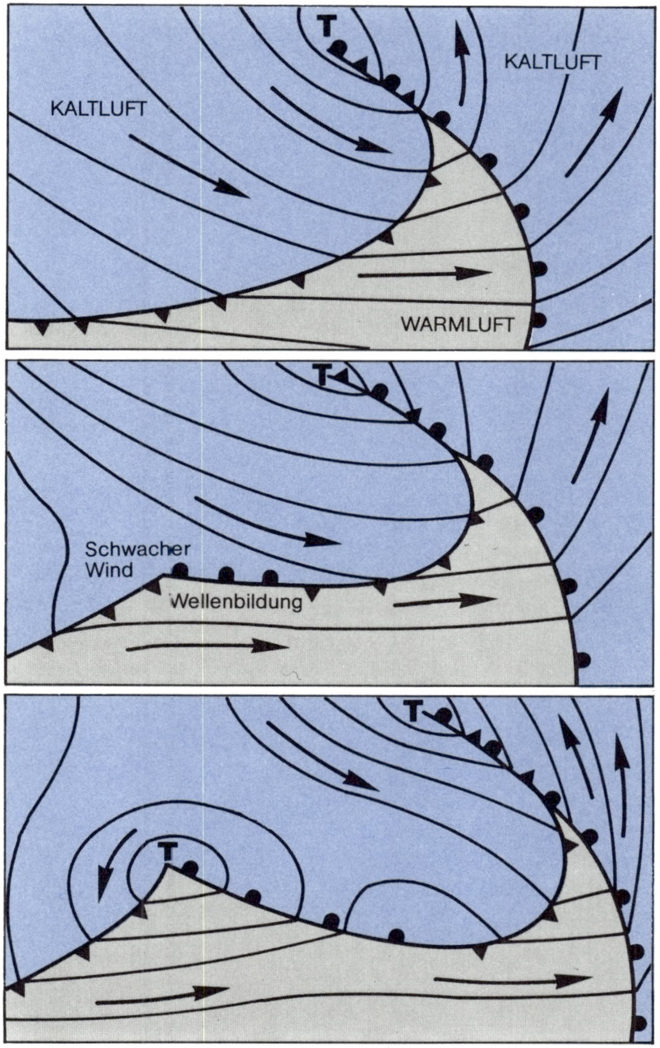

Die Entstehung eines Sekundärtiefs

Die geographische Lage großer (also steuernder) Tief- und Hochdruckgebiet zueinander ist verantwortlich für die **Großwetterlage.** Sie ist wiederum verantwortlich für die Gestaltung der Witterung über einen größeren Zeitraum. So hängt es von ihr ab, wieweit Zyklonen nach Süden vorstoßen und welche Höhenströmungen sich einstellen können. In unserem Raum können sich folgende Großwetterlagen einstellen:

- Die **Westlage** ist die in Europa häufigste Wetterlage. Sie ist gekennzeichnet durch ein steuerndes Tief über Island und durch ein ebenfalls steuerndes Hoch über den Azoren. Zwischen den beiden Druckzentren stellt sich eine starke Westströmung ein, in der die Tiefs gleich reihenweise gegen den Kontinent gesteuert werden. Die Folge ist sehr unbeständige Witterung mit dauerndem Wechsel von Kalt- und Warmfronten. Die hochreichende Westströmung ist damit auch verantwortlich für unsere kühlen Sommer und milden Winter.
- Die **Nordwestlage** ist gekennzeichnet durch ein nach Norden ausgeweitetes Hoch und ein Tief über dem Baltikum und Polen. Dadurch stellt sich eine nordwestliche Höhenströmung ein, die für sehr wechselhaftes Wetter (Aprilwetter) mit starken Schauerniederschlägen sorgt.
- Die **Nordlage** ist bei uns stets mit Kälte verbunden. Sie ist gekennzeichnet durch ein bis nach Island ausgedehntes Azorenhoch, an dessen Vorderseite sich eine nördliche Höhenströmung einstellt. Sie führt Polarluft und damit ergiebige Schauerniederschläge auf kürzestem Wege zu uns.
- Die **Ostlage** ist gekennzeichnet von einem stationären (also steuernden) Hoch über Skandinavien und dem Baltikum, auf dessen Südseite sich eine östliche Strömung einstellt. Sie sorgt im Sommer für heißes, im Winter für sehr kaltes Schönwetter.
- Die **Südwestlage** ist gekennzeichnet von einem Hoch über dem Balkan und einem Tief über dem

Atlantik. Es stellt sich eine südwestliche Höhenströmung ein, die in den Alpen zu Föhn führen kann.

- Die **Troglage** ist gekennzeichnet von einer trog- oder U-förmigen Ausbuchtung der Isobaren, die sich im Bereich der Rückseite von starken Tiefdruckgebieten gegen Südwesten ausdehnen. Im Bereich der Troglinie (= die Senkrechte zur Ausbuchtung) kommt es oft zu schlechterem Wetter (stärkere Niederschläge und höhere Windgeschwindigkeiten) als in der zuvor durchgezogenen Kaltfront.

Die zur Beurteilung des Wetters notwendigen Daten und Fakten werden vom Wetterdienst erfaßt und zu Wetterkarten verarbeitet. Alle Einzelheiten darüber und Hinweise, wie der Pilot die Wetterangaben nutzen kann, stehen auf S. 92 ff.

Die Navigation

Das beste Fortbewegungsmittel ist nur so gut wie die Möglichkeit, seinen jeweiligen Standort festzustellen und seinen Kurs zu bestimmen. Die Richtigkeit dieser alten Grundregel mußten schon die alten Seefahrer anerkennen als sie sich daranmachten, die Welt über die Meere zu erforschen, und nicht selten in ganz anderen Weltecken landeten als beabsichtigt. Das mußten auch die ersten Aviateure immer dann anerkennen, wenn sie wieder mal im Tiefflug nach der Ortstafel am Bahnhof suchten, und es soll sogar moderne Sportflieger geben, die schon in mancher Situation viel um eine dieser berühmten Ortstafeln gegeben hätten ...

Lange hat es gedauert, bis die Präzision erreicht war, mit der heute nicht nur große Maschinen ganze Kontinente und Meere queren. Ausschlaggebend für diese enorme Präzision waren und sind ausschließlich die Fortschritte der Funktechnik. Sie erst haben endgültig aufgeräumt mit den beiden Tücken, die das Navigieren so erschwert haben. Die eine Tücke brachte das Magnetfeld der Erde mit all seinen Unregelmäßigkeiten ins Spiel. Die andere Tücke bescherte die Kugelform der Erde. Sie ist dafür verantwortlich, daß keine Karte eine getreue Widergabe der Erdoberfläche bieten kann.

Da heute noch kein Privatpilot seine Navigation ausschließlich auf Funk aufbauen kann, wird er nach wie vor mit beiden Tücken konfrontiert, muß er mit beiden fertigwerden. Das aber gelingt nur, wenn die theoretischen Hintergründe so weit klar sind, daß die Folgerungen daraus verständlich werden und so das entsprechende Handeln selbstverständlich wird. Oder anders herum: Solange das Flugzeug seinen Weg noch nicht vollautomatisch von selbst findet, kommt hier kein Pilot ohne die theoretischen Hintergründe der Navigation aus.

Die Einteilung der Erdoberfläche

Unsere Erde umkreist als kugelförmiger Planet die Sonne auf einer beinahe kreisförmigen, elliptischen Bahn in 365 Tagen, 5 Stunden, 48 Minuten und 46

Umlauf der Erde um die Sonne

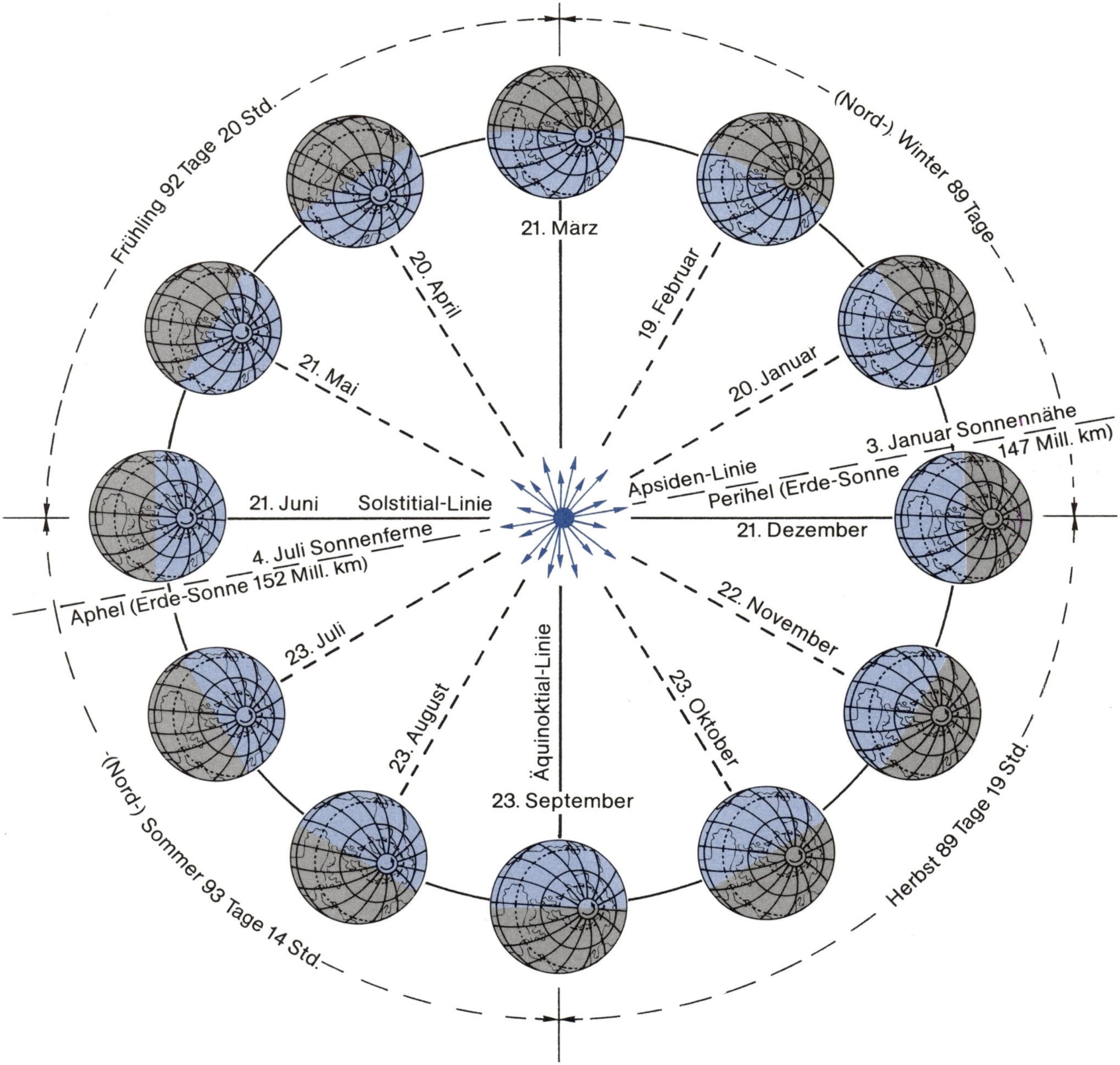

Sekunden. Der »Überhang« von knapp 6 Stunden pro Jahr macht alle vier Jahre das um einen Tag längere Schaltjahr notwendig. In einem Brennpunkt der Erdbahnellipse steht die Sonne. Den sonnennächsten Punkt erreicht die Erde am 2. Januar (Entfernung 147 Mill. km), den sonnenfernsten Punkt erreicht sie am 3. Juli (Entfernung 151,9 Mill. km).
In 24 Stunden dreht sich die Erde einmal von West nach Ost um ihre eigene Achse (= Erdrotation), wodurch der Wechsel von Tag und Nacht entsteht. Die Erdachse ist eine gedachte Linie durch die beiden Pole.

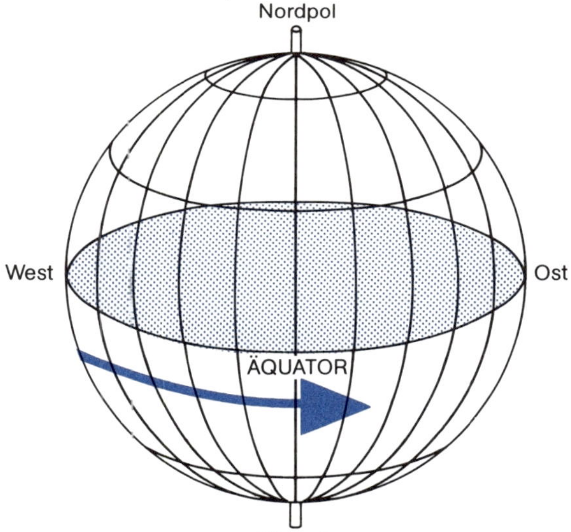

Die Drehrichtung der Erde

Die gedachte Verlängerung durch den Nordpol zeigt genau zum Polarstern, um den sich der Sternhimmel dreht. Er heißt deshalb Himmelspol. Die Erdachse steht nicht senkrecht auf der Erdbahn, sondern um 66°33′ gegen sie geneigt. Dieser Neigungswinkel verursacht die Jahreszeiten und ist damit auch verantwortlich für die jahreszeitlich bedingten unterschiedlichen Tageslängen.
Aufgrund der Rotation ist die Erde an den Polen ein ganz klein wenig abgeplattet und am Äquator geringfügig ausgeweitet. Diese Verformung ist aber so gering, daß sie vernachlässigt werden kann. So ergeben sich für die Erdkugel folgende Maße:

Beleuchtung der Erde

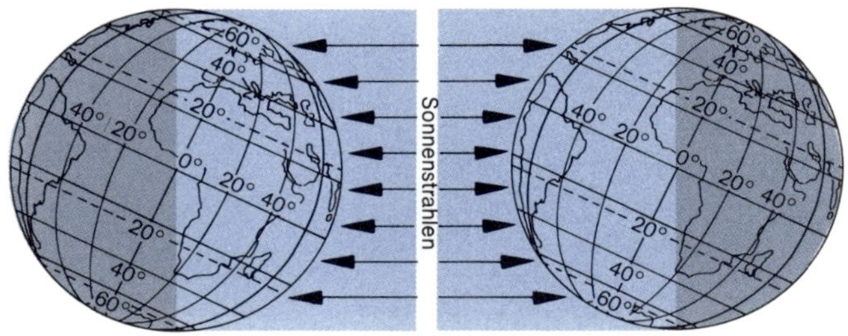

Sommersonnenwende 21. Juni — Wintersonnenwende 21. Dezember

Mittlerer Umfang: 40 000 km / 21 600 NM
Mittlerer Halbmesser: 6370 km / 3440 NM

Rotationsgeschwindigkeit an den Polen:
0 km/h / 0 kt
Rotationsgeschwindigkeit am Äquator:
1670 km/h / 900 kt

Wie auf jeder Kugel lassen sich auch auf der Erde Kreise ziehen. Ihre Größe hängt ab von der Entfernung ihres Mittelpunktes zum Kugelmittelpunkt (zum Erdmittelpunkt also). Danach unterscheidet man:

Großkreise (great circle/GC): Es sind Kreise auf der Erdoberfläche, deren Ebene durch den Erdmittelpunkt geht. Die Kreisfläche teilt die Erde jeweils in zwei gleiche Hälften. Von den unendlich vielen möglichen Großkreisen erfüllen zwei besondere Bedingungen:

- Ein Großkreis steht genau senkrecht auf der Erdachse. Er teilt die Erde in eine Nord- und eine Südhälfte, hat die rechtweisende Richtung West–Ost und ist bekannt unter der Bezeichnung Äquator.
- Ein Großkreis steht senkrecht auf dem Äquator und verbindet die beiden Pole miteinander. Ihn gibt es viele Male. Er heißt Längenkreis oder Meridian. Alle Meridiane haben die rechtweisende Richtung Nord–Süd.

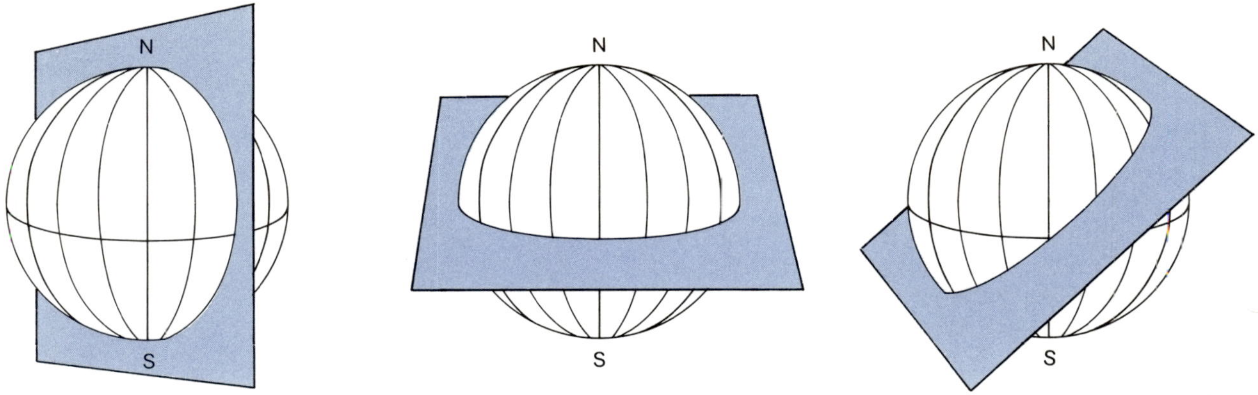

Alle Großkreise gehen durch den Erdmittelpunkt und teilen die Erde in zwei gleiche Hälften

Ein Großkreis, der zwei Punkte auf die Erdkugel durchschneidet, markiert gleichzeitig die kürzeste Verbindung zwischen diesen beiden Punkten. Ein beliebiger Großkreis (weder Äquator noch Meridian) schneidet aufeinanderfolgende Meridiane stets unter einem anderen Winkel, weil Meridiane ja nie parallel, sondern immer konvergierend (im spitzen Winkel aufeinander zu) verlaufen.

Kleinkreise (small circle/SC): Es sind Kreise auf der Erdoberfläche, deren Ebene nicht durch den Erdmittelpunkt geht. Die Kreisfläche teilt die Erde jeweils in unterschiedliche Hälften. Von den unendlich vielen möglichen Großkreisen erfüllt eine Art besondere Bedingungen:

- Ein Kleinkreis, dessen Ebene parallel zum Äquator verläuft, ist ein Breitenkreis. Da alle Breitenkreise zueinander parallel verlaufen, wird auch von Breitenparallele (parallel of latitude) gesprochen. Der größte Breitenkreis ist der Äquator, die beiden kleinsten sind praktisch die Polpunkte. Oder andersherum: Je mehr sich die Breitenkreise vom Äquator entfernen, desto kleiner werden sie.

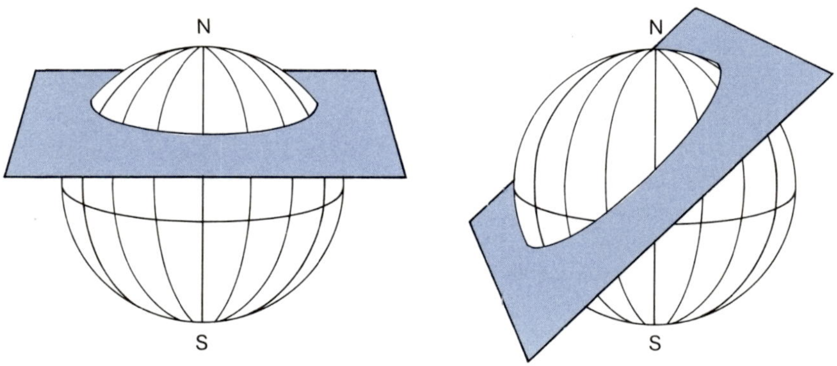

Alle Kleinkreise gehen nicht durch den Erdmittelpunkt und teilen die Erde in zwei ungleiche Hälften

Längen- und Breitenkreise gibt es unendlich viele, da durch jeden Punkt der Erdoberfläche jeweils ein eigener Längen- und Breitenkreis gezogen werden kann. Zwei bekannte Größen aber ergeben in der Geometrie innerhalb eines Koordinatensystems die Lagedefinition. Werden die Längen- und Breitenkreise so verwendet, ergeben sie ein **»sphärisches Koordinatensystem«,** dessen Lage lediglich fixiert werden muß, damit es sich als Bezugssystem eignet.
Fixpunkt dieses Koordinatensystems ist der Erdmittelpunkt, der als Scheitel für alle Winkelangaben dient. Bezugsebene sind zwei Nullkreise:

- Der **Nullkreis für alle Breitenkreise** ist der Äquator. Die Lage eines beliebigen Breitenkreises ist definiert durch den Winkel zwischen Äquator, Erdmittelpunkt und Breitenkreis. Der Winkel wird angegeben in Bodengraden (°), Bogenminuten (′) und Bogensekunden (″). Liegt der Breitenkreis südlich vom Äquator, kommt die Angabe S (südlich) dazu. Liegt er dagegen nördlich vom Äquator, kommt die Angabe N (nördlich) dazu. Die Winkelangabe wird geographische Breite (latitude/LAT) genannt. Alle Orte auf einer genau West–Ost gerichteten Linie liegen auf dem gleichen Breitenkreis und haben folglich die gleiche geographische Breite. Besondere Breitenkreise sind:
  Der *Nord-* und der *Südpol* mit der Breitenangabe 90°N bzw. 90°S.
  Die beiden *Polarkreise* in 66°33′ nördlicher und südlicher Breite. Von ihnen bis zu den Polen erstrecken sich die Polarzonen, in denen abhängig von der Breite die Sonne zwischen 1 Tag und 6 Monaten über oder unter dem Horizont bleibt.
  Die beiden *Wendekreise*in 23°27′ nördlicher und südlicher Breite. Auf ihnen steht die Sonne am 21. Juni und 21. Dezember um 12 Uhr im Zenit. Zwischen den beiden Wendekreisen liegt die heiße Zone oder die Tropen. Sie sind dadurch ausgezeichnet, daß an jedem Ort dieser Zone die Sonne im Laufe eines Jahres zweimal im Zenit steht. Zwischen den Wendekreisen und den Polarkreisen liegen die gemäßigten Zonen.

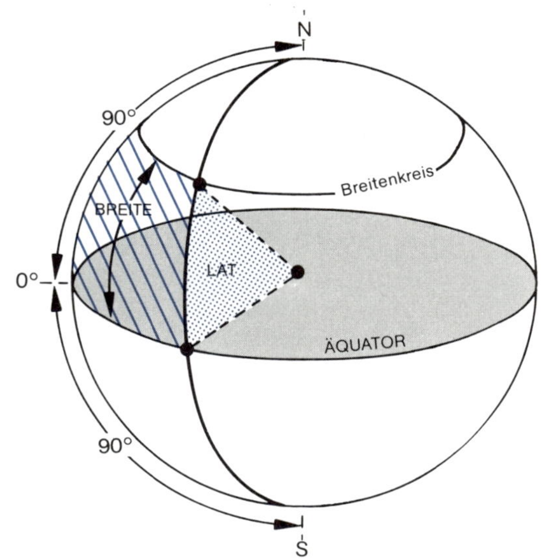

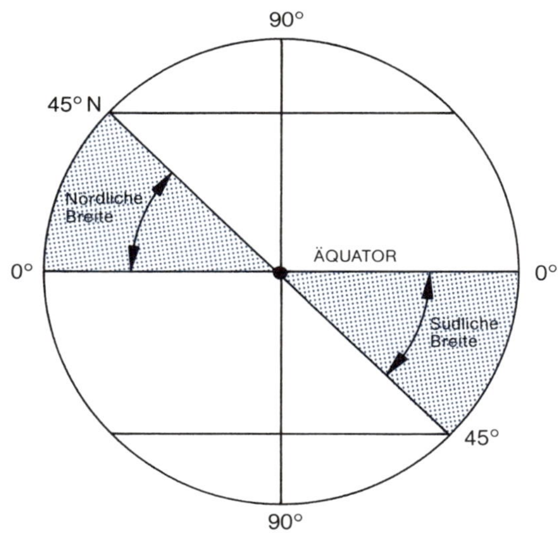

Die geographische Breite wird als Winkelangabe zwischen Äquator, Erdmittelpunkt und Breitenkreis angegeben

- Der **Nullkreis für alle Längenkreise** geht genau durch die Sternwarte von Greenwich (Londoner Vorort). Dieser Nullmeridian (prime meridian) wird deshalb auch Greenwich-Meridian genannt. Die Lage eines beliebigen Längenkreises ist definiert durch den Winkel zwischen dem Nullmeridian, dem Erdmittelpunkt und dem Längenkreis. Der Winkel wird ebenfalls angegeben in Bogengraden (°), Bogenminuten (′) und Bogensekunden (″). Liegt der Längenkreis westlich von Greenwich (bis 180°), erhält die Angabe den Zusatz W (= westlich). Liegt er dagegen östlich von Greenwich (bis 180°), kommt die Angabe E (= east/östlich) dazu. Die Winkelangabe wird geographische Länge (longitude = LONG) genannt. Alle Orte auf einer genau Nord–Süd gerichteten Linie liegen auf dem gleichen Längenkreis und haben folglich die gleiche geographische Länge. Besonders Längenkreise sind:
  Der *Nullmeridian* von Greenwich ist nicht nur der Bezugskreis für alle Längenangaben. Er markiert auch die Westeuropäische Zeit (GMT = Greenwich mean time/mittlere Greenwich-Zeit), die in der Luftfahrt allgemein verbindlich ist und hier koordinierte Weltzeit (UTC = Universal Time co-ordinated) heißt (gegenüber MEZ = mitteleuropäische Zeit eine Differenz von -1^h).
  Der *180°-Meridian* (dem Nullmeridian genau gegenüber) bildet die internationale Datumsgrenze. Zusammen mit dem Greenwich-Meridian teilt er die Erde in eine östliche und eine westliche Hälfte.

Innerhalb des Koordinatennetzes von Breiten- und Längenkreisen läßt sich die Lage jedes beliebigen Punktes auf der Erdoberfläche mit den beiden Winkelangaben zur Breite und Länge exakt definieren. Dabei wird grundsätzlich die Breite zuerst angegeben. Für den Flughafen München ergibt sich für dessen ARP (= aerodrome reference point/Flughafenbezugspunkt):

48°07′54″N
11°41′57″E

Daraus ist sofort ersichtlich, daß München 48 Grad, 07 Minuten und 54 Sekunden nördlich vom Äquator und 11 Grad, 41 Minuten und 57 Sekunden östlich von Greenwich (Nullmeridian) liegt.

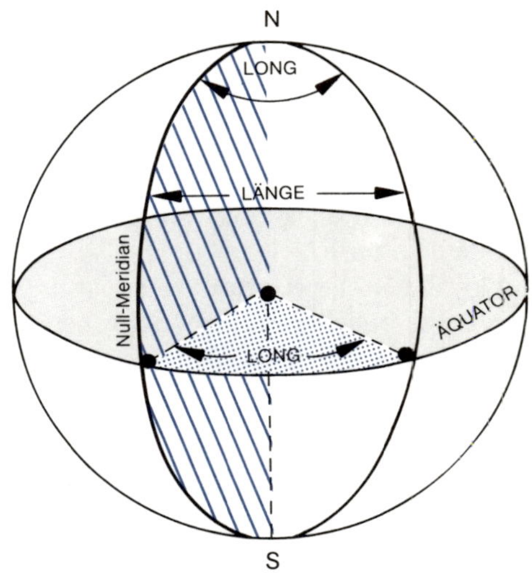

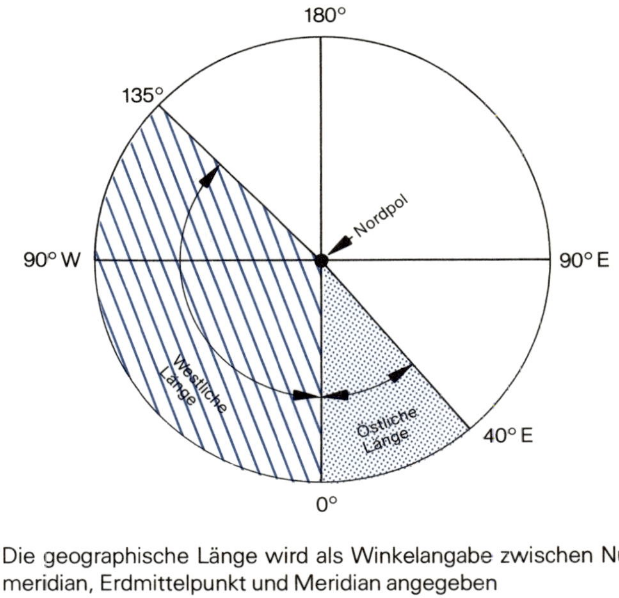

Die geographische Länge wird als Winkelangabe zwischen Nullmeridian, Erdmittelpunkt und Meridian angegeben

Die Lage zweier Punkte zueinander läßt sich über den Längen- und Breitenunterschied definieren.
Der **Längenunterschied** (DLO = difference of longitude) zwischen zwei Orten ist der Winkel zwischen den Längskreisen (Meridianen) beider Orte. Er wird nach der Richtung des Unterschiedes mit W (westlich) oder E (östlich) bezeichnet. Der Längenunterschied zwischen Düsseldorf und München beträgt demnach:

LONG	München	11°41′57″ E
LONG	Düsseldorf	06°45′29″ E
DLO		04°56′28″ E

Da beide Orte auf der gleichen Seite des Nullmeridians liegen, kann also die kleine von der größeren Winkelangabe abgezogen werden. Liegt der eine Ort dagegen östlich und der andere westlich des Nullmeridianes, müssen die beiden Winkelangaben addiert werden:

LONG	München	11°41′57″ E
LONG	Lissabon	9°38′11″ W
DLO		21°20′08″ W

Ein Ergebnis über 180° wird von 360° abgezogen.
Der **Breitenunterschied** (D LAT = difference of latitude) zwischen zwei Orten ist der Winkel zwischen den Breitenkreisen beider Orte. Er wird nach der Richtung des Unterschiedes mit N (nördlich) oder S (südlich) bezeichnet. Der Breitenunterschied zwischen München und Düsseldorf etwa beträgt demnach:

LAT	Düsseldorf	51°16′56″ N
LAT	München	48°07′54″ N
D LAT		03°09′02″ N

Da beide Orte auf der gleichen Seite des Äquators liegen, kann wieder die kleinere von der größeren Winkelangabe abgezogen werden. Liegt ein Ort dagegen nördlich und der andere südlich des Äquators, müssen die beiden Winkelangaben wieder addiert werden:

LAT	München	48°07′54″ N
LAT	Kapstadt	35°10′22″ S
D LAT		83°18′16″ S

Auch die in der Flugnavigation verwendeten Entfernungs- und Geschwindigkeitsmaße stehen in einem unmittelbaren Zusammenhang zu den Maßen der Erde und ihrem Koordinatennetz. Maß aller Dinge ist dabei der Großkreis (also alle Meridiane und der Äquator). Je nachdem, ob er metrisch oder nach Bogengraden aufgeteilt wird, erhält man Kilometer oder Seemeilen.

- Der **Kilometer** ist metrisch (mit dezimaler Teilung) aufgebaut und entspricht genau dem 40000. Teil des Umfanges eines Großkreises.
- Die **Seemeile** (NM = nautical mile) ist zwar nicht metrisch, dafür aber im Winkelmaß teilbar. Aus den 360° eines Großkreises wird so:

  Großkreis $= 360° = 21\,600$ NM

  Bogengrad $= \frac{1}{360} =$ 60 NM

  Bogenminute $= \frac{1}{60} =$ 1 NM

Die Gegenüberstellung von Kilometer und Seemeilen ergibt:

Großkreis	360°	21600 NM	40000 km
Bogengrad	$\frac{1}{360}$	60 NM	111,111 km
Bogenminute	$\frac{1}{60}$	1 NM	1,852 km

- Die **englische Landmeile** (ML = statute mile) ist dagegen weder metrisch noch auf ein Maß der Erde bezogen, sondern willkürlich auf 1,609 km festgesetzt. Dennoch verteidigen sie die Angelsachsen eifrig. Immer wenn in Großbritannien oder den USA von »Meilen« die Rede ist, ist die statute mile gemeint.

Werden die Entfernungsmaße zur Zeit in Bezug gesetzt, ergeben sich die Geschwindigkeitsmaße bzw. das Verhältnis des Weges zur Zeit:

- Nautische Meilen pro Stunde (NM/h) ergeben wie in der Seefahrt das Geschwindigkeitsmaß Knoten (kn oder engl. kt = knots). Es ist das wichtigste Geschwindigkeitsmaß in der Luftfahrt.
- Kilometer pro Stunde (km/h) werden als Geschwindigkeitsmaß hauptsächlich von den Segelfliegern verwendet.

- Meilen pro Stunde (MPH = statute miles per hour) werden als Geschwindigkeitsmaß hauptsächlich noch in den USA verwendet. Auf MPH geeichte Fahrtmesser haben aber meist auch noch eine kt-Skala.

Die Entfernungs- und Geschwindigkeitsmaße lassen sich mit den verschiedenen Rechnern leicht umrechnen. Überschlägig läßt sich aber auch relativ genau rechnen, wenn folgende Formeln angewendet werden:

km oder km/h in NM oder kt:
km oder km/h : 2 + 10% = NM oder kt

NM oder kt in km oder km/h:
NM oder kt × 2 – 10% = km oder km/h

km oder km/h in ML oder MPH:
km oder km/h : 2 + 20% = ML oder MPH

ML oder MPH in km oder km/h:
ML oder MPH × 2 – 20% = km oder km/h

Die Einteilung der Zeit

Den Wechsel von Tag und Nacht verdanken wir der Drehung der Erde um ihre eigene Achse (Erdrotation). Eine volle Umdrehung der Erde wird **Tag** genannt. Er beginnt für irgendeinen Ort auf der Erde in dem Moment, in dem die Sonne genau durch den Gegenmeridian dieses Ortes geht. Deshalb gelten für den Tag folgende Grundregeln:

- Alle Orte auf demselben Meridian haben denselben Tagesanfang und dieselben Tageszeiten.
- Alle Orte auf verschiedenen Meridianen haben verschiedene Tagesanfänge und verschiedene Tageszeiten.
- Steht die Sonne im Gegenmeridian eines Ortes (= Mitternacht), wird von *»Unterer Kulmination«* gesprochen.

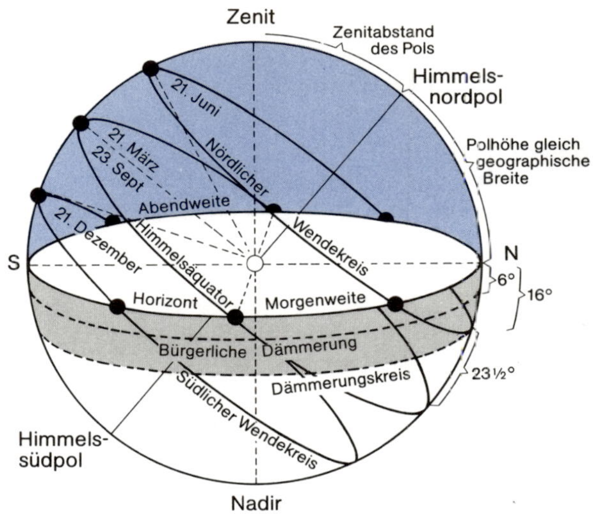

Die scheinbare Sonnenbahn

- Steht die Sonne im Meridian eines Ortes (= Mittag), wird von *»Oberer Kulmination«* gesprochen.
- Als »Bürgerlicher Tag« (= mittlerer Sonnentag) gilt der Zeitraum zwischen zwei »Unteren Kulminationen« der Sonne (= von Mitternacht bis Mitternacht = exakt 24 Stunden).

Da der mittlere Sonnentag mit seinen 24 Stunden genau den 360 Längengraden der Erde entspricht, läßt sich die geographische Länge in Zeit und Zeit in geographische Länge umrechnen nach folgender Beziehung:

360° = 24 h	24 h = 360°
15° = 1 h	1 h = 15°
1° = 4 min	1 min = 15′
1′ = 4 sec	1 sec = 15″
$1'' = \frac{1}{15}$ sec	

Die Umrechung der geographischen Länge in Zeit erfolgt nach der Regel:

- Division der Grade, Minuten und Sekunden durch 15 und Multiplikation des jeweiligen Restes mit 4.

Für München mit seiner geographischen Länge von 11°41′57″ ergibt sich also:

11 : 15 = 0 h
—
11 × 4 = 44 min
41 : 15 = 2 min
−30
—
11 × 4 = 44 sec
57 : 15 = 3 sec

11° 41′ 57″ = 0 h 46 min 47 sec

Der exakte Zeitunterschied zwischen allen Orten auf dem Nullmeridian (UTC) und München beträgt 46 min und 47 sec.

Die Umrechnung der Zeit in geographische Länge erfolgt nach der Regel:

- Multiplikation der Stunden mit 15, Division der Minuten und Sekunden durch 4 und Multiplikation der Reste von Minuten und Sekunden mit 15.

Für München mit seinem Zeitunterschied von 46 min und 47 sec zum Nullmeridian ergibt sich also:

46 : 4 = 11°
−44
—
2 × 15 = 30′
47 : 4 = 11′
−44
—
3 × 15 = 45″

---

46 min 47 sec = 11° 41′ 45″

(Die Differenz von 12 Bogensekunden ergibt sich, weil bei der Zeit die Bruchteile von Sekunden nicht mitgerechnet wurden).

Das Beispiel München zeigt, daß seine **Ortszeit** (MOZ = mittlere Ortszeit/LMT = local mean time) 46 Minuten und 47 Sekunden der mitteren Greenwich Zeit (GMT/UTC) vorauseilen würde. Andersherum formuliert ergibt sich daraus die Grundregel:

- Die mittlere Ortszeit (MOZ/LMT) eines Ortes weicht von der mittleren Greenwich Zeit (MGZ/GMT/UTC) um die Winkeldifferenz zwischen Ortsmeridian und Nullmeridian (Greenwich) ab.

Da natürlich nicht jeder Ort nach seiner eigentlichen Ortszeit vorgehen kann, wurden Zeitzonen geschaffen, in denen jeweils die gleiche Zeit gilt. Die einzelnen Zonen unterscheiden sich jeweils um 1 Stunde oder 15 Längengrade, so daß alle Zeitzonen stets um volle Stunden von der mittleren Greenwich Zeit abweichen. Der mittlere Meridian jeder Zeitzone ist immer ein Vielfaches von 15°. Die Zeitzone GMT/UTC erstreckt sich folglich von 7° 30′ E über 0° bis 7° 30′ W. Der Nullmeridian hat die Bezeichnung Zero (= 0). Dafür wird die Abkürzung Z verwendet, die nach dem ICAO-Alphabet Zulu ausgesprochen wird. Eine Zeitangabe in GMT/UTC erhält deshalb in der Fliegerei stets den Zusatz »Zulu«.

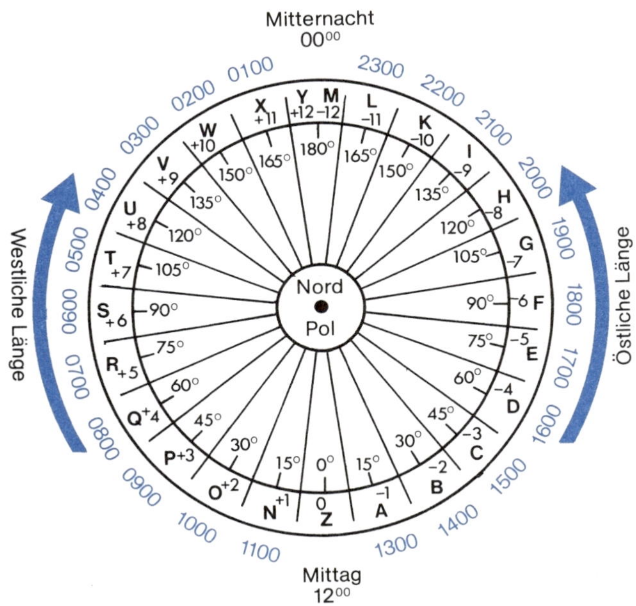

Die Zeitzonen der Erde und die Zonenzeit

Die Zeitzonen sind danach gekennzeichnet, ob ihr Mittelmeridian eine östliche oder westliche Länge hat:

- Zeitzonen östlicher Länge erhalten ein Minus (−) als Vorzeichen und die fortlaufenden Nummern 1 bis 12 bzw. die Kennbuchstaben A bis M.
- Zeitzonen westlicher Länge erhalten ein Plus (+) als Vorzeichen und die fortlaufenden Nummern 1 bis 12 bzw. die Kennbuchstaben N bis Y.

Wird die Zonenzahl entsprechend dem Vorzeichen addiert oder subtrahiert, ergibt sich die mittlere Greenwich Zeit (MGZ/GMT/UTC).

Für den **»Bürgerlichen Tag«** gelten außerdem noch folgende Einzeldefinitionen:

- Sonnenaufgang (SR = sunrise) und Sonnenuntergang (SS = sunset) sind die Zeitpunkte, an denen der obere Rand der Sonne den Horizont in mittlerer Seehöhe (MSL = mean sea level) durchschneidet. Beide Zeitpunkte werden in den Wetterberichten angegeben; sie können auch bei jeder Flugverkehrskontrollstelle erfragt werden.
- Die »Bürgerliche Dämmerung« (civil twilight) beginnt und endet beim Sonnenstand 6° unter dem Horizont. Da sie von der Jahreszeit und der geographischen Breite abhängig ist, gibt es für sie ein eigenes Verzeichnis. In der Regel dauert sie in unseren Breiten etwa eine gute halbe Stunde.
- Die Nacht ist in der Bundesrepublik in § 32 LuftVO geregelt. Danach dauert sie von 30 Minuten nach Sonnenuntergang (SS + 30) bis 30 Minuten vor Sonnenaufgang (SR − 30).

Die Einteilung von Richtungen und Kursen

Während die Lage eines Ortes auf der Erde mit der einfachen Angabe von zwei Winkeln ganz exakt definiert werden kann, ist die genaue Angabe einer Richtung entgegen dem Anschein gar nicht so einfach, obwohl es eigentlich nur eine einzige Bezugsrichtung gibt. Sie ist überall auf der Erde gegeben als die Richtung des jeweiligen Meridianes zum Nordpol. Diese Grundbezugsrichtung hat die Bezeichnung »Nord« (n = north). Ausgehend von dieser »Nullinie« werden alle anderen Richtungen als Winkel von 0° bis 360° angegeben. Man mißt von Nord aus im Uhrzeigersinn. Bezogen auf die wichtigsten Himmelsrichtungen ergibt sich:

Nord (N)	= 000°/360°
Nord-Ost (NE)	= 045°
Ost (E)	= 090°
Süd-Ost (SE)	= 135°
Süd (S)	= 180°
Süd-West (SW)	= 225°
West (W)	= 270°
Nord-West (NW)	= 315°

Für Zwecke der Navigation wird aus diesem einfachen Bezugsschema allerdings sofort eines, das wohl die Gradeinteilung beibehält, das dafür aber auf drei verschiedenen und genau zu unterscheidenden **Bezugsrichtungen** aufbaut:

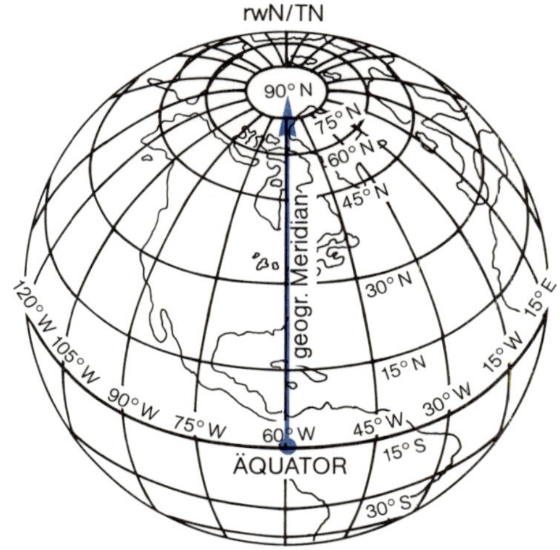

Die Bezugsrichtung Rechtweisend Nord (rwN/TN)

- Rechtweisend Nord (rwN/TN = true north) entspricht der Richtung des jeweiligen Meridianes zum geographischen Nordpol. Alle Richtungen, die aus Karten entnommen werden, sind rechtweisende Richtungen.

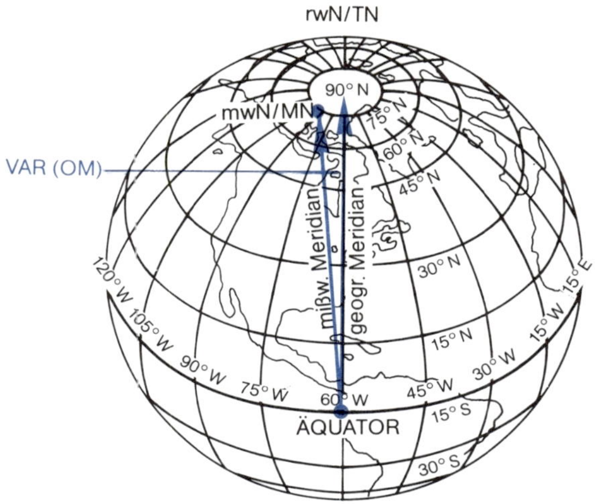

Die Bezugsrichtung Mißweisend Nord (mwN/MN)

- Mißweisend Nord (mwN/MN = magnetic north) entspricht der Richtung der durch den magnetischen Nordpol führenden Großkreise. Alle Richtungen, die ein durch nichts gestörter Magnetkompaß anzeigt, sind mißweisende Richtungen. Der Winkel zwischen rechtweisend Nord (rwN/TN) und mißweisend Nord (mwN/MN) ist die Ortsmißweisung (OM/VAR = variation).

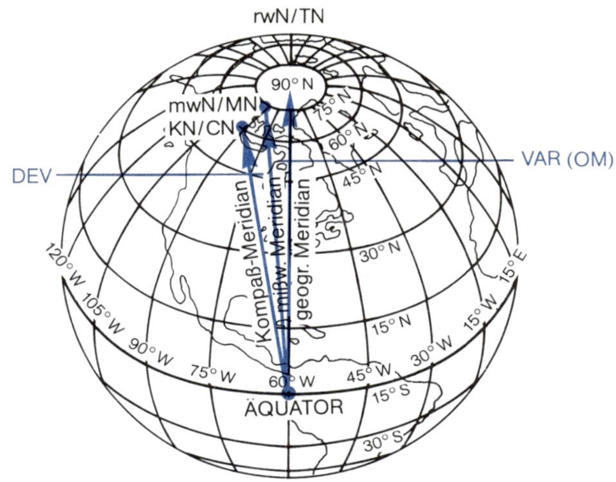

Die Bezugsrichtung Kompaß Nord (KN/CN)

- Kompaß-Nord (KN/CN = compass north) entspricht der vom Kompaß tatsächlich (also inclusive aller Fehler) angezeigten Nordrichtung. Der Winkel zwischen mißweisend Nord (mwN/MN) und Kompaß-Nord (KN/CN) ist die Kompaßablenkung (Dev/DEV = deviation). Sie ist in jedem Flugzeug unterschiedlich und der Deviationstabelle zu entnehmen.

Schon die alten Griechen nannten die Richtung von einem Ort zu einem anderen einen **Kurs.** Dabei ist es bis heute in allen Bereichen geblieben, in denen navigiert werden muß. Definiert ist der Kurs stets als Winkel zwischen dem Flugweg über Grund (Kurslinie) und einer der drei Bezugsrichtungen. Folglich gibt es grundsätzlich drei verschiedene Kurse:

- Der *rechtweisende Kurs* (rwK/TT = true track) entspricht dem Winkel zwischen der Kurslinie und rechtweisend Nord (rwN/TN). Ihn gibt es gleich in drei Varianten:

Als Kartenkurs kann er direkt der Karte entnommen werden. Bezugsrichtung ist der in der Karte eingezeichnete geographische Meridian (Abb. I).

Als rechtweisender Steuerkurs (rwSK/TH = true heading), der definiert ist als der Winkel zwischen der Steuerkurslinie (= Richtung der Flugzeuglängsachse) und rechtweisend Nord, ist er solange mit dem rechtweisenden Kurs identisch, solange kein Windeinfluß korrigiert werden muß. Muß dagegen ein Windeinfluß korrigiert werden, damit keine Abdrift (DA = drift angle) entsteht, muß der Luvwinkel (WCA = wind correction angle) berücksichtigt werden. Dann entsteht

der rechtweisende Windkurs (rwWK/TH = true heading) unterscheidet sich vom rechtweisenden Kurs durch den Luvwinkel (l/WCA) (Abb. II).

- Der *mißweisende Steuerkurs* (mwSK/MH = magnetic heading) entspricht dem Winkel zwischen der Steuerkurslinie und mißweisend Nord. Gegenüber dem rechtweisenden Steuerkurs (rwSK/TH) ist jetzt die Ortsmißweisung (OM/VAR) berücksichtigt (Abb. III).
- Der *Kompaßkurs* (KK/CH = compass heading) entspricht dem Winkel zwischen der Steuerkurslinie und Kompaß-Nord (KN/CN). Gegenüber dem mißweisenden Steuerkurs (mwSK/MH) ist jetzt auch die Kompaßablenkung (DEV) berücksichtigt (Abb. IV).

Bei all den verschiedenen Kursen ist nun aber noch nicht berücksichtigt, daß sie ja nicht auf einer Ebene liegen können, sondern auf einer Kugel berechnet werden müssen. Und daß das seine Tücken hat, das haben ebenfalls schon die alten Griechen gewußt. Sie erkannten, daß auf einer Kugel zwei Punkte durchaus mit verschiedenen Linien verbunden werden können, je nachdem welche Bedingungen erfüllt werden sollen, und unterschieden zwischen Orthodromen und Loxodromen – eine Unterscheidung, die bis heute nichts von ihrer Richtigkeit eingebüßt hat.

Orthodrome (= gerader Weg) nannten sie die kürzeste Verbindung zwischen zwei Punkten auf der Erde. Das aber ist nichts anderes als der Großkreis, der durch diese beiden Orte geht. Solange die Entfernung zwischen den Orten kleiner als der halbe Erdumfang ist, gibt es nur eine kürzeste Verbindung (Bogenstück aus dem Großkreis). Liegen dagegen die Punkte genau entgegengesetzt auf der Erde, gibt es unendlich viele kürzeste Verbindungen.

Entscheidender Nachteil der Orthodrome ist, daß sie alle Meridiane unter einem anderen Winkel schneidet, weil diese nie parallel verlaufen, sondern zu den Polen hin zusammenlaufen. Alle Bezugsrichtungen unserer verschiedenen Kurse sind aber Meridiane! Daraus ergibt sich, daß der Kurs auf der Orthodrome zwischen zwei Orten in jedem Punkt der Strecke etwas anders und ein Navigieren mit einem Kurs absolut unmöglich wäre. Um die Orthodrome einzuhalten, müßte vielmehr der Kurs ständig geändert werden (Ausnahme: die Orthodrome liegt genau auf dem Äquator oder einem Meridian). Da das aber in der Praxis unmöglich ist, wird für Strecken bis etwa 1000 NM ein anderer Weg genutzt, den auch schon die Griechen kannten.

Loxodrome (= schiefer Weg) nannten sie die Verbindungslinie zwischen zwei Punkten auf der Erde, die alle Meridiane mit dem gleichen Winkel schneidet. Diese Linie ist zwar nicht die kürzeste Verbindung, sie hat aber den entscheidenden Vorteil, stets die gleiche Richtung zu haben (obwohl die Linie eine Kurve ist!). Weil auf dieser Linie für die gesamte Strecke der gleiche Kurs gesteuert werden kann (es sei denn, der Wind ändert sich), wird sie auch Kursgleiche genannt. Von ihr gibt es zwei Grundformen:

I Der rechtweisende Kurs (rwK/TT) als Kartenkurs und als rechtweisender Steuerkurs (rwSK/TH) (ohne Wind)

II Der rechtweisende Kurs (rwK/TT) als rechtweisender Windkurs und als rechtweisender Steuerkurs (rwWK/rwSK/TH)

III Der mißweisende Steuerkurs (mwSK/MH) (Die Ortsmißweisung ist zusätzlich enthalten)

IV Der Kompaßkurs (KK/CH) (Die Kompaßablenkung ist zusätzlich enthalten)

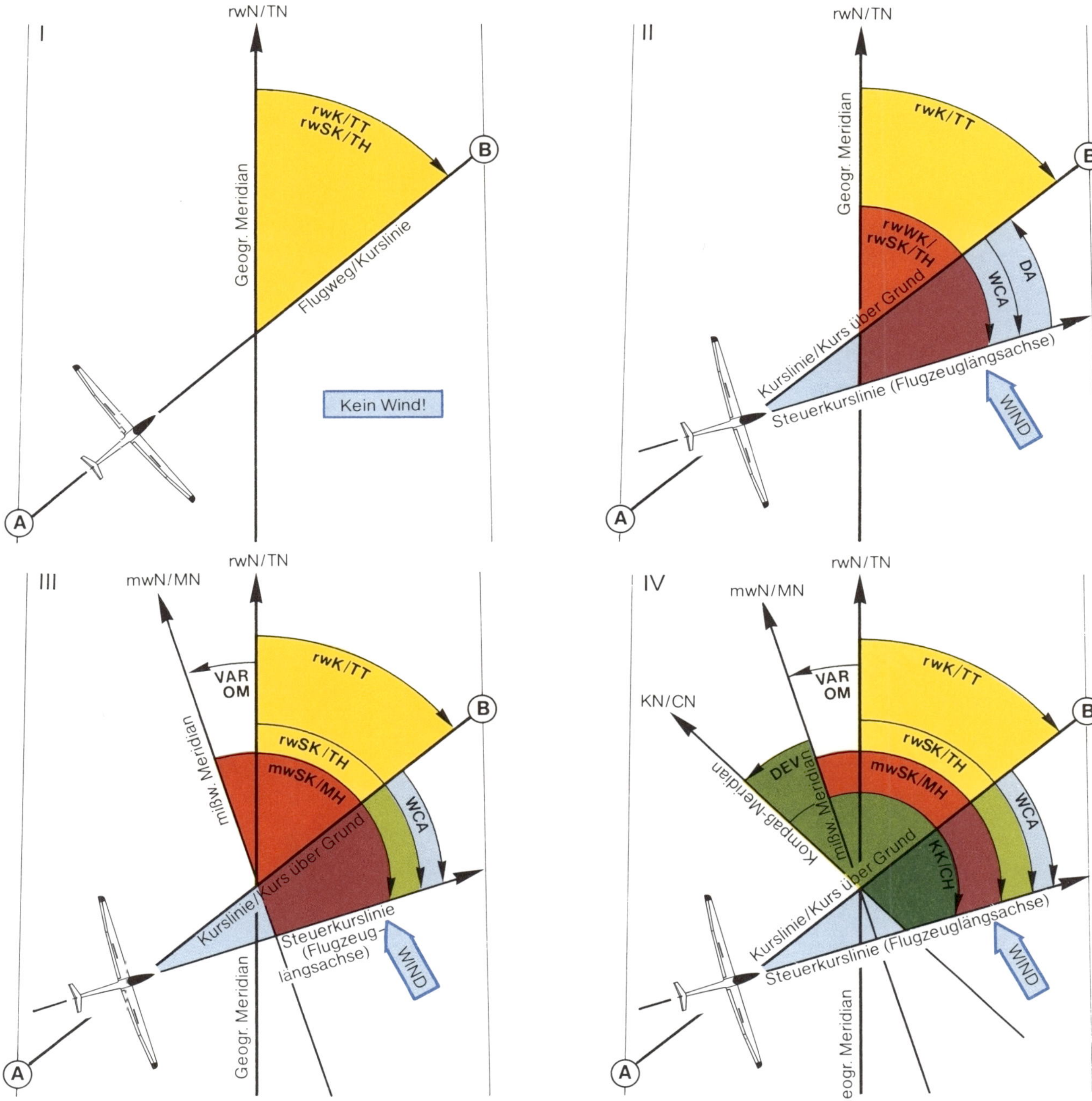
I
rwN/TN
rwK/TT
rwSK/TH
B
Geogr. Meridian
Flugweg/Kurslinie
Kein Wind!
A
II
rwN/TN
Geogr. Meridian
rwK/TT
B
rwWK/
rwSK/TH
DA
WCA
Kurslinie/Kurs über Grund
Steuerkurslinie (Flugzeuglängsachse)
WIND
A
III
mwN/MN
rwN/TN
VAR
OM
rwK/TT
B
mißw. Meridian
rwSK/TH
mwSK/MH
WCA
Kurslinie/Kurs über Grund
Steuerkurslinie
(Flugzeug-
längsachse)
WIND
Geogr. Meridian
A
IV
mwN/MN
rwN/TN
VAR
OM
KN/CN
rwK/TT
B
DEV
rwSK/TH
mwSK/MH
WCA
Kompaß-Meridian
mißw. Meridian
KK/CH
Kurslinie/Kurs über Grund
Steuerkurslinie (Flugzeuglängsachse)
WIND
Geogr. Meridian
A

- Die kreisförmigen Loxodrome sind der Äquator und alle Breitenkreise (Kleinkreise), also alle Kurslinien mit rechtsweisend (rwK/TT) 090° oder 270°. Außerdem sind alle Meridiane (Großkreise) loxodrome Linien, also alle Kurslinien mit rechtweisend 000°/360° oder 180°.
- Die spiralförmigen Loxodrome sind alle Kursgleichen außer Äquator, Breitenkreisen und Meridianen. Es sind Spiralen, die mit konstant rechtweisender Richtung mehr oder weniger steil zum Pol laufen, ihn umlaufen aber nie erreichen, da sie unendliche Spiralen sind. Da alle spiralförmigen Kursgleichen Kurven sind, die gegen den Äquator gekrümmt sind, gilt die Grundregel:
  Auf der Nordhalbkugel liegt die Loxodrome stets südlich von der Orthodrome.
  Auf der Südhalbkugel liegt die Loxodrome stets nördlich von der Orthodrome.
  Der Entfernungsunterschied zwischen Orthodrome und Loxodrome ist auf den kreisförmigen Loxodromen Äquator und Meridiane gleich Null. Er wächst mit zunehmender Breite und je mehr sich ein Kurs den Breitenparallelen nähert.

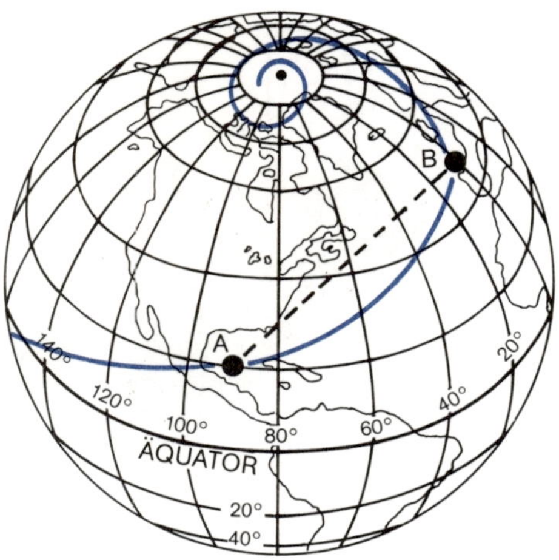

— = Loxodrome/ Kursgleiche
– – = Orthodrome/Großkreis/kürzester Weg

Die Erdoberfläche auf der Karte

Wer jemals eine Orange nach »Meridianschnitten« geschält und versucht hat, die Segmente nebeneinander in die Ebene zu legen, versteht sofort die ganze Problematik der Projektion der kugelförmigen Erdoberfläche in eine plane Karte. Die Elemente Fläche, Strecke und Winkel können nämlich niemals gleichzeitig verzerrungsfrei wiedergegeben werden. Stets ist nur eine Komponente einigermaßen vorbildgetreu und das ist wiederum stets nur zu Lasten der beiden anderen möglich.
Am schwierigsten lassen sich Streckenverzerrungen vermeiden, da die Genauigkeit bei den einen (etwa den Meridianen) sofort die Ungenauigkeit bei den anderen (etwa den Breitenparallelen) zur Folge hat. Anders dagegen ist es bei den Flächen. Sie können völlig verzerrungsfrei wiedergegeben werden, allerdings nur, wenn dafür größere Verzerrungen der Winkel in Kauf genommen werden. Umgekehrt kann Winkeltreue nur erreicht werden, wenn auf Flächentreue verzichtet wird. Wie groß die dabei resultierenden Unterschiede sind, zeigt die Gegenüberstellung der Wiedergabe von Grönland und Arabien in flächentreuer und winkeltreuer Abbildung.

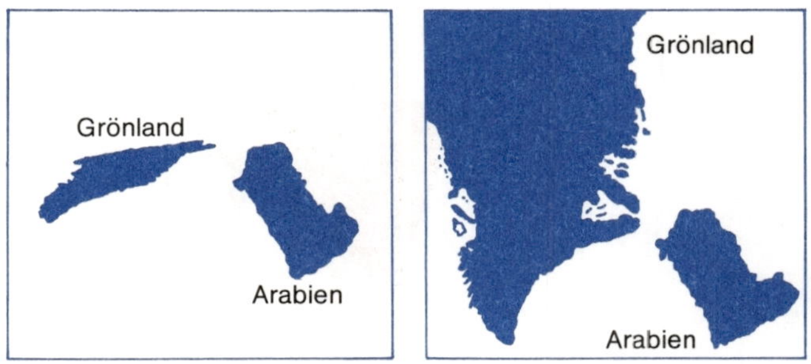

flächentreue Weltkarte 1 : 150 Mill. | winkeltreue Weltkarte 1 : 150 Mill.

Basis für den Entwurf jeder Karte ist das Gradnetz der Erde. Nach der Art, wie dieses kugelförmige Gradnetz in die Ebene projiziert wird, werden drei Grundformen der Kartenprojektion unterschieden:

Die Azimutalprojektion

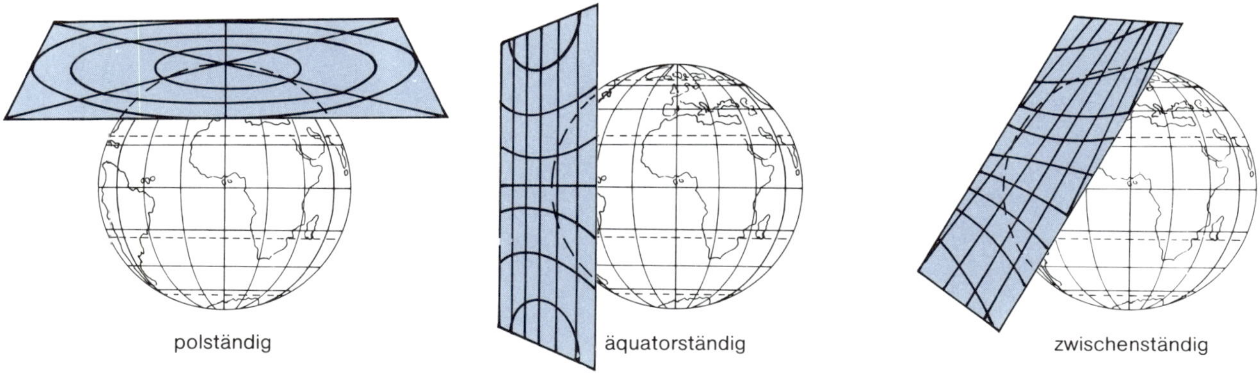

Bei der **Azimutalprojektion** erfolgt die Abbildung des Gradnetzes der Erde auf eine Ebene, die ihn an einem der Pole, an einem Punkt des Äquators oder an einer anderen Stelle berührt. Diese Projektionsebene wird Tangentialebene genannt. Je nach ihrem Berührungspunkt am Globus wird von polständiger, äquatorständiger oder zwischenständiger Projektion gesprochen. Dabei kann das Gradnetz der Erde grundsätzlich von zwei unterschiedlichen Projektionspunkten (Augen) aus auf die Tangentialebene projiziert werden.

- Bei der stereographischen Azimutalprojektion wird von einem Projektionspunkt aus projiziert, der dem Berührungspunkt der Projektionsebene genau gegenüber liegt. Karten mit dieser Projektion werden vor allem für die Navigation über Polargebieten verwendet.
- Bei der gnomischen Azimutalprojektion werden die Kugelpunkte vom Erdmittelpunkt aus auf die Berührungsebene projiziert. Karten mit dieser Projektion werden vor allem für die Langstrecken-Funknavigation verwendet.

Bei der **Zylinderprojektion** erfolgt die Abbildung des Gradnetzes der Erde auf eine Ebene, die die Erde als Zylinder umfaßt und sie am Äquator berührt. Der Projektionspunkt ist der Erdmittelpunkt. Nach ihrem Erfinder wird diese Art der Projektion auch *Mercator-Projektion* genannt. Er nämlich hatte die einfache (= perspektivische) Zylinderprojektion dadurch modifiziert, daß er den Abstand der Breitenparallelen nicht mehr perspektivisch, sondern mathematisch bestimmte.

Auf einer Mercator-Karte ist das kugelförmige Gradnetz der Erde als Netz gerader Linien abgebildet, die sich stets im rechten Winkel schneiden. Die Meridiane haben auf einer solchen Karte stets über den gesamten Kartenausschnitt den gleichen Abstand. Die Breitenparallelen haben dagegen mit zunehmender geographischer Breite einen wachsenden Abstand. Da die Meridiane als Parallele erscheinen, ihr Konvergieren gegen die Pole hin also unberücksichtigt bleibt, stimmt der Maßstab einer Mercator-Karte nur in Nord-Süd-Richtung. In Ost-West-Richtung dagegen vergrößert er sich mit zunehmender geographischer Breite stetig. In höheren Breiten zeigt die Mercator-Projektion deshalb starke Flächenverzerrungen und ist in den Polargebieten unbrauchbar. Dennoch hat die Mercator-Karte nicht unbedeutende Vorteile:

- Orthodrome Verbindungen zwischen zwei Punkten (Großkreise) werden als polwärts gekrümmte Kurven abgebildet.

Die Zylinderprojektion
(MERCATOR-Projektion)

Die Kegelprojektion

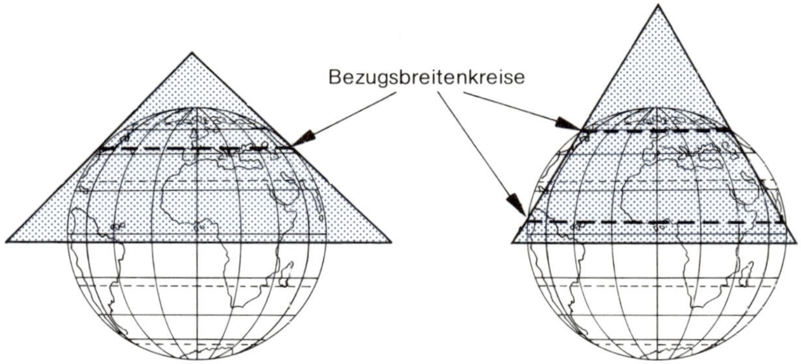

- Loxodrome Verbindungen zwischen zwei Punkten (Kursgleiche) werden als gerade Linien abgebildet.

Die Mercator-Karte ist noch immer die Grundlage für die Astro-Navigation in der Seefahrt.

Bei der **Kegelprojektion** erfolgt die Abbildung des Gradnetzes der Erde auf eine Ebene, die die Erde als Kegel umfaßt. Die Spitze des Kegels liegt über einem der Pole. Nach der Art, wie der Kegel den Globus berührt, wird unterschieden:

- Bei der Berührungskegelprojektion berührt der Kegel die Erde an einem beliebigen Breitenkreis, der dann zum Bezugsbreitenkreis der resultierenden Karte wird. Die Länge dieses Breitenkreises ist auf der Karte ganz genau maßstabsgerecht. Mit zunehmender oder abnehmender geographischer Breite nimmt die Maßstabstreue kontinuierlich ab.
- Bei der Schnittkegelprojektion durchschneidet der Kegel die Erde an zwei beliebigen Breitenkreisen, die dann zu den zwei Bezugsbreitenkreisen der resultierenden Karte werden. Die Längen dieser beiden Breitenkreise sind auf der Karte ganz genau maßstabsgerecht. Zwischen den beiden Bezugsbreitenkreisen ist die Schnittkegelkarte nahezu maßstabsgerecht. Nach ihrem Erfinder wird diese Art der Projektion auch *Lambert-Projektion* genannt. Insgesamt ergeben sich bei ihr folgende Vorteile:
  Zwischen den beiden Bezugsbreitenkreisen ist der Maßstab so genau, daß die Karte praktisch längentreu und damit für die Navigation geeignet ist.
  Die Breitenkreise erscheinen als konzentrische Kreissegmente, die nahezu den gleichen Abstand aufweisen.
  Die Meridiane erscheinen als gerade, zur Kegelspitze (Pol) konvergierende Linien. Sie alle schneiden die Breitenkreise im rechten Winkel, so daß die Karte auch winkeltreu ist.
  Die Flächenverzerrung ist trotz Winkeltreue minimal.
  Wie auf dem Globus erscheinen orthodrome Verbindungslinien zwischen zwei Punkten (Großkreise) als nahezu gerade Linien, loxodrome Verbindungen (Kursgleiche) erscheinen dagegen als äquatorwärts gekrümmte Kurven.

Aufgrund all dieser Vorteile hat die ICAO die winkeltreue Schnittkegelprojektion nach Lambert für alle Luftfahrtkarten als **Standardprojektion** vorgeschrieben. Sie ist deshalb Grundlage für:

- Die Weltluftfahrtkarte der ICAO im Maßstab 1 : 1 000 000 (WAC = world aeronautical chart). Auf ihr ist die ganze Welt erfaßt. Die Bundesrepublik ist auf zwei Blättern (Nord/Süd) enthalten.
- Die Luftfahrtkarten der ICAO im Maßstab 1 : 500 000 (AC = aeronautical chart). Auf ihr ist die Bundesrepublik auf 8 Blättern enthalten, die einen zweifarbigen Flugsicherungsaufdruck aufweisen.
- Die Funknavigationskarten im Maßstab 1 : 1 000 000 (RNC = radio navigation chart). Die Bundesrepublik ist auf ihr auf zwei Blättern (Nord/Süd) enthalten.

Jede Kartenprojektion erfolgt nach einem bestimmten **Maßstab.** Er ist das Verhältnis zwischen einer Distanz auf der Karte und ihrer Entsprechung in der Natur. Auf der Luftfahrtkarte beträgt dieser Maßstab 1 : 500 000. Das bedeutet, daß jeder Zentimeter auf der Karte 5 km in der Natur entspricht. Damit auch andere Längenmaße außer dem metrischen System leicht verwendet werden können, enthält jede Luftfahrtkarte neben der Angabe des Maßstabes (scale) einen Längenmaßstab, in dem Seemeilen, Kilometer und Landmeilen gegenübergestellt sind.

Die wichtigsten **Symbole** auf der Luftfahrtkarte 1 : 500 000 haben die folgende Bedeutung:

Flugplätze – Aerodromes

Internationaler Flughafen
International Airport

Flughafen
Airport

Flughafen (Zivil-/Militär-)
Airport (civil/military)

Militärflugplatz
Military Aerodrome

Landeplatz (Zivil-/Militär-)
Airfield (civil/military)

Landeplatz, Ausrichtung der längsten befestigten Start- und Landebahn
Airfield, alignment on the longest hardened runway

Landeplatz, Ausrichtung der längsten Gras-Start- und Landebahn
Airfield, alignment on the longest grass runway

Flugplatz, geschlossen
Airfield, closed

Hubschrauberlandeplatz
Heliport

Hubschrauberlandeplatz für Krankentransporte
Heliport for ambulances

Segelfluggelände
Glider site

Ultraleichtflugbetrieb
Ultra light flying

Hängegleitergelände
Hang Glider site

Fallschirmabsprunggelände
Parachute jumping site

Freiballonstartplatz
Free balloon site

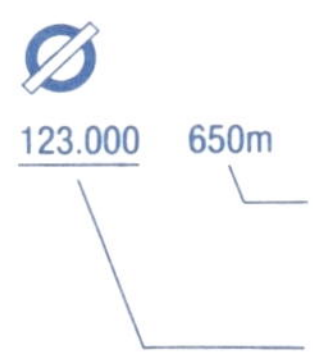

Kürzere der verfügbaren Landestrecken der längsten RWY
The shorter of the available Landing dist of the Longest RWY

Verfügbare Frequenz (unterstrichen: VDF verfügbar)
Available frequency (underlined: VDF available)

Luftraumbeschränkungen – Airspace Restrictions

- ED-R1 — Gebiet mit Flugbeschränkung / Restricted area
- ED-D8 — Gefahrengebiet / Danger area
- ED-R205 (TRA) — Zeitweilig reservierte Lufträume / Temporary Reserved Airspace (TRA)
- rot/red — Ständige Tiefflugschutzzone / Permanent Low Level Flight Protection Zone GND – 1500 GND)
- rot/red — Periodisch befristete Tiefflugschutzzone / Periodically Limited Low Level Flight Protection Zone (GND – 1500 GND)
- rot/red — Vogelschutzgebiet / Bird Reserve
- rot/red — 250-Fuß-Tiefflluggebiet / 250 feet low flying area

Flugverkehrsdienste – Air Traffic Services

- FIR — Fluginformationsgebiet / Flight information region
- rot / red — 1000 ft GND } Luftraum / Airspace E
- blau / blue — 1700 ft GND } Luftraum / Airspace E
- grün / green — Luftraum / Airspace C
- Kontrollzone / Control zone — Luftraum / Airspace D
- ATZ — Flugplatzverkehrszone / Aerodrome traffic zone
- Pflichtmeldepunkt für VFR-Anflüge / Compulsary reporting point for VFR approaches

Funknavigationsanlagen – Radio Navigation Facilities

- VOR — VOR UKW-Drehfunkfeuer / VHF omnidirectional radio range
- VOR/DME — UKW-Drehfunkfeuer mit Entfernungsmeßgerät / VHF omnidirectional radio range with distance-measuring equipment
- VORTAC — Örtlich vereint aufgestellte VOR- und TACAN-Anlagen / Co-located VOR and TACAN facilities
- TACAN — Taktische UKW-Flugnavigationsanlage / Tactical UHF air navigation facility
- NDB — Ungerichtetes Funkfeuer / Non-directional radio beacon
- Allgemeines Zeichen für Funkeinrichtungen / Basic radio facility symbol

Eisenbahnen – Railways

Eisenbahn (eingleisig) mit Bahnhof
Railway (single track) with station

Eisenbahn (mehrgleisig) mit Bahnhof
Railway (multiple track) with station

Eisenbahn (stillgelegt oder im Bau)
Railway (abandoned/under construction)

Eisenbahnbrücke
Railway bridge

Eisenbahntunnel
Railway tunnel

Seil- oder Schwebebahnen
Aerial railway

Straßen – Roads

Autobahn, Schnellstraße
Autobahn, Highway

Autobahn im Bau
Autobahn under construction

Fernverkehrsstraße
Highway

Wichtige Verbindungsstraße
Federal road

Rennstrecke
Race track

Autobahn-Auffahrt
Autobahn entry

Straßenbrücke
Road bridge

Straßentunnel
Road tunnel

Gewässer – Hydrography

Küstenlinie
Shore line

Watten
Tidal flats

Fluß
River

Kanal / Canal

Stillgelegter Kanal oder Kanal im Bau
Abandoned canal or canal under construction

See
Lake

Sumpf
Swamp

Fähre
Ferry

Talsperre
Dam

Staudamm
Barrage

Schleuse / Lock

Schiffshebewerk / Ship hoist

Buhne
Groyne

Mole
Mole

Landungsbrücke
Pier

Geländedarstellung – Topography

- Steile Böschung und Steilküste
  Bluff, cliff or escarpment
- Damm, Deich
  Dike
- Sanddünen
  Sand dunes
- • 117 — Höhenpunkt
  Spot elevation
- . 453 — Höchster Punkt im Kartenblatt
  Highest elevation on chart
- 4736 — Paß
  Mountain pass
- Gletscher und Eiskappen
  Glaciers and ice caps

Landschaftsmerkmale – Landmarks

- Aussichtsturm, Fernsehturm
  Lookout tower, television tower
- Bergwerk / Mine
- Denkmal / Monument
- Fabrik / Factory
- Kirche / Church
- Kloster / Monastery
- Leuchtturm / Lighthous
- Ölfeld / Oilfield
- Öltank / Oiltank
- Ruine / Ruin
- Schloß / Castle
- Steinbruch / Quarry

Grenzen – Boundaries

- Staatsgrenzen
  Boundaries (international)
- Andere Grenzen
  Other boundaries

Verschiedenes – Miscellaneous

- 3° W — Linien gleicher Mißweisung
  Isogonic lines
- Hindernis und Hindernisgruppe (unbefeuert)
  Obstacle and group of obstacles (unlighted)
- Hindernis und Hindernisgruppe (befeuert)
  Obstacle and group of obstacles (lighted)
- Hindernis 300 m GND und höher (unbefeuert)
  Obstacle 300 m GND and higher (unlighted)
- Hindernis 300 m GND und höher (befeuert)
  Obstacle 300 m GND and higher (lighted)
- Flugplatzleuchtfeuer
  Aerodrome beacon
- Seilbahnen
  Funiculars

Das Luftrecht

Auch wenn kein Pilot mit einer Sammlung von Gesetzbüchern unterm Arm fliegen kann, hat er doch eine Unmenge von Rechtsvorschriften (z.B. Luftverkehrsgesetz, Luftverkehrs-Zulassungs-Ordnung, Luftverkehrs-Ordnung, Prüfordnung für Luftfahrtgerät usw.) und Veröffentlichungen der Luftfahrtbehörden (z.B. Luftfahrthandbuch, Nachrichten für Luftfahrer usw.) zu beachten. Die verschiedenen Kompendien liegen in jeder Flugschule bereit, so daß hier ein allgemeiner Hinweis auf ihre Existenz und die Notwendigkeit, sie zu studieren, genügen kann. Lediglich die wichtigste Rechtsvorschrift, die Luftverkehrs-Ordnung, wird im folgenden abgedruckt, da in ihr die Verkehrsregeln in der Luft zusammengefaßt sind.

Luftverkehrs-Ordnung (LuftVO)

(in der vom Bundesminister für Verkehr am 18.12.1992 veröffentlichten Fassung, die am 29.4.1993 in Kraft trat)

ERSTER ABSCHNITT

Pflichten der Teilnehmer am Luftverkehr

§ 1

Grundregeln für das Verhalten im Luftverkehr

(1) Jeder Teilnehmer am Luftverkehr hat sich so zu verhalten, daß Sicherheit und Ordnung im Luftverkehr gewährleistet sind und kein anderer gefährdet, geschädigt oder mehr als nach den Umständen unvermeidbar behindert oder belästigt wird.

(2) Der Lärm, der bei dem Betrieb eines Luftfahrzeugs verursacht wird, darf nicht stärker sein, als es die ordnungsgemäße Führung oder Bedienung unvermeidbar erfordert.

(3) Wer infolge des Genusses alkoholischer Getränke oder anderer berauschender Mittel oder infolge geistiger oder körperlicher Mängel in der Wahrnehmung der

Aufgaben als Führer eines Luftfahrzeugs oder sonst als Mitglied der Besatzung behindert ist, darf kein Luftfahrzeug führen und nicht als anderes Besatzungsmitglied tätig sein.

§ 2

Verantwortlicher Luftfahrzeugführer

(1) Luftfahrzeuge sind während des Flugs und am Boden von einem verantwortlichen Luftfahrzeugführer zu führen.

(2) Sind mehrere zur Führung des Luftfahrzeugs berechtigte Luftfahrer an Bord, ist verantwortlicher Luftfahrzeugführer, wer als solcher bestimmt ist. Die Bestimmung ist vom Halter oder von seinem gesetzlichen Vertreter, bei einer juristischen Person von dem vertretungsberechtigten Organ zu treffen. Den nach Satz 2 Verpflichteten steht gleich, wer mit der Leitung oder Beaufsichtigung des Unternehmens eines anderen beauftragt oder von diesem ausdrücklich damit betraut ist, die Bestimmung nach Satz 1 in eigener Verantwortlichkeit zu treffen.

(3) Ist eine Bestimmung entgegen der Vorschrift des Absatzes 2 nicht getroffen, so ist derjenige verantwortlich, der das Luftfahrzeug von dem Sitz des ersten Luftfahrzeugführers aus führt. Bestehen Zweifel, welcher der Sitz des ersten Luftfahrzeugführers ist, entscheiden die Bestimmungen des Betriebshandbuchs für das Luftfahrzeug.

(4) Die Vorschriften dieser Verordnung über die Rechte und Pflichten des Luftfahrzeugführers gelten für den verantwortlichen Luftfahrzeugführer, soweit nicht etwas anderes vorgeschrieben ist und unabhängig davon, ob er das Luftfahrzeug selbst bedient oder nicht.

§ 3

Rechte und Pflichten des Luftfahrzeugführers

(1) Der Luftfahrzeugführer hat das Entscheidungsrecht über die Führung des Luftfahrzeugs. Er hat die während des Flugs, bei Start und Landung und beim Rollen aus Gründen der Sicherheit notwendigen Maßnahmen zu treffen.

(2) Der Luftfahrzeugführer hat dafür zu sorgen, daß die Vorschriften dieser Verordnung und sonstiger Verordnungen über den Betrieb von Luftfahrzeugen sowie die in Ausübung der Luftaufsicht zur Durchführung des Flugs ergangenen Verfügungen eingehalten werden.

§ 3a

Flugvorbereitung

(1) Bei der Vorbereitung des Flugs hat der Luftfahrzeugführer sich mit allen Unterlagen und Informationen, die für die sichere Durchführung des Flugs von Bedeutung sind, vertraut zu machen und sich davon zu überzeugen, daß das Luftfahrzeug und die Ladung sich in verkehrssicherem Zustand befinden, das zulässige Fluggewicht nicht überschritten wird, die vorgeschriebenen Ausweise vorhanden sind und die erforderlichen Angaben über den Flug im Bordbuch, soweit es zu führen ist, eingetragen werden.

(2) Für einen Flug, der über die Umgebung des Startflugplatzes hinausführt (Überlandflug), und vor einem Flug nach Instrumentenflugregeln hat sich der Luftfahrzeugführer über die verfügbaren Flugwettermeldungen und -vorhersagen ausreichend zu unterrichten. Vor einem Flug, für den ein Flugplan zu übermitteln ist, ist eine Flugberatung bei einer Flugberatungsstelle einzuholen. Absatz 1 bleibt unberührt.

(3) Ein Flug führt über die Umgebung eines Flugplatzes hinaus, wenn der Luftfahrzeugführer den Verkehr in der Platzrunde nicht mehr beobachten kann.

§ 4

Anwendung der Flugregeln

(1) Der Betrieb eines Luftfahrzeugs richtet sich nach den Allgemeinen Regeln (§§ 6 bis 27 a), die Führung eines Luftfahrzeugs während des Flugs zusätzlich nach

den Sichtflugregeln (§§ 28 bis 34) oder den Instrumentenflugregeln (§§ 36 bis 42).

(2) Nach Sichtflugregeln darf geflogen werden, wenn die in Anlage 5 für den Einzelfall festgelegten Werte für Sicht, Abstand des Luftfahrzeugs von Wolken sowie Höhe der Hauptwolkenuntergrenze erreicht oder überschritten werden.
Bei diesen Flugverhältnissen kann der Luftfahrzeugführer nach Instrumentenflugregeln fliegen, wenn er es im Flugplan anzeigt; er muß nach Instrumentenflugregeln fliegen, wenn die zuständige Flugverkehrskontrollstelle ihn aus Gründen der Flugsicherheit hierzu anweist.

(3) Nach Instrumentenflugregeln muß geflogen werden, wenn die in Anlage 5 für den Einzelfall festgelegten Werte für Sicht, Abstand des Luftfahrzeugs von Wolken sowie Höhe der Hauptwolkenuntergrenze nicht erreicht werden. Bei diesen Flugverhältnissen darf der Luftfahrzeugführer nach Sichtflugregeln nur fliegen, wenn ihm eine Flugverkehrskontrollfreigabe nach § 28 Abs. 4 erteilt worden ist.

(4) Für Flüge in den entsprechenden Lufträumen werden die in Anlage 5 beschriebenen Höchstgeschwindigkeiten festgelegt. Der Bundesminister für Verkehr kann Ausnahmen zulassen.

§ 4a

Fallschirmabspringer und unbemanntes Luftfahrtgerät

§ 5

Anzeige von Flugunfällen und sonstigen Störungen

(1) Störungen bei dem Betrieb eines Luftfahrzeugs hat der Halter des Luftfahrzeugs dem Luftfahrt-Bundesamt innerhalb von drei Tagen schriftlich anzuzeigen. Das Luftfahrt-Bundesamt kann Ausnahmen zulassen.
(2) Störungen bei dem Betrieb eines Luftfahrzeugs, bei denen eine Person getötet oder schwer verletzt worden ist oder ein Luftfahrzeug einen schweren Schaden erlitten oder verursacht hat, hat der Luftfahrzeugführer, bei dessen Behinderung ein anderes Besatzungsmitglied oder, sofern keine dieser Personen dazu in der Lage ist, der Halter des Luftfahrzeugs unbeschadet der Anzeigepflicht nach Absatz 1 unverzüglich der nächst erreichbaren Polizeidienststelle zur Weiterleitung an die Luftfahrtbehörde des Landes, das Luftfahrt-Bundesamt und die nächste Flugsicherungsdienststelle anzuzeigen. Hat sich eine Störung im Sinne des Satzes 1 auf einem Flugplatz oder in der unmittelbaren Nähe eines Flugplatzes ereignet, so kann die Anzeige auch bei der Luftaufsichtsstelle erstattet werden, die sie an die Polizei weiterleitet.

(3) Absatz 2 findet auch auf Störungen Anwendung, die sich bei dem Betrieb eines deutschen Luftfahrzeugs außerhalb des Geltungsbereichs dieser Verordnung ereignet haben; die Anzeige ist jedoch unmittelbar an das Luftfahrt-Bundesamt zu erstatten. Die Anzeigepflicht nach Absatz 1 bleibt unberührt.

(4) Die Anzeigen nach den Absätzen 1 bis 3 sollen enthalten:
- a) Namen und derzeitigen Aufenthalt des Anzeigenden,
- b) Ort und Zeit der Störung,
- c) Art, Muster und Kenn- und Rufzeichen des Luftfahrzeugs,
- d) Namen des Halters des Luftfahrzeugs,
- e) Zweck des Flugs, Start- und Zielflugplatz,
- f) Namen des Luftfahrzeugführers,
- g) Anzahl der Besatzungsmitglieder und Fluggäste,
- h) Umfang des Personen- und Sachschadens,
- i) Darstellung des Störungsablaufes.

ZWEITER ABSCHNITT

Allgemeine Regeln

§ 6

Sicherheitsmindesthöhe

(1) Die Sicherheitsmindesthöhe darf nur unterschritten werden, soweit es bei Start und Landung notwendig ist. Sicherheitsmindesthöhe ist die Höhe, bei der weder eine unnötige Lärmbelästigung im Sinne des § 1 Abs. 2 noch im Falle einer Notlandung eine unnötige Gefährdung von Personen und Sachen zu befürchten ist, mindestens jedoch über Städten, anderen dichtbesiedelten Gebieten und Menschenansammlungen eine Höhe von 300 m (1000 Fuß) über dem höchsten Hindernis in einem Umkreis von 600 m, in allen übrigen Fällen eine Höhe von 150 m (500 Fuß) über Grund oder Wasser. Segelflugzeuge und Ballone können die Höhe von 150 m auch unterschreiten, wenn die Art ihres Betriebes dies notwendig macht und eine Gefahr für Personen und Sachen nicht zu befürchten ist.

(2) Brücken und ähnliche Bauten sowie Freileitungen und Antennen dürfen nicht unterflogen werden.

(3) Für Flüge zu besonderen Zwecken kann die örtlich zuständige Luftfahrtbehörde des Landes Ausnahmen zulassen.

(4) Für Flüge nach Instrumentenflugregeln gilt § 36.

Ergänzung des Autors: Flughöhen unter 450 m (1500 Fuß) sollten auf Überlandflügen vermieden werden, wann immer das möglich und zulässig ist (Militärischer Tiefflugverkehr; vgl. Bände »Praxis«).

§ 7

Abwerfen von Gegenständen

(1) Das Abwerfen oder Ablassen von Gegenständen oder sonstigen Stoffen aus oder von Luftfahrzeugen ist verboten. Dies gilt nicht für Ballast in Form von Wasser oder feinem Sand, für Treibstoffe, Schleppseile, Schleppbanner und ähnliche Gegenstände, wenn sie an Stellen abgeworfen oder abgelassen werden, an denen eine Gefahr für Personen oder Sachen nicht besteht.

(2) Die örtlich zuständige Luftfahrtbehörde des Landes kann Ausnahmen von dem Verbot nach Absatz 1 Satz 1 zulassen, wenn eine Gefahr für Personen oder Sachen nicht besteht.

(3) Das Abwerfen von Post regelt der Bundesminister für das Post- und Fernmeldewesen oder die von ihm bestimmte Stelle im Einvernehmen mit der zuständigen Luftfahrtbehörde des Landes.

§ 8

Kunstflug

(1) Kunstflüge dürfen nur bei Flugverhältnissen, bei denen nach Sichtflugregeln geflogen werden darf, und nur mit ausdrücklicher Zustimmung aller Insassen des Luftfahrzeugs ausgeführt werden.
(2) Kunstflüge in Höhen von weniger als 450 m (1500 Fuß) sowie über Städten, anderen dichtbesiedelten Gebieten, Menschenansammlungen und Flughäfen sind verboten. Die örtlich zuständige Luftfahrtbehörde des Landes kann im Einzelfall Ausnahmen zulassen.
(3) Kunstflüge bedürfen, soweit sie in der Umgebung von Flugplätzen ohne Flugverkehrskontrollstelle durchgeführt werden, unbeschadet einer nach § 26 erforderlichen Flugverkehrskontrollfreigabe der Zustimmung der Luftaufsichtsstelle. Absatz 2 bleibt unberührt.

§ 9

Schlepp- und Reklameflüge

(1) Reklameflüge mit geschleppten Gegenständen bedürfen der Erlaubnis der Luftfahrtbehörde des Landes, in dem der Antragsteller seinen Wohnsitz oder Sitz hat. Die Erlaubnis darf nur erteilt werden, wenn

1. der Luftfahrzeugführer die Schleppberechtigung nach der Verordnung über Luftfahrtpersonal besitzt;

2. das Luftfahrzeug mit einem geeichten Barographen zur Feststellung der Flughöhen während des Fluges ausgerüstet ist;
3. bei dem beantragten Flug nicht mehr als drei Luftfahrzeuge im Verband fliegen, wobei der Abstand zwischen dem geschleppten Gegenstand des voranfliegenden Luftfahrzeugs und dem nachfolgenden Luftfahrzeug sowie zwischen den Luftfahrzeugen mindestens 60 m betragen muß;
4. die Haftpflichtversicherung das Schleppen von Gegenständen ausdrücklich miteinschließt.

(2) Absatz 1 findet auf das Schleppen von Gegenständen zu anderen als Reklamezwecken sinngemäß Anwendung; Absatz 1 Nr. 2 gilt nicht für Arbeitsflüge von Drehflüglern. Das Schleppen von Segelflugzeugen bedarf nicht der Erlaubnis nach Absatz 1; es genügt die Schleppberechtigung nach der Luftverkehrs-Zulassungs-Ordnung in Verbindung mit der Prüfordnung für Luftfahrtpersonal.

(3) Die Erlaubnisbehörde kann aus Gründen der öffentlichen Sicherheit oder Ordnung, vor allem zur Verhinderung von Lärmbelästigungen, Auflagen machen. Sie kann insbesondere in Abweichung von § 6 höhere Sicherheitsmindesthöhen bestimmen und zeitliche Beschränkungen auferlegen.

(4) Reklameflüge, bei denen die Reklame nur in der Beschriftung des Luftfahrzeugs besteht, bedürfen keiner Erlaubnis.

(5) Flüge zur Reklame mit akustischen Mitteln sind verboten.

§ 9a

Uhrzeit und Maßeinheiten

(1) Im Flugbetrieb sind die koordinierte Weltzeit (UTC = Universal Time co-ordinated) und die vorgeschriebenen Maßeinheiten anzuwenden.

(2) Der Bundesminister für Verkehr legt die nach Absatz 1 anzuwendenden Maßeinheiten fest. Er gibt sie in dem Bundesanzeiger und in den Nachrichten für Luftfahrer bekannt

§ 10

Luftraumordnung

(1) Zur Durchführung des Fluginformationsdienstes und des Flugalarmdienstes legt der Bundesminister für Verkehr Fluginformationsgebiete fest und gibt sie in dem Bundesanzeiger und in den Nachrichten für Luftfahrer bekannt.

(2) Innerhalb der Fluginformationsgebiete legt der Bundesminister für Verkehr die kontrollierten und die unkontrollierten Lufträume je nach dem Umfang der dort vorgehaltenen Flugsicherungsbetriebsdienste auf der Grundlage der in Anlage 4 beschriebenen Klassifizierung fest.

(3) Im kontrollierten Luftraum können Flüge nach Sichtflugregeln ganz oder teilweise in einem räumlich und zeitlich begrenzten Umfang von den Flugsicherungsunternehmen untersagt werden, wenn es der Grad der Inanspruchnahme durch den der Flugverkehrskontrolle unterliegenden Luftverkehr zwingend erfordert.

§ 11

Luftsperrgebiete und Flugbeschränkungen

(1) Der Bundesminister für Verkehr legt Luftsperrgebiete und Gebiete mit Flugbeschränkungen fest, wenn dies zur Abwehr von Gefahren für die öffentliche Sicherheit oder Ordnung, insbesondere für die Sicherheit des Luftverkehrs, erforderlich ist. Er gibt die Gebiete in dem Bundesanzeiger und in den Nachrichten für Luftfahrer bekannt.

(2) Luftsperrgebiete dürfen nicht durchflogen werden. Gebiete mit Flugbeschränkungen dürfen durchflogen werden, soweit die Beschränkungen dies zulassen oder die Flugsicherungsunternehmen allgemein oder die zuständige Flugverkehrskontrollstelle im Einzelfall den Durchflug genehmigt hat.

(3) Der Bundesminister für Verkehr kann zulassen, daß in Luftsperrgebieten und Gebieten mit Flugbeschrän-

kungen von den Vorschriften dieser Verordnung abgewichen wird.

§ 11 a

Flüge ziviler Luftfahrzeuge mit Überschallgeschwindigkeit (größer als Mach 1) sind im Geltungsbereich dieser Verordnung untersagt.

§ 12

Vermeidung von Zusammenstößen

(1) Der Luftfahrzeugführer hat zur Vermeidung von Zusammenstößen zu Luftfahrzeugen sowie anderen Fahrzeugen und sonstigen Hindernissen einen ausreichenden Abstand einzuhalten. Im Fluge, ausgenommen bei Start und Landung, ist zu einzelnen Bauwerken oder anderen Hindernissen ein Mindestabstand von 150 m einzuhalten; § 6 Abs. 1 bleibt unberührt. Satz 2 gilt nicht für Segelflugzeuge und bemannte Freiballone; für sonstige Luftfahrzeuge kann die zuständige Luftfahrtbehörde des Landes im Einzelfall Ausnahmen zulassen. Die Verpflichtung nach Satz 1 und 2 wird auch dann, wenn eine Flugverkehrskontrollstelle tätig ist, nicht berührt.

(2) Luftfahrzeuge dürfen im Verband nur nach vorangegangener Vereinbarung der Luftfahrzeugführer geflogen werden.

§ 13

Ausweichregeln

(1) Luftfahrzeuge, die sich im Gegenflug einander nähern, haben, wenn die Gefahr eines Zusammenstoßes besteht, nach rechts auszuweichen.

(2) Kreuzen sich die Flugrichtungen zweier Luftfahrzeuge in nahezu gleicher Höhe, so hat das Luftfahrzeug, das von links kommt, auszuweichen. Jedoch haben stets auszuweichen:

1. motorgetriebene Luftfahrzeuge, die schwerer als Luft sind, den Luftschiffen, Segelflugzeugen und Ballonen;
2. Luftschiffe den Segelflugzeugen und Ballonen;
3. Segelflugzeugen den Ballonen;
4. motorgetriebene Luftfahrzeuge den Luftfahrzeugen, die andere Luftfahrzeuge oder Gegenstände erkennbar schleppen.

Motorsegler, deren Motor nicht in Betrieb ist, gelten bei Anwendung der Ausweichregeln als Segelflugzeuge.

(3) Überholt ein Luftfahrzeug ein anderes, so hat das überholende Luftfahrzeug, auch wenn es steigt oder sinkt, den Flugweg des anderen zu meiden und seinen Kurs nach rechts zu ändern. Ein Luftfahrzeug überholt ein anderes, wenn es sich dem anderen von rückwärts in einer Flugrichtung nähert, die einen Winkel von weniger als 70 Grad zu der Flugrichtung des anderen bildet. Bei Nacht ist dieses Verhältnis der Flugrichtungen zueinander anzunehmen, wenn die vorgeschriebenen roten und grünen Positionslichter (Anlage 1 § 2 Abs. 1 Buchstaben a und b) des Luftfahrzeugs nicht gesehen werden können.

(4) Luftfahrzeugen im Endteil des Landeanflugs und landenden Luftfahrzeugen ist auszuweichen.

(5) Von mehreren einen Flugplatz gleichzeitig zur Landung anfliegenden Luftfahrzeugen, die schwerer als Luft sind, hat das höher fliegende dem tiefer fliegenden Luftfahrzeug auszuweichen. Jedoch haben motorgetriebene Luftfahrzeuge, die schwerer als Luft sind, anderen Luftfahrzeugen in jedem Fall auszuweichen. Ein tiefer fliegendes Luftfahrzeug darf ein anderes Luftfahrzeug, das sich im Endteil des Landeanflugs befindet, nicht unterschneiden oder überholen.

(6) Ein Luftfahrzeug darf erst dann starten, wenn die Gefahr eines Zusammenstoßes nicht erkennbar ist.

(7) Ein Luftfahrzeug hat einem anderen Luftfahrzeug, das erkennbar in seiner Manövrierfähigkeit behindert ist, auszuweichen.

(8) Ein Luftfahrzeug, das nach den Absätzen 1 bis 5 und 7 nicht auszuweichen oder seinen Kurs zu ändern hat,

muß seinen Kurs und seine Geschwindigkeit beibehalten, bis eine Zusammenstoßgefahr ausgeschlossen ist.

(9) Die Vorschriften über die Ausweichregeln entbinden die beteiligten Luftfahrzeugführer nicht von ihrer Verpflichtung, so zu handeln, daß ein Zusammenstoß vermieden wird. Ein Luftfahrzeug, das nach den Absätzen 2 bis 5 und 7 einem anderen Luftfahrzeug ausweichen oder dessen Flugweg meiden und seinen Kurs ändern muß, darf das andere Luftfahrzeug nur in einem Abstand überfliegen, unterfliegen oder vor diesem vorbeifliegen, der eine Gefährdung oder Behinderung dieses Luftfahrzeugs ausschließt.

§ 14

Wolkenflüge mit Segelflugzeugen

Wolkenflüge mit Segelflugzeugen können von dem Flugsicherungsunternehmen erlaubt werden, wenn die Sicherheit der Luftfahrt durch geeignete Maßnahmen aufrechterhalten werden kann. Die Erlaubnis kann mit Auflagen verbunden werden.

§ 15

Außenstarts und Außenlandungen von Flugzeugen, Drehflüglern, Luftschiffen, Motorseglern, Segelflugzeugen und Fallschirmspringern

(1) Starts und Landungen von Flugzeugen, Drehflüglern, Luftschiffen, Motorseglern und Segelflugzeugen außerhalb der für sie genehmigten Flugplätze bedürfen der Erlaubnis der örtlich zuständigen Luftfahrtbehörde des Landes. Außenlandungen von Motorseglern und Segelflugzeugen, die sich auf einem Überlandflug befinden, bedürfen keiner Erlaubnis.

(2) Absatz 1 Satz 1 ist auf Außenlandungen von Fallschirmabspringern sinngemäß anzuwenden.

(3) Die Erlaubnisbehörde kann von dem Antragsteller den Nachweis der Zustimmung des Grundstückeigentümers oder der sonstigen Berechtigten verlangen.

§ 20

Gefahrenmeldung

Der Luftfahrzeugführer hat Beobachtungen über Gefahren für den Luftverkehr unverzüglich der für ihn zuständigen Flugverkehrskontrollstelle zu melden. Die Meldungen sollen alle Einzelheiten enthalten, die für die Gewährleistung der Sicherheit des Luftverkehrs wesentlich sind.

§ 21

Signale und Zeichen

(1) Beobachtet oder empfängt ein Luftfahrzeugführer Signale oder Zeichen nach Anlage 2 (vgl. Bde »Praxis«), so hat er die dort vorgesehenen Maßnahmen zu treffen.

(2) Die Signale und Zeichen der Anlage 2 sind nur für die darin beschriebenen Zwecke anzuwenden; andere Signale und Zeichen, die hiermit verwechselt werden können, dürfen nicht verwendet werden.

(3) Besteht Funkverbindung, haben Funkanweisungen der zuständigen Stellen Vorrang vor Licht- und Bodensignalen sowie Zeichen; das gilt nicht gegenüber Signalen nach § 5 Abs. 1 Nr. 6 der Anlage 2.

(4) Beobachtet ein Luftfahrzeugführer bei der Ansteuerung durch ein militärisches Luftfahrzeug die nach Satz 2 festgelegten Signale und Zeichen, hat er die vorgeschriebenen Maßnahmen zu treffen. Der Bundesminister für Verkehr legt die von militärischen Luftfahrzeugen bei der Ansteuerung zu gebenden Signale und Zeichen sowie die von den Führern angesteuerter Luftfahrzeuge zu treffenden Maßnahmen fest.

§ 21 a

Regelung des Flugplatzverkehrs

(1) Für die Durchführung des Flugplatzverkehrs können besondere Regelungen durch das Flugsicherungsunternehmen getroffen werden, wenn Flugplätze mit Flug-

verkehrskontrollstelle betroffen sind. In allen anderen Fällen werden die Regelungen von der für die Genehmigung des Flugplatzes zuständigen Luftfahrtbehörde des Landes auf Grund einer gutachtlichen Stellungnahme der Bundesanstalt für Flugsicherung getroffen. Die Regelungen werden in den Nachrichten für Luftfahrer bekanntgemacht.

(2) Flugplatzverkehr ist der Verkehr von Luftfahrzeugen, die sich in der Platzrunde befinden, in diese einfliegen oder sie verlassen sowie der gesamte Verkehr auf dem Rollfeld. Rollfeld sind die Start- und Landebahnen sowie die weiteren für Start und Landung bestimmten Teile eines Flugplatzes einschließlich der sie umgebenden Schutzstreifen und die Rollbahnen sowie die weiteren zum Rollen bestimmten Teile eines Flugplatzes außerhalb des Vorfeldes; das Vorfeld ist nicht Bestandteil des Rollfeldes.

§ 22

Flugbetrieb auf einem Flugplatz und in dessen Umgebung

(1) Wer ein Luftfahrzeug auf einem Flugplatz oder in dessen Umgebung führt, ist verpflichtet,

1. die in den Nachrichten für Luftfahrer bekanntgemachten Anordnungen der Luftfahrtbehörden für den Verkehr von Luftfahrzeugen auf dem Flugplatz oder in dessen Umgebung, insbesondere die nach § 21 a getroffenen besonderen Regelungen für die Durchführung des Flugplatzverkehrs, zu beachten,
2. die Verfügungen der Luftaufsicht und die Anweisungen des Flugplatzunternehmers zu beachten,
3. den Flugplatzverkehr zu beobachten, um Zusammenstöße zu vermeiden,
4. sich in den Verkehrsfluß einzufügen oder sich erkennbar aus ihm herauszuhalten,
5. Richtungsänderungen in der Platzrunde, beim Landeanflug und nach dem Start in Linkskurven auszuführen, sofern nicht eine andere Regelung getroffen ist,
6. gegen den Wind zu landen und zu starten, sofern nicht Sicherheitsgründe, die Rücksicht auf den Flugbetrieb, die Ausrichtung der Start- und Landebahnen oder andere örtliche Gründe es ausschließen,
7. auf Mitteilungen durch Funk, auf Licht- und Bodensignale sowie auf Zeichen zu achten,
8. sich vor dem Start bei der Luftaufsichtsstelle, auf Flugplätzen ohne Luftaufsichtsstelle bei der Flugleitung zu melden,
9. beim Rollen Start- und Landebahnen möglichst rechtwinklig und nur dann zu kreuzen, wenn sich dort kein anderes Luftfahrzeug im Landeanflug oder im Start befindet,
10. nach der Landung die Landebahn so schnell wie möglich freizumachen,
11. rechts neben dem Landezeichen aufzusetzen, sofern nicht eine andere Regelung getroffen ist,
12. nach dem Start unter Beachtung der flugtechnischen Sicherheit so schnell wie möglich Höhe zu gewinnen,
13. nach dem Durchstarten entsprechend Nummer 12 zu verfahren,
14. eine Flugplatzverkehrszone zu meiden, wenn nicht beabsichtigt ist, innerhalb der Flugplatzverkehrszone zu landen.

(2) Flugplatzverkehrszone ist ein um einen Flugplatz oder um mehrere Flugplätze gemeinsam zum Schutz des Flugplatzverkehrs festgelegter Luftraum von bestimmten Abmessungen. Der Bundesminister für Verkehr legt die Flugplatzverkehrszonen fest und gibt sie in dem Bundesanzeiger und in den Nachrichten für Luftfahrer bekannt.

(3) Abweichungen von Absatz 1 kann die Luftaufsichtsstelle, an Flugplätzen ohne Luftaufsichtsstelle die Flugleitung, im Einzelfall zulassen, wenn zwingende Gründe dies notwendig machen und dadurch eine Gefährdung der öffentlichen Sicherheit oder Ordnung, insbesondere der Sicherheit des sonstigen Luftverkehrs, nicht zu erwarten ist.

(4) Auf Flugplätzen sind aus eigener Kraft rollende Luftfahrzeuge gegenüber anderen Fahrzeugen und Fußgängern bevorrechtigt.

(5) Motoren von Luftfahrzeugen dürfen nur in Betrieb gesetzt werden, wenn sich im Führersitz sachkundige Bedienung befindet und Personen nicht gefährdet werden können. Der Motor darf im Stand nur laufen, wenn außerdem das Fahrwerk genügend gesichert ist. Das Abbremsen der Motoren und das Abrollen von den Hallen ist so vorzunehmen, daß Gebäude, andere Luftfahrzeuge oder andere Fahrzeuge kein stärkerer Luftstrom trifft und Personen nicht verletzt werden können. Bei laufendem Motor darf sich niemand vor dem Luftfahrzeug oder in einem für die Sicherheit nicht ausreichenden Abstand von diesem aufhalten.

§ 23

Flugbetrieb auf einem Flugplatz mit Flugverkehrskontrollstelle

(1) Wer ein Luftfahrzeug auf einem Flugplatz mit Flugverkehrskontrollstelle oder in dessen Umgebung führt, ist über die Vorschriften des § 22 hinaus verpflichtet,

1. auf der dafür vorgesehenen Funkfrequenz der Flugverkehrskontrollstelle des Flugplatzes empfangsbereit zu sein, sofern er nicht durch eine andere Flugverkehrskontrollstelle betreut wird; ist eine Funkverbindung nicht möglich, so hat der Luftfahrzeugführer auf Anweisungen durch Licht- und Bodensignale sowie Zeichen zu achten;
2. durch Funk oder Zeichen die vorherige Genehmigung für alle Bewegungen einzuholen, durch die das Rollen, Starten und Landen eingeleitet werden oder die damit in Zusammenhang stehen;
3. für Bewegungen auf dem Vorfeld und den Abstellflächen des Flugplatzes die Signale und Zeichen des Flugplatzunternehmers zu befolgen.

(2) Auf einem Flugplatz mit Flugverkehrskontrollstelle tritt für die Zulassung von Abweichungen nach § 22 Abs. 3 die Flugverkehrskontrollstelle an die Stelle der Luftaufsichtsstelle, mit Ausnahme der Zulassung von Abweichungen von § 22 Abs. 1 Nr. 8.

(3) Auf dem Rollfeld eines Flugplatzes mit Flugverkehrskontrollstelle bedarf auch der Verkehr von Fußgängern und Fahrzeugen der Erlaubnis der Flugverkehrskontrollstelle. Den von ihr zur Sicherung des Flugplatzverkehrs schriftlich, mündlich, durch Funk, Lichtsignale oder Zeichen erlassenen Verfügungen ist Folge zu leisten.

(4) Flüge nach Sichtflugregeln in Kontrollzonen bedürfen einer Flugverkehrskontrollfreigabe durch die zuständige Flugverkehrskontrollstelle.

§ 24

Prüfung der Flugvorbereitung und der vorgeschriebenen Ausweise

Auf Verlangen der für die Wahrnehmung der Luftaufsicht zuständigen Personen oder Stellen hat

1. der Luftfahrzeugführer nachzuweisen, daß er den Flug ordnungsgemäß vorbereitet hat,
2. das Luftfahrtpersonal die vorgeschriebenen Ausweise, insbesondere die Scheine und Zeugnisse für die Besatzung und das Luftfahrzeug, zur Prüfung auszuhändigen.

§ 25

Flugplanabgabe

(1) Der Luftfahrzeugführer hat der zuständigen Flugverkehrskontrollstelle einen Flugplan zu übermitteln für

1. Flüge, die nach Instrumentenflugregeln durchgeführt werden;
2. Flüge nach Sichtflugregeln bei Nacht im kontrollierten Luftraum;
3. Kunstflüge im kontrollierten Luftraum und über Flugplätzen mit Flugverkehrskontrollstelle;
4. Wolkenflüge mit Segelflugzeugen;
5. Flüge in Gebieten mit Flugbeschränkungen, soweit dies ausdrücklich bei der Festlegung der Gebiete angeordnet wurde;
6. Flüge aus der Bundesrepublik oder in die Bundesrepublik.

Der Bundesminister für Verkehr kann Ausnahmen zulassen, soweit die öffentliche Sicherheit oder Ordnung, insbesondere die Sicherheit des Luftverkehrs, dadurch nicht beeinträchtigt werden.
(2) Der Luftfahrzeugführer kann auch für andere Flüge der zuständigen Flugverkehrskontrollstelle einen Flugplan übermitteln, um die Durchführung des Such- und Rettungsdienstes für Luftfahrzeuge zu erleichtern.

(3) Einzelheiten über Arten, Form, Abgabe, Annahme, Aufhebung, Änderung und zulässige Abweichungen von Flugplänen werden vom Bundesminister für Verkehr festgelegt sowie in den Nachrichten für Luftfahrer bekanntgemacht.

§ 26

Flugverkehrskontrollfreigabe

(1) Der Luftfahrzeugführer hat bei Flügen, für die in den Fällen des § 25 Abs. 1 Nr. 1 bis 5 ein Flugplan zu übermitteln ist, sowie in den in dieser Verordnung vorgeschriebenen Fällen eine Flugverkehrskontrollfreigabe einzuholen. Flüge nach § 25 Abs. 1 Nr. 6 bedürfen keiner Flugverkehrskontrollfreigabe. Das Flugsicherungsunternehmen kann die Erteilung von Flugverkehrskontrollfreigaben in bestimmten Fällen an besondere Voraussetzungen knüpfen; es macht diese Voraussetzungen in den Nachrichten für Luftfahrer bekannt.

(2) Mit der Flugverkehrskontrollfreigabe erhält der Luftfahrzeugführer die Erlaubnis, seinen Flug unter bestimmten Bedingungen durchzuführen. Die zuständige Flugverkehrskontrollstelle kann bei der Bewegungslenkung der ihrer Kontrolle unterliegenden Flüge den Flugverlauf, insbesondere den Flugweg und die Flughöhe, durch entsprechende Freigabe im einzelnen festlegen.

(3) Beantragt der Luftfahrzeugführer aus zwingenden Gründen eine bevorzugte Flugverkehrskontrollfreigabe, hat er diese Gründe in seinem Antrag anzugeben.

(4) Von der zuletzt erteilten und bestätigten Flugverkehrskontrollfreigabe darf der Luftfahrzeugführer nicht abweichen, bevor ihm nicht eine neue Flugverkehrskontrollfreigabe erteilt worden ist. Dies gilt nicht in Notlagen, die eine sofortige eigene Entscheidung erfordern. In diesen Fällen hat der Luftfahrzeugführer unverzüglich die zuständige Flugverkehrskontrollstelle zu benachrichtigen und eine neue Flugverkehrskontrollfreigabe einzuholen.

§ 26a

Funkverkehr

(1) Der Funkverkehr wird als Sprechfunkverkehr im Flugfunkdienst durchgeführt. Hierbei sind die nach Absatz 3 festgelegten Verfahren anzuwenden.

(2) Der Luftfahrzeugführer hat in den in Anlage 5 beschriebenen Fällen eine dauernde Hörbereitschaft auf der nach Absatz 3 festgelegten Funkfrequenz der zuständigen Flugverkehrskontrollstelle aufrechtzuerhalten und im Bedarfsfall einen Funkverkehr mit ihr herzustellen. Das Flugsicherungsunternehmen kann Ausnahmen zulassen.

(3) Die Funkfrequenzen der Flugverkehrskontrollstellen und die Funkfrequenzen der Bodenfunkstellen für den

Sprechfunkverkehr im Flugfunkdienst, die nicht von dem Flugsicherungsunternehmen betrieben werden, sowie die Sprechfunkverfahren und die Verfahren bei Ausfall der Funkverbindung werden vom Bundesminister für Verkehr festgelegt. Er gibt dies in dem Bundesanzeiger und in den Nachrichten für Luftfahrer bekannt.

§ 26b

Standortmeldungen

(1) Der Luftfahrzeugführer hat in den Fällen des § 26 a Abs. 2 beim Überfliegen der nach § 27 a Abs. 2 festgelegten Meldepunkte unverzüglich eine Standortmeldung an die zuständige Flugverkehrskontrollstelle zu übermitteln. Die zuständige Flugverkehrskontrollstelle kann im Einzelfall Standortmeldungen an weiteren Punkten verlangen oder auf die Übermittlung von Standortmeldungen verzichten.

(2) Die Einzelheiten über Inhalt und Form der Standortmeldungen werden vom Bundesminister für Verkehr festgelegt und in dem Bundesanzeiger und in den Nachrichten für Luftfahrer bekanntgemacht.

§ 26d

Startmeldung

(1) Der Luftfahrzeugführer hat für Flüge, für die ein Flugplan abgegeben wurde, der zuständigen Flugverkehrskontrollstelle die tatsächliche Startzeit unverzüglich zu übermitteln. Dies gilt nicht für Flüge von Flugplätzen mit Flugverkehrskontrollstelle. Das Flugsicherungsunternehmen kann Ausnahmen von Satz 1 zulassen.

(2) Einzelheiten über Inhalt, Form, zulässige zeitliche Abweichungen und Übermittlungsart der Startmeldungen werden vom Bundesminister für Verkehr festgelegt und in dem Bundesanzeiger sowie in den Nachrichten für Luftfahrer bekanntgemacht.

§ 27

Landemeldung

(1) Der Luftfahrzeugführer hat bei Flügen, für die ein Flugplan abgegeben wurde, der zuständigen Flugverkehrskontrollstelle unverzüglich eine Landemeldung zu übermitteln. Dies gilt nicht für Flüge zu Flugplätzen mit Flugverkehrskontrollstelle. Das Flugsicherungsunternehmen kann Ausnahmen zulassen.

(2) Einzelheiten über Inhalt, Form und Übermittlungsart der Landemeldungen werden vom Bundesminister für Verkehr festgelegt und in dem Bundesanzeiger sowie in den Nachrichten für Luftfahrer bekanntgemacht.

§ 27a

Flugverfahren

(1) Soweit die zuständige Flugverkehrskontrollstelle keine Flugverkehrskontrollfreigabe nach § 26 Abs. 2 Satz 2 erteilt, hat der Luftfahrzeugführer bei Flügen innerhalb von Kontrollzonen, bei An- und Abflügen zu und von Flugplätzen mit Flugverkehrskontrollstelle und bei Flügen nach Instrumentenflugregeln die vorgeschriebenen Flugverfahren zu befolgen.

(2) Die Verfahren nach Absatz 1 einschließlich der Flugwege, Flughöhen und Meldepunkte werden vom Bundesminister für Verkehr festgelegt und in dem Bundesanzeiger sowie in den Nachrichten für Luftfahrer bekanntgemacht.

DRITTER ABSCHNITT
Sichtflugregeln

§ 28

Flüge nach Sichtflugregeln in den Lufträumen mit der Klassifizierung B bis G

(1) Flüge nach Sichtflugregeln in den Lufträumen der Klassen B bis G sind so durchzuführen, daß die in Anla-

ge 5 enthaltenen jeweiligen Mindestwerte für Flugsicht und Abstand von Wolken nicht unterschritten werden. Flugsicht ist die Sicht in Flugrichtung aus dem Führerraum eines im Flug befindlichen Luftfahrzeuges.

(2) In Kontrollzonen dürfen Flüge nach Sichtflugregeln nur durchgeführt werden, wenn die in Anlage 5 für Kontrollzonen zusätzlich aufgeführten Mindestwetterbedingungen für Bodensicht und Hauptwolkenuntergrenze gegeben sind. Bodensicht ist die Sicht auf einem Flugplatz, wie sie von einer amtlich dazu beauftragten Person festgestellt wird. Hauptwolkenuntergrenze ist die Untergrenze der niedrigsten Wolkenschicht über Grund oder Wasser, die mehr als die Hälfte des Himmels bedeckt und unterhalb von 6000 m (20 000 Fuß) liegt.

(3) Der Bundesminister für Verkehr kann andere Mindestwerte für Flugsicht und Abstand von Wolken sowie für Bodensicht und Hauptwolkenuntergrenze festlegen, soweit die öffentliche Sicherheit oder Ordnung, insbesondere die Sicherheit des Luftverkehrs, dadurch nicht beeinträchtigt werden.

(4) Wenn die nach den Absätzen 1 bis 3 vorgeschriebenen Mindestwerte innerhalb einer Kontrollzone nicht gegeben sind, dürfen nach Sichtflugregeln betriebene Luftfahrzeuge nur dann auf einem in der Kontrollzone gelegenen Flugplatz starten, landen oder in die Kontrollzone einfliegen, wenn die zuständige Flugverkehrskontrollstelle hierzu eine Flugverkehrskontrollfreigabe für einen Sonderflug nach Sichtflugregeln erteilt hat. Die Voraussetzungen für die Erteilung der Flugverkehrskontrollfreigabe werden von dem Flugsicherungsunternehmen festgelegt und in den Nachrichten für Luftfahrer bekanntgemacht.

§ 31

Höhenmessereinstellung und Reiseflughöhen bei Flügen nach Sichtflugregeln

(1) Bei Flügen nach Sichtflugregeln in und unterhalb der nach Absatz 3 festgelegten Höhe hat der Luftfahrzeugführer den Höhenmesser auf den QNH-Wert des zur Flugstrecke nächstgelegenen zivilen Flugplatzes mit Flugverkehrskontrollstelle einzustellen, wenn der Flug über die Umgebung des Startflugplatzes hinausführt. QNH-Wert ist der auf mittlere Meereshöhe reduzierte Luftdruckwert eines Ortes unter der Annahme, daß an dem Ort und unterhalb des Ortes die Temperaturverhältnisse der Normalatmosphäre herrschen.

(2) Bei Flügen nach Sichtflugregeln oberhalb der nach Absatz 3 festgelegten Höhe hat der Luftfahrzeugführer den Höhenmesser auf 1013,2 Millibar einzustellen (Standard-Höhenmessereinstellung). Dabei ist die Flugfläche einzuhalten, die nach den Regeln über Halbkreis-Flughöhen (Anlage 3) dem jeweiligen mißweisenden Kurs über Grund entspricht. Dies gilt nicht, soweit das Luftfahrzeug sich im Steig- oder Sinkflug befindet oder die nach § 28 Abs. 1 und 3 vorgeschriebenen Werte für Flugsicht und Abstand von Wolken in der entsprechenden Flugfläche nicht eingehalten werden können. Flugflächen sind zum Zwecke der Höhenstaffelung vorgesehene Flächen in der Atmosphäre, die durch festgelegte Anzeigewerte eines auf 1013,2 Millibar eingestellten Höhenmessers bestimmt sind. Halbkreis-Flughöhe ist die festgelegte Reiseflughöhe, die nach der jeweiligen Hälfte der Kompaßgradeinteilung, in der der mißweisende Kurs über Grund liegt, bestimmt wird.

(3) Die Höhen nach Absatz 1 Satz 1 und Absatz 2 Satz 1 werden vom Bundesminister für Verkehr festgelegt und in dem Bundesanzeiger sowie in den Nachrichten für Luftfahrer bekanntgemacht.

(4) In den Lufträumen der Klassen B und C sind bei Flügen nach Sichtflugregeln die von der zuständigen Flugverkehrskontrollstelle zugewiesenen Flughöhen einzuhalten.

§ 32

Flüge nach Sichtflugregeln über Wolkendecken

Bei Flügen nach Sichtflugregeln dürfen Wolkendecken nur dann überflogen werden, wenn

1. die Flughöhe mindestens 300 m (1000 Fuß) über Grund oder Wasser beträgt und die Flugsicht sowie der Abstand von den Wolken (§ 28 Abs. 1) nach den Werten für den Luftraum der Klasse E (Anlage 5) eingehalten werden,
2. der Luftfahrzeugführer in der Lage ist, den beabsichtigten Flugweg einzuhalten,
3. der Anflug zum Zielflugplatz und die Landung bei Flugverhältnissen, bei denen nach Sichtflugregeln geflogen werden darf, gewährleistet ist,
4. der Luftfahrzeugführer die Berechtigung zur Ausübung des Flugfunkverkehrs hat.

Anlage 4
(zu § 10 Abs. 2 LuftVO)

Luftraumklassifizierung und Flugverkehrsdienste

Klassen		zugelassene Art von Flügen*)	Umfang der Dienste	Staffelung durch die Flugsicherung**)
A	Kontrollierter Luftraum	nur nach IFR	Flugverkehrskontrolle	alle Luftfahrzeuge
B		nach IFR und VFR	Flugverkehrskontrolle	alle Luftfahrzeuge
C		nach IFR nach VFR	Flugverkehrskontrolle 1. FVK zur Staffelung von IFR 2. VFR/VFR zur Verkehrsinformation (Ausweichempfehlungen auf Anfrage)	IFR von IFR und IFR von VFR VFR von IFR
Kontrollzone Klasse C		gleiche Voraussetzungen/Regelungen wie im Luftraum der Klasse „C“		
D		nach IFR nach VFR	FVK einschl. Verkehrsinformationen über VFR-Flüge (Ausweichempfehlungen auf Anfrage) Verkehrsinformationen zwischen VFR- und IFR-Flügen (Ausweichempfehlungen auf Anfrage)	IFR von IFR entfällt
Kontrollzone Klasse D		gleiche Voraussetzungen/Regelungen wie im Luftraum der Klasse „D“		
E		nach IFR nach VFR	FVK einschl. Verkehrsinformationen über VFR-Flüge soweit möglich Verkehrsinformationen soweit möglich	IFR von IFR entfällt
F	Unkontr Luftraum	nach IFR nach VFR	Flugverkehrsberatungsdienst soweit möglich Fluginformationsdienst	IFR von IFR soweit bekannt entfällt
G		VFR	Fluginformationsdienst	entfällt

*) IFR = Flüge nach Instrumentenflugregeln,
VFR = Flüge nach Sichtflugregeln.
**) FVK = Flugverkehrskontrolle.

Anlage 5
(zu § 4 Abs. 2 bis 4, § 26 Abs. 1, § 26a Abs. 2 und § 28 Abs. 1 und 2 LuftVO)

Klassen	Art der Flüge*)	Höchstgeschwindigkeit**)***)	Sprechfunkverkehr	Flugverkehrs-kontrollfreigabe	Mindestwetterbedingungen für Flüge nach Sichtflugregeln**)
A	IFR	nicht vorgeschrieben	dauernde Hörbereitschaft	erforderlich	entfällt
B	IFR und VFR	nicht vorgeschrieben	dauernde Hörbereitschaft	erforderlich	in und oberhalb FL 100: Flugsicht 8 km; unterhalb FL 100: Flugsicht 5 km und jeweils frei von Wolken
C	IFR und VFR	für VFR 250 Knoten IAS unterhalb FL 100	dauernde Hörbereitschaft	erforderlich	in und oberhalb FL 100: Flugsicht 8 km; unterhalb FL 100: Flugsicht 5 km und jeweiliger Abstand von Wolken in waagerechter Richtung 1,5 km, in senkrechter Richtung 300 m (1000 Fuß)
Kontrollzone Klasse C	Gleiche Voraussetzungen/Regelungen wie im Luftraum der Klasse C				zusätzlich: Bodensicht 5 km, Hauptwolkenuntergrenze 450 m (1500 Fuß) über Grund oder Wasser
D	IFR und VFR	250 Knoten IAS unterhalb FL 100	dauernde Hörbereitschaft	erforderlich	in und oberhalb FL 100: Flugsicht 8 km; unterhalb FL 100: Flugsicht 5 km und jeweiliger Abstand von Wolken in waagerechter Richtung 1,5 km, in senkrechter Richtung 300 m (1000 Fuß)
Kontrollzone Klasse D	Gleiche Voraussetzungen/Regelungen wie im Luftraum der Klasse D				zusätzlich: Bodensicht 5 km, Hauptwolkenuntergrenze 450 m (1500 Fuß) über Grund oder Wasser
E	IFR VFR	 250 Knoten IAS unterhalb FL 100	dauernde Hörbereitschaft entfällt	erforderlich nicht erforderlich	Flugsicht 8 km, Abstand von Wolken in waagerechter Richtung 1,5 km, in senkrechter Richtung 300 m (1000 Fuß)
F	IFR VFR	 250 Knoten IAS unterhalb FL 100	dauernde Hörbereitschaft soweit möglich entfällt	erforderlich nicht erforderlich	in und oberhalb FL 100: Flugsicht 8 km; unterhalb FL 100: Flugsicht 5 km und jeweiliger Abstand von Wolken in waagerechter Richtung 1,5 km, in senkrechter Richtung 300 m (1000 Fuß)
G	VFR	250 Knoten IAS unterhalb FL 100	entfällt	nicht erforderlich	dauernde Erdsicht, Flugsicht 1,5 km, Wolken dürfen nicht berührt werden; Ausnahmen: Flüge von Drehflüglern, Luftschiff- und Ballonfahrten: dauernde Erdsicht und Flugsicht von 800 m, Wolken dürfen nicht berührt werden und ein rechtzeitiges Erkennen von Hindernissen muß möglich sein

*) IFR = Flüge nach Instrumentenregeln,
VFR = Flüge nach Sichtflugregeln.
**) FL = Flugfläche.
***) IAS = Angezeigte Fluggeschwindigkeit.

Bedingungen für den Erwerb des Luftfahrerscheins für Segelflieger

Für den Erwerb des Privatpilotenscheins (PPL) Beiblatt C müssen folgende Voraussetzungen erfüllt werden:

- Mindestalter 17 Jahre, bis 18 Jahre Einverständniserklärung des Erziehungsberechtigten.
- Vorlage einer ärztlichen Bescheinigung über die Flugtauglichkeit.
- Erwerb eines Funksprechzeugnisses.
- Nachweis über Erste-Hilfe-Kurs.
- Nachweis über 60 theoretische Unterrichtsstunden in höchstens 4 Jahren.
- 30 Flugstunden, davon mindestens 15 alleine, auf verschiedenen Flugzeugtypen. Kann die Ausbildung innerhalb von 18 Monaten abgeschlossen werden, ermäßigt sich die geforderte Flugzeit auf 25 Stunden, davon 10 Stunden Alleinflug.
- Nachweis von mindestens 60 Starts, davon 20 alleine.
- Für den Erhalt der Windenstartberechtigung sind 10 Windenstarts mit Lehrer und 10 alleine nachzuweisen.
- Für den Erhalt der Startberechtigung im Flugzeugschlepp sind 5 Starts mit Lehrer und 5 alleine nachzuweisen.
- Die Ablegung einer theoretischen Prüfung.
- Die Ablegung einer praktischen Prüfung.
- Die Absolvierung eines Überlandfluges über mindestens 50 km.

Die theoretische Prüfung erfolgt schriftlich nach dem Multiple Choice-Verfahren in den Gebieten Luftrecht, Navigation, Meteorologie, Technik und Verhalten in besonderen Fällen.
Für die praktische Prüfung sind drei Flüge vorgesehen, bei denen alle praktischen Fertigkeiten des Piloten überprüft werden. Alle drei Flüge müssen mit einer Ziellandung abgeschlossen werden. Es kann maximal ein Flug wiederholt werden.
Die praktische Prüfung muß innerhalb eines Jahres nach der theoretischen Prüfung absolviert werden. Der Überlandflug muß spätestens 2 Jahre nach der theoretischen Prüfung nachgewiesen werden.

Der Pilotenschein wird für maximal 24 Monate ausgestellt. Zur **Verlängerung** müssen folgende Bedingungen erfüllt werden:

- Ärztliche Bescheinigung über die weitere Flugtauglichkeit.
- Nachweis von mindestens 10 Flugstunden oder 30 Starts als verantwortlicher Flugzeugführer.
- Für jede eingetragene Startart den Nachweis von mindestens 5 Starts. Die Hälfte der nachzuweisenden Starts und Flugstunden kann durch einen Überprüfungsflug mit einem von der Erlaubnisbehörde anerkannten Sachverständigen ersetzt werden.

Neben dem amtlichen Pilotenschein gibt es **Leistungsabzeichen** der Internationalen Segelflugvereinigung.

- Die Silber-C erfordert einen Streckenflug über 50 km, einen Dauerflug über 5 Stunden sowie einen Flug mit einer Startüberhöhung von 1000 m.
- Die Gold-C erfordert einen Streckenflug über 300 km sowie einen Flug mit einer Startüberhöhung von 3000 m.
- Je ein Diamant zur Silber- oder Gold-C wird verliehen für einen Streckenflug über 500 km,
  einen Dreieck-Zielflug über 300 km,
  einen Flug mit einer Startüberhöhung von 5000 m.

Fragen für die theoretische Prüfung

Der folgende Fragenkatalog wurde von der Deutschen Flugsicherung erstellt. Er ist nach den Prüfungsfächern

- Luftrecht
- Wetterkunde
- Technik
- Navigation
- Verhalten in besonderen Fällen

gegliedert und in der vorliegenden Form *Grundlage* der Prüfungsanforderungen in den einzelnen Bundesländern für die Berechtigung PPL C (Segelflug). In der Prüfung selbst werden die Fragen im »multiple choice«-System gestellt. Zu jeder Frage gibt es mehrere Antworten, von denen die richtigen anzukreuzen sind. Bei Redaktionsschluß der vorliegenden Auflage war die ab 29.4.93 geltende neue Luftraumstruktur noch nicht nachgeführt. Der jeweils aktuelle Fragenkatalog inklusive Antworten kann bezogen werden bei:
Buchvertrieb R. Eisenschmidt
Postfach 110761
60042 Frankfurt/Main

Luftrecht, Luftverkehrs- und Flugsicherungsvorschriften

- Welche Versicherung muß der Halter eines Flugzeuges im nichtgewerblichen Verkehr abschließen?
- Wie lange vor Ablauf der Gültigkeitsdauer des PPL darf man die fliegerärztliche Untersuchung durchführen lassen, damit die Laufzeit nicht verkürzt wird?
- In der Signalfläche eines Landeplatzes liegt ein quadratisches rotes Feld mit einem gelben Diagonalstreifen. Das bedeutet?
- Nach welchen Richtlinien ist die Ausbildung und Prüfung für Luftfahrtpersonal durchzuführen?
- Kann der Luftfrachtführer bei einem Flug, zu dem er Fluggäste gegen Entgelt mitnimmt, die Haftung aus dem Beförderungsvertrag gegenüber den Fluggästen im voraus durch eine Vereinbarung mit diesen ausschließen oder beschränken?
- Bei welcher Stelle wird ein Flugplan vor dem Flug abgegeben?
- Welcher Band des Luftfahrthandbuchs (AIP) enthält eine Zusammenfassung aller Angaben über Landeplätze?
- Welche Rechtsvorschrift regelt den Luftverkehr über der Bundesrepublik Deutschland?
- Was besagt die Regel, wenn sich zwei Luftfahrzeuge im Gegenflug nähern?
- Unter welchen Voraussetzungen darf ein Flugzeugführer mit seinem Flugzeug auf einem Segelfluggelände landen?

- In welche Kontrollbezirke ist die Bundesrepublik im unteren Luftraum eingeteilt?
- Wer ist für die Sammlung und Veröffentlichung der Nachrichten für Luftfahrer zuständig?
- Für Drittschäden aus einem Unfall haftet der Ersatzpflichtige bei Flugzeugen bis 1000 kg Gewicht bis zu einem Betrag von?
- Was ist Nacht im Sinne der LuftVO?
- Durch welche Rechtsverordnung wird die Zulassung von Luftfahrzeugen geregelt?
- Ein auf ein in der Luft befindliches Flugzeug gerichtetes grünes Blinksignal bedeutet:
- Welches Gesetz bildet die Grundlage für die LuftVO?
- Wo sind die in der Luftfahrt gebräuchlichen Abkürzungen in der AIP erläutert?
- Was gehört zum Rollfeld eines Flugplatzes?
- Welche internationale Organisation erarbeitet Richtlinien und Empfehlungen für die zivile Luftfahrt?
- Was bedeutet die Abkürzung TRA?
- Was versteht man unter Hauptwolkenuntergrenze?
- Die Landung außerhalb eines Flugplatzes bedarf einer Erlaubnis. Diese wird von wem erteilt?
- Was bezeichnet der Gesetzgeber als Überlandflug?
- Wenn die rechtzeitige Verlängerung einer Erlaubnis aus entschuldbaren Gründen unterblieben ist, sieht die LuftPersV Erleichterungen für die Erneuerung vor. Die Erlaubnisbehörde kann danach eine Erlaubnis, deren Gültigkeit nicht länger als ..... abgelaufen ist, bei Vorliegen der Voraussetzungen für die Verlängerung erneuern.
- Unter welchen Voraussetzungen darf man normalerweise in eine Kontrollzone einfliegen?
- Ein Luftfahrzeugführer fliegt bei einem Überlandflug in einen TMA-Sektor A. Die Sicht, die vorher 10 km betragen hat, geht zurück auf 5 km. Was muß er tun?
- Welche Angelegenheiten regelt das Luftverkehrsgesetz?
- Was ist der Unterschied zwischen Erdsicht und Bodensicht?
- Wegen einer technischen Störung wurde eine Notlandung durchgeführt. Schaden ist nicht entstanden. Ist eine Störungsmeldung erforderlich?
- Wer darf die ordnungsgemäße Durchführung der Flugvorbereitung nachprüfen?
- Wer ist verantwortlicher Luftfahrzeugführer, wenn mehrere zur Führung des Luftfahrzeuges berechtigte Personen an Bord sind?
- Was sind NOTAMs Klasse I?
- Wer ist für die Bewegungslenkung des Luftverkehrs in der Bundesrepublik Deutschland zuständig?
- Dem Bundesminister für Verkehr sind zwei Luftfahrtbehörden direkt unterstellt. Es sind dies:
- Wer haftet für Personen- oder Sachschäden, die an Bord eines Luftfahrzeuges entstehen?
- Ohne besondere Genehmigung ist die Obergrenze für Flüge nach Sichtflugregeln:
- Flugplatzzwang bedeutet, daß Luftfahrzeuge grundsätzlich nur wo starten und landen dürfen?
- In welchem Gesetz und in welcher Verordnung finden Sie Bestimmungen über Außenlandeerlaubnisse?
- Wann muß ein Flugzeugführer nach einem Unfall dem LBA eine Sofortmeldung erstatten?
- Unter welchen Voraussetzungen dürfen Gebiete mit Flugbeschränkung durchflogen werden?
- Eine Erlaubnis für Privatflugzeugführer kann verlängert werden, wenn der Bewerber innerhalb der letzten 24 Monate welche fliegerischen Voraussetzungen erfüllt?
- Wo sind Angaben über die Zuständigkeit bezüglich der FS-Beratung und Entgegennahme von Flugplänen veröffentlicht?
- Ein auf ein am Boden befindliches Luftfahrzeug gerichtetes rotes Blinksignal bedeutet?
- Wer keine ordnungsgemäße Flugvorbereitung durchführt, begeht?
- Welches Dokument gibt Auskunft über den Verwendungszweck eines Flugzeugs?
- Wer ist für die Führung des Bordbuches verantwortlich?
- Welche Organisation erstellt Richtlinien und Empfehlungen für den internationalen Luftverkehr?
- Welche Schäden deckt die Haftpflichtversicherung?
- Wo befindet sich der Startpunkt?
- Bei einer Außenlandung, bei der das Luftfahrzeug einen schweren Schaden erlitten hat, muß der Luftfahrzeugführer unverzüglich wen in Kenntnis setzen?
- Wer ist für die Erteilung einer Außenstart- und Außenlandeerlaubnis zuständig?
- Wie hoch ist die Obergrenze einer Kontrollzone (CTR)?
- Aus welchem Dokument kann entnommen werden, wer Eigentümer eines Flugzeuges ist?
- Wer ist für die Flugklarheit eines Flugzeuges verantwortlich?
- Kann ein Luftfahrzeugführer bei einem Flug, zu dem er Fluggäste gegen Entgelt mitnimmt, die Haftung aus dem Beförderungsvertrag gegenüber den Fluggästen im voraus durch eine Vereinbarung mit diesen ausschließen oder beschränken?
- Welche Rechtsverordnung regelt die Ausbildung und Prüfung von Luftfahrtpersonal?
- Bei Anwendung der Sichtflugregeln unterhalb von 900 m

(3000 ft) über Grund oder Wasser unterscheidet man grundsätzlich zwei Arten von Lufträumen:

- Wer darf die Durchführung der Flugvorbereitung nachprüfen?
- Welche Behörde ist für die Erteilung einer Luftbilderlaubnis zuständig?
- Was bedeutet folgende Kennzeichnung in der ICAO-Karte 1:500000?

- Zuständig für die Zulassung von Luftfahrtgerät – außer Funkausrüstung – ist:
- Ein Luftfahrzeugführer läßt seine Frau, die keinen Luftfahrerschein besitzt, das Flugzeug führen. Kann sie dafür zur Verantwortung gezogen werden?
- Wo wird die Verlängerung oder Erneuerung eines Luftfahrerscheins für Privatflugzeugführer beantragt?
- Die Sicherheitsmindesthöhe bei VFR-Flügen über freiem Gelände beträgt mindestens?
- Störungen beim Betrieb eines Luftfahrzeugs sind dem Luftfahrtbundesamt vom Halter in welchem Zeitraum schriftlich anzuzeigen?
- Was ist Voraussetzung für Kunstflüge im kontrollierten Luftraum?
- Welche Rechtsverordnungen zum Luftverkehrsgesetz gibt es?
- Wann ist eine Landemeldung zu übermitteln?
- In den Nachrichten für Luftfahrer Teil II sind enthalten?
- Durch welches Dokument wird die Eintragung eines Flugzeugs in die Luftfahrzeugrolle nachgewiesen?
- Welche Vorschrift regelt den Verkehr mit Luftfahrzeugen?
- Was bedeutet die Abkürzung »HX« bei Kontrollzonen?
- Welche Sicherheitsmindesthöhe muß über Städten, anderen dichtbesiedelten Gebieten und Menschenansammlungen eingehalten werden?
- In welchem Teil des Luftfahrthandbuches Deutschland Band I finden Sie die Luftverkehrsordnung?
- Unter welchen Bedingungen darf ein Segelflugzeug eine Kontrollzone überfliegen?
- Was hat der Flugzeugführer bei Mitnahme von Fluggästen zu beachten?
- Ein Luftfahrzeug ist Teilnehmer am Flugplatzverkehr, wenn es sich wo befindet?
- In welchen Flughöhen muß während der Woche bei Flugsichten über 5 km mit besonders starkem Verkehr militärischer Strahlflugzeuge gerechnet werden?
- Welchen Wert zeigt das Einstellfenster bei Standardhöhenmessereinstellung?
- Welches sind die drei wichtigsten Gesetze auf dem Gebiet des Luftrechts?
- In der Signalfläche eines Flugplatzes liegt eine waagerechte weiße Fläche in Form einer Hantel. Was bedeutet dieses Zeichen?
- Durch welche Rechtsverordnung wird die Instandhaltung von Luftfahrzeugen geregelt?
- Vor Einflug in eine Kontrollzone bei Sichtflugwetterbedingungen muß der Luftfahrzeugführer auf jeden Fall was einholen?
- Der Flugzeugführer hat die beim Betrieb eines Flugzeugs festgestellten Mängel wo einzutragen?
- Nach Einflug in eine Kontrollzone fällt der Funk aus. Wie muß man sich verhalten?
- Aus welchem Teil des Luftfahrthandbuches kann man Informationen über Gefahrengebiete und Gebiete mit Flugbeschränkung entnehmen?
- Welches auf ein Luftfahrzeug im Fluge gerichtetes Lichtsignal bedeutet: »Platzrunde fortsetzen, anderes Luftfahrzeug hat Vorflug«?
- Wer ist für die Sammlung und Veröffentlichung der Nachrichten für Luftfahrer zuständig?
- Was muß man bei einem Flug ins Ausland besonders beachten?
- Welche Fluginformationsgebiete gibt es in der Bundesrepublik Deutschland im unteren Luftraum?
- Welche kontrollierten Lufträume gibt es?
- Ein in der Signalfläche ausgelegtes weißes Doppelkreuz bedeutet?
- In welchen Lufträumen erhalten Sie Fluginformationsdienst?
- Wer ist für die Luftverkehrskontrolle einschl. der Bewegungslenkung in der Bundesrepublik Deutschland zuständig?
- Flugzeuge dürfen nur innerhalb bestimmter Betriebsgrenzen betrieben werden. Wo finden Sie diese Angaben?
- Wie lange gilt die Verkehrszulassung eines Luftfahrzeuges?
- Welcher Teil des Luftfahrthandbuches Band I enthält die Luftverkehrsregeln?
- Die Abkürzung PPR bedeutet?
- Was bedeutet der Begriff Flugfläche?
- Wann ist eine Flugberatung bei einer Flugberatungsstelle einzuholen?
- Was ist eine LTA?

- Wo sind die Regelungen für Flugbeschränkungsgebiete niedergelegt?
- Vor welchen Flügen hat der Flugzeugführer eine Flugberatung einzuholen?
- Welches Dokument gibt Auskunft über die Aufrechterhaltung der Lufttüchtigkeit eines Luftfahrzeuges?
- In welchen Luftraum darf ohne Freigabe nicht eingeflogen werden?
- Wer ist für die Verkehrszulassung von Luftfahrzeugen zuständig?
- Welche Rechtsverordnung regelt die Prüfungen von Luftfahrtpersonal?
- Welche Bedeutung hat es, wenn man während eines Überlandfluges sieht, daß vom Boden abwechselnd rote und grüne Leuchtkugeln abgeschossen werden?
- In welcher Vorschrift ist die Haftung für Schäden, die durch ein Luftfahrzeug verursacht werden, geregelt?
- Wann muß der Flugzeugführer eine Wetterberatung einholen?
- Die Abkürzung O/R bedeutet?
- Die Mindestwetterbedingungen für Flüge nach Sichtflugregeln im kontrollierten Luftraum außerhalb der Kontrollzone sind?
- Welche Luftfahrtbehörden gibt es in der Bundesrepublik Deutschland?
- Das LBA läßt ein Luftfahrzeug zum Verkehr zu (Verkehrszulassung). Was wird erteilt?
- Die Sicherheitsmindesthöhe ist die Höhe, bei der weder eine unnötige Lärmbelästigung eintritt noch eine Gefährdung von Personen oder Sachen bei einer Notlandung zu befürchten ist. Welche Höhe muß jedoch über dichtbesiedelten Gebieten mindestens eingehalten werden?
- Sie wollen ein Flugzeug, dessen Nachprüfschein am Tag zuvor abgelaufen ist, zum nächsten luftfahrttechnischen Betrieb überführen. Voraussetzung hierfür ist:
- Kreuzen sich die Flugrichtungen zweier Luftfahrzeuge in nahezu gleicher Höhe, so hat das Luftfahrzeug, das von links kommt, auszuweichen.
  Jedoch haben stets auszuweichen?
- Eine Erlaubnis kann nicht mehr verlängert, sondern nur noch erneuert werden, wenn?
- Bei Anwendung der Sichtflugregeln unterscheidet man grundsätzlich zwei Arten von Lufträumen:
- Was bedeutet Flug nach Sonder-Sichtflugregeln?
- Können Wolkenflüge mit Segelflugzeugen genehmigt werden?
- Die Benutzung von Klarlisten (Check-Listen) für Kontrollen vor, bei und nach dem Flug sowie in Notfällen ist vorgeschrieben. Wo?
- Der Flugberatungsdienst hat welche Abkürzung?
- Ist ein Flugbuch zu führen und müssen alle Flüge bestätigt sein?
- Was sind NOTAMs Klasse II?
- Ein Flugzeugführer fliegt unterhalb eines TMA-Sektors B. Die Flugsicht beträgt 10 km, Bewölkung 8/8 in 2000 ft. Wie hoch darf er maximal fliegen?
- Die Flugsicht wird definiert als?
- Darf man bei Flügen zur Erneuerung einer abgelaufenen Erlaubnis einen Fluggast mitnehmen?
- Wieviel Fluginformationsgebiete gibt es in der Bundesrepublik Deutschland im unteren Luftraum?
- Wer kann den Anflug eines Bundeswehrflugplatzes genehmigen?
- Welche Behörde verlängert oder erneuert den PPL?
- Welcher Abstand ist zu frei im Gelände stehenden Hindernissen einzuhalten?
- Unfalluntersuchungen nimmt welche Bundesbehörde vor?
- Welche Behörden üben die Luftaufsicht aus?
- 14:35 MEZ entspricht welcher UTC-Zeit?
- Wann muß das Sprechfunkzeugnis an Bord mitgeführt werden?
- Das LuftVG unterscheidet welche Arten von Flugplätzen?
- Wer hat anhand einer Klarliste vor jedem Flug die Kontrolle vorzunehmen?
- Was hat der Flugzeugführer bei Mitnahme von Fluggästen zu beachten?
- Was regelt die LuftVZO?
- Ein Luftfahrzeugführer unterbricht einen Flug mit Flugplan und landet auf einem anderen Flugplatz. Wen muß er umgehend anrufen?

Wetterkunde

- In welcher Maßeinheit wird die absolute Feuchtigkeit angegeben?
- Welches sind die Werte der Normalatmosphäre nach ICAO?
- Wovon ist die Höhe der Tropopause abhängig?
- Wie groß ist die relative Feuchte der Standardatmosphäre?
- Die Luftdichte ist abhängig von Lufttemperatur und Luftdruck. Wann nimmt sie zu?
- Wie ist die Änderung der barometrischen Höhenstufe in der Vertikalen?
- Wie heißt die unterste erdbodennahe Schicht (Reibungsschicht) der Erd-Atmosphäre?
- Was bedeutet CAVOK?

- Was verstehen Sie unter ISOTHERMIE?
- In den Aufwindgebieten entsteht oft bei aufgerissener Cumulusbewölkung Vertikalböigkeit. Wo ist diese Turbulenz am geringsten?
- Zu den Wetterfunksendungen gehören auch die SIGMETS. Sie werden bei welchen Wettererscheinungen gesendet?
- GAFOR können Sie telefonisch von den Ortsnetzen von 9 Großstädten abrufen. Sie sind bei VFR-Flügen einer individuellen Beratung gleichzusetzen, wenn sie in welchem Zeitraum vor dem Start abgerufen werden?
- Wie ist der Temperaturverlauf beim Durchzug einer Idealzyklone?
- Die Gesamtbedeckung beträgt nach dem Schlüssel der Bodenwetterkarte bei diesem Zeichen?

- Was ist Föhn?
- Wer entscheidet über die Durchführung eines Fluges bei zweifelhafter Wetterlage?
- Linien gleicher Druckhöhe einer Hauptdruckfläche bezeichnet man mit:
- Wie nennt man den Teil einer Idealzyklone zwischen Warmfront und Kaltfront?
- Für das Wetter gibt es in den Wetterkarten am Stationskreis Symbole. Welches ist das Zeichen für Dunst?
- Unterkühlter Regen entsteht wann?
- In welchen Breiten liegt die Tropopause am höchsten?
- Was ist QFF?
- Was versteht man in der Wetterkunde unter einem Trog?
- Wie heißt die Grenzfläche, die zwischen Troposphäre und Stratosphäre liegt?
- Während die Temperaturabnahme pro 100 m beim trockenadiabatischen Aufstieg von Luftmassen 1° beträgt, so ist beim feucht-adiabatischen Aufstieg eine Lufttemperaturabnahme pro 100 m von 0,4°–0,9 °C zu verzeichnen. Woran liegt das?
- Wie ist das Symbol einer Okklusion in der Bodenwetterkarte dargestellt?
- Welche wesentlichen Merkmale zeigt das Rückseitenwetter?
- Was bedeutet NOSIG im Metar-Schlüssel?
- Wie erfolgt die Erwärmung der Luft über der Erdoberfläche?
- Was bedeutet dieses Symbol auf der Wetterkarte?

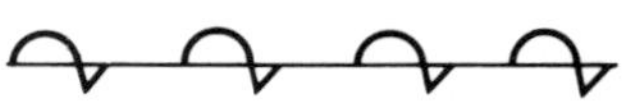

- Der Zusatzteil des TAF mit den möglichen Änderungen wird mit einer Angabe eingeleitet. Welche Bedeutung hat »inter«?
- Wodurch sind Stationen mit gleichem Luftdruck auf einer Bodenwetterkarte verbunden?
- Was zeigt der Höhenmesser im Fluge bei Einstellung des QNH im Höhenmesserfenster?
- Welche Lufttemperatur hat die Standardatmosphäre beim Luftdruck 1013 hPa in NN?
- Was bedeutet GRADU bei TAF?
- Wie ist die Reihenfolge der Niederschläge beim Durchzug einer Idealzyklone in unseren Breiten?
- Welche hauptsächlichen Wettererscheinungen treten bei der Warmfront auf?
- Mit welchen Wetterverhältnissen ist in Deutschland zu rechnen, wenn über Skandinavien ein Hoch und über dem Mittelmeer ein Tief (beide von großer Ausdehnung) liegt?
- Höhenmesserstand abends 350 ft
am nächsten Morgen 400 ft — Was ist die Ursache?
- Um wieviel ° Celsius nimmt trocken aufsteigende Luft pro 100 m ab?
- Was versteht man unter einem feuchtadiabatischen Vorgang?
- Aufsteigende oder absinkende Luft mit einem Veränderungswert von?
- Wie bezeichnet man die Differenz zwischen Temperatur und Taupunkt?
- Der Halo (ein Ring um Sonne oder Mond) kündigt oft schlechtes Wetter an. Bei welcher Bewölkung ist er zu sehen?
- Von den Lokalwinden ist der Mistral eine bekannte Windströmung. Der Mistral tritt wo auf?
- Auf welcher ungefähren Höhe beträgt der atmosphärische Druck die Hälfte des Drucks vom Meeresniveau?
- Wie nennt man die Böigkeit, die durch die Oberflächentemperatur der Erde hervorgerufen wird?
- Die Angabe »prob« bedeutet im Zusatzteil des »TAF« welche Angabe?
- Orographische Turbulenzen entstehen durch?
- Von wem sind die verschiedenen Kategorien der Wettervorhersagen in der Bundesrepublik Deutschland festgelegt?
- Wie heißen Linien gleicher Windgeschwindigkeit?
- Wovon spricht man, wenn von einer bestimmten Höhe ab die Temperatur zunimmt und ein Wechsel der vertikalen Temperaturgradienten zu verzeichnen ist?
- Wie wird auf der Nordhalbkugel der Erde der Wind durch die Corioliskraft abgelenkt?
- Welches Bordinstrument arbeitet nach dem barometrischen Prinzip?
- Sie fliegen bei einer Standardeinstellung 1013 hPa in FL 75.

Zum Landeanflug stellen Sie das erhaltene QNH 1030 hPa ein. Was zeigt Ihr Höhenmesser nun in dieser Höhe an?

- Was ist GAFOR und welche Möglichkeiten bietet GAFOR?
- Woher kommen bei uns die kältesten Luftmassen?
- Unter Konvergenzen versteht man?
- Was entsteht, wenn eine Luftmasse hoher Feuchtigkeit sich mit einer kühleren vereinigt?
- Wo finden Sie nähere Angaben über die Aufgaben des Flugwetterdienstes?
- Was versteht man bei TAF unter TEMPO?
- Beim GAFOR-Wetterdienst bedeutet der Buchstabe »X«?
- Linien gleicher Druckänderung haben die Bezeichnung?
- Wann weht der Talwind?
- Richtung und Stärke dieser Windangabe?

- Wie erfolgt die Angabe der relativen Feuchte?
- Was bedeutet beim GAFOR-Wetterdienst der Buchstabe »M«?
- Was ist physikalisch Kondensation?
- Welche Gewitter können umflogen werden?
- Die Windgeschwindigkeiten für die Luftfahrt in der Bundesrepublik Deutschland werden amtlich in welchen Geschwindigkeitsmaßen angegeben?
- Wo finden Sie Rückseitenwetter?
- Was verstehen Sie unter Hauptwolkenuntergrenze?
- Der Zusatzteil der Hauptwettervorhersage des TAF, eingeleitet mit »rapid« bedeutet?
- Der Wärmegewinn auf der Föhnseite gegenüber der Stauseite bei Gebirgen beruht auf?
- Wie bezeichnet man die Schichten der Atmosphäre in aufsteigender Reihenfolge?
- Wie nennt man das Wetter zwischen Warmfront und Kaltfront eines Tiefdruckgebietes?
- Was bedeutet im GAFOR-Schlüssel der Buchstabe »D« (DELTA)?
- Die Erwärmung der Luft in der Troposphäre erfolgt hauptsächlich durch?
- Wie ist die Luft von 20% relativer Feuchte zu bezeichnen?
- Wir kennen verschiedene Windsysteme; was ist unter BORA zu verstehen?
- Was bedeutet die Abkürzung (97XXTS) in METAR und TAF?
- Die Aufgleitbewölkung (Cs und As) auf der Vorderseite eines Tiefdruckgebietes der gem. Breiten erreicht etwa um wieviel km einen Flugplatz vor der Warmfront am Boden?
- Wann liegt indifferente Luftschichtung vor?
- METAR ist eine Wettermeldung für welchen Bereich?
- Was bedeutet die Abkürzung »48FZFG« + »49FZFG« in METAR und TAF?
- Was ist QNH?
- Was ist Cumulus-Kondensations-Niveau?
- Welche Wolkenart findet sich oft an der Kaltfront?
- Was sind VOLMET in englischer Sprache?
- Wie groß ist der »Spread« bei TT = 27 °C und T_dT_d = – 06 °C?
- Was bedeutet bei METAR der TREND?
- Eine Luftmasse ist feuchtlabil, wenn die Temperaturabnahme pro 100 m wieviel Grad beträgt?
- Welche Wolkenart ist nicht orographisch bedingt?
- Wann spricht man in der Meteorologie von Dunst? Bis zu welcher Sichtweite kann er auftreten?
- Unter Sublimation versteht man?
- Welches ist der Temperaturbereich, in dem am häufigsten Vereisung an Flugzeugen auftritt?
- Die Höhenzuordnung der Wolkengruppen haben eine Kennzeichnung vor der Artangabe. Welchen Vorsatz haben die mittelhohen Wolken?
- Welcher meteorologische Wert wird im allgemeinen durch Beobachtung festgestellt?
- In größerer Höhe ist die wahre Eigengeschwindigkeit im Verhältnis zur Fahrtmesseranzeige wie?
- Was tritt meistens ein, wenn sich die CU-Bewölkung im Binnenland nachts nicht auflöst?
- Wo befindet sich das Zentralamt des Deutschen Wetterdienstes in der Bundesrepublik Deutschland?
- Wie bezeichnet man die Wetterbeobachtungen, die zum Zeichnen der Wetterkarte dienen?
- Welche Bezeichnung trägt die Obergrenze der Troposphäre und wie ist ihre Höhe in der ICAO-Atmosphäre?
- Linien gleicher Druckflächen in der Höhenwetterkarte haben welche Bezeichnung?
- Welche Wettermeldungen für die Luftfahrzeuge werden nicht nach einem festgelegten Sendezeitplan ausgestrahlt?
- Welche Wolkenfamilie besteht aus Eiswolken?
- Welche Wolkenart ist die für den Flieger gefährlichste?
- Wann ist eine Luftmasse stabil?
- Welche Zustandsänderung ist physikalisch Verdampfung?
- Flugsicht von 3 km und 8 km, zur gleichen Zeit von 2 Flugzeugen in gleicher Position gemeldet, könnte bei welcher Situation möglich sein?
- Wann weht der Seewind?
- Was ist eine Okklusion?

- Beim GAFOR-Wetterdienst bedeutet der Buchstabe »O«?
- Welchem Wert in mm Quecksilbersäule entspricht QNH 1013 hPa?
- Was ist ein Zwischenhoch?
- Wann weht der Bergwind?
- Die Temperatur fiel auf einem Flugplatz von 20° auf 5°. Ist die Luft nun tragfähiger oder nicht?
- Der Wind ändert die Richtung mit zunehmender Höhe auf der Nordhalbkugel der Erde. Wohin dreht er?
- Wann kann man in relativ großer Höhe noch variablen Wind mit geringen Windgeschwindigkeiten haben?
- Aus welcher Wolkenart fallen hauptsächlich die Schauerniederschläge?
- Die Isobaren der Bodenwetterkarte werden im Deutschen Wetterdienst in bestimmten Abständen gezeichnet. Um welche mb-Abstände handelt es sich?
- Was bedeutet die Abkürzung »05HZ« in METAR und TAF?
- In welche Richtung ziehen die Tiefdruckgebiete im allgemeinen in Europa?
- Unter Bodensicht versteht man?
- Welche Höhenwetterkarte eignet sich für die Vorhersage am besten?
- Zu welcher Tages- oder Nachtzeit ist der Strahlungsnebel am stärksten?
- Wie nennt man die Wolken, die hauptsächlich im Warmluftsektor der Ideal-Zyklone vorkommen?
- Welche Wolkenart erreicht die größte vertikale Mächtigkeit?
- Die Luft strömt allgemein in die Zyklone oder aus den Zyklonen?
- Wann kann Strahlungsnebel auftreten?
- Wie ändert sich der Druck beim Flug von Tief zum Hoch?
- Die Luft strömt vom Hoch zum Tief, sie wird auf ihrem Weg dorthin sofort durch welche Kraft abgelenkt?
- Wie ist der Druckverlauf beim Durchgang einer Ideal-Zyklone?
- Bei Bildung von Wolken ist das wichtigste Wetterelement?
- Was ist ein adiabatischer Vorgang?
- Mit welcher Sicht rechne ich bei Schneetreiben?
- An Gebirgen entsteht häufig eine Föhnlage. Als Folge bilden sich zumeist Lenticulariswolken. Wo befinden sie sich hauptsächlich?
- Der Luftdruck am Stationskreis der Bodenwetterkarte wird angegeben mit?
- Welche der möglichen Zustandsänderungen geben Wärme frei?
- Was verstehen Sie unter der Bezeichnung Hochdruckrücken?
- Entfernt sich bei absinkender Luft die Temperatur vom Taupunkt oder nähert sich die Temperatur dem Taupunkt?
- Zu welcher Tageszeit bläst der Seewind am stärksten?
- In welchem Bereich der Atmosphäre spielt sich das Wettergeschehen ab?
- Wieviel Sauerstoff enthält die Luft?
- Wann entsteht Mischungsnebel?
- Unter dem meteorologischen Begriff »Wetter« versteht man?
- Zu welcher Tages- und Nachtzeit ist der Strahlungsnebel am häufigsten?
- Welche Art von Gewittern haben die höhere Basis?
- Wieviel Grad Celsius entspricht 32° Fahrenheit?
- Wolken, Windstärke, allgemeiner Witterungscharakter sowie meteorologische Sicht werden erfaßt. Welche davon werden gemessen?

Technik

- Was ist der Staupunkt?
- Das hier abgebildete Profil bezeichnet man als:

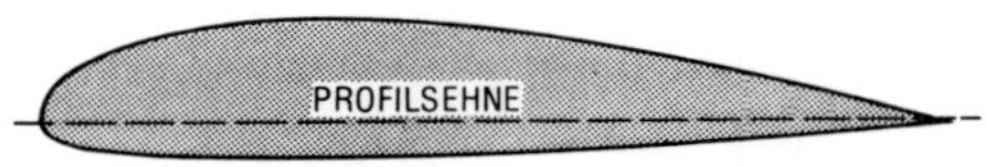

- Wie heißt der Punkt, an dem die laminare Grenzschicht turbulent wird?
- Durch welche Kräfte werden Geschwindigkeit und Flugzustand eines Flugzeuges bestimmt?
- Der Zusammenhang zwischen Auftriebsbeiwert, Widerstandsbeiwert und Anstellwinkel wird häufig graphisch dargestellt. Die entsprechende Kurve heißt:
- Wie ist die Spreizklappe konstruiert?
- Wie wirken sich die Wölbungsklappen in Landestellung für den Endanflug aus (Motor im Leerlauf)?
- Was versteht man normalerweise unter differenzierten Querrudern?
- Darf bei Beschädigung der Torsionsnase ein Flug angetreten werden?
- Was kann die Folge des Abreißens der Strömung in einer Kurve sein?
- Bei welchem Anstellwinkel ist im allgemeinen der Beginn des überzogenen Flugzustandes zu erwarten?
- In welchem Verhältnis ändert sich der Luftwiderstand mit zunehmender Geschwindigkeit?
- Wie wirkt sich die Vergrößerung des Anstellwinkels aus?
- Wie ändern sich Auftrieb und Widerstand im Verhältnis zur Geschwindigkeit?

- Wovon ist der Staudruck abhängig?
- Was ist der Einstellwinkel?
- Was ist die Inklination, was die Deviation?
- Wodurch entsteht der Kompaßdrehfehler?
- Wie oft muß ein Magnetkompaß kompensiert werden?
- Von was hängt die auf die Kompaßnadel einwirkende Richtkraft ab?
- Welcher Flugzustand wird mit dem Wendezeiger überwacht?
- Welche Zeit benötigen Sie, wenn Sie einen Vollkreis mit einer Drehgeschwindigkeit von 3°/sec fliegen?
- Sie fliegen mit einer konstanten Höhenmesseranzeige von 3500 ft auf ein Tiefdruckgebiet zu. Wie ändert sich Ihre Flughöhe?
- Der Höhenmesser zeigt am Boden eine Höhe von 1600 ft an. Dabei wird ein Druck von 1008 hPa angezeigt. Wenn Sie nun die Einstellung so verändern, daß 1009 hPa angezeigt werden, zeigt der Höhenmesser eine andere Höhe an. Welche Höhe zeigt er jetzt an?
- Wann ist mit einer Falschanzeige der pneumatisch angetriebenen Kreiselinstrumente zu rechnen?
- Was bedeuten auf den Instrumenten rote Striche?
- Was zeigt der Fahrtmesser an?
- Auf welcher Messung beruht die Anzeige des Fahrtmessers?
- Wie verändert sich die Fahrtmesseranzeige mit zunehmender Flughöhe?
- Welche Instrumente sind am statischen Druck angeschlossen?
- Welche Aufgabe hat die Kapillare in einem Variometer?
- Was zeigt ein totalenergiekompensiertes Variometer im stationären Gleitflug an?
- Was ist QNH, was QFE?
- Was ist ein Laminarprofil?
- Warum wird die geometrische und aerodynamische Flügelschränkung angewendet?
- Wie verhält sich der Druckmittelpunkt eines normalen Profils bei Vergrößerung des Anstellwinkels?
- Was heißt Flächenbelastung?
- Welche Wirkung hat eine Wölbungsklappe mit Spalt?
- Durch welche Bauteile erzielt man Stabilität um die Hochachse?
- Welche Aufgaben hat der aerodynamische Ruderausgleich?
- Warum sollen Sie Steilkurven mit erhöhter Geschwindigkeit fliegen?
- Wodurch entsteht der Anzeigefehler des Magnetkompasses beim Kurvenflug?
- Welche Instrumente sind an die statische Druckleitung angeschlossen?
- Wie verhält man sich, wenn am Boden bei Einstellung der Platzhöhe auf dem Höhenmesser im Druckfenster ein um 2 mb zu kleiner Wert angezeigt wird?
- Auf einem Überlandflug wurde vor der Landung vergessen, den Höhenmesser von 1013 auf das QNH des Platzes umzustellen. Was zeigt der Höhenmesser bei der Landung an?
- Der künstliche Horizont zeigt welche Fluglagen an?
- Was bedeuten auf den Instrumenten grüne Bogen?
- Woraus setzt sich der Gesamtwiderstand zusammen?
- Wodurch entsteht der Interferenzwiderstand?
- Welche Landehilfen können auch als Starthilfe verwendet werden?
- Wodurch unterscheidet sich ein Schnellflugprofil von einem Langsamflugprofil?
- Was versteht man unter Einstellwinkel?
- Wo beginnt bei Vergrößerung des Anstellwinkels die Ablösung der Strömung am Flügelprofil?
- Unter Grenzschicht versteht man?
- Was bewirkt der Vorflügel?
- Wie wird die Stabilität eines Flugzeuges um die Längsachse bezeichnet?
- Wozu dient die Höhenflosse?
- Die Steuerung um die Querachse erfolgt durch das?
- Das negative Wendemoment entsteht durch?
- Wozu dienen Bügelkanten an den Rudern?
- An den Flügelenden entstehen Randwirbel, die in Form von Wirbelschleppen hinter dem Flugzeug hergezogen werden. Besonders hinter Großflugzeugen sind sie so stark, daß kleine Flugzeuge gefährdet sein können. Die Turbulenzen sind besonders wann gefährlich?
- Wie können Sie bei einseitigem Strömungsabriß und nachfolgendem Abschmieren verhindern, daß das Flugzeug ins Trudeln übergeht?
- Welche Effekte treten bei Strömungsabriß an der Tragfläche auf?
- Welche Wirkung haben Störklappen?
- Was tritt beim Seitengleitflug (Slip) ein?
- Wie verhält sich die Strömung beim Trudeln?
- Welches Ruder bleibt beim Trudeln wirksam?
- Sie kurven nach dem Magnetkompaß auf dem kürzesten Weg mit ca. 15° Schräglage von 70° auf 360°. Bei welcher Anzeige müssen Sie die Kurve beenden?
- Was zeigt die Libelle im Wendezeiger an?
- Auf welches Ausgangsniveau bezieht sich die Anzeige des Höhenmessers?
- Was bedeuten auf den Instrumenten gelbe Bogen?
- Was muß bei einer Landung mit Rückenwind erfolgen?

- Von was hängt der Widerstandsbeiwert im wesentlichen ab?
- Nennen Sie die vier Faktoren, welche den Auftrieb bestimmen?
- Widerstand und Auftrieb hängen u.a. vom Wert der Luftdichte ab. Wenn die Luftdichte größer ist, wird der Auftrieb?
- In der nachstehenden abgebildeten Polare bedeutet der mit Nr. 6 bezeichnete Punkt den Anstellwinkel welchen Flugzustandes?

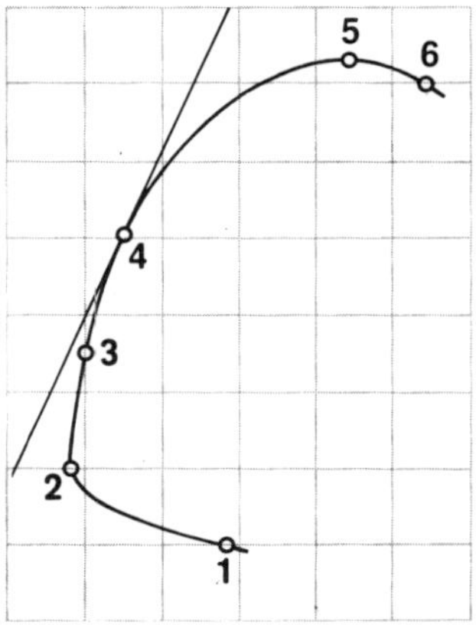

- Was geschieht bei einem Flug mit maximalem Anstellwinkel beim Ausfahren der Störklappen?
- Welche Schwerpunktlage ist bei Flugzeugen gewöhnlicher Bauweise für die Längsstabilität gefährlicher?
- Durch welches Ruder werden im Regelfall Bewegungen um die Flugzeuglängsachse eingeleitet?
- Was geschieht mit dem statischen Druck bei einem verengten Strömungsquerschnitt? Was geschieht mit dem Staudruck?
- Welche Eigenschaften hat ein dickes Profil gegenüber einem dünnen Profil bei gleicher Geschwindigkeit?
- Was versteht man unter Anstellwinkel?
- Aus welchen Kräften setzt sich die resultierende Luftkraft zusammen?
- Alle im Flug am Tragflügelprofil wirkenden Luftkräfte denkt man sich an einem Punkt angreifend. Wie heißt dieser Punkt?
- In der nachstehenden abgebildeten Polare bedeutet der mit Nr. 4 bezeichnete Punkt den Anstellwinkel welches Flugzustandes?

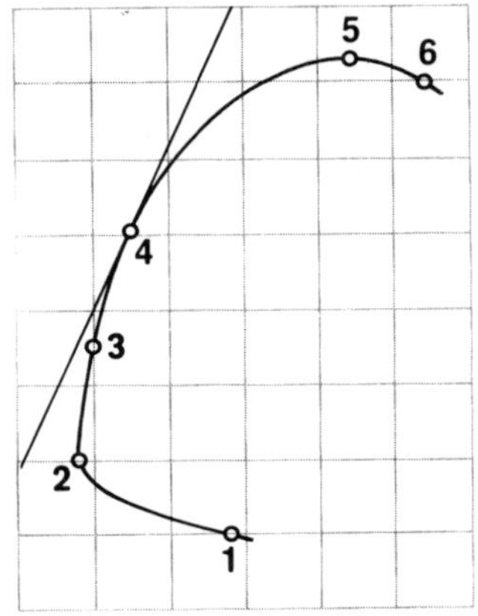

- Das Flugzeug hat eine Mindestgeschwindigkeit mit eingefahrenen Klappen von 50 kt. Bei welcher Geschwindigkeit ist mit ausgefahrenen Wölbungsklappen das Abkippen zu erwarten?
- Warum ist es im Landeanflug sehr gefährlich, die bereits auf 30° ausgefahrenen Landeklappen wieder einzufahren?
- Wie wird das Drehen eines Flugzeuges um die Längsachse bezeichnet?
- Bei einer Querlage von 60° beträgt das Lastvielfache wieviel g?
- Über welchem Teil der Erde ist die Inklination = 0°?
- Was bedeutet der weiße Bogen auf dem Fahrtmesser?
- Im Polardiagramm nach Lilienthal wird vom Ursprung aus eine Tangente an das Polardiagramm gelegt. Am Berührungspunkt ergibt sich der Anstellwinkel für welchen Flugzustand?
- Wodurch läßt sich unter anderem im Fluge der Auftrieb direkt ändern?
- Wann spricht man vom Abreißen der Strömung?
- Der Einstellwinkel eines Flügels ist außen kleiner als innen (an der Wurzel), dies nennt man?
- Der Winkel, der zwischen der Richtung der Luftanströmung und der Profilsehne gebildet wird, heißt?
- Welche Teile gehören zum Leitwerk eines Flugzeuges?
- Mit eingefahrenen Landeklappen ist die Überziehgeschwindigkeit eines Flugzeuges im Geradeausflug 60 kt. In einer Steilkurve mit 60° Querlage ist die Überziehgeschwindigkeit wie hoch?
- Welches Instrument versagt bei Ausfall des Statischen Drukkes (z. B. bei Vereisung der Druckabnahme) nicht?
- Um die Überziehgeschwindigkeit eines Flugzeugmusters zu verbessern, wird der Flügel nach außen hin verwunden. Dies bezeichnet man als?

- Wo beginnt die Ablösung an der Tragfläche bei zunehmendem Anstellwinkel und in welche Richtung setzt sie sich fort?
- Ihr Flugzeug mit Rumpf in Schalenbauweise hat am Rumpf durch ein Hindernis eine Beule mit Rissen erhalten. Was tun Sie?
- Der Pilot stellt eine Giertendenz nach links fest. Durch was kann diese behoben werden?
- Im Kurvenflug muß etwas gezogen werden, um die Höhe zu halten. Warum?
- Es soll nach dem Magnetkompaß von 270° auf 180° mit einer Querneigung von ca. 15° auf dem kürzesten Weg gekurvt werden. Die Kurve ist zu beenden bei einer Anzeige von wieviel °?
- Bei Einstellung des QNH auf der Millibarskala zeigt der Höhenmesser bei der Landung welche Höhe an?
- Zur Messung der Eigengeschwindigkeit wird der Staudruck benutzt. Dieser hängt ab von?
- Die Maximalgeschwindigkeit VnE für ein Flugzeug ist im Flughandbuch angegeben. Darf sie überschritten werden?
- Von was hängt die richtige Beladung eines Flugzeuges ab?
- Vor Antritt eines Fluges sollen Sie eine Vorflugkontrolle nach Klarliste durchführen. Ist dies vorgeschrieben?
- Wie nennt man das Verhältnis der aerodynamischen Belastung, die auf die Tragfläche wirkt und dem Fluggewicht des Flugzeuges im Fluge?
- Von was ist der Widerstand eines durch die Luft bewegten Körpers abhängig?
- In welche Richtung wirkt der Luftwiderstand?
- Durch was läßt sich Stabilität um die Längsachse (Querstabilität) erreichen?
- Wenn bei einem Höhenmesser auf der Millibarskala der herrschende Platzluftdruck eingestellt wird, wo steht dann der Zeiger des Instruments?
- Bei welchem Kreiselgerät steht die Rotationsachse senkrecht zur Erdoberfläche?
- Was versteht man unter dem Begriff »Flächenbelastung«?
- Was ist eine Bügelkante?
- Eine im Flug verstellbare Höhenflosse hat welche Aufgabe?
- Bei welchem Kurs treten bei einer Beschleunigung in Flugrichtung Anzeigefehler (Beschleunigungsfehler) am Kompaß auf?
- Der Verschluß der statischen Druckabnahme beeinträchtigt die Anzeigegenauigkeit welcher Instrumente?
- Bei Einstellung des QFE auf der Nebenskala zeigt der Höhenmesser bei der Landung welche Höhe an?
- Auftrieb und Widerstand wachsen linear mit der Geschwindigkeit. Ist das richtig?
- Im unbeschleunigten Horizontalflug wirken am Flugzeug 4 Kräfte. Nennen Sie die Kraft, welche dem Schub entgegenwirkt!
- Jede Tragfläche hat einen von der Form abhängigen höchsten Auftriebsbeiwert, der vor allem für die Mindestgeschwindigkeit, bei der das Flugzeug gerade noch flugfähig ist, große Bedeutung hat. Dieser Wert wird bei welcher Klappenstellung und welchem Anstellwinkel erreicht?
- Die wirksamste und ungefährlichste Methode zur Streckung des Anfluges ist die Erhöhung der?
- Die Wirkung des Trimmruders am Höhenruder ist?
- Über welchen Gebieten ist die Anzeige des Magnetkompasses unzuverlässig?
- Wohin wird der Gesamtdruck beim Fahrtmesser geleitet?
- In der Nähe des kritischen Anstellwinkels im Geradeausflug steuert man die auftretenden Bewegungen um die Längsachse überwiegend mit welchem Ruder?
- Die auftriebserhöhende Wirkung einer Wölbklappe beruht unter anderem auf?
- Wie verändert sich der Staudruck am Flugzeug bei Verdopplung der Geschwindigkeit?
- Wie setzt sich der am Tragflügel entstehende Auftrieb zusammen?
- Durch kurzes Ziehen leiten Sie eine Störung ein. Das Flugzeug geht zunächst in einen leichten Steigflug über und senkt dann die Nase, wobei etwas Fahrt aufgeholt wird. Nach drei Bewegungen dieser Art fliegt das Flugzeug wieder im horizontalen Geradeausflug. Wie nennt man diese Eigenschaft des Flugzeuges?
- Benötigen Sie beim Kurvenflug mehr oder weniger Auftrieb?
- Zur Anzeige der Drehgeschwindigkeit um die Hochachse wird ein Kreiselinstrument benutzt. Um welches handelt es sich?
- Wie oft müssen Höhenmesser auf die richtige Einstellung geprüft werden?
- Auf was gibt die Vakuumanzeige einen Hinweis?
- Der Druckmittelpunkt ist der Mittelpunkt welcher Luftkräfte?
- Stabilität um die Querachse (Längsstabilität) erreicht man unter anderem durch die Wirkung welches Leitwerkteils?
- Das Trimmruder am Höhenruder ist nach oben ausgeschlagen. Die Anzeige in der Kabine muß richtig anzeigen:
- Wenn ein Flugzeug rechts hängt, muß man wo die Bügelkante nach unten stellen?
- Bei einer koordinierten Steilkurve wird zum Halten der Flughöhe welche Maßnahme ergriffen?
- Wie liegen die in einem Magnetkompaß eingebauten Magnete?
- Welche Differenz zeigt der Höhenmesser bei Änderung der Millibareinstellung von 1010 auf 1000 mb an?

- Was wird zur Bestimmung der Geschwindigkeit am Fahrtmesser benötigt?
- Wie verhält sich ein vollkardanisch aufgehängter Kreisel (ohne Lagerreibung) im Raum?
- In der nachstehenden abgebildeten Polare bedeutet der mit Nr. 2 bezeichnete Punkt den Anstellwinkel welchen Flugzustandes?

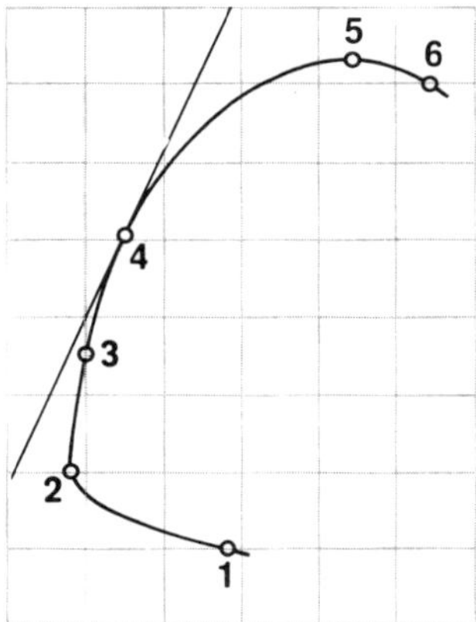

- Wann kann ein Höhenmesser trotz richtiger Druckeinstellung falsch anzeigen?
- Was wird durch eine im Flug verstellbare Trimmung bewirkt?
- Welche Kraft ist beim Gleitflug gleich groß wie das Gewicht des Flugzeuges?

Navigation

- Der Abstand von Längengrad zu Längengrad beträgt am Äquator?
- Unter MPH versteht man in der Luftfahrt?
- Die Faustformel für die Umrechnung von km in NM lautet?
- In welcher Zeit hat sich der Sonnenstand um 27 Winkelgrade geändert?
- Was ist die Charakteristik einer Loxodrome?
- Wie viele cm ergeben 105 km auf der Karte 1 : 500000?
- Den folgenden Angaben über die Betriebszeiten eines Landeplatzes ist zu entnehmen, daß:

  Sat 1300–SS
  Sun, HOL 0800–SS
  zu anderen Zeiten
  Other times PPR

- Der Abstand zweier benachbarter Breitenkreise, z.B. 50° N und 51° N beträgt?
- Was sind Breitengrade?
- Wo endet die Erdachse?
- Was sind Meridiane?
- Wie gibt man den Winkelabstand einer geographischen Länge an?
- Was ist ein Großkreis?
- Wie nennt man die kürzeste Verbindung zweier Punkte auf der Erdoberfläche?
- Der Breitenunterschied zwischen den Orten folgender geographischer Breiten beträgt?

  Ort A: 155430 N
  Ort B: 103330 S

- Was ist mißweisender Kurs?
- Was ist rechtweisender Kurs?
- Auf welcher Projektion beruht die Merkatorkarte?
- Ist die Projektion der Merkatorkarte winkel-, flächen- oder winkel- und flächentreu?
- Was ist eine Kursgleiche?
- Die Anzahl der möglichen Großkreise (Orthodrome) auf der Erde beträgt?
- Ein folgendermaßen gekennzeichnetes Gebiet bedeutet:

  ED-R (TRA)–202
  $\frac{\text{FL 245}}{\text{FL 80}}$

- Wo läßt sich auf der ICAO-Luftfahrtkarte der rechtweisende Kurs am genauesten feststellen?
- Was entspricht einer Nautischen Meile?
- Wo sind Angaben über Lage, Landebahnlänge und evtl. Landebahnneigung eines Landeplatzes enthalten?
- Welche Projektionsart liegt der ICAO-Luftfahrtkarte 1 : 500000 zugrunde?
- Können rwK (TC), rwSK (TH) und Kurs über Grund (TMG) gleich sein?
- Welche zeichnerische Darstellung für das Winddreieck ergibt sich bei einem

  rwK (TC) von 255°
  Ve (TAS) = 120 kt
  W/V = 285°/25 kt

- In welchen Höhen der Bundesrepublik Deutschland muß mit militärischem Tiefflug gerechnet werden?
- Die Kontrolle der Überflugzeiten ergibt, daß der auf der ICAO-Luftfahrtkarte 1 : 500000 in einer Zeit von 12 Minuten zurückgelegte Weg 9 cm beträgt. Ein weiterer von diesem Punkt 13,5 cm in gleicher Flugrichtung entfernt liegender Punkt

würde demnach voraussichtlich überflogen werden nach weiteren ... Minuten?

- Die Angabe QDM bedeutet?
- Die Angabe QDR bedeutet?
- Welche Kreise im Gradnetz sind sowohl Orthodrome als auch Loxodrome?
- Warum nimmt man den Kartenkurs am Mittelmeridian ab?
- Unter Betriebszeit eines Flugplatzes steht der Begriff »OR«. Was bedeutet dies?
- Welcher Höhenzug wird auf dem Flug von München nach Stuttgart überflogen?
- Entfernungen zum Zweck der Navigation werden in welchen Maßeinheiten angegeben?
- Was sind im Gradnetzsystem Großkreise?
- Was für ein Vorzeichen hat der Luvwinkel, wenn der Wind von links auf die Kurslinie einwirkt?
- Wie entsteht der Kompaßdrehfehler?
- Die Inklination beträgt in unseren Breiten wieviel ° ca.?
- Der Längenunterschied zwischen Orten folgender geographischer Längen beträgt:

  Ort A: 4 14 28 E
  Ort B: 2 30 30 E

- Der Äquator wird von allen Meridianen unter einem Winkel von wieviel Grad geschnitten?
- Die Faustformel für die Umrechnung von m in ft lautet?
- Wo werden kurzfristige Änderungen von Betriebszeiten von Flugplätzen, das Absetzen von Fallschirmspringern, Luftfahrtveranstaltungen veröffentlicht?
- Das Längenmaß der NM ist abgeleitet von?
- Wie groß ist der Erdumfang am Äquator?
- In was werden Richtungen in der Navigation ausgedrückt?
- 13 Uhr MEZ entspricht welcher Uhrzeit UTC?
- Bei der ICAO-Luftfahrtkarte 1 : 500 000 handelt es sich um welche Projektionsart?
- Über welchen Höhenzügen ist ein Verlust der Orientierung wegen der Nähe der Grenze zu östlichen Nachbarn besonders gefährlich?
- Sie fliegen von Heidelberg aus genau Südkurs. Es ist 12.00 UTC. Wo sehen Sie die Sonne stehen?
- Die Faustformel für die Umrechnung von NM in km lautet:
- Eine Vertikalgeschwindigkeit von 500 ft/min entspricht etwa wieviel m/s?
- Welche Genauigkeit hat die ICAO-Luftfahrtkarte 1 : 500 000?
- Wann ist der Luvwinkel negativ?
- Welche zeichnerische Darstellung für das Winddreieck ergibt sich bei einem

  rwK (TC) von 073°
  Ve (TAS) = 110 kt
  W/V = 130°/16 kt

- Wie nennt man Linien mit der Ortsmißweisung 0°?
- Bei einem rwSK (TH) von 270° beträgt der Luvwinkel (WCA) −10°. Wie ist der Umkehrkurs?
- Auf einem Überlandflug von Hannover nach Mainz werden auf direktem Kurs welche Mittelgebirge überflogen?
- Zwischen welchen Längengraden liegt die Bundesrepublik Deutschland?
- Im Flugzeug wird der Kompaß durch Metallteile und elektrische Geräte abgelenkt. Wie nennt man diese Abweichung?
- Welche zeichnerische Darstellung für das Winddreieck ergibt sich bei einem

  rwK (TC) von 205°
  Ve (TAS) = 110 kt
  W/V = 115°/30 kt

- Was bedeutet QTE?
- Die Windgeschwindigkeit beträgt 10 m/sec. Das sind wieviel kt?
- Wie werden die Isogonen in der ICAO-Luftfahrtkarte dargestellt?
- Wie groß ist die jährliche Veränderung der Ortsmißweisung (Variation) in Mitteleuropa?
- Wenn in Stuttgart SS ist, wie ist dann die Situation in München?
- Wie dreht sich die Erde?
- Orthodrome, Kleinkreis, Längenkreis; welcher der genannten Kreisbögen hat seinen Mittelpunkt nicht im Erdmittelpunkt?
- Die geographische Breite eines Ortes entspricht dem Abstand in Breitengraden vom?
- Was wissen Sie über Meridiane?
- Die Sonne durchläuft in einer Stunde die Strecke zwischen folgenden Meridianen:

  10° E bis 10° W
  15° E bis 5° E
  10° W bis 5° E
  5° E bis 10° W

  Welche Strecke ist richtig?

Verhalten in besonderen Fällen

- Sie fliegen über einem Gebiet mit sehr starker Böigkeit. Wie verhalten Sie sich?
- In 60 m Höhe reißt das Windenseil. Wie reagieren Sie?
- Das Flugzeugschleppseil reißt. Am Segelflugzeug bleibt ein größeres Stück hängen. Wie reagieren Sie?

- Vor Ihnen ist noch ein wesentlich langsameres Flugzeug im Endanflug kurz vor dem Aufsetzen. Um eine unnötige Gefährdung zu vermeiden, entscheiden Sie sich für?
- Die Torsionsnase im Flügelwurzelbereich ist beschädigt. Darf mit dem Flugzeug dennoch weitergeflogen werden?
- Was veranlassen Sie nach einer harten Landung?
- Sie fliegen mit einer Höhenmesseranzeige von 3000 ft mit einem eingestellten QNH von 1005 hPa. Das richtige QNH ist jedoch 1010 hPa. Was würde Ihr Höhenmesser bei richtiger QNH-Einstellung anzeigen?
- Ein Militärflugzeug, dem Sie nach entsprechender Aufforderung gefolgt sind, zieht deutlich hoch und führt eine starke Richtungsänderung durch. Was bedeutet das?
- Beim Start unmittelbar nach dem Abheben springt die Haube ab. Welche Maßnahmen ergreifen Sie?
- Bei einer Notlandung bleibt Ihnen nur ein weicher Acker. Wie verhalten Sie sich?
- Welche Gefahr entsteht beim Durchflug durch unterkühlten Regen?
- Sie kommen von einem Überlandflug zurück. Über Ihrem Flugplatz verhindert ein dichter lokaler Schauer die Erdsicht. Was unternehmen Sie?
- Sie fliegen in etwa 1000 ft Höhe über Grund. Um zu Ihrem Ziel zu kommen, müßten Sie eine Warmfront durchqueren. Infolge einsetzenden Regens wird die Sicht immer schlechter. Wie verhalten Sie sich?
- Wovon ist die Stärke und die Langlebigkeit von Wirbelschleppen primär abhängig?
- Bei einem Flug zu einem unkontrollierten Flugplatz bricht der Funkkontakt mit der Bodenfunkstelle ab, nachdem Ihnen Landeinformationen übermittelt wurden. Ihr Sprechfunkgerät ist weiterhin betriebsbereit, vermutlich ist die Bodenfunkstelle ausgefallen. Wie verhalten Sie sich?
- Während eines Überlandfluges werden die Sichtverhältnisse ständig schlechter, und die Wolkenuntergrenze sinkt in Flugrichtung immer mehr ab. Sichtflugwetterbedingungen sind aber noch gegeben. Wie verhalten Sie sich?
- Ihr Flug dauert länger als geplant. Das Erreichen des Zielflugplatzes ist vor Einbruch der Dunkelheit nicht mehr gewährleistet. Sie entscheiden sich:
- Das statische Drucksystem fällt während des Fluges aus, dementsprechend auch der Höhenmesser. Wie können Sie sich in diesem Fall behelfen?
- Beim Landeanflug läßt sich das Fahrwerk zwar ausfahren, nicht aber verriegeln. Wie reagieren Sie?
- Am Ende eines Überlandfluges können Sie noch ein Segelfluggelände erreichen, doch reicht die Höhe nicht mehr für einen normalen Anflug. Wie verhalten Sie sich?
- Bei einer Außenlandung muß mit Rückenwind angeflogen werden. Wie verhalten Sie sich?
- Wie verhalten Sie sich bei einer Notlandung in bergigem Gelände?
- Während eines Überlandfluges verschlechtert sich die Sicht erheblich. Um kein Risiko einzugehen, wollen Sie einen in der Nähe gelegenen Landeplatz mittels QDM anfligen. Können Sie aus der ICAO-Karte ersehen, ob der Landeplatz mit einem Sichtfunkpeiler ausgerüstet ist?
- Beim Anschleppen im Flugzeugschlepp überrollt das Segelflugzeug das Seil. Wie reagieren Sie?
- Wie reagieren Sie auf plötzlichen starken Seildurchhang im Flugzeugschlepp?
- Beim Anschleppen an der Winde bekommt eine Tragfläche Bodenberührung. Wie reagieren Sie?
- An einem warmen Sommertag fliegen Sie ein Tal entlang und möchten möglichst schnell eine bestimmte Flughöhe erreichen. Können Sie die Steigleistung des Flugzeuges verbessern, indem Sie eine bestimmte Flugtaktik anwenden?
- Die richtigen Maßnahmen, um eine Notlandung auf dem Wasser durchzuführen, sind u. a.:
- Beim Anflug auf einen Flugplatz wird Ihnen die Landerichtung mitgeteilt. Die Landebahn hat in dieser Richtung ein starkes Gefälle. Womit müssen Sie rechnen?
- Bei einer Flugberatung wird Ihnen mitgeteilt, daß eine Funknavigationsanlage auf der beabsichtigten Flugstrecke zur Zeit im Testbetrieb arbeitet. Was bedeutet das?
- Wie verhalten Sie sich bei Fehlorientierung während eines Fluges in der FlugÜZ (ADIZ) in der Lüneburger Heide?
- Sie fliegen in relativ großer Flughöhe und bemerken Anzeichen von Sauerstoffmangel, ein Sauerstoffgerät ist nicht an Bord. Was machen Sie?
- Im Windenschlepp wird zu schnell geschleppt. Wie reagieren Sie?
- Im Windenschlepp läßt die Geschwindigkeit abrupt nach. Wie reagieren Sie?
- Welchen Luftraum im Tal müssen Sie meiden, wenn der Wind quer zum Tal weht?
- Sie verspüren während eines Fluges Übelkeit und ungewohnte Ermüdung, obwohl Sie vollkommen fit gestartet sind. Worauf kann das zurückzuführen sein?
- Auf einem Überlandflug haben Sie nach Ausfall Ihrer gesamten Sprechfunk- und Funknavigationsanlage die Orientierung verlo-

ren. Wie kommen Sie wieder zu einer Standortbestimmung in Richtung Ihrer vorgesehenen Flugstrecke?

- Bei Ausfall des Höhenruders haben Sie noch folgende Möglichkeit, das Flugzeug um die Querachse zu steuern:
- Während des Landeanfluges fängt es plötzlich stark an zu regnen. Welchen Einfluß hat der Regen auf die Flugeigenschaften Ihres Flugzeuges?
- Was sollten Sie tun, wenn auf einer Grasbahn die Räder des Flugzeuges erkennbar tief ins Erdreich einsinken?
- Im Endanflug auf eine relativ kurze Landebahn ist noch eine hohe Pappelreihe zu überfliegen. Wie verhalten Sie sich?
- Was tun Sie, wenn Sie bei starker Wetterverschlechterung trotz größter Sorgfalt beim Fliegen plötzlich in eine Wolke geraten?
- Wie unterscheidet sich Trudeln von einer Steilspirale?
- Warum ist eine Landung auf einem mit Schnee bedeckten Landeplatz sehr schwierig?
- Sie sind während des Steigfluges in einen überzogenen Flugzustand geraten, wobei der Tragfügel links leicht hängt. Sie beenden den überzogenen Flugzustand wie folgt:
- Wie führen Sie eine Außenlandung auf einem Gelände mit hohem Bewuchs durch?
- Sie wollen starten. Dicht neben der Startbahn befindet sich ein Hubschrauber mit Turbinenantrieb im Schwebeflug. Sie entschließen sich:
- Was muß während einer Landung bei starkem, böigem Wind besonders beachtet werden?
- Wie verhalten Sie sich bei einer Landung im hohen Getreide?
- Während einer Platzrunde verklemmt sich das Seitenruder. Welchen Entschluß treffen Sie?
- Während des Startvorganges fällt die Fahrtmesseranzeige aus. Was machen Sie?
- Während eines Überlandfluges haben sich die Wetterbedingungen plötzlich so verschlechtert, daß auch an dem nächst erreichbaren Flugplatz keine ausreichenden Sichtflugwetterbedingungen mehr gegeben sind. Wie verhalten Sie sich?
- Welches ist die größte Gefahr beim Einflug in Schneefall?
- Welche negativen Begleiterscheinungen sind bereits von mittleren Windstärken an im Gebirge zu erwarten?
- Bei von der Luftaufsicht angegebener Landebahn (nur eine Bahn vorhanden) muß die Landung gegen tiefstehende Sonne erfolgen. Sicht durch Blendung praktisch null, schwach windig. Wie verhalten Sie sich?
- Womit muß ich bei einem Eisansatz von 1–2 mm Stärke bereits rechnen?
- Welche Schäden können zur Fehlanzeige des Höhenmessers führen?
- Was ist zu tun, wenn während des Fluges die Frontscheiben vereisen?
- Wie verhalten Sie sich bei Fehlorientierung während eines Fluges in der FlugÜZ (ADIZ) südlich von Kassel (51° 23′ N)?
- Sie fliegen eine Landebahn an, die unmittelbar hinter einer steilen Hangkante oder Böschung beginnt. Wie verhalten Sie sich?
- Nach seitlichem Anflug setzt sich ein Militärflugzeug vor Ihr Luftfahrzeug, wackelt mit den Flächen und kurvt flach auf eine bestimmte Richtung. Was bedeutet das für Sie?
- Welche Faktoren bringen eine Verkürzung der Startstrecke mit sich?
- Nach einer Notlandung ohne Sach- und Personenschaden muß verständigt werden:
- Sie müssen mit vereisten Tragflächen landen. Wie verhalten Sie sich?
- Flüge im Gebirge können besonders wodurch gefährlich werden?
- Sie kommen im Reiseflug unerwartet in einen kräftigen Hagelschauer. Die richtigen Maßnahmen sind:
- Welche aerodynamischen Größen ändern sich bei starkem Klareisansatz?
- Erste Sauerstoffmangelerscheinungen können sich bemerkbar machen bei Höhen um:
- Welche Wirkungen können beim Blitzschlag in ein Flugzeug auftreten?
- Wie führen Sie eine Notlandung auf dem Wasser aus?
- Körperliches Unbehagen stellt sich bei Ihnen kurz vor dem Start ein. Wie verhalten Sie sich?
- Worauf können Beulen oder Wellen in der äußeren Beplankung eines Flugzeuges hinweisen?
- Während eines Überlandfluges fällt Ihr Höhenruder aus. Wie verhalten Sie sich?
- Sie geraten ungewollt ins Trudeln. Wie beenden Sie es?
- Welche Faktoren können eine Verkürzung Ihrer Startstrecke bewirken?
- Überall ist starke Gewittertätigkeit gemeldet. Ein kräftiges Gewitter steht unmittelbar neben Ihrem Zielflugplatz, im Moment herrscht Windstille auf der Landebahn. Welche Entscheidung treffen Sie?
- Die größte Gefahr bei der Vereisung eines Tragflügels liegt in?
- Welchen Einfluß hat Alkohol, den man in größerer Menge etwa 12 Stunden vor dem Flug genossen hat?
- Warum soll ein Flugzeug vor dem Start absolut schnee- und eisfrei sein?
- Warum werden an Startbahnen kleinerer Flugplätze sogenannte Halbbahnmarkierungen aufgestellt?

- Welche Folgen kann Sauerstoffmangel schon in 3000 m haben?
- Wie verhalten Sie sich bei der Landung bei außergewöhnlichem Zustand der Landebahn (Schnee, Matsch, Wasser)?
- Wie verhalten Sie sich bei Hindernissen vor dem Notlandefeld (stehendes Triebwerk, Höhe zum Überfliegen gering)?

Register

Bitte beachten Sie auch die
Anzeigen auf den folgenden Seiten